普通高等学校"十三五"数字化建设规划教材

经济数学基础学习指导
（微积分）

内蒙古财经大学统计与数学学院　组　编

白革命　李琳琳　高春香　主　编

邢利刚　吴大勇　赵　洁　副主编

北京大学出版社
PEKING UNIVERSITY PRESS

内容简介

本书是根据教育部颁布的《经济管理类本科数学基础课程教学基本要求》及近年《全国硕士研究生入学统一考试数学考试大纲》有关微积分部分的规定编写的,与《经济数学基础(微积分)》配套使用.本书按章编排,并且与教材同步,每章包括内容简介,重要公式、定理及结论,复习考试要求,典型例题,课后习题选解五个部分.典型例题是本书的核心内容,是学生自学的很好范例.此部分主要对解题技巧与方法进行归纳总结,将基本理论、解题技巧及教学难点融入例题之中,并将数学与经济学中的应用进行有机的结合.课后习题选解对配套教材课后部分难题及综合应用题给出详细的分析及解答.

本书内容较为丰富,例题典型,不仅注重分析解题思路,还总结了解题技巧及方法,对培养和提高学生的学习兴趣以及分析问题和解决问题的能力将起到较大的作用.

本书主要面向使用或参考配套教材的经济管理类师生,也可供报考研究生的学生作为复习考试之用.

图书在版编目(CIP)数据

经济数学基础学习指导. 微积分/内蒙古财经大学统计与数学学院组编;白革命,李琳琳,高春香主编. —北京:北京大学出版社,2019.9
ISBN 978-7-301-30693-2

Ⅰ. ①经… Ⅱ. ①内… ②白… ③李… ④高… Ⅲ. ①经济数学—高等学校—教学参考资料 ②微积分—高等学校—教学参考资料 Ⅳ. ①F224.0 ②O172

中国版本图书馆 CIP 数据核字(2019)第 181068 号

书　　　名	经济数学基础学习指导(微积分) JINGJI SHUXUE JICHU XUEXI ZHIDAO (WEIJIFEN)
著作责任者	内蒙古财经大学统计与数学学院　组编
责任编辑	王剑飞
标准书号	ISBN 978-7-301-30693-2
出版发行	北京大学出版社
地　　　址	北京市海淀区成府路 205 号　100871
网　　　址	http://www.pup.cn
电子信箱	zpup@pup.cn
新浪微博	@北京大学出版社
电　　　话	邮购部 010-62752015　发行部 010-62750672　编辑部 010-62765014
印　刷　者	长沙超峰印刷有限公司
经　销　者	新华书店
	787 毫米×1092 毫米　16 开本　15.5 印张　387 千字 2019 年 9 月第 1 版　2019 年 9 月第 1 次印刷
定　　　价	44.00 元

未经许可,不得以任何方式复制或抄袭本书之部分或全部内容.
版权所有,侵权必究
举报电话:010-62752024　电子信箱:fd@pup.pku.edu.cn
图书如有印装质量问题,请与出版部联系,电话:010-62756370

前　言

本书与内蒙古财经大学统计与数学学院组编的《经济数学基础(微积分)》教材配套使用,主要面向使用或参考该教材的经济管理类师生,也可供报考研究生的学生作为复习考试之用.

微积分是普通高校经济管理类各专业学生必修的一门重要基础理论课.随着当今经济科学和管理科学的不断发展和深化,微积分对经济科学和管理科学的发展起着重要的促进作用,但是在教学实践中,不少学生对这门课程的基本概念、基本知识、计算方法及重要的应用理解不透彻,在学习中感到困难.为了满足不同层次学生学习的需要,我们编写了这本配套辅导教材,希望能提高学生的学习兴趣,促使学生尽快掌握微积分的基本思想.

根据配套辅导教材的编写要求,本书按章编排,并且与教材同步,每章包括内容简介,重要公式、定理及结论,复习考试要求,典型例题,课后习题选解五个部分.

内容简介,重要公式、定理及结论,复习考试要求这三部分主要根据教育部颁布的《经济管理类本科数学基础课程教学基本要求》有关微积分部分的规定编写.此部分主要对知识点进行总结,注重阐述基本理论及处理问题的规律和方法.沿用惯例,按"了解""理解""掌握"的次序表示学习程度的差异.

典型例题是本书的核心内容,是教师习题课和学生自学的很好范例.此部分主要对解题技巧与方法进行归纳总结,将基本理论、解题技巧及教学难点融入例题之中.例题具有很强的典型性和范例性,同时例题的选取也注重将数学与经济学中的应用进行结合.例题注重分析解题思路,总结解题技巧与方法,以达到开阔思路之目的.

课后习题选解对配套教材课后部分难题及综合应用题给出详细的分析及解答.希望读者在认真学习课程的基本内容后,先独立解题,再与题解进行对照、比较.

本书是在全体参编教师多年教学经验基础上凝结而成的,力求内容完整、重点突出、由浅入深、通俗易懂,充分体现教学的实用性.本书由内蒙古财经大学统计与数学学院组编,白革命、李琳琳、高春香担任主编,邢利刚、吴大勇、赵洁担任副主编.

本书在编写过程中参考了一些同类图书(由于涉及图书较多,在此不一一列出),汲取了其中的长处,这使我们编写的图书增色不少.我们对这些图书的作者表示感谢.

本书的出版得到了内蒙古财经大学统计与数学学院的领导、老师及北京大学出版社的大力支持,付小军、钟运连、沈阳编辑了教学资源,魏楠、苏娟、汤晓提供了版式和装帧设计方案,在此表示衷心的感谢.

虽然我们希望编写出一本质量较高、适合当前教学实际需要的配套辅导教材,限于水平,书中仍有许多不妥之处,敬请读者不吝指正!

编　者

2018 年 4 月

目 录

第一章 函数 ······ 1
    内容简介 ······ 1
    重要公式、定理及结论 ······ 6
    复习考试要求 ······ 7
    典型例题 ······ 7
    课后习题选解 ······ 11

第二章 极限与连续 ······ 13
    内容简介 ······ 13
    重要公式、定理及结论 ······ 16
    复习考试要求 ······ 19
    典型例题 ······ 19
    课后习题选解 ······ 25

第三章 导数和微分 ······ 37
    内容简介 ······ 37
    重要公式、定理及结论 ······ 40
    复习考试要求 ······ 44
    典型例题 ······ 44
    课后习题选解 ······ 53

第四章 微分中值定理与导数的应用 ······ 61
    内容简介 ······ 61
    重要公式、定理及结论 ······ 62
    复习考试要求 ······ 65
    典型例题 ······ 65
    课后习题选解 ······ 74

第五章 不定积分 ······ 92
    内容简介 ······ 92
    重要公式、定理及结论 ······ 93
    复习考试要求 ······ 96
    典型例题 ······ 96
    课后习题选解 ······ 107

第六章　定积分 ... 116
内容简介 ... 116
重要公式、定理及结论 ... 118
复习考试要求 ... 121
典型例题 ... 122
课后习题选解 ... 125

第七章　多元函数微分学 ... 153
内容简介 ... 153
重要公式、定理及结论 ... 157
复习考试要求 ... 160
典型例题 ... 160
课后习题选解 ... 164

第八章　二重积分 ... 176
内容简介 ... 176
重要公式、定理及结论 ... 177
复习考试要求 ... 179
典型例题 ... 179
课后习题选解 ... 182

第九章　无穷级数 ... 189
内容简介 ... 189
重要公式、定理及结论 ... 191
复习考试要求 ... 195
典型例题 ... 196
课后习题选解 ... 204

第十章　微分方程 ... 215
内容简介 ... 215
重要公式、定理及结论 ... 216
复习考试要求 ... 220
典型例题 ... 220
课后习题选解 ... 225

第十一章　差分方程 ... 233
内容简介 ... 233
重要公式、定理及结论 ... 234
复习考试要求 ... 237
典型例题 ... 237
课后习题选解 ... 240

第一章 函 数

内 容 简 介

1. 实数

(1) 实数与数轴

定义 1.1 实数分为有理数和无理数两类. 有理数是可以写成 $\dfrac{p}{q}$ (p,q 为整数, 且 $q\neq 0$) 形式的数, 它可以是整数、有限小数或无限循环小数; 而无理数只能表示成无限不循环小数.

实数与数轴上的点是一一对应的. 数轴上表示有理数的点称为有理点, 表示无理数的点称为无理点. 数轴上任意两个不同的有理点之间一定存在无数多个有理点, 这称为有理数的稠密性. 同样, 无理数也具有稠密性.

(2) 实数的绝对值

定义 1.2 一个实数 x 的绝对值, 记为 $|x|$, 定义为

$$|x| = \begin{cases} x, & x \geqslant 0, \\ -x, & x < 0. \end{cases}$$

若 a,b 为实数, 则由定义 1.2 可知

$$|a-b| = \begin{cases} a-b, & a \geqslant b, \\ b-a, & a < b. \end{cases}$$

它们的几何意义是: $|x|$ 表示数轴上点 x 与原点 O 之间的距离; $|a-b|$ 表示数轴上点 a 与点 b 之间的距离.

(3) 区间与邻域

定义 1.3 区间是表示介于两个实数之间的全体实数的集合, 这两个实数叫作区间的端点.

设 $a,b \in \mathbf{R}$, 且 $a < b$, 有如下定义:

① 闭区间 $[a,b] = \{x \mid a \leqslant x \leqslant b\}$;

② 开区间 $(a,b) = \{x \mid a < x < b\}$;

③ 半开区间 $(a,b] = \{x \mid a < x \leqslant b\}$, $[a,b) = \{x \mid a \leqslant x < b\}$,

以上三类区间统称为有限区间, 数 $b-a$ 称为这些区间的区间长度.

④ 无限区间

$$[a,+\infty) = \{x \mid x \geqslant a\}, \quad (a,+\infty) = \{x \mid x > a\},$$

$$(-\infty, b] = \{x \mid x \leqslant b\}, \quad (-\infty, b) = \{x \mid x < b\},$$
$$\mathbf{R} = (-\infty, +\infty) = \{x \mid x \text{ 为任意实数}\}.$$

通常,将上述四类区间统称为区间.

定义 1.4 设 $\delta > 0$,则称开区间 $(x_0 - \delta, x_0 + \delta)$ 为点 x_0 的 δ 邻域,记作 $U(x_0, \delta)$ 或 $U(x_0)$,即

$$U(x_0, \delta) = \{x \mid x_0 - \delta < x < x_0 + \delta\} = \{x \mid |x - x_0| < \delta\},$$

点 x_0 称为该邻域的中心,δ 称为该邻域的半径.

去掉 $U(x_0, \delta)$ 的中心点 x_0 的集合 $(x_0 - \delta, x_0) \cup (x_0, x_0 + \delta)$ 称为点 x_0 的空心(去心) δ 邻域,记作 $\mathring{U}(x_0, \delta)$ 或 $\mathring{U}(x_0)$,即

$$\mathring{U}(x_0, \delta) = \{x \mid 0 < |x - x_0| < \delta\}.$$

半开区间 $(x_0 - \delta, x_0]$ 称为点 x_0 的左邻域,$[x_0, x_0 + \delta)$ 称为点 x_0 的右邻域,分别记作 $U_-(x_0)$ 和 $U_+(x_0)$. 开区间 $(x_0 - \delta, x_0)$ 称为点 x_0 的空心左邻域,$(x_0, x_0 + \delta)$ 称为点 x_0 的空心右邻域,分别记作 $\mathring{U}_-(x_0)$ 和 $\mathring{U}_+(x_0)$.

2. 函数的概念

(1) 常量与变量

在某一过程中,保持一定数值不变的量叫作常量,而可以取不同数值的量叫作变量.

(2) 函数的定义

定义 1.5 设 D 为一非空数集. 如果存在一个对应规则 f,对于 D 中的每一个 x 值,根据 f,变量 y 都有唯一确定的值与之对应,则称 f 为定义在数集 D 上的一个函数,或者称变量 y 是变量 x 的函数,记作

$$y = f(x), \quad x \in D,$$

其中 x 称为自变量,y 称为因变量,D 称为函数 $f(x)$ 的定义域.

函数 f 的定义域 D 通常记作 $D(f)$. 当定义域为区间时,则称为定义区间.

对于每一个 $x_0 \in D(f)$,因变量 y 的相应取值称为函数 $f(x)$ 当 $x = x_0$ 时的函数值,记作 $f(x_0)$ 或 $y\big|_{x=x_0}$. 全体函数值的集合称为函数的值域,通常记作 $R(f)$ 或 $f(D)$,即

$$R(f) = \{y \mid y = f(x), x \in D(f)\}.$$

注 严格地说,f 和 $f(x)$ 含义不同,函数 f 是指定义域 $D(f)$ 上的对应规则,而 $f(x)$ 表示与自变量 x 对应的函数值. 只是为了方便,直接称 $f(x)$ 是 x 的函数.

(3) 分段函数

定义 1.6 在函数定义域的各个不相交的子集上,函数的解析式也不相同,这类函数通常称为分段函数,即一个函数不能用一个解析式表示.

注 ① 应注意,函数的对应规则不一定只是由一个式子来表示,它可以由两个或两个以上的式子表示,从总体上看,分段函数仍然是一个函数.

② 在不同的子区间上,函数的对应规则可以不同.

③ 注意分段函数的分段点的对应关系.

④ 一般来说,不能用统一的式子表示的分段函数,不是初等函数.

常见的分段函数有:

① 绝对值函数
$$y = |x| = \begin{cases} x, & x \geqslant 0, \\ -x, & x < 0; \end{cases}$$

② 符号函数
$$y = \operatorname{sgn} x = \begin{cases} 1, & x > 0, \\ 0, & x = 0, \\ -1, & x < 0; \end{cases}$$

③ 取整函数
$$y = [x],$$

其中$[x]$表示不超过x的最大整数,即
$$y = [x] = n, \quad n \leqslant x < n+1, n = 0, \pm 1, \pm 2, \cdots.$$

(4) 函数的定义域

定义 1.7 函数的定义域是指使函数表达式 $y = f(x)$ 有意义的实数 x 的集合,这种定义域也称为函数的自然定义域.

3. 函数的基本性质

(1) 单调性

定义 1.8 设函数 $f(x)$ 在数集 D 上有定义.对于任意的 $x_1, x_2 \in D$,且 $x_1 < x_2$,

① 若 $f(x_1) < f(x_2)$,则称函数 $f(x)$ 在 D 上单调增加;

② 若 $f(x_1) > f(x_2)$,则称函数 $f(x)$ 在 D 上单调减少.

单调增加函数与单调减少函数统称为单调函数,使函数单调的区间称为单调区间.

注 描述函数的单调性时,必须说明自变量的取值范围.

(2) 有界性

定义 1.9 设函数 $f(x)$ 在数集 D 上有定义.

① 如果存在常数 $M > 0$,使得对任意的 $x \in D$,恒有
$$|f(x)| \leqslant M,$$

则称函数 $f(x)$ 在 D 上有界;否则,称函数 $f(x)$ 在 D 上无界.

② 如果存在 M(或 m),使得对任意的 $x \in D$,恒有 $f(x) \leqslant M$(或 $f(x) \geqslant m$),则称函数 $f(x)$ 在 D 上有上界(或有下界).

有界函数的图形位于平行于 x 轴的直线 $y = M$ 和 $y = -M$ 之间.

注 ① 有界函数必须同时有上界和下界;反之,既有上界又有下界的函数必有界.

② 若函数 $f(x)$ 在 D 上有界,则定义中的 M 不唯一.

③ 描述函数的有界性时,必须说明自变量的取值范围.

(3) 奇偶性

定义 1.10 设函数 $f(x)$ 的定义域 D 关于原点对称.对任意的 $x \in D$,

① 若 $f(-x) = f(x)$,则称 $f(x)$ 为偶函数;

② 若 $f(-x) = -f(x)$,则称 $f(x)$ 为奇函数.

偶函数的图形关于 y 轴对称,奇函数的图形关于坐标原点对称.并不是任何函数都具有奇偶性,例如函数 $y = x + 7$,它既不是偶函数,也不是奇函数.

(4) 周期性

定义 1.11 设函数 $f(x)$ 在数集 D 上有定义. 如果存在正数 T,使得对于任意的 $x \in D$,都有 $x \pm T \in D$,且满足
$$f(x \pm T) = f(x),$$
则称 $f(x)$ 为周期函数,T 称为函数 $f(x)$ 的周期.

通常我们所说的周期函数的周期是指最小正周期.

若 $f(x)$ 是周期为 T 的周期函数,则在长度为 T 的两个相邻区间上,函数图形具有相同的形状.

4. 反函数

定义 1.12 设函数 $y = f(x)$ 的定义域是 $D(f)$,值域是 $R(f)$. 如果对每一个 $y \in R(f)$,都有唯一确定的 $x \in D(f)$ 与之对应,且满足 $y = f(x)$,则称 x 是定义在 $R(f)$ 上以 y 为自变量的函数,记作
$$x = f^{-1}(y), \quad y \in R(f),$$
并称其为函数 $y = f(x)$ 的反函数.

由定义可知,反函数 $x = f^{-1}(y)$ 的定义域是 $y = f(x)$ 的值域 $R(f)$,而反函数 $x = f^{-1}(y)$ 的值域是 $y = f(x)$ 的定义域 $D(f)$,于是有
$$f^{-1}[f(x)] = x, \quad x \in D(f),$$
$$f[f^{-1}(y)] = y, \quad y \in R(f).$$

注 ① 若函数 $y = f(x)$ 是单调且单值的,则 $f(x)$ 的反函数存在,并且反函数也是单调且单值的.

② 反函数是相对而言的,如果 $x = f^{-1}(y)$ 是 $y = f(x)$ 的反函数,则 $y = f(x)$ 也是 $x = f^{-1}(y)$ 的反函数,即 $f^{-1}[f(x)] = x, x \in D(f), f[f^{-1}(y)] = y, y \in R(f)$.

③ $y = f(x), y = f^{-1}(x)$ 互为反函数,则在同一直角坐标系中,它们的图形关于 $y = x$ 对称.

④ 从 $y = f(x)$ 反解出的 $x = f^{-1}(y)$ 和 $y = f(x)$ 是同一个图形.

⑤ $y = f(x)$ 与 $x = f^{-1}(y)$ 的定义域和值域刚好互换.

⑥ 奇函数的反函数也是奇函数.

⑦ 若一个函数 $y = f(x)$ 存在反函数,则它必然是一一对应的.

⑧ 如果 $y = f(x)$ 的反函数存在,若要求其反函数,只要先反解出 $x = f^{-1}(y)$,再按习惯把 x 和 y 互换,即 $y = f^{-1}(x)$ 就是 $y = f(x)$ 的反函数. 例如,求 $y = 4x + 1$ 的反函数,首先反解出 $x = \dfrac{y-1}{4}$,然后把 x 和 y 互换,$y = \dfrac{x-1}{4}$ 就是 $y = 4x + 1$ 的反函数.

5. 基本初等函数、复合函数与初等函数

(1) 基本初等函数

① 常数函数 $y = C$(C 为常数),其定义域为 $D(f) = \mathbf{R}$,值域为 $R(f) = \{C\}$. 常数函数是偶函数、有界函数和周期函数.

② 幂函数 $y = x^\alpha$(α 为任意实数),其定义域与 α 的取值有关.

③ 指数函数 $y = a^x$(a 是常数,且 $a > 0, a \neq 1$)(见表 1-1). 当 a 为无理数 e 时,有最常见的指数函数 $y = \mathrm{e}^x$.

④ 对数函数 $y = \log_a x$(a 是常数,且 $a > 0, a \neq 1$)(见表 1-1). 当 a 为无理数 e 时,有最常见的对数函数 $y = \ln x$.

表 1-1

函数	定义域	值域	当 $a>1$ 时	当 $0<a<1$ 时	图形过点
$y=a^x (a>0, a\neq 1)$	$\mathbf{R}$	$(0,+\infty)$	函数单调增加	函数单调减少	$(0,1)$
$y=\log_a x (a>0, a\neq 1)$	$(0,+\infty)$	$\mathbf{R}$	函数单调增加	函数单调减少	$(1,0)$

注 指数函数与对数函数互为反函数.

⑤ 常见的三角函数(见表 1-2)有：

正弦函数 $y=\sin x$， 余弦函数 $y=\cos x$， 正切函数 $y=\tan x$，

余切函数 $y=\cot x$， 正割函数 $y=\sec x$， 余割函数 $y=\csc x$，

其中 $y=\sec x=\dfrac{1}{\cos x}, y=\csc x=\dfrac{1}{\sin x}$.

表 1-2

函数	定义域	值域	周期	奇偶性
$y=\sin x$	$\mathbf{R}$	$[-1,1]$	2π	奇函数
$y=\cos x$	$\mathbf{R}$	$[-1,1]$	2π	偶函数
$y=\tan x$	$\{x \mid x\in\mathbf{R} \text{ 且 } x\neq k\pi+\dfrac{\pi}{2}, k\in\mathbf{Z}\}$	$\mathbf{R}$	π	奇函数
$y=\cot x$	$\{x \mid x\in\mathbf{R} \text{ 且 } x\neq k\pi, k\in\mathbf{Z}\}$	$\mathbf{R}$	π	奇函数

⑥ 常见的反三角函数(见表 1-3)有：

反正弦函数 $y=\arcsin x$， 反余弦函数 $y=\arccos x$，

反正切函数 $y=\arctan x$， 反余切函数 $y=\operatorname{arccot} x$.

表 1-3

函数	定义域	值域	单调性
$y=\arcsin x$	$[-1,1]$	$\left[-\dfrac{\pi}{2},\dfrac{\pi}{2}\right]$	在 $[-1,1]$ 上单调增加
$y=\arccos x$	$[-1,1]$	$[0,\pi]$	在 $[-1,1]$ 上单调减少
$y=\arctan x$	$\mathbf{R}$	$\left(-\dfrac{\pi}{2},\dfrac{\pi}{2}\right)$	在 $\mathbf{R}$ 上单调增加
$y=\operatorname{arccot} x$	$\mathbf{R}$	$(0,\pi)$	在 $\mathbf{R}$ 上单调减少

注 三角函数与反三角函数互为反函数.

(2) 复合函数

定义 1.13 设函数 $y=f(u)$ 的定义域为 $D(f)$，函数 $u=\varphi(x)$ 的值域为 $R(\varphi)$. 如果 $D(f)\cap R(\varphi)\neq\varnothing$(空集)，则称函数

$$y=f[\varphi(x)], \quad x\in D=\{x \mid \varphi(x)\in D(f)\}$$

是由函数 $y=f(u)$ 和 $u=\varphi(x)$ 复合而成的复合函数，这里 x 为自变量，y 为因变量，而 u 称为中间变量.

注 ① 复合函数是函数的一种表达形式，并不是一类新的函数.

② 一个函数是否称为复合函数和函数的对应关系的表示方式有关.

③ 并不是任何两个函数都可以复合成一个复合函数.

④ 设函数 $y=f(u)$ 的定义域为 $D(f)$,函数 $u=\varphi(x)$ 的值域为 $R(\varphi)$,$y=f(u)$ 与 $u=\varphi(x)$ 可以复合成 $y=f[\varphi(x)]$ 的必要条件为 $D(f) \cap R(\varphi) \neq \varnothing$(空集).

(3) 初等函数

定义 1.14 由基本初等函数经过有限次的四则运算和有限次的复合运算所构成,并且可用一个解析式表示的函数统称为初等函数.

形如 $[f(x)]^{g(x)}$ 的函数称为幂指函数,其中 $f(x), g(x)$ 均为初等函数,且 $f(x) > 0$. 由恒等式 $[f(x)]^{g(x)} = e^{g(x)\ln f(x)}$ 可知,幂指函数为初等函数.

注 ① 分段函数一般不是初等函数. 但是,由于分段函数在其定义域的各个子区间上都由初等函数表示,故我们仍可通过初等函数来研究它们.

② 绝对值函数是初等函数,因 $|x| = \sqrt{x^2}$.

6. 简单的经济函数

(1) 总成本函数、平均成本函数、总收益函数、总利润函数

① 总成本函数和平均成本函数.

设 C 为总成本,$C(0)$ 为固定成本,C_1 为可变成本,$\overline{C}$ 为平均成本,x 为产量,则有:

总成本函数为 $C = C(x) = C(0) + C_1(x) \quad (x \geqslant 0)$;

平均成本函数为 $\overline{C} = \overline{C}(x) = \dfrac{C(x)}{x} = \dfrac{C(0)}{x} + \dfrac{C_1(x)}{x} \quad (x > 0)$.

② 总收益函数.

如果产品的单位售价为 p,销售量为 x,总收益为 R,则总收益函数为
$$R = R(x) = px \quad (x \geqslant 0).$$

③ 总利润函数.

总利润函数为
$$L = L(x) = R(x) - C(x) \quad (x \geqslant 0),$$
其中 L 表示总利润,x 表示总产量(即销售量).

(2) 需求函数与供给函数

① 需求函数.

设 p 表示商品价格,Q_d 表示需求量,则称
$$Q_d = Q_d(p)$$
为需求函数,且需求函数为单调减少函数.

② 供给函数.

设 p 表示商品价格,Q_s 表示供给量,则称
$$Q_s = Q_s(p)$$
为供给函数,且供给函数为单调增加函数.

重要公式、定理及结论

1. 绝对值的基本性质

① $|x| \geqslant 0, |-x| = |x|, |x| = \sqrt{x^2}$;

② $-|x| \leqslant x \leqslant |x|$;
③ $|x| > a(a > 0) \Leftrightarrow x > a$ 或 $x < -a$;
④ $|x| < b(b > 0) \Leftrightarrow -b < x < b$;
⑤ $|x \pm y| \leqslant |x| + |y|$,一般地,有
$$|x_1 \pm x_2 \pm \cdots \pm x_n| \leqslant |x_1| + |x_2| + \cdots + |x_n|;$$
⑥ $||x| - |y|| \leqslant |x - y|$;
⑦ $|xy| = |x||y|$,一般地,有
$$|x_1 x_2 \cdots x_n| = |x_1||x_2| \cdots |x_n|;$$
⑧ $\left|\dfrac{x}{y}\right| = \dfrac{|x|}{|y|}$ ($y \neq 0$).

复习考试要求

1. 理解函数的概念,掌握函数的表示法.
2. 理解函数的有界性、单调性、周期性和奇偶性.
3. 理解复合函数和分段函数的概念,了解反函数的概念.
4. 掌握基本初等函数的性质及其图形,了解初等函数的概念.
5. 会建立简单应用问题中的函数关系.
6. 了解经济学中的常用函数.

典型例题

1. 求抽象函数的表达式

例 1 已知函数 $f(\sin^2 x) = \cos 2x + \tan^2 x, 0 < x < 1$,求 $f(x)$.

解 $f(\sin^2 x) = 1 - 2\sin^2 x + \dfrac{\sin^2 x}{1 - \sin^2 x}$.

令 $\sin^2 x = t$,则 $0 < t < \sin^2 1$,所以
$$f(t) = 1 - 2t + \dfrac{t}{1-t} = \dfrac{1}{1-t} - 2t,$$
即
$$f(x) = \dfrac{1}{1-x} - 2x, \quad 0 < x < \sin^2 1.$$

例 2 已知函数 $\varphi(\ln x) = \begin{cases} x^2, & 0 < x \leqslant 1, \\ 2, & x > 1, \end{cases}$ 求 $\varphi(x)$.

解 令 $\ln x = t$,则 $x = e^t$,于是
$$\varphi(t) = \begin{cases} e^{2t}, & 0 < e^t \leqslant 1, \\ 2, & e^t > 1, \end{cases}$$

即
$$\varphi(x)=\begin{cases} e^{2x}, & x\leqslant 0, \\ 2, & x>0. \end{cases}$$

例 3 已知函数 $f(x)=\sin x$,$f[\varphi(x)]=1-x^2$,求 $\varphi(x)$ 及其定义域.

解 由 $f(x)=\sin x$ 和 $f[\varphi(x)]=1-x^2$,可知
$$f[\varphi(x)]=\sin\varphi(x)=1-x^2,$$
从而 $\varphi(x)=\arcsin(1-x^2)$,定义域为 $\{x\mid -\sqrt{2}\leqslant x\leqslant\sqrt{2}\}$.

例 4 已知函数 $f(x)=\dfrac{1}{2}(x+|x|)$,$\varphi(x)=\begin{cases} x^2, & x\geqslant 0, \\ x, & x<0, \end{cases}$ 求 $f[\varphi(x)]$.

解 由已知可得
$$f[\varphi(x)]=\begin{cases} \dfrac{1}{2}(x^2+|x^2|)=\dfrac{1}{2}(x^2+x^2)=x^2, & x\geqslant 0, \\ \dfrac{1}{2}(x+|x|)=\dfrac{1}{2}(x-x)=0, & x<0, \end{cases}$$
即
$$f[\varphi(x)]=\begin{cases} x^2, & x\geqslant 0, \\ 0, & x<0. \end{cases}$$

例 5 函数 $f\left(\dfrac{1}{x}\right)=x+\sqrt{2+x^2}$ $(x>0)$ 与 $g(x)=\dfrac{1+\sqrt{1+2x^2}}{x}$ 是否相同?

解 由 $f\left(\dfrac{1}{x}\right)=x+\sqrt{2+x^2}$ $(x>0)$,可知 $f(x)=\dfrac{1+\sqrt{2x^2+1}}{x}$,它的定义域为 $x>0$,但 $g(x)=\dfrac{1+\sqrt{1+2x^2}}{x}$ 的定义域为 $x\neq 0$,因此两个函数不同.

2. 求函数的自然定义域

例 6 求函数 $f(x)=\sqrt{9-x^2}+\dfrac{1}{\sqrt{x^2-1}}$ 的定义域.

解 为使 $f(x)$ 有意义,应有
$$9-x^2\geqslant 0 \quad 且 \quad x^2-1>0.$$
由 $9-x^2\geqslant 0$,得 $-3\leqslant x\leqslant 3$;又由 $x^2-1>0$,得 $x>1$ 或 $x<-1$.

因此,函数 $f(x)$ 的定义域为
$$D(f)=[-3,3]\cap[(-\infty,-1)\cup(1,+\infty)]=[-3,-1)\cup(1,3].$$

例 7 设函数 $y=f(x)$ 的定义域为 $[0,3a]$ $(a>0)$,求
$$g(x)=f(x+a)+f(2x-3a)$$
的定义域.

解 因 $0\leqslant x+a\leqslant 3a$,从而 $-a\leqslant x\leqslant 2a$,故函数 $f(x+a)$ 的定义域为
$$D_1=[-a,2a].$$
又因 $0\leqslant 2x-3a\leqslant 3a$,从而 $\dfrac{3a}{2}\leqslant x\leqslant 3a$,故函数 $f(2x-3a)$ 的定义域为
$$D_2=\left[\dfrac{3a}{2},3a\right].$$
因此,函数 $g(x)$ 的定义域为

$$D(g) = D_1 \cap D_2 = [-a, 2a] \cap \left[\frac{3a}{2}, 3a\right] = \left[\frac{3a}{2}, 2a\right].$$

3. 求函数的值域

例 8 设函数 $f(x) = \begin{cases} \dfrac{x-8}{x+3}, & x \geqslant 8, \\ \dfrac{8-x}{x+3}, & x < 8, x \neq -3, \end{cases}$ 求 $f(c)$.

解 讨论两种情况：(1) $c \geqslant 8$，则 $f(c) = \dfrac{c-8}{c+3}$；(2) $c < 8, c \neq -3$，则 $f(c) = \dfrac{8-c}{c+3}$.

错解 $f(c) = \dfrac{c-8}{c+3}$ 或 $f(c) = \dfrac{8-c}{c+3}$.

错解分析 对分段函数分段定义的概念不清.

例 9 已知函数 $f(x) = \begin{cases} x^2, & x \leqslant 0, \\ x^2 + x, & x > 0, \end{cases}$ 求 $f(-x)$.

解 $f(-x) = \begin{cases} x^2 - x, & x < 0, \\ x^2, & x \geqslant 0. \end{cases}$

4. 讨论函数的基本性态

例 10 设 $f(x)$ 为定义在 $(-l, l)$ 内的奇函数. 若 $f(x)$ 在 $(0, l)$ 内单调增加，证明：$f(x)$ 在 $(-l, 0)$ 内也单调增加.

证明 对任意 $x_1, x_2 \in (-l, 0)$，设 $x_1 < x_2$，则 $0 < -x_2 < -x_1 < l$. 因为 $f(x)$ 在 $(0, l)$ 内单调增加，而 $0 < -x_2 < -x_1 < l$，所以 $f(-x_2) < f(-x_1)$. 又因为 $f(x)$ 为定义在 $(-l, l)$ 内的奇函数，所以 $-f(x_2) < -f(x_1)$，即 $f(x_2) > f(x_1)$. 故 $f(x)$ 在 $(-l, 0)$ 内也单调增加.

例 11 设函数 $f(x)$ 在区间 $(-a, a)$ 内有定义，证明：

(1) $f(x) + f(-x)$ 是偶函数； (2) $f(x) - f(-x)$ 是奇函数.

证明 (1) 因为函数 $f(x)$ 在区间 $(-a, a)$ 有定义，令 $F(x) = f(x) + f(-x)$，显然 $F(x)$ 的定义域为 $(-a, a)$，且 $F(-x) = f(-x) + f(x) = F(x)$，所以 $f(x) + f(-x)$ 是偶函数.

(2) 因为函数 $f(x)$ 在区间 $(-a, a)$ 内有定义，令 $F(x) = f(x) - f(-x)$，显然 $F(x)$ 的定义域为 $(-a, a)$，且 $F(-x) = f(-x) - f(x) = -F(x)$，所以 $f(x) - f(-x)$ 是奇函数.

例 12 函数 $f(x) = |\sin x|$ 的周期是（　　）.

A. $\dfrac{\pi}{2}$ B. π C. 2π D. 4π

解 因为函数 $f(x) = |\sin x|$ 的图形如图 1-1 所示，所以 $f(x) = |\sin x|$ 的周期为 π. 故选 B.

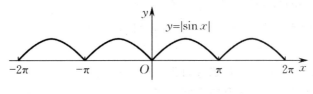

图 1-1

例 13 下列函数为复合函数的是( ).

A. $y = 1 + x + x^2 + \cdots + x^n$
B. $y = \left(\dfrac{1}{2}\right)^x$
C. $y = e^{-\sqrt{1+\sin x}}$
D. $y = \arcsin(2 + e^x)$

解 因为 A 是初等函数,B 是基本初等函数,D. $y = \arcsin(2 + e^x)$ 中 $y = \arcsin x$ 的定义域为 $[-1, 1]$,与 $y = 2 + e^x$ 的值域 $(2, +\infty)$ 的交集是空集,所以 $y = \arcsin(2 + e^x)$ 不是复合函数. 故选 C.

例 14 函数 $f(x) = \begin{cases} 2^x, & -1 < x < 0, \\ 2, & 0 \leqslant x < 1, \\ x - 1, & 1 \leqslant x \leqslant 3 \end{cases}$ 的值域是_____,_____(填"是"或"不是")有界函数.

解 因为当 $-1 < x < 0$ 时,$\dfrac{1}{2} < f(x) < 1$;当 $0 \leqslant x < 1$ 时,$f(x) = 2$;当 $1 \leqslant x \leqslant 3$ 时,$0 \leqslant f(x) \leqslant 2$,所以值域是 $[0, 2]$,即 $f(x)$ 是有界函数.

5. 函数的经济学应用

例 15 设某厂生产某种产品的最高日产量为 100 吨,固定成本为 130 万元,每生产 1 吨产品,总成本增加 6 万元,求该厂日产量的总成本函数和平均成本函数.

解 总成本为固定成本与可变成本之和. 根据题意,则有

总成本函数(单位:万元) 为 $C(x) = 130 + 6x, x \in [0, 100]$;

平均成本函数(单位:万元/吨) 为 $\overline{C}(x) = \dfrac{C(x)}{x} = \dfrac{130}{x} + 6, x \in [0, 100]$.

例 16 某厂生产某产品,销售量在 100 件以内时,每件售价 150 元;超过 100 件到 200 件的部分按九折出售;超过 200 件的部分按八五折出售,试将该产品的总收益 R 表示为销售量 x 的函数.

解 设 x 为销售量(单位:件),则依题设可知,总收益函数(单位:元) 为

$$R = R(x) = \begin{cases} 150x, & 0 \leqslant x \leqslant 100, \\ 150 \times 100 + 150 \times 0.9(x - 100), & 100 < x \leqslant 200, \\ 150 \times 100 + 150 \times 0.9 \times 100 + 150 \times 0.85(x - 200), & x > 200. \end{cases}$$

例 17 某企业生产一种产品的固定成本为 20 000 元,单位产品的可变成本为 3 000 元,单位产品的售价为 5 000 元,求:(1) 总成本函数;(2) 总收益函数;(3) 总利润函数.

解 (1) 总成本函数(单位:元) 为 $C(x) = 3\,000x + 20\,000$.

(2) 总收益函数(单位:元) 为 $R(x) = 5\,000x$.

(3) 总利润函数(单位:元) 为 $L(x) = 2\,000x - 20\,000$.

例 18 设某厂生产的掌上游戏机每台可卖 110 元,固定成本为 7 500 元,可变成本为每台 60 元.

(1) 要卖多少台掌上游戏机,厂家才可保本(收回投资)?

(2) 卖掉 100 台的话,厂家赢利或亏损了多少?

(3) 要获得 1 250 元利润,需要卖多少台?

解 (1) 设厂家生产的台数为 x,则总成本函数(单位:元)为 $C(x)=7\,500+60x$,总收益函数(单位:元)为 $R(x)=110x$.令 $R(x)=C(x)$,则 $7\,500+60x=110x$,解得 $x=150$.故要卖 150 台厂家才可保本.

(2) 因为 $C(100)=7\,500+60\times100=13\,500, R(100)=110\times100=11\,000, R(100)-C(100)=-2\,500$,所以卖掉 100 台的话,厂家亏损了 2 500 元.

(3) 总利润函数(单位:元)为
$$L(x)=R(x)-C(x)=110x-7\,500-60x=50x-7\,500.$$
令 $L(x)=1\,250$,则 $50x-7\,500=1\,250$,解得 $x=175$.故要获得 1 250 元利润,需要卖 175 台.

课后习题选解

(A)

2.求下列函数的定义域:

(3) $y=\sqrt{\lg\dfrac{5x-x^2}{4}}$;

解 因为 $\begin{cases}\lg\dfrac{5x-x^2}{4}\geqslant 0,\\ \dfrac{5x-x^2}{4}>0,\end{cases}$ 则 $\begin{cases}\dfrac{5x-x^2}{4}\geqslant 1,\\ \dfrac{5x-x^2}{4}>0,\end{cases}$ 即 $\begin{cases}5x-x^2-4\geqslant 0,\\ 5x-x^2>0,\end{cases}$ 所以 $\begin{cases}1\leqslant x\leqslant 4,\\ 0<x<5.\end{cases}$ 故函数的定义域为 $[1,4]$.

(7) $y=\ln(\sin x)+\sqrt{16-x^2}$;

解 因为 $\begin{cases}\sin x>0,\\ 16-x^2\geqslant 0,\end{cases}$ 所以 $\begin{cases}2k\pi<x<(2k+1)\pi, k\in\mathbf{Z},\\ -4\leqslant x\leqslant 4.\end{cases}$ 故函数的定义域为 $[-4,-\pi)\cup(0,\pi)$.

4.判断下列函数的奇偶性:

(4) $f(x)=\ln(x+\sqrt{1+x^2})$;

解 因为函数的定义域为一切实数,且
$$f(-x)=\ln[-x+\sqrt{1+(-x)^2}]=\ln(-x+\sqrt{1+x^2})$$
$$=\ln\dfrac{1}{x+\sqrt{1+x^2}}=-\ln(x+\sqrt{1+x^2})=-f(x),$$
所以 $f(x)$ 是奇函数.

(5) $f(x)=\begin{cases}1-x, & x\leqslant 0,\\ 1+x, & x>0.\end{cases}$

解 因为函数的定义域为一切实数,且
$$f(-x)=\begin{cases}1+x, & -x\leqslant 0,\\ 1-x, & -x>0,\end{cases} \quad 即 \quad f(-x)=\begin{cases}1+x, & x\geqslant 0,\\ 1-x, & x<0,\end{cases}$$
所以 $f(x)=f(-x)$.因此,$f(x)$ 是偶函数.

5.设函数 $f(x)$ 在区间 $(-a,a)$ 内有定义,证明:

(1) $f(x)+f(-x)$ 是偶函数; (2) $f(x)-f(-x)$ 是奇函数.(参见典型例题例 11.)

10.已知函数 $f\left(\sin\dfrac{x}{2}\right)=1+\cos x$,求 $f\left(\cos\dfrac{x}{2}\right)$.(参见典型例题例 1.)

11. 已知函数 $\varphi(\ln x) = \begin{cases} x^2, & 0 < x \leq 1, \\ 2, & x > 1, \end{cases}$ 求 $\varphi(x)$. (参见典型例题例 2.)

12. 已知函数 $f(x) = \sin x, f[\varphi(x)] = 1 - x^2$, 求 $\varphi(x)$ 及其定义域. (参见典型例题例 3.)

13. 已知函数 $f(x^2 - 1) = \lg \dfrac{x^2}{x^2 - 2}$, 且 $f[\varphi(x)] = \lg x$, 求 $\varphi(x)$. (参见典型例题例 3.)

17. 设某工厂生产某种产品的年产量为 x(单位:吨). 已知固定成本为 20 万元, 每生产 1 吨产品, 成本增加 100 元, 每吨产品的销售价格为 450 元, 试将总利润表示成年产量 x 的函数.

解 由题设知, 总成本函数(单位:元) 为 $C(x) = 200\,000 + 100x$, 总收益函数(单位:元) 为 $R(x) = 450x$, 所以总利润函数(单位:元) 为 $L(x) = 450x - 200\,000 - 100x = 350x - 200\,000$.

19. 已知某商品定价为 5 元/件时, 每月可售出 1000 件. 若售价每降低 0.01 元/件, 则可多售出 10 件, 试将总收益 R 表示为多售出的件数 x 的函数.

解 由题设, 售价每降低 0.01 元/件, 可多售出 10 件知, 若多售出 x 件, 则售价降低 $\dfrac{0.01x}{10}$ 元/件, 总收益函数(单位:元) 为 $R(x) = (1\,000 + x)\left(5 - \dfrac{0.01x}{10}\right)$.

20. 已知某种产品的需求量 Q 与价格 p 之间有以下关系式:
$$bQ^2 + p - a = 0 \quad (a, b \text{ 是大于零的常数}),$$
试求:(1) 需求函数 $Q(p)$ 和 $p(Q)$;(2) 总收益函数 $R(Q)$;(3) $p(0), Q(0), R(1), R\left(\sqrt{\dfrac{a}{3b}}\right)$.

解 (1) 需求函数为 $bQ^2 + p - a = 0$, 即 $Q(p) = \sqrt{\dfrac{a - p}{b}}, p(Q) = a - bQ^2$.

(2) 总收益函数为 $R(Q) = p(Q) \cdot Q = aQ - bQ^3$.

(3) $p(0) = (a - bQ^2)\Big|_{Q=0} = a, Q(0) = \sqrt{\dfrac{a-p}{b}}\Big|_{p=0} = \sqrt{\dfrac{a}{b}}, R(1) = (aQ - bQ^3)\Big|_{Q=1} = a - b,$
$R\left(\sqrt{\dfrac{a}{3b}}\right) = \dfrac{2a}{3}\sqrt{\dfrac{a}{3b}}.$

（B）

1. 填空题:

(3) 函数 $y = \begin{cases} 2\sqrt{x}, & 0 \leq x \leq 1, \\ 1 + x, & x > 1 \end{cases}$ 的反函数是 _____.

解 因为当 $0 \leq x \leq 1$ 时, $y = 2\sqrt{x}$, 则 $x = \dfrac{y^2}{4}(0 \leq y \leq 2)$; 当 $x > 1$ 时, $y = 1 + x$, 则 $x = y - 1 (y > 2)$, 因此所求反函数为 $y = \begin{cases} \dfrac{x^2}{4}, & 0 \leq x \leq 2, \\ x - 1, & x > 2. \end{cases}$

(6) 设函数 $g(x) = 1 + x$, 且当 $x \neq 0$ 时, $f[g(x)] = \dfrac{1-x}{x}$, 则 $f\left(\dfrac{1}{2}\right) =$ _____.

解 令 $g(x) = \dfrac{1}{2}$, 得 $x = -\dfrac{1}{2}$, 代入得 $f\left(\dfrac{1}{2}\right) = f\left[g\left(-\dfrac{1}{2}\right)\right] = \dfrac{1 - \left(-\dfrac{1}{2}\right)}{-\dfrac{1}{2}} = -3$.

第二章 极限与连续

内容简介

1. 数列的极限

（1）数列的概念

定义 2.1 无穷多个数按一定顺序排列得到一个序列

$$x_1, x_2, x_3, \cdots, x_n, \cdots,$$

这个序列称为数列,记作 $\{x_n\}$,其中每一个数都称为该数列的项,第 n 项 x_n 称为该数列的通项或一般项.

（2）数列的极限

定义 2.2 设 $\{x_n\}$ 是一个已知数列,a 是一个确定的常数.如果当 n 无限增大（记作 $n \to \infty$）时,x_n 无限接近于 a,则称数列 $\{x_n\}$ 以 a 为极限,记作

$$\lim_{n \to \infty} x_n = a \quad \text{或} \quad x_n \to a \ (n \to \infty).$$

此时,我们也称数列 $\{x_n\}$ 收敛,并且收敛于极限 a;否则,称数列 $\{x_n\}$ 发散,或者称数列 $\{x_n\}$ 的极限不存在.

定义 2.3（分析定义） 设 $\{x_n\}$ 是一个已知数列,a 是一个确定的常数.如果对于任意给定的正数 ε（不论它多么小）,总存在正整数 N,使得当 $n > N$ 时,都有

$$|x_n - a| < \varepsilon$$

成立,则称常数 a 是数列 $\{x_n\}$ 的极限.

2. 函数的极限

（1）$x \to \infty$ 时函数 $f(x)$ 的极限

定义 2.4 设函数 $f(x)$ 当 $|x| > a \ (a > 0)$ 时有定义,A 是一个确定的常数.如果当 $x \to \infty$ 时,对应的函数值 $f(x)$ 无限接近于常数 A,则称函数 $f(x)$ 当 $x \to \infty$ 时以 A 为极限,记作

$$\lim_{x \to \infty} f(x) = A \quad \text{或} \quad f(x) \to A \ (x \to \infty).$$

定义 2.5（分析定义） 设函数 $f(x)$ 当 $|x| > a \ (a > 0)$ 时有定义,A 是一个确定的常数.如果对于任意给定的正数 ε（不论它多么小）,总存在一个正数 M,使得当 $|x| > M$ 时,都有

$$|f(x) - A| < \varepsilon$$

成立,则称函数 $f(x)$ 当 $x \to \infty$ 时以 A 为极限.

(2) $x \to x_0$ 时函数 $f(x)$ 的极限

定义 2.6　设函数 $f(x)$ 在点 x_0 的某空心邻域 $\mathring{U}(x_0)$ 内有定义,A 是一个确定的常数. 当 x 无限接近于 $x_0(x \neq x_0)$ 时,如果对应的函数值 $f(x)$ 无限接近于常数 A,则称函数 $f(x)$ 当 $x \to x_0$ 时以 A 为极限,记作

$$\lim_{x \to x_0} f(x) = A \quad \text{或} \quad f(x) \to A \ (x \to x_0).$$

定义 2.7(分析定义)　设函数 $f(x)$ 在点 x_0 的某空心邻域 $\mathring{U}(x_0)$ 内有定义,A 是一个确定的常数. 如果对于任意给定的正数 ε(不论它多么小),总存在正数 δ,使得当 $0 < |x - x_0| < \delta$ 时,都有

$$|f(x) - A| < \varepsilon$$

成立,则称函数 $f(x)$ 当 $x \to x_0$ 时以 A 为极限.

(3) 左极限和右极限

定义 2.8　设函数 $f(x)$ 在点 x_0 的空心左邻域 $\mathring{U}_-(x_0)$(或空心右邻域 $\mathring{U}_+(x_0)$)内有定义,A 是一个确定的常数. 当 x 从 x_0 的左侧(或右侧)无限接近于 $x_0(x \neq x_0)$ 时,如果对应的函数值 $f(x)$ 无限接近于常数 A,则称函数 $f(x)$ 当 $x \to x_0$ 时的左极限(或右极限)为 A,记作

$$\lim_{x \to x_0^-} f(x) = A \quad \left(\text{或} \lim_{x \to x_0^+} f(x) = A\right),$$

也可以简记为

$$f(x_0^-) = A \quad (\text{或} \ f(x_0^+) = A).$$

定义 2.9(分析定义)　设函数 $f(x)$ 在点 x_0 的空心左邻域 $\mathring{U}_-(x_0)$(或空心右邻域 $\mathring{U}_+(x_0)$)内有定义,A 是一个确定的常数. 如果对于任意给定的正数 ε(不论它多么小),总存在正数 δ,当 $-\delta < x - x_0 < 0$(或 $0 < x - x_0 < \delta$)时,有 $|f(x) - A| < \varepsilon$,则称函数 $f(x)$ 当 $x \to x_0$ 时的左极限(或右极限)为 A.

3. 无穷小量与无穷大量

(1) 无穷小量

定义 2.10　若函数 $y = f(x)$ 当 $x \to x_0$(或 $x \to \infty$)时的极限为零,则称函数 $y = f(x)$ 为当 $x \to x_0$(或 $x \to \infty$)时的无穷小量.

定义 2.10′　$\lim\limits_{x \to \infty} f(x) = 0 \Leftrightarrow \forall \varepsilon > 0, \exists M > 0,$ 当 $|x| > M$ 时,恒有 $|f(x)| < \varepsilon$.

定义 2.10″　$\lim\limits_{x \to x_0} f(x) = 0 \Leftrightarrow \forall \varepsilon > 0, \exists \delta > 0,$ 当 $0 < |x - x_0| < \delta$ 时,恒有 $|f(x)| < \varepsilon$.

(2) 无穷大量

定义 2.11　设函数 $y = f(x)$ 在点 x_0 的某一空心邻域内有定义. 如果对于任意给定的正数 M(不论它多么大),总存在正数 δ,当 $0 < |x - x_0| < \delta$ 时,都有

$$|f(x)| > M$$

成立,则称函数 $f(x)$ 为当 $x \to x_0$ 时的无穷大量,记作

$$\lim_{x \to x_0} f(x) = \infty.$$

定义 2.11' $\lim\limits_{x \to \infty} f(x) = \infty \Leftrightarrow \forall M > 0, \exists X > 0$, 当 $|x| > X$ 时, 恒有 $|f(x)| > M$.

定义 2.11'' $\lim\limits_{x \to x_0} f(x) = \infty \Leftrightarrow \forall M > 0, \exists \delta > 0$, 当 $0 < |x - x_0| < \delta$ 时, 恒有 $|f(x)| > M$.

(3) 无穷小量阶的比较

定义 2.12 设在自变量的同一极限过程中, α, β 都是无穷小量.

① 如果 $\lim \dfrac{\alpha}{\beta} = 0$, 则称 α 是比 β 高阶的无穷小量, 记作 $\alpha = o(\beta)$;

② 如果 $\lim \dfrac{\alpha}{\beta} = \infty$, 则称 α 是比 β 低阶的无穷小量;

③ 如果 $\lim \dfrac{\alpha}{\beta} = C$ (C 为常数, 且 $C \neq 0$), 则称 α 与 β 是同阶无穷小量. 特别地, 若 $C = 1$, 则称 α 与 β 是等价无穷小量, 记作 $\alpha \sim \beta$.

4. 函数的连续性

(1) 连续函数的概念

定义 2.13 设函数 $y = f(x)$ 在点 x_0 的某邻域 $U(x_0)$ 内有定义. 如果当自变量 x 在点 x_0 处的改变量 Δx 趋于零时, 函数的相应改变量 Δy 也趋于零, 即

$$\lim_{\Delta x \to 0} \Delta y = \lim_{\Delta x \to 0} [f(x_0 + \Delta x) - f(x_0)] = 0,$$

则称函数 $f(x)$ 在点 x_0 处连续, 点 x_0 称为 $f(x)$ 的连续点.

在定义 2.13 中, 若令 $x_0 + \Delta x = x$, 则当 $\Delta x \to 0$ 时, $x \to x_0$, 于是有

$$\lim_{x \to x_0} f(x) = f(x_0).$$

因此, 函数 $y = f(x)$ 在点 x_0 处连续的定义又可以叙述如下.

定义 2.13' 设函数 $y = f(x)$ 在点 x_0 的某邻域 $U(x_0)$ 内有定义. 如果当 $x \to x_0$ 时, 函数 $f(x)$ 的极限存在, 且等于函数值 $f(x_0)$, 即

$$\lim_{x \to x_0} f(x) = f(x_0),$$

则称函数 $y = f(x)$ 在点 x_0 处连续.

定义 2.14 设函数 $y = f(x)$ 在点 x_0 的左邻域 $U_-(x_0)$ (或右邻域 $U_+(x_0)$) 内有定义. 若 $\lim\limits_{x \to x_0^-} f(x) = f(x_0) \left(\text{或} \lim\limits_{x \to x_0^+} f(x) = f(x_0) \right)$, 则称函数 $y = f(x)$ 在点 x_0 处左连续 (或右连续).

(2) 函数的间断点及其分类

定义 2.15 如果函数 $f(x)$ 在点 x_0 处不满足连续的条件, 则称 $f(x)$ 在点 x_0 处不连续, 点 x_0 称为 $f(x)$ 的不连续点或间断点.

下面是函数间断点的几种常见类型.

如果函数 $f(x)$ 当 $x \to x_0$ 时的极限存在, 但该极限值不等于点 x_0 处的函数值 $f(x_0)$ (或 $f(x)$ 在点 x_0 处无定义), 则称点 x_0 为函数 $f(x)$ 的可去间断点.

如果函数 $f(x)$ 当 $x \to x_0$ 时的左、右极限都存在, 但不相等, 则称点 x_0 为函数 $f(x)$ 的跳跃间断点.

可去间断点和跳跃间断点统称为第一类间断点. 第一类间断点的特点是: 左极限和右极限都存在.

如果 $\lim\limits_{x \to x_0} f(x) = \infty$，则称点 x_0 为函数 $f(x)$ 的无穷间断点.

第一类间断点以外的所有其他形式的间断点统称为第二类间断点.

重要公式、定理及结论

1. 收敛数列的性质

定理 2.1（唯一性） 如果数列 $\{x_n\}$ 收敛，那么它的极限唯一.

定理 2.2（有界性） 如果数列 $\{x_n\}$ 收敛，那么数列 $\{x_n\}$ 一定有界.

定理 2.3（保号性） 设数列 $\{x_n\}$ 收敛，且极限为 a.

① 如果存在正整数 N，使得当 $n > N$ 时，$x_n > 0$（或 $x_n < 0$），则 $a \geqslant 0$（或 $a \leqslant 0$）；

② 如果 $a > 0$（或 $a < 0$），则存在正整数 N，使得当 $n > N$ 时，$x_n > 0$（或 $x_n < 0$）.

2. 函数的极限

定理 2.4 $\lim\limits_{x \to \infty} f(x) = A$（$A$ 是一个确定的常数）的充要条件是

$$\lim\limits_{x \to +\infty} f(x) = \lim\limits_{x \to -\infty} f(x) = A.$$

定理 2.5 函数 $f(x)$ 当 $x \to x_0$ 时的极限存在的充要条件是左极限和右极限都存在且相等，即 $\lim\limits_{x \to x_0} f(x) = A \Leftrightarrow \lim\limits_{x \to x_0^-} f(x) = \lim\limits_{x \to x_0^+} f(x) = A$.

3. 函数极限的性质

仅就 $x \to x_0$ 这一变化过程为代表叙述函数极限的性质，对于其他形式的函数极限有类似的结论.

定理 2.6（唯一性） 若 $\lim\limits_{x \to x_0} f(x)$ 存在，则极限值唯一，即若 $\lim\limits_{x \to x_0} f(x) = A, \lim\limits_{x \to x_0} f(x) = B$，则 $A = B$.

定理 2.7（局部有界性） 若 $\lim\limits_{x \to x_0} f(x)$ 存在，则存在点 x_0 的某空心邻域 $\mathring{U}(x_0)$，使得 $f(x)$ 在 $\mathring{U}(x_0)$ 内有界.

定理 2.8（局部保号性） 若 $\lim\limits_{x \to x_0} f(x) = A > 0$（或 $A < 0$），则存在点 x_0 的某空心邻域 $\mathring{U}(x_0)$，使得对 $\mathring{U}(x_0)$ 内的一切 x，恒有 $f(x) > 0$（或 $f(x) < 0$）.

定理 2.9 若 $\lim\limits_{x \to x_0} f(x) = A$，且在点 x_0 的某空心邻域 $\mathring{U}(x_0)$ 内，恒有 $f(x) \geqslant 0$（或 $f(x) \leqslant 0$），则 $A \geqslant 0$（或 $A \leqslant 0$）.

定理 2.10（极限不等式） 若 $\lim\limits_{x \to x_0} f(x) = A, \lim\limits_{x \to x_0} g(x) = B$，且在点 x_0 的某空心邻域 $\mathring{U}(x_0)$ 内，恒有 $f(x) \geqslant g(x)$，则 $A \geqslant B$.

4. 极限的四则运算法则

仅就 $x \to x_0$ 这一变化过程为代表叙述函数极限的四则运算法则,对于其他形式的函数极限(包括数列极限)有类似的结论.

定理 2.11 设极限 $\lim\limits_{x \to x_0} f(x) = A$ 与 $\lim\limits_{x \to x_0} g(x) = B$ 都存在,则当 $x \to x_0$ 时,函数 $f(x) \pm g(x), f(x) \cdot g(x), \dfrac{f(x)}{g(x)}(B \neq 0), f(x)^{g(x)}(A > 0)$ 的极限也都存在,并且

① $\lim\limits_{x \to x_0}[f(x) \pm g(x)] = \lim\limits_{x \to x_0} f(x) \pm \lim\limits_{x \to x_0} g(x) = A + B$,

此结论可推广到有限个函数代数和的情形;

② $\lim\limits_{x \to x_0}[f(x) \cdot g(x)] = \lim\limits_{x \to x_0} f(x) \cdot \lim\limits_{x \to x_0} g(x) = AB$,

此结论可推广到有限个函数乘积的情形;

③ $\lim\limits_{x \to x_0} \dfrac{f(x)}{g(x)} = \dfrac{\lim\limits_{x \to x_0} f(x)}{\lim\limits_{x \to x_0} g(x)} = \dfrac{A}{B} \quad (B \neq 0)$;

④ $\lim\limits_{x \to x_0} f(x)^{g(x)} = \left[\lim\limits_{x \to x_0} f(x)\right]^{\lim\limits_{x \to x_0} g(x)} = A^B \quad (A > 0)$.

利用结论 ②,还可以推证出如下几个结论:

ⅰ) $\lim\limits_{x \to x_0}[Cf(x)] = C \lim\limits_{x \to x_0} f(x) = CA \quad$ (C 是一个常数);

ⅱ) $\lim\limits_{x \to x_0}[f(x)]^n = \left[\lim\limits_{x \to x_0} f(x)\right]^n = A^n \quad$ (n 为正整数);

ⅲ) 若 $\lim\limits_{x \to x_0} f(x) = A > 0, n$ 是正整数,则有

$$\lim\limits_{x \to x_0}[f(x)]^{\frac{1}{n}} = \left[\lim\limits_{x \to x_0} f(x)\right]^{\frac{1}{n}} = A^{\frac{1}{n}}.$$

5. 极限的存在性定理及两个重要极限

定理 2.12(夹逼定理) 如果数列 $\{x_n\}, \{y_n\}$ 及 $\{z_n\}$ 满足下列条件:

① $\lim\limits_{n \to \infty} y_n = \lim\limits_{n \to \infty} z_n = a$;

② $\exists N_0 \in \mathbf{N}^+$,当 $n > N_0$ 时,恒有 $y_n \leqslant x_n \leqslant z_n$,则数列 $\{x_n\}$ 的极限存在,且 $\lim\limits_{n \to \infty} x_n = a$.

上述关于数列极限的存在性定理可以推广到函数极限. 下面仅就 $x \to x_0$ 的函数极限过程给出结论.

定理 2.12′ 设 $\lim\limits_{x \to x_0} g(x) = \lim\limits_{x \to x_0} h(x) = A$. 如果对于点 x_0 的某空心邻域 $\mathring{U}(x_0)$ 内的一切 x,都有 $g(x) \leqslant f(x) \leqslant h(x)$,则 $\lim\limits_{x \to x_0} f(x)$ 存在且等于 A.

定理 2.13 单调有界数列必有极限.

两个重要极限:

$$\lim\limits_{x \to 0} \frac{\sin x}{x} = 1, \quad \lim\limits_{x \to \infty}\left(1 + \frac{1}{x}\right)^x = \mathrm{e}.$$

6. 无穷小量与无穷大量

(1) 无穷小量与函数极限的关系

定理 2.14　在自变量的同一极限过程中，$f(x)$ 以 A 为极限的充要条件是：$f(x)$ 可以表示为 A 与一个无穷小量的和，即

$$\lim f(x) = A \Leftrightarrow f(x) = A + \alpha(x),$$

其中 $\lim \alpha(x) = 0$.

（2）无穷小量的运算性质

定理 2.15　有限个无穷小量的代数和仍是无穷小量.

定理 2.16　有限个无穷小量的乘积仍是无穷小量.

定理 2.17　有界变量与无穷小量的乘积仍是无穷小量.

注　① 无穷多个无穷小量的和未必是无穷小量；
② 两个无穷小量的商（分母不为零）未必是无穷小量.

（3）无穷小量与无穷大量的关系

定理 2.18　在自变量的同一极限过程中，

① 若 $f(x)$ 为无穷小量，且 $f(x) \neq 0$，则 $\dfrac{1}{f(x)}$ 为无穷大量；

② 若 $f(x)$ 为无穷大量，则 $\dfrac{1}{f(x)}$ 为无穷小量.

（4）无穷小量等价替换原理

定理 2.19　设在自变量的同一极限过程中，$\alpha, \beta, \tilde{\alpha}, \tilde{\beta}$ 都是无穷小量，且 $\alpha \sim \tilde{\alpha}, \beta \sim \tilde{\beta}$. 若 $\lim \dfrac{\tilde{\alpha}}{\tilde{\beta}}$ 存在，则 $\lim \dfrac{\alpha}{\beta}$ 也存在，且 $\lim \dfrac{\alpha}{\beta} = \lim \dfrac{\tilde{\alpha}}{\tilde{\beta}}$.

在极限运算中，常用的等价无穷小量有下列几种：当 $x \to 0$ 时，有

$\sin x \sim x$, $\quad \tan x \sim x$, $\quad \arcsin x \sim x$, $\quad \arctan x \sim x$,

$e^x - 1 \sim x$, $\quad a^x - 1 \sim x \ln a \, (a > 0, a \neq 1)$, $\quad \ln(1+x) \sim x$,

$(1+x)^\lambda - 1 \sim \lambda x \, (\lambda \neq 0)$, $\quad 1 - \cos x \sim \dfrac{x^2}{2}$, $\quad \sqrt{1+x} - 1 \sim \dfrac{x}{2}$.

7. 函数的连续性

（1）函数连续的充要条件

定理 2.20　函数 $f(x)$ 在点 x_0 处连续的充要条件是：$f(x)$ 在点 x_0 处左连续且右连续，即

$$\lim_{x \to x_0} f(x) = f(x_0) \Leftrightarrow \lim_{x \to x_0^-} f(x) = \lim_{x \to x_0^+} f(x) = f(x_0).$$

（2）连续函数的运算法则

定理 2.21　如果函数 $f(x)$ 和 $g(x)$ 都在点 x_0 处连续，那么它们的和、差、积、商（$g(x_0) \neq 0$）也都在点 x_0 处连续.

定理 2.22　如果函数 $y = f(x)$ 在区间 I 上单调增加（或减少）且连续，那么其反函数 $y = f^{-1}(x)$ 也在相应的区间上单调增加（或减少）且连续.

定理 2.23　设函数 $y = f[\varphi(x)]$ 由函数 $y = f(u)$ 与函数 $u = \varphi(x)$ 复合而成，其中 $\lim_{x \to x_0} \varphi(x) = u_0$，而函数 $y = f(u)$ 在点 $u = u_0$ 处连续，则

$$\lim_{x \to x_0} f[\varphi(x)] = \lim_{u \to u_0} f(u) = f(u_0).$$

(3) 初等函数的连续性

定理 2.24 一切基本初等函数在其定义域上都是连续的.

定理 2.25 一切初等函数在其定义区间上都是连续的.

(4) 闭区间上连续函数的性质

定理 2.26（最大值、最小值定理） 闭区间上的连续函数一定可以取到最大值和最小值.

定理 2.27（有界性定理） 闭区间上的连续函数一定是有界函数.

定理 2.28（介值定理） 闭区间上的连续函数一定可以取到介于最小值 m 与最大值 M 之间的一切数值，即对于任意的 $c \in (m,M)$，至少存在一点 $\xi \in (a,b)$，使得 $f(\xi) = c$.

定理 2.29（零值定理） 设函数 $f(x)$ 在闭区间 $[a,b]$ 上连续，且 $f(a)f(b) < 0$，则至少存在一点 $\xi \in (a,b)$，使得 $f(\xi) = 0$.

复习考试要求

1. 理解数列极限与函数极限的定义.
2. 掌握收敛数列的性质和函数极限的性质.
3. 掌握已学过的求极限的方法.
4. 理解一元函数连续性的定义（点、区间），掌握间断点的概念及分类.
5. 了解初等函数的连续性，掌握利用函数的连续性求极限的方法.
6. 能正确叙述和简单应用闭区间上连续函数的性质.

典 型 例 题

1. 用极限的定义证明极限

例 1 用极限的定义证明：$\lim\limits_{n \to \infty} \dfrac{n}{3n+2} = \dfrac{1}{3}$.

证明 对任意给定的 $\varepsilon > 0$，要使不等式

$$\left| x_n - \frac{1}{3} \right| = \left| \frac{n}{3n+2} - \frac{1}{3} \right| = \frac{2}{3(3n+2)} < \varepsilon$$

成立，只需 $n > \dfrac{2}{3}\left(\dfrac{1}{3\varepsilon} - 1\right)$ 成立.

因此，若取正整数 $N = 1 + \left[\dfrac{2}{3}\left(\dfrac{1}{3\varepsilon} - 1\right)\right]$，则当 $n > N$ 时，就有

$$\left| x_n - \frac{1}{3} \right| = \frac{2}{3(3n+2)} < \varepsilon.$$

故

$$\lim_{n \to \infty} \frac{n}{3n+2} = \frac{1}{3}.$$

例 2 用极限的定义证明:$\lim\limits_{x\to\frac{1}{2}}\dfrac{4x^2-1}{2x-1}=2$.

证明 对任意给定的 $\varepsilon>0$,要使不等式
$$|f(x)-2|=|(2x+1)-2|=|2x-1|=2\left|x-\dfrac{1}{2}\right|<\varepsilon$$
成立,只需 $\left|x-\dfrac{1}{2}\right|<\dfrac{\varepsilon}{2}$ 即可.

因此,取 $\delta=\dfrac{\varepsilon}{2}$,则当 $\left|x-\dfrac{1}{2}\right|<\delta$ 时,就有
$$|f(x)-2|<\varepsilon.$$
故
$$\lim\limits_{x\to\frac{1}{2}}\dfrac{4x^2-1}{2x-1}=2.$$

2. 求函数极限的方法

(1) 直接代入法(适用于初等函数在定义区间上求极限)

例 3 求 $\lim\limits_{x\to 2}\dfrac{\sqrt{x^2+5}\lg(6x^4+4)}{(x^2+2)\arctan\dfrac{x}{2}}$.

解 原式 $=\dfrac{\sqrt{2^2+5}\lg(6\times 2^4+4)}{(2^2+2)\arctan 1}=\dfrac{3\lg 100}{6\times\dfrac{\pi}{4}}=\dfrac{4}{\pi}$.

(2) 极限的四则运算法则

极限的四则运算法则中参加运算的函数必须是同一个极限过程,而且每个函数的极限都必须存在(分母不为零).

若 $f(x)$ 为多项式,且 $f(x)$ 在点 x_0 处有定义,根据极限的四则运算法则,则有
$$\lim\limits_{x\to x_0}f(x)=f(x_0).$$

(3) 无穷小量的性质

例 4 求 $\lim\limits_{x\to+\infty}\dfrac{x^2\cos\sqrt{x}}{1+x^4}$.

解 当 $x\to+\infty$ 时,$\dfrac{x^2}{1+x^4}$ 是无穷小量,虽然 $x\to+\infty$ 时,$\cos\sqrt{x}$ 的极限不存在,但它是有界函数,因此
$$\lim\limits_{x\to+\infty}\dfrac{x^2\cos\sqrt{x}}{1+x^4}=0.$$

(4) 约去零因式法$\left(\text{适用于}\dfrac{0}{0}\text{型未定式}\right)$

例 5 求 $\lim\limits_{x\to -2}\dfrac{x^3-x^2-16x-20}{x^3+7x^2+16x+12}$.

解 当 $x\to -2$ 时,分子及分母的极限都是零,不能使用商的极限的四则运算法则.因分子、分母有公因子 $x+2$,且当 $x\to -2$ 时,$x\neq -2$,故分式的分子、分母可约去不为零的公因子 $x+2$,于是

第二章 极限与连续

$$原式 = \lim_{x \to -2} \frac{(x+2)(x^2-3x-10)}{(x+2)(x^2+5x+6)} = \lim_{x \to -2} \frac{x^2-3x-10}{x^2+5x+6} \quad \left(\frac{0}{0} \text{型未定式}\right)$$

$$= \lim_{x \to -2} \frac{(x+2)(x-5)}{(x+2)(x+3)} = \lim_{x \to -2} \frac{x-5}{x+3} = -7.$$

例 6 求 $\lim\limits_{x \to 8} \dfrac{\sqrt{1+x}-3}{2-\sqrt[3]{x}}$.

解 所求极限是 $\dfrac{0}{0}$ 型未定式,可先将分子、分母有理化后再消去非零公因子:

$$原式 = \lim_{x \to 8} \frac{(1+x-9)(4+2\sqrt[3]{x}+\sqrt[3]{x^2})}{(8-x)(\sqrt{1+x}+3)} = -2.$$

(5) 除以适当的无穷大量法 $\left(\text{适用于} \dfrac{\infty}{\infty} \text{型未定式}\right)$

例 7 求 $\lim\limits_{x \to \infty} \dfrac{5x^2-3x+1}{x^3+x^2-4}$.

解 当 $x \to \infty$ 时,分子、分母的绝对值无限增大,极限不存在,将分子、分母同除以最高次项 x^3,得

$$原式 = \lim_{x \to \infty} \frac{\dfrac{5}{x}-\dfrac{3}{x^2}+\dfrac{1}{x^3}}{1+\dfrac{1}{x}-\dfrac{4}{x^3}} = \frac{0}{1} = 0.$$

注 一般地,当 $a_0 \neq 0, b_0 \neq 0$,m 和 n 为非负整数时,有

$$\lim_{x \to \infty} \frac{a_0 x^n + a_1 x^{n-1} + a_2 x^{n-2} + \cdots + a_{n-1} x + a_n}{b_0 x^m + b_1 x^{m-1} + b_2 x^{m-2} + \cdots + b_{m-1} x + b_m} = \begin{cases} 0, & n < m, \\ \dfrac{a_0}{b_0}, & n = m, \\ \infty, & n > m. \end{cases}$$

(6) 通分法(适用于 $\infty - \infty$ 型未定式)

例 8 求 $\lim\limits_{x \to 2} \left(\dfrac{1}{2-x} - \dfrac{12}{8-x^3}\right)$.

解 当 $x \to 2$ 时,$\lim\limits_{x \to 2} \dfrac{1}{2-x} = \infty$,$\lim\limits_{x \to \infty} \dfrac{12}{8-x^3} = \infty$,所以不能直接使用极限的四则运算法则. 但当 $x \neq 2$ 时,

$$\frac{1}{2-x} - \frac{12}{8-x^3} = \frac{(4+2x+x^2)-12}{(2-x)(4+2x+x^2)} = \frac{x^2+2x-8}{(2-x)(4+2x+x^2)}$$

$$= \frac{(2-x)(-4-x)}{(2-x)(4+2x+x^2)} = \frac{-x-4}{4+2x+x^2},$$

于是原式 $= \lim\limits_{x \to 2} \dfrac{-x-4}{4+2x+x^2} = -\dfrac{1}{2}$.

(7) 有理化法(适用于当 $x \to x_0$ 或 $x \to \infty$ 时,$\dfrac{0}{0}$,$\infty - \infty$ 或 $\dfrac{\infty}{\infty}$ 等型的未定式,且带根式的极限)

例 9 求 $\lim\limits_{x \to +\infty} \dfrac{\sqrt{x^2+2x}-\sqrt{x-1}}{x}$.

解 当 $x \to +\infty$ 时,每一项都趋于 $+\infty$,极限不存在,应先将分子有理化后再将分子、分母同时除以 x^2,于是

原式 $= \lim\limits_{x \to +\infty} \dfrac{(x^2+2x)-(x-1)}{x(\sqrt{x^2+2x}+\sqrt{x-1})} = \lim\limits_{x \to +\infty} \dfrac{x^2+x+1}{x(\sqrt{x^2+2x}+\sqrt{x-1})}$

$= \lim\limits_{x \to +\infty} \dfrac{1+\dfrac{1}{x}+\dfrac{1}{x^2}}{\sqrt{1+\dfrac{2}{x}}+\sqrt{\dfrac{1}{x}-\dfrac{1}{x^2}}} = \dfrac{1+0+0}{1+0} = 1.$

(8) 数列求和法

例 10 求 $\lim\limits_{n \to \infty}\left(\dfrac{1}{n^2}+\dfrac{3}{n^2}+\cdots+\dfrac{2n-1}{n^2}\right)$.

解 当 $n \to \infty$ 时,上式是无穷项的和,不能直接使用极限的四则运算法则,但可以先将上式变形后,再求极限:

$\lim\limits_{n \to \infty}\left(\dfrac{1}{n^2}+\dfrac{3}{n^2}+\cdots+\dfrac{2n-1}{n^2}\right) = \lim\limits_{n \to \infty}\dfrac{1}{n^2}\cdot\dfrac{n[1+(2n-1)]}{2} = \lim\limits_{n \to \infty}1 = 1.$

(9) 变量替换法(适用于分子、分母的根指数不相同的极限类型)

例 11 求 $\lim\limits_{x \to 1}\dfrac{1-\sqrt[n]{x}}{1-\sqrt[m]{x}}$.

解 当 $x \to 1$ 时,分子及分母的极限都是零,且不容易直接因式分解. 令 $t = \sqrt[mn]{x}$,则当 $x \to 1$ 时,$t \to 1$,于是

原式 $= \lim\limits_{t \to 1}\dfrac{1-t^m}{1-t^n}$ $\left(\dfrac{0}{0}\text{ 型未定式,用约去零因式法}\right) = \lim\limits_{t \to 1}\dfrac{(1-t)(1+t+t^2+\cdots+t^{m-1})}{(1-t)(1+t+t^2+\cdots+t^{n-1})}$

$= \lim\limits_{t \to 1}\dfrac{1+t+t^2+\cdots+t^{m-1}}{1+t+t^2+\cdots+t^{n-1}} = \dfrac{m}{n}.$

(10) 利用两个重要极限法

利用重要极限求极限时,最重要的是对所给函数或数列做适当变形或变量代换,使之具有相应的形式.

例 12 求 $\lim\limits_{x \to \pi}\dfrac{\sin x}{1-\left(\dfrac{x}{\pi}\right)^2}$ $\left(\dfrac{0}{0}\text{ 型未定式}\right)$.

解 $\lim\limits_{x \to \pi}\dfrac{\pi^2\sin x}{\pi^2-x^2} = \lim\limits_{x \to \pi}\dfrac{\pi^2\sin(\pi-x)}{(\pi+x)(\pi-x)} = \lim\limits_{x \to \pi}\dfrac{\pi^2}{\pi+x}\cdot\lim\limits_{x \to \pi}\dfrac{\sin(\pi-x)}{\pi-x} = \dfrac{\pi}{2}.$

例 13 求 $\lim\limits_{x \to \infty}x\sin\dfrac{2x}{x^2+1}$.

解 $\lim\limits_{x \to \infty}x\sin\dfrac{2x}{x^2+1} = \lim\limits_{x \to \infty}\left[\dfrac{\sin\dfrac{2x}{x^2+1}}{\dfrac{2x}{x^2+1}}\cdot\dfrac{2x^2}{x^2+1}\right] = \lim\limits_{x \to \infty}\dfrac{\sin\dfrac{2x}{x^2+1}}{\dfrac{2x}{x^2+1}}\cdot\lim\limits_{x \to \infty}\dfrac{2x^2}{x^2+1}$

$= 1 \times 2 = 2.$

例 14 求 $\lim\limits_{x \to \infty}\left(\dfrac{3x^2+4}{3x^2-2}\right)^{6x^2-8}$ (1^∞ 型未定式).

解 原式 $= \lim\limits_{x \to \infty}\left(\dfrac{3x^2-2+6}{3x^2-2}\right)^{6x^2-8} = \lim\limits_{x \to \infty}\left(1+\dfrac{6}{3x^2-2}\right)^{\frac{3x^2-2}{6}\cdot\frac{6}{3x^2-2}\cdot(6x^2-8)}$

$= \lim\limits_{x \to \infty}\left[\left(1+\dfrac{6}{3x^2-2}\right)^{\frac{3x^2-2}{6}}\right]^{\frac{36x^2-48}{3x^2-2}} = \left[\lim\limits_{x \to \infty}\left(1+\dfrac{6}{3x^2-2}\right)^{\frac{3x^2-2}{6}}\right]^{\lim\limits_{x \to \infty}\frac{36x^2-48}{3x^2-2}} = e^{12}.$

例 15 求 $\lim\limits_{n\to\infty}\left(\dfrac{n+1}{n}\right)^{(-1)^n}$.

解 原式 $=\lim\limits_{n\to\infty}\left(1+\dfrac{1}{n}\right)^{n\cdot\frac{(-1)^n}{n}}=\mathrm{e}^0=1$.

(11) 利用等价无穷小量代换定理求极限

例 16 求 $\lim\limits_{x\to 0}\dfrac{\tan x-\sin x}{x\sin^2 x}$.

解 当 $x\to 0$ 时,$\tan x\sim x$,$1-\cos x\sim\dfrac{x^2}{2}$,$\sin^2 x\sim x^2$,则

$$\text{原式}=\lim_{x\to 0}\dfrac{\tan x(1-\cos x)}{x\sin^2 x}=\lim_{x\to 0}\dfrac{x\cdot\dfrac{x^2}{2}}{x^3}=\dfrac{1}{2}.$$

注 求极限时,等价无穷小量代换不能在加减法中使用.本例按下面的方法计算是错误的:

$$\lim_{x\to 0}\dfrac{\tan x-\sin x}{x\sin^2 x}=\lim_{x\to 0}\dfrac{x-x}{x^3}=0.$$

例 17 设 $\lim\limits_{x\to 0}\dfrac{\sin x}{\mathrm{e}^x-a}(\cos x-b)=5$,则 $a=$ _____,$b=$ _____.

解 由 $\lim\limits_{x\to 0}\dfrac{\sin x}{\mathrm{e}^x-a}(\cos x-b)=5$,推出 $a=1$.由

$$\lim_{x\to 0}\dfrac{\sin x}{\mathrm{e}^x-1}(\cos x-b)=\lim_{x\to 0}\dfrac{x}{x}(\cos x-b)=\lim_{x\to 0}(\cos x-b)=1-b=5,$$

可得 $b=-4$.

(12) 利用夹逼定理求极限

例 18 利用夹逼定理求极限 $\lim\limits_{n\to\infty}\left[\dfrac{1}{n^2}+\dfrac{1}{(n+1)^2}+\cdots+\dfrac{1}{(n+n)^2}\right]$.

解 设 $x_n=\dfrac{1}{n^2}+\dfrac{1}{(n+1)^2}+\cdots+\dfrac{1}{(n+n)^2}$,显然有 $\dfrac{n}{(2n)^2}<x_n<\dfrac{n}{n^2}$,即

$$\dfrac{1}{4n}<x_n<\dfrac{1}{n}.$$

因为 $\lim\limits_{n\to\infty}\dfrac{1}{4n}=0$,$\lim\limits_{n\to\infty}\dfrac{1}{n}=0$,所以由夹逼定理可知,所求极限存在,且

$$\lim_{n\to\infty}\left[\dfrac{1}{n^2}+\dfrac{1}{(n+1)^2}+\cdots+\dfrac{1}{(n+n)^2}\right]=0.$$

(13) 利用单调有界收敛定理求极限

例 19 证明:数列 $x_1=10$,$x_{n+1}=\sqrt{6+x_n}$ $(n=1,2,\cdots)$ 的极限存在,并求其极限.

证明 因 $x_2=\sqrt{6+10}=4$,故 $x_2<x_1$.假设 $x_n<x_{n-1}(n\geqslant 2)$,则

$$x_{n+1}-x_n=\sqrt{6+x_n}-\sqrt{6+x_{n-1}}<0,$$

所以 $x_{n+1}<x_n$.由数学归纳法知,数列 $\{x_n\}$ 是单调减少的.

下面证明数列 $\{x_n\}$ 有界.

因为数列 $\{x_n\}$ 是单调减少的,所以 $x_{n+1}=\sqrt{6+x_n}<x_n$,即 $6+x_n<x_n^2$.故 $x_n>3$ 或 $x_n<-2$(舍去),从而有 $3<x_n<x_1=10$,即数列 $\{x_n\}$ 有界.

由单调有界收敛定理知数列 $\{x_n\}$ 的极限存在,记为 $\lim\limits_{n\to\infty}x_n=a$.由于

$$x_{n+1} = \sqrt{6+x_n},$$

两端取极限,则有 $a^2 = 6+a$,得 $a = 3, a = -2$. 因为 $3 < x_n$,所以 $\lim\limits_{n\to\infty} x_n \geq 3$,则 $a = -2$ 舍去,即 $\lim\limits_{n\to\infty} x_n = 3$.

（14）利用左、右极限与极限的关系求极限（适用于分段函数求分段点处的极限,以及用定义求极限等情形）

例 20 设函数 $f(x) = \begin{cases} \dfrac{1}{1+e^{\frac{1}{x}}}, & x \neq 0, \\ 0, & x = 0, \end{cases}$ 讨论当 $x \to 0$ 时,$f(x)$ 的极限是否存在.

解 因为
$$\lim_{x\to 0^+} f(x) = \lim_{x\to 0^+} \frac{1}{1+e^{\frac{1}{x}}} = 0, \quad \lim_{x\to 0^-} f(x) = \lim_{x\to 0^-} \frac{1}{1+e^{\frac{1}{x}}} = 1,$$

即左、右极限都存在,但不相等,故 $\lim\limits_{x\to 0} f(x)$ 不存在.

（15）利用洛必达法则求极限（适用于求未定式的极限,详见第四章）

3. 函数的连续性判定

例 21 确定常数 a, b,使函数

$$f(x) = \begin{cases} \dfrac{\sin ax}{x}, & x > 0, \\ \dfrac{\ln(1-3x)}{bx}, & x < 0, \\ 2, & x = 0 \end{cases}$$

在点 $x = 0$ 处连续.

解 因为 $f(x)$ 在点 $x = 0$ 处连续,所以 $\lim\limits_{x\to 0} f(x) = f(0) = 2$. 由于

$$\lim_{x\to 0^-} f(x) = \lim_{x\to 0^-} \frac{\ln(1-3x)}{bx} = \lim_{x\to 0^-} \frac{-3x}{bx} = -\frac{3}{b} = 2,$$

因此 $b = -\dfrac{3}{2}$. 又由于

$$\lim_{x\to 0^+} f(x) = \lim_{x\to 0^+} \frac{\sin ax}{x} = \lim_{x\to 0^-} \frac{ax}{x} = a = 2,$$

因此 $a = 2$.

例 22 设函数 $f(x) = \begin{cases} x^2+1, & |x| \leq c, \\ \dfrac{2}{|x|}, & |x| > c \end{cases}$ 在 $(-\infty, +\infty)$ 上连续,则 $c = $ _____.

解 $f(x) = \begin{cases} x^2+1, & -c \leq x \leq c, \\ \dfrac{2}{x}, & x > c, \\ -\dfrac{2}{x}, & x < -c, \end{cases}$

因为

$$\lim_{x\to c^+} f(x) = \lim_{x\to c^+} \frac{2}{x} = \frac{2}{c}, \quad \lim_{x\to c^-} f(x) = \lim_{x\to c^-}(x^2+1) = c^2+1,$$

又该函数在定义域 $(-\infty, +\infty)$ 上连续，所以该函数必在 $x = c$ 处连续. 因此 $\lim\limits_{x \to c^+} f(x) = \lim\limits_{x \to c^-} f(x) = f(c)$，即 $c^2 + 1 = \dfrac{2}{c}$，解得 $c = 1$.

4. 方程实根的存在性

例 23 证明：方程 $\sin x + x + 1 = 0$ 在 $\left(-\dfrac{\pi}{2}, \dfrac{\pi}{2}\right)$ 内至少有一个实根.

证明 设函数 $f(x) = \sin x + x + 1$，显然 $f(x)$ 在 $\left(-\dfrac{\pi}{2}, \dfrac{\pi}{2}\right)$ 内连续. 因为

$$f\left(-\dfrac{\pi}{2}\right) = -\dfrac{\pi}{2} < 0, \quad f\left(\dfrac{\pi}{2}\right) = \dfrac{\pi}{2} + 2 > 0,$$

根据零值定理，则至少存在一点 $\xi \in \left(-\dfrac{\pi}{2}, \dfrac{\pi}{2}\right)$，使得 $f(\xi) = 0$，所以 ξ 是方程 $\sin x + x + 1 = 0$ 在 $\left(-\dfrac{\pi}{2}, \dfrac{\pi}{2}\right)$ 内的一个实根.

课后习题选解

（A）

1. 用数列极限的分析定义证明下列极限：

(1) $\lim\limits_{n \to \infty}\left(-\dfrac{1}{3}\right)^n = 0$；（参见教材第二章第一节例 3 的(3)问，取 $a = -\dfrac{1}{3}$ 即可.）

(2) $\lim\limits_{n \to \infty}\dfrac{3n+2}{2n-1} = \dfrac{3}{2}$.

解 $\forall \varepsilon > 0$（不妨设 $\varepsilon < 1$），要使

$$\left|\dfrac{3n+2}{2n-1} - \dfrac{3}{2}\right| = \dfrac{7}{4n-2} < \varepsilon,$$

只要 $4n - 2 > \dfrac{7}{\varepsilon}$，即 $n > \dfrac{7}{4\varepsilon} + \dfrac{1}{2}$ 即可. 于是，选取正整数 $N = \left[\dfrac{7}{4\varepsilon} + \dfrac{1}{2}\right] + 1$，则当 $n > N$ 时，就有 $\left|\dfrac{3n+2}{2n-1} - \dfrac{3}{2}\right| < \varepsilon$. 所以 $\lim\limits_{n \to \infty}\dfrac{3n+2}{2n-1} = \dfrac{3}{2}$.

2. 求下列数列极限：

(1) $\lim\limits_{n \to \infty}\dfrac{3n+5}{\sqrt{n^2+n+4}}$.

解 当 $n \to \infty$ 时，分子、分母的绝对值无限增大，极限不存在，因此不能使用商的极限的四则运算法则. 将分子、分母同除以 n，得

$$\lim\limits_{n \to \infty}\dfrac{3n+5}{\sqrt{n^2+n+4}} = \lim\limits_{n \to \infty}\dfrac{3+\dfrac{5}{n}}{\sqrt{1+\dfrac{1}{n}+\dfrac{4}{n^2}}} = 3.$$

(2) $\lim\limits_{n \to \infty}(\sqrt{n+3} - \sqrt{n})$；

解 当 $n \to \infty$ 时，每一项都趋于 ∞，极限不存在. 将分子有理化，得

$$原式 = \lim_{n\to\infty} \frac{(\sqrt{n+3}-\sqrt{n})(\sqrt{n+3}+\sqrt{n})}{\sqrt{n+3}+\sqrt{n}} = \lim_{n\to\infty} \frac{3}{\sqrt{n+3}+\sqrt{n}} = 0.$$

(3) $\lim\limits_{n\to\infty}\left(1+\dfrac{1}{2}+\dfrac{1}{2^2}+\cdots+\dfrac{1}{2^n}\right)^{\frac{1}{n}}$;

解 当 $n\to\infty$ 时，上式是无穷项的和，不能直接使用极限的四则运算法则，但可以先将上式变形，再求极限：

$$原式 = \lim_{n\to\infty}\left[\frac{1-\left(\frac{1}{2}\right)^{n+1}}{1-\frac{1}{2}}\right]^{\frac{1}{n}} = \lim_{n\to\infty}\left[2-\left(\frac{1}{2}\right)^n\right]^{\frac{1}{n}} = 1.$$

(4) $\lim\limits_{n\to\infty}\dfrac{(-1)^n+2^n}{(-1)^{n+1}+2^{n+1}}$.（将分子、分母同除以 2^n 即可.）

3. 利用分析定义证明下列函数极限：

(1) $\lim\limits_{x\to+\infty}\mathrm{e}^{-x}=0$;

证明 $\forall\varepsilon>0$（不妨设 $\varepsilon<1$），要使 $|\mathrm{e}^{-x}-0|<\varepsilon$，只要 $\mathrm{e}^{-x}<\varepsilon$，即 $x>-\ln\varepsilon$. 于是，取 $M=-\ln\varepsilon>0$，则当 $x>M$ 时，就有 $|\mathrm{e}^{-x}-0|<\varepsilon$. 所以 $\lim\limits_{x\to+\infty}\mathrm{e}^{-x}=0$.

(2) $\lim\limits_{x\to 2}(3x-5)=1$.

证明 $\forall\varepsilon>0$，要使 $|3x-5-1|=|3x-6|=3|x-2|<\varepsilon$，只要 $|x-2|<\dfrac{\varepsilon}{3}$. 于是，取 $\delta=\dfrac{\varepsilon}{3}$，则当 $0<|x-2|<\delta$ 时，就有 $|3x-5-1|<\varepsilon$. 所以 $\lim\limits_{x\to 2}(3x-5)=1$.

4. 计算下列极限：

(1) $\lim\limits_{x\to 3}(x^3-2x^2+5x-3)$;

解 原式 $=27-2\times 9+5\times 3-3=21$.

(2) $\lim\limits_{x\to+\infty}\left(4+\dfrac{3}{2x}\right)\left(5-\dfrac{1}{\sqrt{x}}\right)$;

解 因为 $\lim\limits_{x\to+\infty}\dfrac{1}{2x}=0$，$\lim\limits_{x\to+\infty}\dfrac{1}{\sqrt{x}}=0$，所以原式 $=4\times 5=20$.

(3) $\lim\limits_{x\to 8}\dfrac{\sqrt{1+x}-3}{2-\sqrt[3]{x}}$;（参见典型例题的例 6.）

(4) $\lim\limits_{x\to 1}\dfrac{x^2-1}{2x^2+x-3}$;

解 原式 $=\lim\limits_{x\to 1}\dfrac{(x-1)(x+1)}{(x-1)(2x+3)}=\lim\limits_{x\to 1}\dfrac{x+1}{2x+3}=\dfrac{2}{5}$.

(5) $\lim\limits_{x\to 4}\dfrac{x-3\sqrt{x}+2}{x-4}$;

解 当 $x\to 4$ 时，分子及分母的极限都是零，不能使用商的极限的四则运算法则. 因分子、分母有公因子 $\sqrt{x}-2$，且当 $x\to 4$ 时，$x\neq 4$，故分式的分子、分母可约去不为零的公因子 $\sqrt{x}-2$. 于是

$$原式 = \lim_{x\to 4}\frac{\sqrt{x}-1}{\sqrt{x}+2} = \frac{1}{4}.$$

(6) $\lim\limits_{x\to\infty}(\sqrt{x^2+1}-\sqrt{x^2-1})$;

解 原式 $=\lim\limits_{x\to\infty}\dfrac{(\sqrt{x^2+1}-\sqrt{x^2-1})(\sqrt{x^2+1}+\sqrt{x^2-1})}{\sqrt{x^2+1}+\sqrt{x^2-1}}=\lim\limits_{x\to\infty}\dfrac{2}{\sqrt{x^2+1}+\sqrt{x^2-1}}=0$.

(7) $\lim\limits_{x\to\infty}\dfrac{(x-1)^{10}(3x-1)^{10}}{(x+1)^{20}}$;

解 原式 $= \lim\limits_{x\to\infty} \dfrac{\left(1-\dfrac{1}{x}\right)^{10}\left(3-\dfrac{1}{x}\right)^{10}}{\left(1+\dfrac{1}{x}\right)^{20}} = 3^{10}.$

(8) $\lim\limits_{x\to 2}\left(\dfrac{1}{x-2}-\dfrac{x+10}{x^3-8}\right);$

解 原式 $= \lim\limits_{x\to 2}\dfrac{x^2+2x+4-x-10}{(x-2)(x^2+2x+4)} = \lim\limits_{x\to 2}\dfrac{x^2+x-6}{(x-2)(x^2+2x+4)}$

$= \lim\limits_{x\to 2}\dfrac{(x-2)(x+3)}{(x-2)(x^2+2x+4)} = \lim\limits_{x\to 2}\dfrac{x+3}{x^2+2x+4} = \dfrac{5}{12}.$

(9) $\lim\limits_{x\to 0}\dfrac{\sqrt[n]{1+x}-1}{x};$

解 当 $x\to 0$ 时,分子及分母的极限都是零,且不容易直接因式分解. 令 $t=\sqrt[n]{1+x}$,则当 $x\to 0$ 时, $t\to 1$,于是

$$\text{原式} = \lim_{t\to 1}\dfrac{t-1}{t^n-1} = \lim_{t\to 1}\dfrac{1}{1+t+t^2+\cdots+t^{n-1}} = \dfrac{1}{n}.$$

(10) $\lim\limits_{h\to 0}\dfrac{(x+h)^3-x^3}{h};$

解 当 $h\to 0$ 时,分子及分母的极限都是零,不能使用商的极限的四则运算法则. 因分子、分母有公因子 h,且当 $h\to 0$ 时, $h\neq 0$,故分式的分子、分母可约去不为零的公因子 h. 于是

$$\text{原式} = \lim_{h\to 0}\dfrac{3x^2h+3xh^2+h^3}{h} = \lim_{h\to 0}(3x^2+3xh+h^2) = 3x^2.$$

(11) $\lim\limits_{n\to\infty}[\sqrt{1+2+\cdots+n}-\sqrt{1+2+\cdots+(n-1)}];$

解 当 $n\to\infty$ 时,上式中有无穷项的和,不能直接使用极限的四则运算法则,但可以先将上式变形,再求极限:

$$\text{原式} = \lim_{n\to\infty}\left[\sqrt{\dfrac{n(n+1)}{2}}-\sqrt{\dfrac{n(n-1)}{2}}\right]$$

$$= \lim_{n\to\infty}\dfrac{\left(\sqrt{\dfrac{n^2+n}{2}}-\sqrt{\dfrac{n^2-n}{2}}\right)\left(\sqrt{\dfrac{n^2+n}{2}}+\sqrt{\dfrac{n^2-n}{2}}\right)}{\sqrt{\dfrac{n^2+n}{2}}+\sqrt{\dfrac{n^2-n}{2}}} \quad \text{(分子有理化)}$$

$$= \lim_{n\to\infty}\dfrac{n}{\sqrt{\dfrac{n^2+n}{2}}+\sqrt{\dfrac{n^2-n}{2}}} = \lim_{n\to\infty}\dfrac{1}{\sqrt{\dfrac{1}{2}+\dfrac{1}{2n}}+\sqrt{\dfrac{1}{2}-\dfrac{1}{2n}}} = \dfrac{\sqrt{2}}{2}.$$

(12) $\lim\limits_{n\to\infty}\left[\dfrac{1}{1\cdot 3}+\dfrac{1}{3\cdot 5}+\cdots+\dfrac{1}{(2n-1)(2n+1)}\right];$

解 当 $n\to\infty$ 时,上式是无穷项的和,不能直接使用极限的四则运算法则,但可以先将上式变形,再求极限:

$$\text{原式} = \lim_{n\to\infty}\dfrac{1}{2}\left(1-\dfrac{1}{3}+\dfrac{1}{3}-\dfrac{1}{5}+\cdots+\dfrac{1}{2n-1}-\dfrac{1}{2n+1}\right)$$

$$= \dfrac{1}{2}\lim_{n\to\infty}\left(1-\dfrac{1}{2n+1}\right) = \dfrac{1}{2}.$$

(13) $\lim\limits_{n\to\infty}\dfrac{1+a+a^2+\cdots+a^n}{1+b+b^2+\cdots+b^n} \quad (|a|<1, |b|<1).$

解 当 $n\to\infty$ 时,上式中有无穷项的和,不能直接使用极限的四则运算法则,但可以先将上式变形,再求极限:

$$\text{原式} = \lim_{n\to\infty}\dfrac{\dfrac{1-a^{n+1}}{1-a}}{\dfrac{1-b^{n+1}}{1-b}} = \lim_{n\to\infty}\left(\dfrac{1-b}{1-a}\cdot\dfrac{1-a^{n+1}}{1-b^{n+1}}\right) = \dfrac{1-b}{1-a}.$$

5. 设函数 $f(x) = \begin{cases} e^{\frac{2}{x}}, & x < 0, \\ x^2 - x, & 0 \leqslant x \leqslant 1, \\ \dfrac{1}{x}, & x > 1, \end{cases}$ 分别讨论当 $x \to 0$ 和 $x \to 1$ 时，$f(x)$ 的极限是否存在，并求 $\lim\limits_{x \to \frac{1}{2}} f(x), \lim\limits_{x \to +\infty} f(x), \lim\limits_{x \to -\infty} f(x)$.

解 因为 $\lim\limits_{x \to 0^+} f(x) = \lim\limits_{x \to 0^+}(x^2 - x) = 0$，$\lim\limits_{x \to 0^-} f(x) = \lim\limits_{x \to 0^-} e^{\frac{2}{x}} = 0$，即左、右极限都存在且相等，故 $\lim\limits_{x \to 0} f(x) = 0$.

因为 $\lim\limits_{x \to 1^+} f(x) = \lim\limits_{x \to 1^+} \dfrac{1}{x} = 1$，$\lim\limits_{x \to 1^-} f(x) = \lim\limits_{x \to 1^-}(x^2 - x) = 0$，即左、右极限都存在，但不相等，故 $\lim\limits_{x \to 1} f(x)$ 不存在.

用同样的方法可得 $\lim\limits_{x \to \frac{1}{2}} f(x) = -\dfrac{1}{4}$，$\lim\limits_{x \to +\infty} f(x) = 0$，$\lim\limits_{x \to -\infty} f(x) = 1$.

6. 设函数 $f(x) = \sqrt{x}$，求 $\lim\limits_{\Delta x \to 0} \dfrac{f(x + \Delta x) - f(x)}{\Delta x}$.

解 当 $\Delta x \to 0$ 时，分子及分母的极限都是零，不能使用商的极限的四则运算法则. 因为分子含有无理根式，所以将分子有理化并约去公因子 Δx. 于是

$$\text{原式} = \lim_{\Delta x \to 0} \dfrac{\sqrt{x + \Delta x} - \sqrt{x}}{\Delta x} = \lim_{\Delta x \to 0} \dfrac{1}{\sqrt{x + \Delta x} + \sqrt{x}} = \dfrac{1}{2\sqrt{x}}.$$

7. 设函数 $f(x) = \lim\limits_{t \to 0} \dfrac{e^{\frac{x}{t^2}} - 1}{e^{\frac{x}{t^2}} + 1}$，求 $f(x)$.

解 当 $x > 0$ 时，

$$f(x) = \lim_{t \to 0} \dfrac{e^{\frac{x}{t^2}} - 1}{e^{\frac{x}{t^2}} + 1} = \lim_{t \to 0} \dfrac{1 - e^{-\frac{x}{t^2}}}{1 + e^{-\frac{x}{t^2}}} = 1;$$

当 $x < 0$ 时，

$$f(x) = \lim_{t \to 0} \dfrac{e^{\frac{x}{t^2}} - 1}{e^{\frac{x}{t^2}} + 1} = \dfrac{0 - 1}{0 + 1} = -1;$$

当 $x = 0$ 时，

$$f(x) = \lim_{t \to 0} \dfrac{e^{\frac{x}{t^2}} - 1}{e^{\frac{x}{t^2}} + 1} = \dfrac{1 - 1}{1 + 1} = 0.$$

综上所述，$f(x) = \begin{cases} 1, & x > 0, \\ 0, & x = 0, \\ -1, & x < 0. \end{cases}$

8. 计算下列极限：

(1) $\lim\limits_{x \to 1} \dfrac{\sin(x^2 - 1)}{x - 1}$;

解 原式 $= \lim\limits_{x \to 1} \dfrac{x^2 - 1}{x - 1} = \lim\limits_{x \to 1} \dfrac{(x-1)(x+1)}{x - 1} = \lim\limits_{x \to 1}(x + 1) = 2$.

(2) $\lim\limits_{x \to \pi} \dfrac{\sin x}{x - \pi}$;

解 原式 $= \lim\limits_{(x - \pi) \to 0} \dfrac{-\sin(x - \pi)}{x - \pi} = -1$.

(3) $\lim\limits_{x\to 0}\dfrac{\sin 3x}{\tan 5x}$;

解 原式 $=\lim\limits_{x\to 0}\dfrac{3x}{5x}=\dfrac{3}{5}$.

(4) $\lim\limits_{x\to 0}\dfrac{x-\sin x}{x+\sin x}$;

解 原式 $=\lim\limits_{x\to 0}\dfrac{1-\dfrac{\sin x}{x}}{1+\dfrac{\sin x}{x}}=0$.

(5) $\lim\limits_{x\to 0}\dfrac{1-\cos x}{x\sin x}$;

解 原式 $=\lim\limits_{x\to 0}\dfrac{\dfrac{1}{2}x^2}{x^2}=\dfrac{1}{2}$.

(6) $\lim\limits_{n\to\infty}2^n\sin\dfrac{x}{2^n}$;

解 原式 $=\lim\limits_{n\to\infty}\left(2^n\cdot\dfrac{x}{2^n}\right)=x$.

(7) $\lim\limits_{x\to 0}\dfrac{\tan x-\sin x}{x^3}$;

解 原式 $=\lim\limits_{x\to 0}\dfrac{\sin x\left(\dfrac{1}{\cos x}-1\right)}{x^3}=\lim\limits_{x\to 0}\dfrac{1-\cos x}{x^2\cos x}=\lim\limits_{x\to 0}\dfrac{\dfrac{1}{2}x^2}{x^2\cos x}=\lim\limits_{x\to 0}\dfrac{1}{2\cos x}=\dfrac{1}{2}$.

(8) $\lim\limits_{x\to 0}\dfrac{\sqrt{1+x}-1}{\sin 4x}$;

解 原式 $=\lim\limits_{x\to 0}\dfrac{\dfrac{1}{2}x}{4x}=\dfrac{1}{8}$.

(9) $\lim\limits_{x\to 0^+}\dfrac{x}{\sqrt{1-\cos x}}$;

解 原式 $=\lim\limits_{x\to 0^+}\dfrac{x}{\sqrt{\dfrac{1}{2}x^2}}=\lim\limits_{x\to 0^+}\dfrac{x}{x\sqrt{\dfrac{1}{2}}}=\sqrt{2}$.

(10) $\lim\limits_{x\to\pi}\dfrac{\sin x}{1-\left(\dfrac{x}{\pi}\right)^2}$;

解 原式 $=\lim\limits_{(x-\pi)\to 0}\dfrac{\sin(\pi-x)}{\left(1-\dfrac{x}{\pi}\right)\left(1+\dfrac{x}{\pi}\right)}=\lim\limits_{(x-\pi)\to 0}\dfrac{\pi^2(\pi-x)}{(\pi-x)(\pi+x)}=\lim\limits_{(x-\pi)\to 0}\dfrac{\pi^2}{\pi+x}=\dfrac{\pi}{2}$.

(11) $\lim\limits_{x\to\infty}\dfrac{3x^2+5}{5x+3}\sin\dfrac{2}{x}$;

解 原式 $=\lim\limits_{x\to\infty}\left(\dfrac{3x^2+5}{5x+3}\cdot\dfrac{2}{x}\right)=\lim\limits_{x\to\infty}\dfrac{6x^2+10}{5x^2+3x}=\dfrac{6}{5}$.

(12) $\lim\limits_{x\to 0}x\sin\dfrac{2x}{x^2+1}$.

解 原式 $=\lim\limits_{x\to 0}\left(x\cdot\dfrac{2x}{x^2+1}\right)=\lim\limits_{x\to 0}\dfrac{2x^2}{x^2+1}=0$.

9. **计算下列极限:**

(1) $\lim\limits_{x\to\infty}\left(1-\dfrac{3}{x}\right)^{2x}$;

解 原式 $= \lim\limits_{x\to\infty}\left(1+\dfrac{-3}{x}\right)^{2x} = \lim\limits_{x\to\infty}\left(1+\dfrac{-3}{x}\right)^{\frac{x}{-3}\cdot\frac{-6x}{x}} = \lim\limits_{x\to\infty}\left[\left(1+\dfrac{-3}{x}\right)^{\frac{x}{-3}}\right]^{-6} = e^{-6}$.

(2) $\lim\limits_{x\to+\infty}\left(\dfrac{x}{x-1}\right)^{\sqrt{x}}$；

解 原式 $= \lim\limits_{x\to+\infty}\left(1+\dfrac{1}{x-1}\right)^{\sqrt{x}} = \lim\limits_{x\to+\infty}\left[\left(1+\dfrac{1}{x-1}\right)^{x-1}\right]^{\frac{\sqrt{x}}{x-1}} = e^{0} = 1$.

(3) $\lim\limits_{x\to\infty}\left(1+\dfrac{b}{x+a}\right)^{cx+d}$ (a,b,c,d 是常数，且 $b\neq 0, c\neq 0$)；

解 原式 $= \lim\limits_{x\to\infty}\left(1+\dfrac{b}{x+a}\right)^{\frac{x+a}{b}\cdot\frac{b(cx+d)}{x+a}} = \lim\limits_{x\to\infty}\left[\left(1+\dfrac{b}{x+a}\right)^{\frac{x+a}{b}}\right]^{\frac{bcx+bd}{x+a}} = e^{bc}$.

(4) $\lim\limits_{x\to\infty}\left(\dfrac{2x+1}{2x+3}\right)^{x+1}$；

解 原式 $= \lim\limits_{x\to\infty}\left(1+\dfrac{-2}{2x+3}\right)^{x+1} = \lim\limits_{x\to\infty}\left(1+\dfrac{-2}{2x+3}\right)^{\frac{2x+3}{-2}\cdot\frac{-2x-2}{2x+3}}$
$= \lim\limits_{x\to\infty}\left[\left(1+\dfrac{-2}{2x+3}\right)^{\frac{2x+3}{-2}}\right]^{\frac{-2x-2}{2x+3}} = e^{-1}$.

(5) $\lim\limits_{x\to 0}(1+5x)^{\frac{2}{\tan x}}$；

解 原式 $= \lim\limits_{x\to 0}(1+5x)^{\frac{1}{5x}\cdot\frac{10x}{\tan x}} = \lim\limits_{x\to 0}\left[(1+5x)^{\frac{1}{5x}}\right]^{\frac{10x}{\tan x}} = e^{10}$.

(6) $\lim\limits_{x\to 0}\sqrt[x]{1+\sin 3x}$；

解 原式 $= \lim\limits_{x\to 0}(1+\sin 3x)^{\frac{1}{x}} = \lim\limits_{x\to 0}(1+\sin 3x)^{\frac{1}{\sin 3x}\cdot\frac{\sin 3x}{x}}$
$= \lim\limits_{x\to 0}\left[(1+\sin 3x)^{\frac{1}{\sin 3x}}\right]^{\frac{\sin 3x}{x}} = e^{3}$.

(7) $\lim\limits_{x\to 0}(\sin x+\cos x)^{\frac{1}{x}}$；

解 原式 $= \lim\limits_{x\to 0}(1+\sin 2x)^{\frac{1}{\sin 2x}\cdot\frac{\sin 2x}{2x}} = e$.

(8) $\lim\limits_{x\to 0}(\cos x)^{\frac{1}{1-\cos x}}$；

解 原式 $= \lim\limits_{x\to 0}\left[1+(\cos x-1)\right]^{\frac{1}{\cos x-1}\cdot(-1)} = e^{-1}$.

(9) $\lim\limits_{x\to 0}(\sec^{2} x)^{\cot^{2} x}$.

解 原式 $= \lim\limits_{x\to 0}(1+\tan^{2} x)^{\frac{1}{\tan^{2} x}} = e$.

10. 当 $x\to 0$ 时，试比较下列无穷小量与 x 的阶：

(1) $x-\sin^{2} x$；

解 因为 $\lim\limits_{x\to 0}\dfrac{x-\sin^{2} x}{x} = \lim\limits_{x\to 0}\left(1-\dfrac{\sin^{2} x}{x}\right) = \lim\limits_{x\to 0}(1-\sin x) = 1$，所以 $x-\sin^{2} x$ 与 x 等价.

(2) $\tan x+\sqrt[3]{x^{2}}$；

解 因为 $\lim\limits_{x\to 0}\dfrac{\tan x+\sqrt[3]{x^{2}}}{x} = \lim\limits_{x\to 0}\left(1+\dfrac{1}{\sqrt[3]{x}}\right) = \infty$，所以 $\tan x+\sqrt[3]{x^{2}}$ 是比 x 低阶的无穷小量.

(3) $\dfrac{2x^{3}+x}{3-4x^{2}}$.

解 因为 $\lim\limits_{x\to 0}\left(\dfrac{2x^{3}+x}{3-4x^{2}}\cdot\dfrac{1}{x}\right) = \lim\limits_{x\to 0}\dfrac{2x^{3}+x}{3x-4x^{3}} = \dfrac{1}{3}$，所以 $\dfrac{2x^{3}+x}{3-4x^{2}}$ 与 x 是同阶无穷小量.

11. 计算下列极限：

(1) $\lim\limits_{x\to\infty}\dfrac{\sqrt[3]{x}\cos x}{x+1}$；

解 因为 $\lim\limits_{x\to\infty}\dfrac{\sqrt[3]{x}}{x+1}=0$,且 $|\cos x|\leqslant 1$,所以 $\lim\limits_{x\to\infty}\dfrac{\sqrt[3]{x}\cos x}{x+1}=0$.

(2) $\lim\limits_{x\to 0}\dfrac{\sin x\tan 2x}{\sqrt{1-\cos x^2}}$;

解 原式 $=\lim\limits_{x\to 0}\dfrac{\sin x\tan 2x}{\sqrt{\dfrac{1}{2}x^4}}=\lim\limits_{x\to 0}\dfrac{\sin x\tan 2x}{x^2\sqrt{\dfrac{1}{2}}}=2\sqrt{2}$.

(3) $\lim\limits_{x\to 0}\dfrac{x^2}{x^3+1}\left(5+\sin\dfrac{2}{x}\right)$;

解 因为 $\lim\limits_{x\to 0}\dfrac{x^2}{x^3+1}=0$,且 $\left|5+\sin\dfrac{2}{x}\right|\leqslant 6$,所以 $\lim\limits_{x\to 0}\dfrac{x^2}{x^3+1}\left(5+\sin\dfrac{2}{x}\right)=0$.

(4) $\lim\limits_{n\to\infty}\left(1-\dfrac{1}{\sqrt[n]{4}}\right)\sin n$;

解 因为 $\lim\limits_{n\to\infty}\left(1-\dfrac{1}{\sqrt[n]{4}}\right)=0$,且 $|\sin n|\leqslant 1$,所以 $\lim\limits_{n\to\infty}\left(1-\dfrac{1}{\sqrt[n]{4}}\right)\sin n=0$.

(5) $\lim\limits_{x\to 0}\dfrac{x^2\cos\dfrac{1}{x}}{\sin x}$;

解 原式 $=\lim\limits_{x\to 0}\left(\dfrac{x}{\sin x}\cdot x\cos\dfrac{1}{x}\right)=\lim\limits_{x\to 0}x\cos\dfrac{1}{x}$,因为 $\lim\limits_{x\to 0}x=0$,且 $\left|\cos\dfrac{1}{x}\right|\leqslant 1$,所以 $\lim\limits_{x\to 0}\dfrac{x^2\cos\dfrac{1}{x}}{\sin x}=0$.

(6) $\lim\limits_{x\to +\infty}(\sin\sqrt{x+1}-\sin\sqrt{x})$.

解 利用三角函数和差化积公式求极限:

$$\text{原式}=\lim_{x\to +\infty}2\sin\dfrac{\sqrt{x+1}-\sqrt{x}}{2}\cos\dfrac{\sqrt{x+1}+\sqrt{x}}{2}$$

$$=\lim_{x\to +\infty}2\sin\dfrac{1}{2(\sqrt{x+1}+\sqrt{x})}\cos\dfrac{\sqrt{x+1}+\sqrt{x}}{2},$$

因为 $\cos\dfrac{\sqrt{x+1}+\sqrt{x}}{2}$ 是有界变量,当 $x\to +\infty$ 时,$\sin\dfrac{1}{2(\sqrt{x+1}+\sqrt{x})}$ 是无穷小量,所以

$$\lim_{x\to +\infty}(\sin\sqrt{x+1}-\sin\sqrt{x})=0.$$

12. 已知 $\lim\limits_{x\to 2}\dfrac{x^2+ax+b}{x-2}=5$,求 a,b 的值.

解 因为 $\lim\limits_{x\to 2}(x^2+ax+b)=\lim\limits_{x\to 2}\dfrac{x^2+ax+b}{x-2}\cdot\lim\limits_{x\to 2}(x-2)=5\times 0=0$,所以 $4+2a+b=0$,即 $b=-4-2a$. 因此

$$\lim_{x\to 2}\dfrac{x^2+ax+b}{x-2}=\lim_{x\to 2}\dfrac{x^2+ax-4-2a}{x-2}=\lim_{x\to 2}\dfrac{(x-2)(x+2+a)}{x-2}=\lim_{x\to 2}(x+2+a)=5,$$

即 $4+a=5$,则 $a=1,b=-6$.

13. 已知当 $x\to 0$ 时,$(1+ax^2)^{\frac{1}{2}}-1\sim\cos x-1$,求 a 的值.

解 因为 $(1+ax^2)^{\frac{1}{2}}-1\sim\cos x-1$,所以

$$\lim_{x\to 0}\dfrac{(1+ax^2)^{\frac{1}{2}}-1}{\cos x-1}=\lim_{x\to 0}\dfrac{\dfrac{1}{2}ax^2}{-\dfrac{x^2}{2}}=-a=1,$$

即
$$a=-1.$$

14. 设函数 $f(x)=\dfrac{px^2-2}{x^2+1}+3qx+5$,试问:在下列情况下,当 $x\to\infty$ 时,p,q 取何值?

(1) $f(x)$ 为无穷小量； (2) $f(x)$ 为无穷大量.

解 (1) $\lim\limits_{x\to\infty}\left(\dfrac{px^2-2}{x^2+1}+3qx+5\right)=\lim\limits_{x\to\infty}\dfrac{3qx^3+(p+5)x^2+3qx+3}{x^2+1}=0$,

于是 $q=0, p+5=0$,所以 $p=-5, q=0$.

(2) $\lim\limits_{x\to\infty}\left(\dfrac{px^2-2}{x^2+1}+3qx+5\right)=\lim\limits_{x\to\infty}\dfrac{3qx^3+(p+5)x^2+3qx+3}{x^2+1}=\infty$,

于是 $q\ne 0, p\in \mathbf{R}$.

15. 讨论下列函数在点 $x=0$ 处的连续性：

(1) $f(x)=\begin{cases}\dfrac{\sin x}{|x|}, & x\ne 0,\\ 1, & x=0;\end{cases}$

解 因为 $f(x)$ 在 $x=0$ 处有定义, $f(0)=1$, 且 $\lim\limits_{x\to 0^+}f(x)=\lim\limits_{x\to 0^+}\dfrac{\sin x}{x}=1$, $\lim\limits_{x\to 0^-}f(x)=\lim\limits_{x\to 0^-}\dfrac{\sin x}{-x}=-1$, 即左、右极限都存在,但不相等,所以 $\lim\limits_{x\to 0}f(x)$ 不存在. 故 $f(x)$ 在点 $x=0$ 处不连续.

(2) $f(x)=\begin{cases}\dfrac{x}{1-\sqrt{1-x}}, & x<0,\\ x+2, & x\ge 0.\end{cases}$

解 因为 $f(x)$ 在 $x=0$ 处有定义, $f(0)=2$, 且 $\lim\limits_{x\to 0^+}f(x)=\lim\limits_{x\to 0^+}(x+2)=2$, $\lim\limits_{x\to 0^-}f(x)=\lim\limits_{x\to 0^-}\dfrac{x}{1-\sqrt{1-x}}=\lim\limits_{x\to 0^-}(1+\sqrt{1-x})=2$, 即左、右极限都存在,且相等,所以 $\lim\limits_{x\to 0}f(x)$ 存在,且 $\lim\limits_{x\to 0}f(x)=2=f(0)$.

综上所述, $f(x)$ 在点 $x=0$ 处连续.

16. 求下列函数的间断点,并判断间断点的类型：

(1) $y=\dfrac{\sin 3x}{\sqrt{x}(2x+1)}$;

解 因为该函数在 $\left(-\infty,-\dfrac{1}{2}\right)\cup\left(-\dfrac{1}{2},0\right)\cup(0,+\infty)$ 上是连续的,所以只要判断分段点处的连续性即可. 又因为

$$\lim\limits_{x\to -\frac{1}{2}}\dfrac{\sin 3x}{\sqrt{x}(2x+1)}=\lim\limits_{x\to -\frac{1}{2}}\left(\dfrac{\sin 3x}{\sqrt{x}}\cdot\dfrac{1}{2x+1}\right)=\infty,$$

所以 $x=-\dfrac{1}{2}$ 是无穷间断点. 又因为

$$\lim\limits_{x\to 0}\dfrac{\sin 3x}{\sqrt{x}(2x+1)}=\lim\limits_{x\to 0}\dfrac{3x}{\sqrt{x}(2x+1)}=0,$$

所以 $x=0$ 是可去间断点.

(2) $y=\arctan\dfrac{1}{x-2}$;

解 因为该函数在 $(-\infty,2)\cup(2,+\infty)$ 上是连续的,所以只要判断分段点处的连续性即可. 又因为

$$\lim\limits_{x\to 2^+}\arctan\dfrac{1}{x-2}=\dfrac{\pi}{2},\quad \lim\limits_{x\to 2^-}\arctan\dfrac{1}{x-2}=-\dfrac{\pi}{2},$$

即左、右极限都存在,但不相等,所以 $x=0$ 是跳跃间断点.

(3) $y=\dfrac{e^{5x}-1}{x(x-3)}$;

解 因为该函数在 $(-\infty,0)\cup(0,3)\cup(3,+\infty)$ 上是连续的,所以只要判断分段点处的连续性即可. 又因为

$$\lim\limits_{x\to 0}\dfrac{e^{5x}-1}{x(x-3)}=\lim\limits_{x\to 0}\dfrac{5}{x-3}=-\dfrac{5}{3},$$

所以 $x=0$ 是可去间断点. 又因为

$$\lim_{x\to 3}\frac{e^{5x}-1}{x(x-3)}=\lim_{x\to 3}\Big(\frac{e^{5x}-1}{x}\cdot\frac{1}{x-3}\Big)=\infty,$$

所以 $x=3$ 是无穷间断点.

(4) $y=\begin{cases}\dfrac{2^{\frac{1}{x}}-1}{2^{\frac{1}{x}}+1}, & x\neq 0,\\ 0, & x=0.\end{cases}$

解 因为该函数在 $(-\infty,0)\cup(0,+\infty)$ 上是连续的,所以只要判断分段点处的连续性即可.又因为

$$\lim_{x\to 0^+}\frac{2^{\frac{1}{x}}-1}{2^{\frac{1}{x}}+1}=\lim_{x\to 0^+}\frac{1-2^{-\frac{1}{x}}}{1+2^{-\frac{1}{x}}}=1, \quad \lim_{x\to 0^-}\frac{2^{\frac{1}{x}}-1}{2^{\frac{1}{x}}+1}=-1,$$

即左、右极限都存在,但不相等,所以 $x=0$ 是跳跃间断点.

17. 确定下列函数的定义域,并求常数 a,b,使函数在其定义域上连续:

(1) $f(x)=\begin{cases}\dfrac{\sin x}{x}, & x<0,\\ a, & x=0,\\ x\sin\dfrac{1}{x}+b, & x>0;\end{cases}$

解 显然 $f(x)$ 的定义域是 $(-\infty,+\infty)$, $f(x)$ 在定义域 $(-\infty,+\infty)$ 上连续,且

$$f(0^-)=\lim_{x\to 0^-}\frac{\sin x}{x}=1, \quad f(0^+)=\lim_{x\to 0^+}\Big(x\sin\frac{1}{x}+b\Big)=b.$$

因为函数 $f(x)$ 在点 $x=0$ 处连续,所以 $f(0^-)=f(0^+)=f(0)=1=b=a$. 故

$$\begin{cases}a=1,\\ b=1.\end{cases}$$

(2) $f(x)=\begin{cases}ax+b, & |x|\leqslant 1,\\ x^2+x+a, & |x|>1;\end{cases}$

解 显然 $f(x)$ 的定义域是 $(-\infty,+\infty)$, $f(x)$ 在定义域 $(-\infty,+\infty)$ 上连续,且

$$f(-1^-)=\lim_{x\to -1^-}(x^2+x+a)=a, \quad f(-1^+)=\lim_{x\to -1^+}(ax+b)=-a+b.$$

因为函数 $f(x)$ 在点 $x=-1$ 处连续,所以

$$f(-1^-)=f(-1^+)=f(-1)=a=-a+b.$$

又

$$f(1^+)=\lim_{x\to 1^+}(x^2+x+a)=2+a, \quad f(1^-)=\lim_{x\to 1^-}(ax+b)=a+b,$$

函数 $f(x)$ 在点 $x=1$ 处连续,所以

$$f(1^-)=f(1^+)=f(1)=a+b=2+a.$$

于是

$$\begin{cases}a=-a+b,\\ a+b=2+a,\end{cases} \quad 解得 \quad \begin{cases}a=1,\\ b=2.\end{cases}$$

(3) $f(x)=\begin{cases}e^x+b, & x\leqslant 0,\\ x^a\sin\dfrac{1}{x}, & x>0.\end{cases}$

解 显然 $f(x)$ 的定义域是 $(-\infty,+\infty)$, $f(x)$ 在定义域 $(-\infty,+\infty)$ 上连续,所以

$$\lim_{x\to 0}f(x)=f(0)=b+1.$$

由于

$$\lim_{x\to 0^+}f(x)=\lim_{x\to 0^+}x^a\sin\frac{1}{x}=f(0),$$

故只有当 $a>0$ 时,$\lim_{x\to 0^+}f(x)=f(0)=0$,即 $b=-1$.

(B)

1. 填空题：

(1) 设 $\lim\limits_{x\to\infty}\left(\dfrac{x+2a}{x-a}\right)^x=8$，则 $a=$ _____.

解 因为 $\lim\limits_{x\to\infty}\left(\dfrac{x+2a}{x-a}\right)^x=\lim\limits_{x\to\infty}\left(1+\dfrac{3a}{x-a}\right)^x=\lim\limits_{x\to\infty}\left(1+\dfrac{3a}{x-a}\right)^{\frac{x-a}{3a}\cdot\frac{3ax}{x-a}}=\mathrm{e}^{3a}=8$，所以 $3a=\ln 8$，即 $a=\ln 2$.

(2) 当 $x\to$ _____ 或 $x\to$ _____ 时，$\dfrac{1}{\ln(2-x)}$ 是无穷小量.

解 因为 $\lim\limits_{x\to 2^-}\dfrac{1}{\ln(2-x)}=0$，$\lim\limits_{x\to-\infty}\dfrac{1}{\ln(2-x)}=0$，于是当 $x\to 2^-$ 或 $x\to-\infty$ 时，$\dfrac{1}{\ln(2-x)}$ 是无穷小量.

(3) $\lim\limits_{n\to\infty}\dfrac{n-\sin n}{n+\sin n}=$ _____.

解 原式 $=\lim\limits_{n\to\infty}\dfrac{1-\dfrac{\sin n}{n}}{1+\dfrac{\sin n}{n}}=1$.

(4) $\lim\limits_{x\to 0}\dfrac{x^2\cos\dfrac{1}{x}}{\sin x}=$ _____.

解 原式 $=\lim\limits_{x\to 0}\left(\dfrac{x}{\sin x}\cdot x\cos\dfrac{1}{x}\right)=0$.

(5) $\lim\limits_{x\to\infty}\dfrac{x\arctan x}{x^2+3}=$ _____.

解 原式 $=\lim\limits_{x\to\infty}\dfrac{\arctan x}{x+\dfrac{3}{x}}=0$.

(6) $\lim\limits_{x\to\infty}\dfrac{2x^2-5}{4x+3}\sin\dfrac{1}{2x}=$ _____.

解 原式 $=\lim\limits_{x\to\infty}\left(\dfrac{2x^2-5}{4x+3}\cdot\dfrac{1}{2x}\right)=\lim\limits_{x\to\infty}\dfrac{2x^2-5}{8x^2+6x}=\dfrac{1}{4}$.

(8) 当 $k=$ _____ 时，函数 $f(x)=\begin{cases}\dfrac{x^2-6x+k}{x-2}, & x\neq 2 \\ -2, & x=2\end{cases}$ 在点 $x=2$ 处连续.

解 因为 $f(x)$ 在点 $x=2$ 处连续，且 $f(2)=-2$，又

$$\lim\limits_{x\to 2}f(x)=\lim\limits_{x\to 2}\dfrac{x^2-6x+k}{x-2}=\lim\limits_{x\to 2}\dfrac{(x-2)(x-p)}{x-2}=\lim\limits_{x\to 2}(x-p)=2-p=-2,$$

所以 $p=4$. 因此 $(x-2)(x-4)=x^2-6x+k$，得 $k=8$.

(9) 若函数 $f(x)=\begin{cases}\dfrac{\sin 2x+\mathrm{e}^{2ax}-1}{x}, & x\neq 0 \\ a, & x=0\end{cases}$ 在 $(-\infty,+\infty)$ 上连续，则 $a=$ _____.

解 因为 $f(x)$ 在点 $x=0$ 处连续，所以 $\lim\limits_{x\to 0}f(x)=f(0)=a$，即

$$\lim\limits_{x\to 0}\dfrac{\sin 2x+\mathrm{e}^{2ax}-1}{x}=\lim\limits_{x\to 0}\left(\dfrac{\sin 2x}{x}+\dfrac{\mathrm{e}^{2ax}-1}{x}\right)=2+2a=a,\text{故 }a=-2.$$

2. 选择题：

(1) 下列数列中收敛的是( ).

A. $x_n=(-1)^n\dfrac{n}{n+1}$

B. $1,0,1,0,\cdots$

C. $x_n = \begin{cases} 1 + \dfrac{1}{n}, & n = 2k, \\ 1 - \dfrac{1}{n}, & n = 2k-1, \end{cases} k \in \mathbf{N}^+$

D. $x_n = \begin{cases} \dfrac{n}{1+n}, & n = 2k, \\ \dfrac{n}{1-n}, & n = 2k-1, \end{cases} k \in \mathbf{N}^+$

解 因为 $\lim\limits_{n\to\infty}\left(1+\dfrac{1}{n}\right) = 1, \lim\limits_{n\to\infty}\left(1-\dfrac{1}{n}\right) = 1$,其他三个数列的极限都不存在,故 C 是正确答案.

(4) 下列极限中极限存在的是（　　）.

A. $\lim\limits_{x\to+\infty} \dfrac{x+1}{\sqrt{x^2-1}}$ 　　　　　　B. $\lim\limits_{x\to 0} \dfrac{3}{2^x-1}$

C. $\lim\limits_{x\to\infty} \arctan x$ 　　　　　　D. $\lim\limits_{x\to\infty}(3-\sin x)$

解 $\lim\limits_{x\to+\infty}\dfrac{x+1}{\sqrt{x^2-1}} = 1, \lim\limits_{x\to 0}\dfrac{3}{2^x-1} = \infty$. 因为 $\lim\limits_{x\to+\infty}\arctan x = \dfrac{\pi}{2}, \lim\limits_{x\to-\infty}\arctan x = -\dfrac{\pi}{2}$,所以 $\lim\limits_{x\to\infty}\arctan x$ 不存在. $\lim\limits_{x\to\infty}(3-\sin x)$ 不存在,故 A 是正确答案.

(5) 设函数 $f(x) = \dfrac{|x-1|}{x-1}$,则 $\lim\limits_{x\to 1}f(x) = (\quad)$.

A. 0 　　　　B. -1 　　　　C. 1 　　　　D. 不存在

解 因为 $f(1^+) = \lim\limits_{x\to 1^+}\dfrac{|x-1|}{x-1} = \lim\limits_{x\to 1^+}\dfrac{x-1}{x-1} = 1, f(1^-) = \lim\limits_{x\to 1^-}\dfrac{|x-1|}{x-1} = \lim\limits_{x\to 1^-}\dfrac{1-x}{x-1} = -1$,即 $f(1^+) \neq f(1^-)$,所以极限不存在. 故 D 是正确答案.

(6) 设对任意的 x,总有 $\varphi(x) \leqslant f(x) \leqslant g(x)$,且 $\lim\limits_{x\to\infty}[g(x) - \varphi(x)] = 0$,则 $\lim\limits_{x\to\infty} f(x)(\quad)$.

A. 存在且等于零 　　　　　　B. 存在但不一定为零

C. 一定不存在 　　　　　　　D. 不一定存在

解 令 $\varphi(x) = 1 - \dfrac{1}{\sqrt{2\pi}}\mathrm{e}^{-\frac{x^2}{2}}, f(x) = 1, g(x) = 1 + \dfrac{1}{\sqrt{2\pi}}\mathrm{e}^{-\frac{x^2}{2}}$,显然 $\varphi(x) \leqslant f(x) \leqslant g(x)$,且 $\lim\limits_{x\to\infty}[g(x) - \varphi(x)] = 0$,此时 $\lim\limits_{x\to\infty} f(x) = 1$,故 A,C 不正确.

令 $\varphi(x) = \mathrm{e}^x - \mathrm{e}^{-x}, f(x) = \mathrm{e}^x, g(x) = \mathrm{e}^x + \mathrm{e}^{-x}$,显然 $\varphi(x) \leqslant f(x) \leqslant g(x)$,且 $\lim\limits_{x\to\infty}[g(x) - \varphi(x)] = 0$,此时 $\lim\limits_{x\to\infty} f(x) = \infty$,故 B 不正确,D 是正确答案.

(7) 设 $\lim\limits_{x\to 0}\dfrac{x}{f(3x)} = 2$,则 $\lim\limits_{x\to 0}\dfrac{f(2x)}{x} = (\quad)$.

A. $\dfrac{1}{6}$ 　　　　B. $\dfrac{1}{3}$ 　　　　C. $\dfrac{1}{2}$ 　　　　D. $\dfrac{4}{3}$

解 设 $3u = 2x$,则 $x = \dfrac{3u}{2}$,且当 $x \to 0$ 时,$u \to 0$,于是

$$\lim\limits_{x\to 0}\dfrac{f(2x)}{x} = \lim\limits_{u\to 0}\dfrac{f(3u)}{\dfrac{3}{2}u} = \dfrac{2}{3}\lim\limits_{u\to 0}\dfrac{f(3u)}{u} = \dfrac{2}{3}\lim\limits_{u\to 0}\dfrac{1}{\dfrac{u}{f(3u)}} = \dfrac{2}{3}\cdot\dfrac{1}{2} = \dfrac{1}{3},$$

故 B 是正确答案.

(8) 下列变量在给定的极限过程中为无穷小量的是（　　）.

A. $\dfrac{1}{3^x - 1}(x \to 0)$ 　　　　　　B. $\dfrac{\sin x}{x}(x \to \infty)$

C. $\dfrac{x^2}{\sqrt{x^4 + 2x^2 + 3}}(x \to \infty)$ 　　　　D. $\mathrm{e}^{\frac{1}{x}}(x \to \infty)$

解 因为 $\lim\limits_{x\to 0}\dfrac{1}{3^x-1}=\infty, \lim\limits_{x\to\infty}\dfrac{\sin x}{x}=0, \lim\limits_{x\to\infty}\dfrac{x^2}{\sqrt{x^4+2x^2+3}}=\lim\limits_{x\to\infty}\dfrac{1}{\sqrt{1+\dfrac{2}{x^2}+\dfrac{3}{x^4}}}=1, \lim\limits_{x\to\infty}e^{\frac{1}{x}}=e^0=1$,

故 B 是正确答案.

(9) 下列变量在给定的极限过程中为无穷大量的是(   ).

A. $\dfrac{\sqrt{x^2-1}}{x}(x\to\infty)$ 　　　　　　B. $3^{\frac{1}{x}}(x\to 0)$

C. $\tan x(x\to 0)$ 　　　　　　D. $\ln x(x\to 0^+)$

解 因为 $\lim\limits_{x\to\infty}\dfrac{\sqrt{x^2-1}}{x}=1, \lim\limits_{x\to 0}3^{\frac{1}{x}}=\begin{cases}\lim\limits_{x\to 0^+}3^{\frac{1}{x}}=+\infty,\\ \lim\limits_{x\to 0^-}3^{\frac{1}{x}}=0,\end{cases}\lim\limits_{x\to 0}\tan x=0, \lim\limits_{x\to 0^+}\ln x=-\infty$, 故 D 是正确答案.

3. 证明: 方程 $x\cdot 3^x=2$ 至少有一个小于 1 的正根.

证明 设函数 $f(x)=x\cdot 3^x-2$, 显然 $f(x)$ 在闭区间 $[0,1]$ 上连续. 因为 $f(0)=-2, f(1)=1, f(0)\cdot f(1)=-2<0$, 根据零值定理, 则至少存在一点 $\xi\in(0,1)$, 使得 $f(\xi)=0$, 所以 ξ 是方程 $x\cdot 3^x=2$ 的一个小于 1 的正根.

第三章 导数和微分

内容简介

1. 导数的概念

(1) 导数的定义

定义 3.1 设函数 $y = f(x)$ 在点 x_0 的某邻域 $U(x_0)$ 内有定义,自变量 x 在点 x_0 处有增量 Δx ($x_0 + \Delta x \in U(x_0)$ 且 $\Delta x \neq 0$),函数 y 有相应的增量

$$\Delta y = f(x_0 + \Delta x) - f(x_0).$$

若增量之比 $\dfrac{\Delta y}{\Delta x}$ 当 $\Delta x \to 0$ 时极限存在,即

$$\lim_{\Delta x \to 0} \frac{\Delta y}{\Delta x} = \lim_{\Delta x \to 0} \frac{f(x_0 + \Delta x) - f(x_0)}{\Delta x}$$

存在,则称函数 $f(x)$ 在点 x_0 处可导,点 x_0 称为函数 $f(x)$ 的可导点,此极限值称为函数 $y = f(x)$ 在点 x_0 处的导数,记为 $f'(x_0), y'\big|_{x=x_0}, \dfrac{\mathrm{d}y}{\mathrm{d}x}\big|_{x=x_0}$ 或 $\dfrac{\mathrm{d}f}{\mathrm{d}x}\big|_{x=x_0}$,即

$$f'(x_0) = \lim_{\Delta x \to 0} \frac{\Delta y}{\Delta x} = \lim_{\Delta x \to 0} \frac{f(x_0 + \Delta x) - f(x_0)}{\Delta x}.$$

若令 $x = x_0 + \Delta x$,则当 $\Delta x \to 0$ 时,$x \to x_0$. 于是 $f'(x_0)$ 亦可表示为

$$f'(x_0) = \lim_{x \to x_0} \frac{f(x) - f(x_0)}{x - x_0}.$$

若上式右端的极限不存在,则称函数 $f(x)$ 在点 x_0 处不可导或没有导数,点 x_0 称为函数 $f(x)$ 的不可导点.

注 导数的实质是增量比的极限,导数的大小反映了函数在一点处随自变量变化而变化的快慢程度.

(2) 导数的几何意义

若函数 $y = f(x)$ 在点 x_0 处可导,则其导数 $f'(x_0)$ 的几何意义是曲线 $y = f(x)$ 在点 $(x_0, f(x_0))$ 处的切线斜率. 曲线 $y = f(x)$ 在点 $(x_0, f(x_0))$ 处的切线方程为

$$\begin{cases} y - y_0 = f'(x_0)(x - x_0), & f'(x_0) \neq 0 \text{ 或} \infty, \\ y = y_0, & f'(x_0) = 0, \\ x = x_0, & f'(x_0) = \infty. \end{cases}$$

注 在求切线方程的题目中,若给出的已知点为切点,则可直接套用公式;若不是切点,则需先确定切点的位置,再求切线方程.

曲线 $y=f(x)$ 在点 $(x_0,f(x_0))$ 处的法线方程为

$$\begin{cases} y-y_0=-\dfrac{1}{f'(x_0)}(x-x_0), & f'(x_0)\neq 0 \text{ 或 } \infty, \\ x=x_0, & f'(x_0)=0, \\ y=y_0, & f'(x_0)=\infty. \end{cases}$$

2. 单侧导数

定义 3.2 设函数 $y=f(x)$ 在点 x_0 的某个左邻域(或右邻域)内有定义. 若极限 $\lim\limits_{\Delta x\to 0^-}\dfrac{\Delta y}{\Delta x}\left(\text{或} \lim\limits_{\Delta x\to 0^+}\dfrac{\Delta y}{\Delta x}\right)$ 存在,则称此极限值为函数 $y=f(x)$ 在点 x_0 处的左导数(或右导数),记为 $f'_-(x_0)$(或 $f'_+(x_0)$),即

$$f'_-(x_0)=\lim_{\Delta x\to 0^-}\frac{\Delta y}{\Delta x}=\lim_{\Delta x\to 0^-}\frac{f(x_0+\Delta x)-f(x_0)}{\Delta x}$$

或

$$f'_+(x_0)=\lim_{\Delta x\to 0^+}\frac{\Delta y}{\Delta x}=\lim_{\Delta x\to 0^+}\frac{f(x_0+\Delta x)-f(x_0)}{\Delta x}.$$

此时也称函数 $y=f(x)$ 在点 x_0 处的左侧可导(或右侧可导). 左导数和右导数统称为单侧导数.

若令 $x=x_0+\Delta x$,则有

$$f'_-(x_0)=\lim_{x\to x_0^-}\frac{f(x)-f(x_0)}{x-x_0},$$

$$f'_+(x_0)=\lim_{x\to x_0^+}\frac{f(x)-f(x_0)}{x-x_0}.$$

3. 导函数

定义 3.3 若函数 $y=f(x)$ 在开区间 (a,b) 内的每一点都可导,则称 $f(x)$ 在 (a,b) 内可导. 若函数 $y=f(x)$ 在开区间 (a,b) 内可导,且 $f'_+(a)$ 及 $f'_-(b)$ 都存在,则称函数 $f(x)$ 在 $[a,b]$ 上可导.

定义 3.4 若函数 $y=f(x)$ 在开区间 (a,b) 内可导,则对每一个 $x\in(a,b)$,都对应 $f(x)$ 的唯一的导数值 $f'(x)$. 这样就确定了一个新函数 $y=f'(x),x\in(a,b)$,并称 $f'(x)$ 为函数 $f(x)$ 的导函数,简称导数,记作 $f'(x),y',\dfrac{\mathrm{d}y}{\mathrm{d}x}$ 或 $\dfrac{\mathrm{d}f}{\mathrm{d}x}$.

由函数在一点处可导的定义,对任意的 $x\in(a,b)$,有

$$f'(x)=\lim_{\Delta x\to 0}\frac{f(x+\Delta x)-f(x)}{\Delta x}.$$

4. 高阶导数

定义 3.5 若函数 $y=f(x)$ 的导数 $f'(x)$ 在点 x 处可导,则称 $f'(x)$ 在点 x 处的导数为函数 $y=f(x)$ 在点 x 处的二阶导数,记作 $y'',f''(x),\dfrac{\mathrm{d}^2y}{\mathrm{d}x^2}$ 或 $\dfrac{\mathrm{d}^2f}{\mathrm{d}x^2}$.

类似可定义三阶、四阶,直至 n 阶导数.

若函数 $y = f(x)$ 的 $n-1$ 阶导数存在且可导,则称 y 的 $n-1$ 阶导数的导数为函数 $y = f(x)$ 的 n 阶导数,记作 $y^{(n)}$, $f^{(n)}(x)$, $\dfrac{\mathrm{d}^n y}{\mathrm{d}x^n}$ 或 $\dfrac{\mathrm{d}^n f}{\mathrm{d}x^n}$. n 阶导数($n=1,2,\cdots$)在点 x_0 处的值记为 $y^{(n)}\big|_{x=x_0}$, $f^{(n)}(x_0)$, $\dfrac{\mathrm{d}^n y}{\mathrm{d}x^n}\big|_{x=x_0}$ 或 $\dfrac{\mathrm{d}^n f(x_0)}{\mathrm{d}x^n}$.

二阶及二阶以上的导数统称为高阶导数. 如果函数 $y = f(x)$ 的 n 阶导数存在,则称函数 $y = f(x)$ n 阶可导.

注 ① 从四阶导数开始记号为 $y^{(4)}, y^{(5)}, \cdots, y^{(n)}$,而一阶、二阶、三阶导数记号为 y', y'', y'''.

② 由定义可看出,求高阶导数就是对函数多次接连求导,所以不需要新的公式,只需对函数 $y = f(x)$ 运用导数运算法则与基本求导公式逐次求导即可. 一般可通过从低阶导数寻找规律,得到函数的 n 阶导数.

5. 微分的概念

定义 3.6 设函数 $y = f(x)$ 在某区间 I 内有定义,当自变量在点 x 处取得改变量 Δx ($x + \Delta x \in I, \Delta x \neq 0$)时,函数有相应的改变量
$$\Delta y = f(x + \Delta x) - f(x).$$
若当 $\Delta x \to 0$ 时,Δy 可表示为
$$\Delta y = A\Delta x + o(\Delta x),$$
其中 A 是 x 的函数且与 Δx 无关,$o(\Delta x)$ 是当 $\Delta x \to 0$ 时比 Δx 高阶的无穷小量,则称函数 $y = f(x)$ 在点 x 处可微,$A\Delta x$ 称为函数 $y = f(x)$ 在点 x 处的微分,记为 $\mathrm{d}y$ 或 $\mathrm{d}f(x)$,即
$$\mathrm{d}y = A\Delta x \quad \text{或} \quad \mathrm{d}f(x) = A\Delta x.$$
若 Δy 不可表示为如上形式,则称函数 $y = f(x)$ 在点 x 处不可微.

6. 导数在经济学中的简单应用

(1) 边际与边际分析

定义 3.7 设函数 $y = f(x)$ 是一个经济函数且可导,则称其导数 $f'(x)$ 为边际函数. 函数 $y = f(x)$ 在点 $x = x_0$ 处的导数 $f'(x_0)$ 称为函数 $y = f(x)$ 在点 $x = x_0$ 处的瞬时变化率,也称为函数 $y = f(x)$ 在点 $x = x_0$ 处的边际函数值,它表示 $y = f(x)$ 在点 $x = x_0$ 处的变化速度.

① 边际成本.

设产品的总成本 C 是产量 x 的函数:$C = C(x)$,当产量为 0 时,固定成本为 $C_0 = C(0)$. 如果 $C(x)$ 可导,则称 $C'(x)$ 为边际成本,其经济意义是:产量为 x 时,再生产 1 个单位产品所增加的成本.

② 边际需求.

如果产品的需求函数为 $Q = Q(p)$,其中 Q 表示需求量,p 表示价格,则称 $Q'(p)$ 为边际需求,其经济意义是:价格为 p 时,再上涨 1 个单位的价格所减少的产品需求量.

③ 边际收益.

设总收益函数为 $R = R(x)$,其中 x 为销售量,则称 $R'(x)$ 为边际收益,其经济意义是:销售量为 x 时,再销售 1 个单位产品所增加(或减少)的收入.

④ 边际利润.

设总利润函数为 $L = L(x)$,其中 x 为产量,则称 $L'(x)$ 为边际利润,其经济意义是:产量

为 x 时,再生产 1 个单位产品所增加(或减少)的利润.

(2) 弹性与弹性分析

定义 3.8 设函数 $y=f(x)$ 在点 $x=x_0$ 处可导,则称函数的相对改变量 $\dfrac{\Delta y}{y_0} = \dfrac{f(x_0+\Delta x)-f(x_0)}{f(x_0)}$ $(y_0 = f(x_0) \neq 0)$ 与自变量的相对改变量 $\dfrac{\Delta x}{x_0}(x_0 \neq 0)$ 之比 $\dfrac{\Delta y}{y_0} \Big/ \dfrac{\Delta x}{x_0}$ 为函数 $f(x)$ 从 $x=x_0$ 到 $x=x_0+\Delta x$ 两点间的弹性或平均相对变化率. 当 $\Delta x \to 0$ 时,$\dfrac{\Delta y}{y_0} \Big/ \dfrac{\Delta x}{x_0}$ 的极限称为 $f(x)$ 在 $x=x_0$ 处的弹性或相对变化率,也就是相对导数,记作 $\dfrac{E_y}{E_x}\Big|_{x=x_0}$ 或 $\eta\Big|_{x=x_0}$,即

$$\frac{E_y}{E_x}\Big|_{x=x_0} = \lim_{\Delta x \to 0} \frac{\Delta y/y_0}{\Delta x/x_0} = \lim_{\Delta x \to 0}\left(\frac{\Delta y}{\Delta x} \cdot \frac{x_0}{y_0}\right) = f'(x_0) \cdot \frac{x_0}{f(x_0)}.$$

如果函数 $f(x)$ 在 (a,b) 内可导,且 $f'(x) \neq 0$,则称

$$\eta = \frac{E_y}{E_x} = \lim_{\Delta x \to 0} \frac{\Delta y}{\Delta x} \cdot \frac{x}{y} = x \cdot \frac{y'}{y}$$

为 $f(x)$ 在 (a,b) 内的弹性函数.

注 ① 两点间的弹性是有方向性的,因为"相对性"是对初始值相对而言.

② 函数的弹性与量纲无关,即与各有关变量所用的计算单位无关.

重要公式、定理及结论

1. 用定义求导数的步骤

用定义求函数 $y=f(x)$ 的导数的步骤如下:

① 求函数增量 $\Delta y = f(x+\Delta x) - f(x)$;

② 计算比值 $\dfrac{\Delta y}{\Delta x} = \dfrac{f(x+\Delta x)-f(x)}{\Delta x}$;

③ 取极限,得导数 $y' = \lim\limits_{\Delta x \to 0} \dfrac{\Delta y}{\Delta x}$.

2. 导数和左、右导数的关系

由于导数是特殊形式的极限,而极限存在的充要条件是左、右极限存在且相等,所以导数存在的充要条件是左、右导数存在且相等. 于是有以下定理.

定理 3.1 $f'(x_0) = A \Leftrightarrow f'_-(x_0) = f'_+(x_0) = A$.

注 判断分段函数在分段点处的可导性或定义区间端点处的可导性,要用分段点处或区间端点处左、右导数的定义求得. 对区间内的点,按求导公式求导即可.

3. 函数的可导性与连续性的关系

定理 3.2 若函数 $y=f(x)$ 在点 x_0 处可导,则函数 $y=f(x)$ 在点 x_0 处连续.

注 定理的逆命题不成立,即可导一定连续,但连续不一定可导. 定理的逆否命题成立,即若函数 $y=$

$f(x)$ 在点 x_0 处不连续,则它必在点 x_0 处不可导.此结论可用于判断函数在一点处不可导.因此,函数 $y = f(x)$ 在点 x_0 处连续是函数 $y = f(x)$ 在点 x_0 处可导的必要条件,而不是充分条件.

4. 求导法则

(1) 导数的四则运算法则

定理 3.3 设函数 $u = u(x)$ 和 $v = v(x)$ 在点 x 处可导,则它们的和 $u(x) + v(x)$、差 $u(x) - v(x)$、积 $u(x)v(x)$、商 $\dfrac{u(x)}{v(x)}$(这里要求 $v(x) \neq 0$)都在点 x 处可导,即

① 线性法则:函数 $y = au(x) \pm bv(x)$ 在点 x 处可导,其中 a,b 为常数,且
$$[au(x) \pm bv(x)]' = au'(x) \pm bv'(x);$$

② 积法则:函数 $y = u(x)v(x)$ 在点 x 处可导,且
$$[u(x)v(x)]' = u'(x)v(x) + u(x)v'(x);$$

③ 商法则:函数 $y = \dfrac{u(x)}{v(x)}$ 在点 x 处可导,且
$$\left[\frac{u(x)}{v(x)}\right]' = \frac{u'(x)v(x) - u(x)v'(x)}{v^2(x)}, \quad v(x) \neq 0.$$

由法则 ① 有
$$[au(x)]' = au'(x), \quad a \text{ 为常数}.$$

法则 ①,② 可推广到有限个函数的情形,即
$$[a_1 u_1(x) + a_2 u_2(x) + \cdots + a_n u_n(x)]'$$
$$= a_1 u_1'(x) + a_2 u_2'(x) + \cdots + a_n u_n'(x), \quad a_1, a_2, \cdots, a_n \text{ 为常数};$$
$$[u_1(x) u_2(x) \cdots u_n(x)]'$$
$$= u_1'(x) u_2(x) \cdots u_n(x) + u_1(x) u_2'(x) \cdots u_n(x) + \cdots + u_1(x) u_2(x) \cdots u_n'(x).$$

在法则 ③ 中,令 $u(x) = 1$,则有 $\left[\dfrac{1}{v(x)}\right]' = -\dfrac{v'(x)}{v^2(x)}, v(x) \neq 0$.

(2) 反函数的求导法则

定理 3.4 如果函数 $x = f(y)$ 在区间 I_y 上单调、可导,且 $f'(y) \neq 0 (y \in I_y)$,则其反函数 $y = f^{-1}(x)$ 在区间 $I_x = \{x | x = f(y), y \in I_y\}$ 上也可导,且
$$[f^{-1}(x)]' = \frac{1}{f'(y)}, \quad \text{即} \quad \frac{dy}{dx} = \frac{1}{\dfrac{dx}{dy}}.$$

定理亦可简述为:反函数的导数等于直接函数的导数的倒数,即
$$f'(x) = \frac{1}{[f^{-1}(y)]'}.$$

(3) 复合函数的求导法则 —— 链式法则

定理 3.5(复合函数的求导法则) 设函数 $u = \varphi(x)$ 在点 x 处可导,函数 $y = f(u)$ 在对应点 $u = \varphi(x)$ 处可导,则复合函数 $y = f[\varphi(x)]$ 在点 x 处可导,且其导数为
$$\{f[\varphi(x)]\}' = f'(u) \cdot \varphi'(x),$$

简记为
$$y_x' = y_u' \cdot u_x' \quad \text{或} \quad \frac{dy}{dx} = \frac{dy}{du} \cdot \frac{du}{dx}.$$

公式中,如果 $\dfrac{dy}{dx}$ 和 $\dfrac{dy}{du}$ 都使用记号 y',则必须在其右下角标明求导对象是中间变量 u 还是

自变量 x,否则易发生混淆.由此可见导数记号 $\dfrac{\mathrm{d}y}{\mathrm{d}x}$ 的优越性.链式法则对多重复合函数也适用.例如,设函数 $y=f(u),u=\varphi(v),v=\psi(x)$ 都可导,则其构成的三重复合函数 $y=f\{\varphi[\psi(x)]\}$ 也可导,且有

$$y'_x = \frac{\mathrm{d}y}{\mathrm{d}x} = \frac{\mathrm{d}y}{\mathrm{d}u} \cdot \frac{\mathrm{d}u}{\mathrm{d}v} \cdot \frac{\mathrm{d}v}{\mathrm{d}x}.$$

注 记号 $f'[\varphi(x)]$ 和 $\{f[\varphi(x)]\}'$ 的区别:

① $f'[\varphi(x)]$ 表示外层函数对其自变量求导,即 $f(u)$ 对 u 求导,然后用 $u=\varphi(x)$ 代入,即

$$f'[\varphi(x)] = f'(u)\Big|_{u=\varphi(x)}.$$

② $\{f[\varphi(x)]\}'$ 表示复合函数 $f[\varphi(x)]$ 对其自变量 x 求导,即

$$\{f[\varphi(x)]\}' = f'(u)\Big|_{u=\varphi(x)} \cdot u'(x).$$

(4) 隐函数求导法

设方程 $F(x,y)=0$ 确定了 y 是 x 的函数,并且该函数可导,这时只要首先将方程 $F(x,y)=0$ 看成恒等式 $F[x,y(x)]\equiv 0$,然后该等式两端同时对 x 求导,注意把 y 看成是 x 的函数,最后从所得到的表达式中解出 $\dfrac{\mathrm{d}y}{\mathrm{d}x}$ 即可,它一定是关于 x 和 y 的函数.

(5) 对数求导法和指数求导法

对于形如 $y=f(x)^{g(x)}$ 的幂指函数,以及由多个函数的积或商构成的函数,可利用对数函数的性质将乘、除以及幂的求导运算转化为加、减、乘、除的求导运算.

对数求导法是先将函数两边同时取自然对数,然后化成隐函数,最后利用链式法则求导即可.指数求导法是先将函数 $y=f(x)^{g(x)}=u^v$ 化成以 e 为底的指数函数再对 x 求导,即由 $y=u^v=\mathrm{e}^{v\ln u}$,再对 x 求导.

以上两种方法有其各自的适用范围,对数求导法适用于单个幂指函数或多个因子的连乘积、商、开方的函数的求导.指数求导法适用于单个幂指函数或复杂函数中包含有幂指函数的求导.

因 $(\ln|x|)' = \dfrac{1}{x}$,对 x 取不取绝对值结果不变,因此习惯上使用对数求导法时,常略去取绝对值的步骤.

5. 基本初等函数的求导公式

① $C'=0,C$ 为常数; ② $(x^\alpha)' = \alpha x^{\alpha-1}, \alpha \neq 0$ 为常数;

③ $(a^x)' = a^x \ln a, a>0, a \neq 1$ 为常数; ④ $(\mathrm{e}^x)' = \mathrm{e}^x$;

⑤ $(\log_a |x|)' = \dfrac{1}{x \ln a}, a>0, a \neq 1$ 为常数;

⑥ $(\ln |x|)' = \dfrac{1}{x}$; ⑦ $(\sin x)' = \cos x$;

⑧ $(\cos x)' = -\sin x$; ⑨ $(\tan x)' = \sec^2 x$;

⑩ $(\cot x)' = -\csc^2 x$; ⑪ $(\sec x)' = \sec x \tan x$;

⑫ $(\csc x)' = -\csc x \cot x$; ⑬ $(\arcsin x)' = \dfrac{1}{\sqrt{1-x^2}}$;

⑭ $(\arccos x)' = -\dfrac{1}{\sqrt{1-x^2}}$;   ⑮ $(\arctan x)' = \dfrac{1}{1+x^2}$;

⑯ $(\operatorname{arccot} x)' = -\dfrac{1}{1+x^2}$.

6. 可导与可微的关系

定理 3.6 函数 $y = f(x)$ 在点 x 处可微的充要条件是：函数 $y = f(x)$ 在点 x 处可导，且

$$\mathrm{d}y = f'(x)\mathrm{d}x.$$

注 对一元函数 $y = f(x)$ 来说，可导和可微是等价的，求微分实质上是求导数．

7. 微分运算法则

(1) 微分的四则运算法则

定理 3.7 设函数 $u = u(x)$ 和 $v = v(x)$ 在点 x 处可微，则有：
① 线性法则：$\mathrm{d}(au \pm bv) = a\mathrm{d}u \pm b\mathrm{d}v$，其中 a, b 为常数；
② 积法则：$\mathrm{d}(uv) = v\mathrm{d}u + u\mathrm{d}v$；
③ 商法则：$\mathrm{d}\left(\dfrac{u}{v}\right) = \dfrac{v\mathrm{d}u - u\mathrm{d}v}{v^2}, v \neq 0$.

(2) 复合函数的微分法则——微分形式不变性

对于可微函数 $y = f(x)$，不论 x 是自变量还是中间变量，其微分形式总是

$$\mathrm{d}y = f'(x)\mathrm{d}x.$$

注 ① 此性质是微分优越于导数的一点，导数没有这个性质．若 x 是自变量，则 $y' = \dfrac{\mathrm{d}y}{\mathrm{d}x}$；若 $x = x(t)$ 是中间变量，则 $y' = \dfrac{\mathrm{d}y}{\mathrm{d}x} \cdot \dfrac{\mathrm{d}x}{\mathrm{d}t}$，差一个因子 $\dfrac{\mathrm{d}x}{\mathrm{d}t}$，故求导时必须分清是对中间变量还是对自变量求导．而微分不同，它可以使用同一个记法 $\mathrm{d}y$.
② 利用微分形式不变性，可计算复合函数和隐函数的微分和导数．

8. 基本初等函数的微分公式

① $\mathrm{d}(C) = 0, C$ 为常数；   ② $\mathrm{d}(x^\alpha) = \alpha x^{\alpha-1}\mathrm{d}x, \alpha \neq 0$ 为常数；

③ $\mathrm{d}(a^x) = a^x \ln a \mathrm{d}x, a > 0, a \neq 1$ 为常数；

④ $\mathrm{d}(\mathrm{e}^x) = \mathrm{e}^x \mathrm{d}x$；

⑤ $\mathrm{d}(\log_a |x|) = \dfrac{1}{x \ln a}\mathrm{d}x, a > 0, a \neq 1$ 为常数；

⑥ $\mathrm{d}(\ln |x|) = \dfrac{1}{x}\mathrm{d}x$；

⑦ $\mathrm{d}(\sin x) = \cos x \mathrm{d}x$；   ⑧ $\mathrm{d}(\cos x) = -\sin x \mathrm{d}x$；

⑨ $\mathrm{d}(\tan x) = \sec^2 x \mathrm{d}x$；   ⑩ $\mathrm{d}(\cot x) = -\csc^2 x \mathrm{d}x$；

⑪ $\mathrm{d}(\sec x) = \sec x \tan x \mathrm{d}x$；   ⑫ $\mathrm{d}(\csc x) = -\csc x \cot x \mathrm{d}x$；

⑬ $\mathrm{d}(\arcsin x) = \dfrac{1}{\sqrt{1-x^2}}\mathrm{d}x$；   ⑭ $\mathrm{d}(\arccos x) = -\dfrac{1}{\sqrt{1-x^2}}\mathrm{d}x$；

⑮ $\mathrm{d}(\arctan x) = \dfrac{1}{1+x^2}\mathrm{d}x$；   ⑯ $\mathrm{d}(\operatorname{arccot} x) = -\dfrac{1}{1+x^2}\mathrm{d}x$.

9. 微分在近似计算中的应用

设函数 $y=f(x)$ 在点 x_0 处可微,则由微分的定义可知,当 $f'(x_0) \neq 0$,且 $|\Delta x|$ 很小时,有
$$\Delta y = f(x_0+\Delta x) - f(x_0) \approx \mathrm{d}y = f'(x_0)\Delta x,$$
即
$$f(x_0+\Delta x) \approx f(x_0) + f'(x_0)\Delta x.$$
在上式中,令 $x = x_0 + \Delta x$,即 $\Delta x = x - x_0$,则有
$$f(x) \approx f(x_0) + f'(x_0)(x-x_0).$$

注 在求 $f(x)$ 的近似值时,要选择适当的 x_0,使 $f(x_0)$ 和 $f'(x_0)$ 易求得,且 $|x-x_0|=|\Delta x|$ 较小,一般最终结果写成有限小数.

复习考试要求

1. 理解导数的概念和几何意义,会用定义求基本初等函数的导数及平面曲线的切线方程、法线方程. 理解左、右导数的定义及其与导数的关系,理解可导性和连续性的关系,会讨论分段函数在分段点处的连续性和可导性,或定义区间端点处的可导性.
2. 掌握所有求导法则、基本求导公式,会求反函数、复合函数、隐函数等各类函数的导数.
3. 理解高阶导数的概念,会求简单函数的高阶导数.
4. 理解微分的概念,理解函数可导和可微的关系,掌握微分运算法则、基本微分公式,会求各类函数的微分,会利用微分形式不变性计算复合函数和隐函数的微分和导数. 了解函数的微分在近似计算中的应用,会做简单的近似计算.
5. 理解边际和弹性的概念及经济意义,会利用边际和弹性解决简单的经济应用问题.

典型例题

1. 根据导数的定义求导数

例1 用导数的定义求函数 $y = 4x - x^2$ 的导数.

解 第一步,求函数增量
$$\Delta y = [4(x+\Delta x) - (x+\Delta x)^2] - (4x - x^2) = 4\Delta x - 2x\Delta x - (\Delta x)^2.$$
第二步,计算比值
$$\frac{\Delta y}{\Delta x} = \frac{[4(x+\Delta x)-(x+\Delta x)^2]-(4x-x^2)}{\Delta x} = 4 - 2x - \Delta x.$$
第三步,取极限,得导数
$$y' = \lim_{\Delta x \to 0} \frac{f(x+\Delta x)-f(x)}{\Delta x} = \lim_{\Delta x \to 0}(4-2x-\Delta x) = 4-2x.$$

例 2 设函数 $f(x)$ 在点 $x=0$ 处连续,且极限 $\lim\limits_{x\to 0}\dfrac{f(x)+3}{x}=2$,问:函数 $f(x)$ 在点 $x=0$ 处是否可导?若可导,求出 $f'(0)$.

解 题目中只给出了函数 $f(x)$ 在点 $x=0$ 处连续,所以不能直接求导,必须用导数的定义严格讨论.

因为 $\lim\limits_{x\to 0}\dfrac{f(x)+3}{x}=2$,且 $\lim\limits_{x\to 0}x=0$,所以 $\lim\limits_{x\to 0}[f(x)+3]=0$. 又函数 $f(x)$ 在点 $x=0$ 处连续,有 $\lim\limits_{x\to 0}f(x)=f(0)=-3$,因此

$$f'(0)=\lim_{x\to 0}\frac{f(x)-f(0)}{x-0}=\lim_{x\to 0}\frac{f(x)+3}{x}=2.$$

故函数 $f(x)$ 在点 $x=0$ 处可导且 $f'(0)=2$.

2. 求分段函数(含带绝对值的函数)在分段点处的导数

例 3 函数 $f(x)=(x^2-x-2)|x^3-x|$ 不可导点的个数是( ).

A. 3 B. 2 C. 1 D. 0

解 若函数表达式中含有带绝对值符号的因子 u,则考查不可导点的关键是使 $|u|=0$ 的点. 用导数的定义求导时,若函数 $f(x)$ 表达式中仅含有 $|x-a|$,则 $f(x)$ 在点 $x=a$ 处不可导;而 $f(x)$ 表达式中含有 $(x-a)|x-a|$ 时,$f(x)$ 在点 $x=a$ 处可导. 因此,例 3 中 $f(x)$ 在点 $x=0$, $x=1$ 处不可导,而在 $x=-1$ 处可导. 答案是 B.

此题若不用定义,而先将 $f(x)$ 表示成分段函数的形式再用定义逐点求导将会十分烦琐.

例 4 设函数 $f(x)=\lim\limits_{n\to\infty}\sqrt[n]{1+|x|^{3n}}$,则 $f(x)$ 在 $(-\infty,+\infty)$ 上( ).

A. 处处可导 B. 恰有一个不可导点
C. 恰有两个不可导点 D. 至少有三个不可导点

解 首先分 $|x|<1$,$|x|=1$ 和 $|x|>1$ 这三种情况求极限,得到 $f(x)$ 的表达式为一个分段函数,再用导数的定义讨论即可.

因为当 $|x|<1$ 时,$\lim\limits_{n\to\infty}\sqrt[n]{1+|x|^{3n}}=1$;当 $|x|=1$ 时,$\lim\limits_{n\to\infty}\sqrt[n]{1+|x|^{3n}}=1$;当 $|x|>1$ 时,$\lim\limits_{n\to\infty}\sqrt[n]{1+|x|^{3n}}=\lim\limits_{n\to\infty}|x|^3\sqrt[n]{\dfrac{1}{|x|^{3n}}+1}=|x|^3$,所以

$$f(x)=\begin{cases}-x^3, & x<-1,\\ 1, & -1\leqslant x\leqslant 1,\\ x^3, & x>1.\end{cases}$$

又因为

$$f'_-(1)=\lim_{x\to 1^-}\frac{f(x)-f(1)}{x-1}=\lim_{x\to 1^-}\frac{1-1}{x-1}=0,$$

$$f'_+(1)=\lim_{x\to 1^+}\frac{f(x)-f(1)}{x-1}=\lim_{x\to 1^+}\frac{x^3-1}{x-1}=3,$$

即 $f'_-(1)\neq f'_+(1)$,所以 $f(x)$ 在点 $x=1$ 处不可导.

同理,因为 $f'_-(-1)=-3\neq f'_+(-1)=0$,所以 $f(x)$ 在点 $x=-1$ 处不可导.

综上,$f(x)$ 在点 $x=\pm 1$ 处不可导,答案是 C.

例 5 设函数 $f(x)=\begin{cases} \dfrac{1-\cos x}{\sqrt{x}}, & x>0, \\ x^2 g(x), & x\leqslant 0, \end{cases}$ 其中 $g(x)$ 是有界函数,则 $f(x)$ 在 $x=0$ 处 ( ).

A. 极限不存在　　　　　　　　　　B. 极限存在,但不连续
C. 连续但不可导　　　　　　　　　D. 可导

解 本题考查导数的定义、连续与极限存在的关系,分段函数在分段点处是否可导,必须用左、右导数的定义求解.

因 $f(0)=0, \lim\limits_{x\to 0^+}f(x)=\lim\limits_{x\to 0^+}\dfrac{1-\cos x}{\sqrt{x}}=\lim\limits_{x\to 0^+}\dfrac{x^2}{2\sqrt{x}}=0$,又 $g(x)$ 是有界函数,$\lim\limits_{x\to 0^-}f(x)$
$=\lim\limits_{x\to 0^-}[x^2 g(x)]=0$,故 $f(x)$ 在 $x=0$ 处连续. 又因

$$f'_-(0)=\lim_{x\to 0^-}\dfrac{f(x)-f(0)}{x-0}=\lim_{x\to 0^-}\dfrac{x^2 g(x)}{x}=0,$$

$$f'_+(0)=\lim_{x\to 0^+}\dfrac{f(x)-f(0)}{x-0}=\lim_{x\to 0^+}\dfrac{1-\cos x}{x\sqrt{x}}=0,$$

故 $f(x)$ 在 $x=0$ 处可导. 答案是 D.

3. 应用导数的几何意义

例 6 求曲线 $y=x^3+x^2$ 与直线 $y=5x$ 平行的切线方程.

解 此题没有给出切点的具体位置,需先确定切点的位置及切点的个数,再求切线方程. 设切点的坐标为 (x_0, y_0),则切线斜率为

$$k=y'\Big|_{x=x_0}=(3x^2+2x)\Big|_{x=x_0}=3x_0^2+2x_0.$$

由于切线与直线 $y=5x$ 平行,因此 $k=3x_0^2+2x_0=5$,得 $x_0=-\dfrac{5}{3}$ 和 $x_0=1$. 又切点在曲线上,得 $y_0=-\dfrac{50}{27}$ 和 $y_0=2$,故所求切线方程为 $y+\dfrac{50}{27}=5\left(x+\dfrac{5}{3}\right)$ 和 $y-2=5(x-1)$,即 $y=5x+\dfrac{175}{27}$ 和 $y=5x-3$.

例 7 设周期函数 $f(x)$ 在区间 $(-\infty, +\infty)$ 上可导,且其周期为 4. 又 $\lim\limits_{x\to 0}\dfrac{f(1)-f(1-x)}{2x}=-1$,则曲线 $y=f(x)$ 在点 $(5, f(5))$ 处的切线斜率为 ( ).

A. $\dfrac{1}{2}$　　　　　　B. 0　　　　　　C. -1　　　　　　D. -2

解 要求切线的斜率应先求出函数在 $x=5$ 处的导数.

由 $f(x)$ 在 $(-\infty, +\infty)$ 上可导,且 $f(x+4)=f(x)$,两边对 x 求导,得 $f'(x+4)=f'(x)$,故 $f'(5)=f'(1)$. 而又由

$$\lim_{x\to 0}\dfrac{f(1)-f(1-x)}{2x}\xlongequal{u=1-x}\lim_{u\to 1}\dfrac{f(1)-f(u)}{2(1-u)}=\dfrac{1}{2}\lim_{u\to 1}\dfrac{f(u)-f(1)}{u-1}$$

$$=\dfrac{1}{2}f'(1)=-1,$$

可知 $f'(1)=-2$,故 $f'(5)=-2$,即曲线 $y=f(x)$ 在点 $(5, f(5))$ 处的切线斜率为 -2. 答案是 D.

例8 已知曲线 $y=x^3-3a^2x+b$ 与 x 轴相切,则 b^2 可以通过 a 表示为 $b^2=$ _____ .

解 根据题意得曲线在切点的斜率为 0,即 $y'=0$,由此可确定切点的坐标应满足的条件,再根据切点处纵坐标为零,即可找到 b^2 与 a 的关系.

由题设,在切点处有 $y'=3x^2-3a^2=0$,即 $x_0^2=a^2$. 又在此点纵坐标为 0,于是有
$$0=x_0^3-3a^2x_0+b,$$
故
$$b^2=x_0^2(3a^2-x_0^2)^2=a^2 \cdot 4a^4=4a^6.$$

注 有关切线问题应注意斜率所满足的条件,同时切点还应满足曲线方程.

4. 利用导数的定义求极限

例9 设 $f'(x_0)$ 存在,求极限 $\lim\limits_{\Delta x \to 0}\dfrac{f(x_0+\Delta x)-f(x_0-\Delta x)}{\Delta x}$.

解 由于 $f'(x_0)$ 存在,可以把极限式变形为导数定义的形式,利用导数求出极限:
$$\lim_{\Delta x \to 0}\frac{f(x_0+\Delta x)-f(x_0-\Delta x)}{\Delta x}$$
$$=\lim_{\Delta x \to 0}\left[\frac{f(x_0+\Delta x)-f(x_0)}{\Delta x}-\frac{f(x_0-\Delta x)-f(x_0)}{\Delta x}\right]$$
$$=\lim_{\Delta x \to 0}\left[\frac{f(x_0+\Delta x)-f(x_0)}{\Delta x}\right]-\lim_{\Delta x \to 0}\left[\frac{f(x_0-\Delta x)-f(x_0)}{-\Delta x} \cdot (-1)\right]$$
$$=2f'(x_0).$$

例10 设函数 $f(x)$ 在 $x=0$ 的某邻域内具有一阶连续导数,且 $f(0)\neq 0, f'(0)\neq 0$. 若 $af(h)+bf(2h)-f(0)$ 在 $h\to 0$ 时是比 h 高阶的无穷小量,试确定 a,b 的值.

解 由无穷小量和高阶无穷小量的概念,利用导数的定义求极限,建立关于 a,b 的方程组求解即可.

由于 $f(h)$ 在 $h=0$ 处可导,即 $f'(0)=\lim\limits_{h\to 0}\dfrac{f(h)-f(0)}{h}$,于是 $\dfrac{f(h)-f(0)}{h}=f'(0)+\alpha$,其中 $\lim\limits_{h\to 0}\alpha=0$,即 $f(h)=f(0)+f'(0)h+\alpha h$.

同理,有 $f(2h)=f(0)+2f'(0)h+2\alpha h$,所以
$$af(h)+bf(2h)-f(0)=(a+b-1)f(0)+(a+2b)hf'(0)+(a+2b)\alpha h.$$

由已知,当 $h\to 0$ 时上式右边是比 h 高阶的无穷小量,而 $\lim\limits_{h\to 0}\dfrac{(a+2b)\alpha h}{h}=0$,从而有 $(a+b-1)f(0)=0$ 且 $(a+2b)f'(0)=0$. 又 $f(0)\neq 0, f'(0)\neq 0$,故 $a+b-1=0$,且 $a+2b=0$,解得 $a=2, b=-1$.

例11 设函数 $f(x)$ 在 $x=0$ 处连续,且 $\lim\limits_{h\to 0}\dfrac{f(h^2)}{h^2}=1$,则( ).

A. $f(0)=0$ 且 $f'_-(0)$ 存在   B. $f(0)=1$ 且 $f'_-(0)$ 存在

C. $f(0)=0$ 且 $f'_+(0)$ 存在   D. $f(0)=1$ 且 $f'_+(0)$ 存在

解 先从 $\lim\limits_{h\to 0}\dfrac{f(h^2)}{h^2}=1$ 入手求得 $f(0)$,然后利用左、右导数的定义判定 $f'_-(0), f'_+(0)$ 的存在性.

由 $\lim\limits_{h\to 0}\dfrac{f(h^2)}{h^2}=1$,可知 $\lim\limits_{h\to 0}f(h^2)=0$. 因为 $f(x)$ 在 $x=0$ 处连续,所以

$$f(0) = \lim_{x \to 0} f(x) = \lim_{h \to 0} f(h^2) = 0.$$

令 $t = h^2$,则

$$1 = \lim_{h \to 0} \frac{f(h^2)}{h^2} = \lim_{t \to 0^+} \frac{f(t) - f(0)}{t} = f'_+(0),$$

所以 $f'_+(0)$ 存在.答案是 C.

例 12 已知函数 $f(x)$ 在 $x = 0$ 处可导,且 $f(0) = 0$,则 $\lim\limits_{x \to 0} \dfrac{x^2 f(x) - 2f(x^3)}{x^3} = $ _____.

A. $-2f'(0)$ B. $-f'(0)$ C. $f'(0)$ D. 0

解
$$\lim_{x \to 0} \frac{x^2 f(x) - 2f(x^3)}{x^3} = \lim_{x \to 0} \frac{x^2 f(x) - x^2 f(0) - 2f(x^3) + 2f(0)}{x^3}$$
$$= \lim_{x \to 0} \frac{f(x) - f(0)}{x} - 2 \lim_{x \to 0} \frac{f(x^3) - f(0)}{x^3}$$
$$= f'(0) - 2f'(0) = -f'(0),$$

答案是 B.

例 13 已知函数 $y = f(x)$ 由方程 $y - x = \mathrm{e}^{x(1-y)}$ 所确定,则 $\lim\limits_{n \to \infty} n \left[f\left(\dfrac{1}{n}\right) - 1 \right] = $ _____.

解 当 $x = 0$ 时,$y = 1$.方程 $y - x = \mathrm{e}^{x(1-y)}$ 两边对 x 求导,得
$$y' - 1 = \mathrm{e}^{x(1-y)}(1 - y - xy'),$$

所以 $y'(0) = 1$,则

$$\lim_{n \to \infty} n \left[f\left(\frac{1}{n}\right) - 1 \right] = \lim_{n \to \infty} \frac{f\left(\dfrac{1}{n}\right) - f(0)}{\dfrac{1}{n}} = f'(0) = 1.$$

5. 利用函数的可导性确定参数

例 14 确定常数 a, b,使函数 $f(x) = \begin{cases} ax + b\sqrt{x}, & x > 1 \\ x^2, & x \leqslant 1 \end{cases}$ 在 $x = 1$ 处可导,并求 $f'(1)$.

解 由于需要确定两个参数,因此必须有两个已知条件:一个是可导,另一个是连续.
因为 $f(x)$ 在 $x = 1$ 处可导,所以在 $x = 1$ 处连续.由于

$$f(1) = 1, \quad f(1^-) = \lim_{x \to 1^-} x^2 = 1, \quad f(1^+) = \lim_{x \to 1^+}(ax + b\sqrt{x}) = a + b,$$

故 $a + b = 1$,即 $b = 1 - a$.又

$$f'_-(1) = \lim_{x \to 1^-} \frac{f(x) - f(1)}{x - 1} = \lim_{x \to 1^-} \frac{x^2 - 1}{x - 1} = 2,$$

$$f'_+(1) = \lim_{x \to 1^+} \frac{f(x) - f(1)}{x - 1} = \lim_{x \to 1^+} \frac{ax + b\sqrt{x} - 1}{x - 1}$$

$$= \lim_{x \to 1^+} \frac{ax + (1-a)\sqrt{x} - 1}{(\sqrt{x} - 1)(\sqrt{x} + 1)} = \lim_{x \to 1^+} \frac{(\sqrt{x} - 1)(a\sqrt{x} + 1)}{(\sqrt{x} - 1)(\sqrt{x} + 1)} = \frac{a + 1}{2},$$

故 $\dfrac{a+1}{2} = 2$,即 $a = 3, b = -2$,且 $f'(1) = 2$.

例 15 设函数 $f(x) = \begin{cases} x^\lambda \cos \dfrac{1}{x}, & x \neq 0, \\ 0, & x = 0, \end{cases}$ 且其导函数在 $x = 0$ 处连续，则 λ 的取值范围是_____．

解 先求出 $f'(x)$，由于 $f(x)$ 是分段函数，在分段点 $x = 0$ 处用定义求导，其他点处用求导法则求导，再由函数在一点处连续的定义求出 λ 的取值范围．

由于 $f(x)$ 在 $x = 0$ 处可导，且

$$f'(0) = \lim_{x \to 0} \frac{f(x) - f(0)}{x} = \lim_{x \to 0} \frac{x^\lambda \cos \dfrac{1}{x}}{x} = \lim_{x \to 0} x^{\lambda-1} \cos \frac{1}{x} = 0,$$

则必有 $\lambda - 1 > 0$，即 $\lambda > 1$．

当 $x \neq 0$ 时，$f'(x) = \lambda x^{\lambda-1} \cos \dfrac{1}{x} + x^{\lambda-2} \sin \dfrac{1}{x}$，即

$$f'(x) = \begin{cases} \lambda x^{\lambda-1} \cos \dfrac{1}{x} + x^{\lambda-2} \sin \dfrac{1}{x}, & x \neq 0, \\ 0, & x = 0. \end{cases}$$

要使 $f'(x)$ 在 $x = 0$ 处连续，由函数连续的定义有

$$\lim_{x \to 0} f'(x) = \lim_{x \to 0} \left(\lambda x^{\lambda-1} \cos \frac{1}{x} + x^{\lambda-2} \sin \frac{1}{x} \right) = f'(0) = 0,$$

则必有 $\lambda - 2 > 0$，即 $\lambda > 2$．

6. 利用求导法则求导数

例 16 设 $f(x)$ 是可导的偶函数，则 $f'(x)$ 是（　　）．

A. 奇函数　　　　　　　　　　B. 偶函数
C. 非奇非偶函数　　　　　　　D. 以上都不对

解 对偶函数 $f(x)$ 的导数用奇偶性的定义判断即可．

因为 $f(x)$ 是偶函数，所以 $f(-x) = f(x)$．上式两端同时求导得 $-f'(-x) = f'(x)$，即 $f'(-x) = -f'(x)$，所以函数 $f'(x)$ 是奇函数．答案是 A．

例 17 求下列函数的导数：

(1) $y = x^2 \cot \dfrac{1}{x}$；　　　　　(2) $y = \left(\dfrac{1-x}{1+x^2} \right)^3$；

(3) $y = \ln(e^x + \sqrt{1 + e^{2x}})$．

解 本题运用复合函数的求导法则，分清复合结构，逐次由外层向内层对中间变量求导．

(1) $y' = 2x \cot \dfrac{1}{x} - x^2 \csc^2 \dfrac{1}{x} \cdot \left(-\dfrac{1}{x^2} \right) = 2x \cot \dfrac{1}{x} + \csc^2 \dfrac{1}{x}$．

(2) $y' = 3 \left(\dfrac{1-x}{1+x^2} \right)^2 \cdot \dfrac{-(1+x^2) - 2x(1-x)}{(1+x^2)^2} = \dfrac{3(1-x)^2(x^2 - 2x - 1)}{(1+x^2)^4}$．

(3) $y' = \dfrac{1}{e^x + \sqrt{1 + e^{2x}}} \left(e^x + \dfrac{2e^{2x}}{2\sqrt{1+e^{2x}}} \right) = \dfrac{e^x}{\sqrt{1 + e^{2x}}}$．

例 18 设函数 $y = \dfrac{(2x+1)^2 \sqrt[3]{2-3x}}{\sqrt[3]{(x-3)^2}}$，求 y'．

解 这是一个由多个函数之积或商构成的函数,可利用对数求导法计算.

函数两边同时取对数,得

$$\ln y = 2\ln(2x+1) + \frac{1}{3}\ln(2-3x) - \frac{2}{3}\ln(x-3).$$

上式两边同时对 x 求导,得

$$\frac{1}{y}y' = \frac{4}{2x+1} + \frac{-3}{3(2-3x)} - \frac{2}{3(x-3)},$$

即

$$y' = \frac{(2x+1)^2\sqrt[3]{2-3x}}{\sqrt[3]{(x-3)^2}}\left[\frac{4}{2x+1} - \frac{1}{2-3x} - \frac{2}{3(x-3)}\right].$$

例 19 设函数 $y = x^{x^2}$,求 y'.

解 **法 1(对数求导法)** 函数两边同时取对数,得 $\ln y = x^2 \ln x$. 上式两边同时对 x 求导,得 $\frac{y'}{y} = 2x\ln x + x$,即 $y' = x^{x^2}(2x\ln x + x)$.

法 2(指数求导法) 将函数化成以 e 为底的指数函数,即 $y = x^{x^2} = e^{x^2 \ln x}$,再对 x 求导,得

$$y' = (2x\ln x + x)e^{x^2 \ln x} = x^{x^2}(2x\ln x + x).$$

例 20 求由方程 $\sin(xy) + \ln(y-x) = x$ 所确定的隐函数 $y = y(x)$ 在 $x = 0$ 处的导数 $y'(0)$.

解 本题考查由方程所确定的隐函数的导数.

方程两边同时对 x 求导,得

$$(y + xy')\cos(xy) + \frac{1}{y-x}(y'-1) = 1.$$

将 $x = 0$ 代入原方程,得 $y = 1$,故 $y'(0) = 1$.

例 21 设函数 $f(x)$ 可导且 $y = f^2(e^x)$,求 y'.

解 本题是考查带有抽象表达式的复合函数的导数.

$$y' = 2e^x f(e^x) \cdot f'(e^x).$$

7. 高阶导数

例 22 已知函数 $y = y(x)$ 由方程 $e^y + 6xy + x^2 - 1 = 0$ 所确定,则 $y''(0) = $ _____.

解 本题考查一元隐函数的高阶导数,先由隐函数求导法求出 y',再把 y' 对 x 求导一次即可.

把 y 看成是 x 的函数,先方程两边同时对 x 求导,得

$$e^y y' + 6y + 6xy' + 2x = 0, \tag{3-1}$$

即 $y' = \dfrac{-2x - 6y}{e^y + 6x}$,再把 y' 对 x 求导,得

$$y'' = \frac{(-2 - 6y')(e^y + 6x) - (-2x - 6y)(e^y y' + 6)}{(e^y + 6x)^2}.$$

由 $y(0) = 0, y'(0) = 0$,得 $y''(0) = -2$.

注 求二阶导数时,可以直接对 (3-1) 式两端同时关于 x 求导,得

$$e^y(y')^2 + e^y y'' + 6y' + 6y' + 6xy'' + 2 = 0,$$

求解即可得 y''. 按此方法求导更简便.

例 23 设函数 $f(x)$ 在 $x=2$ 的某邻域内可导,且 $f'(x)=\mathrm{e}^{f(x)}$, $f(2)=1$, 则 $f'''(2)=$ _____.

解 本题求复合函数的高阶导数.

先将 $f'(x)=\mathrm{e}^{f(x)}$ 的两边同时对 x 求导,得
$$f''(x)=f'(x)\mathrm{e}^{f(x)}=\mathrm{e}^{2f(x)}.$$
两边再对 x 求导,得
$$f'''(x)=2f'(x)\mathrm{e}^{2f(x)}=2\mathrm{e}^{3f(x)}.$$
将 $f(2)=1$ 代入,得 $f'''(2)=2\mathrm{e}^3$.

例 24 设函数 $y=\dfrac{1}{2x+3}$, 则 $y^{(n)}(0)=$ _____.

解 用归纳法求高阶导数,先求一阶至三阶导数,再归纳出 $y^{(n)}(x)$ 的一般表达式,最后将 $x=0$ 代入即可.

因为 $y=\dfrac{1}{2x+3}$, 所以
$$y'=-\frac{2}{(2x+3)^2}, \quad y''=\frac{4\cdot 2}{(2x+3)^3}, \quad y'''=-\frac{8\cdot 2\cdot 3}{(2x+3)^4}.$$
因此 $y^{(n)}(x)=(-1)^n\dfrac{2^n\cdot n!}{(2x+3)^{n+1}}$, 则
$$y^{(n)}(0)=(-1)^n\frac{2^n\cdot n!}{3^{n+1}}.$$

注 在求高阶导数时,可以先将分式形式的函数 $y=\dfrac{1}{2x+3}$ 化为幂函数的形式 $y=(2x+3)^{-1}$, 再利用复合函数的求导法则进行求导,即
$$y'=-(2x+3)^{-2}\cdot 2,$$
$$y''=(-1)(-2)(2x+3)^{-3}\cdot 2^2,$$
$$y'''=(-1)(-2)(-3)(2x+3)^{-4}\cdot 2^3,$$
因此 $y^{(n)}(x)=(-1)^n n!(2x+3)^{-(n+1)}\cdot 2^n$. 此法更容易看出规律,进而得到函数的 n 阶导数.

例 25 设函数 $f(x)=(\mathrm{e}^x-1)(\mathrm{e}^{2x}-2)\cdots(\mathrm{e}^{nx}-n)$, 其中 n 为正整数,则 $f'(0)=($).

A. $(-1)^{n-1}(n-1)!$ B. $(-1)^n(n-1)!$

C. $(-1)^{n-1}n!$ D. $(-1)^n n!$

解 法 1 直接利用积的求导法则进行求导:
$$f'(x)=\mathrm{e}^x(\mathrm{e}^{2x}-2)\cdots(\mathrm{e}^{nx}-n)+2\mathrm{e}^{2x}(\mathrm{e}^x-1)\cdots(\mathrm{e}^{nx}-n)+\cdots$$
$$+n\mathrm{e}^{nx}(\mathrm{e}^x-1)(\mathrm{e}^{2x}-2)\cdots[\mathrm{e}^{(n-1)x}-(n-1)],$$
所以 $f'(0)=(-1)^{n-1}(n-1)!$. 答案是 A.

法 2 利用导数的定义进行求解:
$$f'(0)=\lim_{x\to 0}\frac{f(x)-f(0)}{x-0}=\lim_{x\to 0}\frac{(\mathrm{e}^x-1)(\mathrm{e}^{2x}-2)\cdots(\mathrm{e}^{nx}-n)}{x}$$
$$=\lim_{x\to 0}(\mathrm{e}^{2x}-2)\cdots(\mathrm{e}^{nx}-n)=(-1)(-2)\cdots(1-n)$$
$$=(-1)^{n-1}(n-1)!.$$
答案是 A.

8. 利用微分运算法则求微分

例 26 用微分运算法则求由方程 $\arctan(x-y) = x+y$ 所确定的隐函数 $y = y(x)$ 的微分与导数.

解 利用微分形式不变性可直接计算隐函数的微分和导数.

方程两边取微分,得 $\mathrm{d}[\arctan(x-y)] = \mathrm{d}(x+y)$,即

$$\frac{1}{1+(x-y)^2}(\mathrm{d}x - \mathrm{d}y) = \mathrm{d}x + \mathrm{d}y,$$

所以

$$\mathrm{d}y = -\frac{(x-y)^2}{2+(x-y)^2}\mathrm{d}x, \quad \frac{\mathrm{d}y}{\mathrm{d}x} = -\frac{(x-y)^2}{2+(x-y)^2}.$$

例 27 设函数 $y = f(x)$ 具有二阶导数,且 $f'(x) > 0, f''(x) > 0, \Delta x$ 为自变量 x 在点 x_0 处的增量,Δy 与 $\mathrm{d}y$ 分别为 $f(x)$ 在点 x_0 处对应的增量与微分. 若 $\Delta x > 0$,则( ).

A. $0 < \mathrm{d}y < \Delta y$ B. $0 < \Delta y < \mathrm{d}y$
C. $\Delta y < \mathrm{d}y < 0$ D. $\mathrm{d}y < \Delta y < 0$

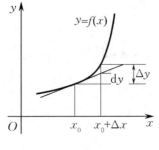

图 3-1

解 题设条件有明显的几何意义,因此用图示法求解.

由 $f'(x) > 0, f''(x) > 0$,可知函数 $f(x)$ 单调增加,曲线 $y = f(x)$ 下凸(见第四章曲线的凸性的概念). 作函数 $y = f(x)$ 的图形如图 3-1 所示,显然当 $\Delta x > 0$ 时,

$$\Delta y > \mathrm{d}y = f'(x_0)\mathrm{d}x = f'(x_0)\Delta x > 0,$$

故应选 A.

9. 边际、弹性及其简单应用

例 28 设某产品的总成本函数为 $C(x) = 400 + 3x + \frac{1}{2}x^2$,而需求函数为 $p = \frac{100}{\sqrt{x}}$,其中 x 为产量(假定等于需求量),p 为价格,求:

(1) 边际成本;
(2) 边际收益;
(3) 边际利润.

解 (1) $C'(x) = \left(400 + 3x + \frac{1}{2}x^2\right)' = 3 + x.$

(2) 因为总收益函数为 $R(x) = px = \frac{100}{\sqrt{x}} \cdot x = 100\sqrt{x}$,所以边际收益为 $R'(x) = \frac{50}{\sqrt{x}}$.

(3) 因为总利润函数为 $L(x) = R(x) - C(x) = 100\sqrt{x} - \left(400 + 3x + \frac{1}{2}x^2\right)$,所以边际利润为 $L'(x) = \frac{50}{\sqrt{x}} - (3+x).$

例 29 设某产品的需求函数为 $Q = Q(p)$,其对价格 p 的弹性为 $\varepsilon_p = 0.2$,则当需求量为 10 000 件时,价格增加 1 元会使产品总收益增加_____元.

解 实际是求 $Q = 10\,000$ 件时的边际收益,故可用总收益函数对价格求导后将其转化成需求弹性求解.

由 $R = pQ$，得
$$R'_p = Q + p\frac{dQ}{dp} = Q\left(1 + \frac{dQ}{dp} \cdot \frac{p}{Q}\right) = Q\left[1 - \left(-\frac{dQ}{dp} \cdot \frac{p}{Q}\right)\right].$$

因为 Q 是 p 的单调减少函数，且知 $\varepsilon_p = 0.2 > 0$，所以 $\varepsilon_p = -\frac{dQ}{dp} \cdot \frac{p}{Q}$，$R'_p = Q(1-\varepsilon_p)$. 故当 $Q = 10\ 000$ 件时，
$$R'_p = 10\ 000(1-0.2) = 8\ 000,$$
即当需求量为 10 000 件时，价格增加 1 元会使产品收益增加 8 000 元.

例 30 设某商品的需求函数为 $Q = 160 - 2p$，其中 Q,p 分别表示需求量和价格. 如果该商品需求弹性的绝对值等于 1，则商品的价格是（　　）.

A. 10　　　　　B. 20　　　　　C. 30　　　　　D. 40

解 利用弹性函数的定义并注意使其值大于 0，即在需求弹性函数前添加负号并令其等于 1 就可解出 p.

由已知有 $\left|\dfrac{dQ}{dp} \cdot \dfrac{p}{Q}\right| = 1$，即 $-\dfrac{dQ}{dp} \cdot \dfrac{p}{Q} = \dfrac{2p}{160-2p} = 1$，解得 $p = 40$，故应选 D.

课后习题选解

（A）

1. 设函数 $f(x)$ 在点 x_0 处可导，求下列极限：

(1) $\lim\limits_{t\to 0}\dfrac{f(x_0+\alpha t)-f(x_0-\beta t)}{t}$ （α,β 为常数）；

解 原式 $= \lim\limits_{t\to 0}\dfrac{[f(x_0+\alpha t)-f(x_0)]-[f(x_0-\beta t)-f(x_0)]}{t}$

$= \lim\limits_{t\to 0}\dfrac{f(x_0+\alpha t)-f(x_0)}{t} - \lim\limits_{t\to 0}\dfrac{f(x_0-\beta t)-f(x_0)}{t}$

$= \alpha\lim\limits_{t\to 0}\dfrac{f(x_0+\alpha t)-f(x_0)}{\alpha t} + \beta\lim\limits_{t\to 0}\dfrac{f(x_0-\beta t)-f(x_0)}{-\beta t} = (\alpha+\beta)f'(x_0).$

(2) $\lim\limits_{\Delta x\to 0}\dfrac{f[x_0-3(\Delta x)^2]-f(x_0)}{\sin^2\Delta x}.$

解 原式 $= \lim\limits_{\Delta x\to 0}\left\{\dfrac{f[x_0-3(\Delta x)^2]-f(x_0)}{-3(\Delta x)^2} \cdot \dfrac{(\Delta x)^2}{\sin^2\Delta x} \cdot (-3)\right\} = -3f'(x_0).$

2. 求下列函数的导数：

(1) $y = \ln[\cos(e^x)]$；

解 $y' = \dfrac{1}{\cos(e^x)}[-\sin(e^x)] \cdot e^x = -e^x \cdot \tan(e^x).$

(2) $y = e^{\sin\frac{2x}{1+x^2}}$.

解 $y' = e^{\sin\frac{2x}{1+x^2}} \cdot \cos\dfrac{2x}{1+x^2} \cdot \dfrac{2(1+x^2)-2x\cdot 2x}{(1+x^2)^2}$

$= \dfrac{2-2x^2}{(1+x^2)^2} \cdot e^{\sin\frac{2x}{1+x^2}} \cdot \cos\dfrac{2x}{1+x^2}.$

3. 求曲线 $y = e^x$ 在点 $(0,1)$ 处的切线方程.

解 因为 $k = y'(0) = (e^x)'\Big|_{x=0} = e^x\Big|_{x=0} = 1$，所以所求切线方程为 $y - 1 = 1(x-0)$，即 $y = x+1.$

4. 讨论函数 $f(x) = \begin{cases} x\sin\dfrac{1}{x}, & x \neq 0, \\ 0, & x = 0 \end{cases}$ 在点 $x = 0$ 处的连续性与可导性.

解 由于 $f(0) = 0$, $\lim\limits_{x \to 0} f(x) = \lim\limits_{x \to 0}\left(x\sin\dfrac{1}{x}\right) = 0$, 故 $f(x)$ 在点 $x = 0$ 处连续. 又 $\lim\limits_{x \to 0} \dfrac{f(x) - f(0)}{x - 0} = \lim\limits_{x \to 0} \dfrac{x\sin\dfrac{1}{x} - 0}{x} = \lim\limits_{x \to 0} \sin\dfrac{1}{x}$ 不存在, 故 $f(x)$ 在点 $x = 0$ 处不可导.

5. 设函数 $f(x) = \begin{cases} x^2, & x \leqslant 1, \\ ax + b, & x > 1, \end{cases}$ 为了使函数 $f(x)$ 在点 $x = 1$ 处连续且可导, a, b 应取什么值?

解 由于 $f(1) = 1$, $f(1^-) = \lim\limits_{x \to 1^-} x^2 = 1$, $f(1^+) = \lim\limits_{x \to 1^+}(ax + b) = a + b$, 且 $f(x)$ 在点 $x = 1$ 处连续, 故 $a + b = 1$, 即 $b = 1 - a$. 又

$$f'_-(1) = \lim_{x \to 1^-} \dfrac{f(x) - f(1)}{x - 1} = \lim_{x \to 1^-} \dfrac{x^2 - 1}{x - 1} = 2,$$

$$f'_+(1) = \lim_{x \to 1^+} \dfrac{f(x) - f(1)}{x - 1} = \lim_{x \to 1^+} \dfrac{ax + b - 1}{x - 1} = \lim_{x \to 1^+} \dfrac{ax + 1 - a - 1}{x - 1} = a,$$

且 $f(x)$ 在点 $x = 1$ 处可导, 故 $a = 2, b = -1$.

6. 已知函数 $f(x) = \begin{cases} \sin x, & x < 0, \\ x, & x \geqslant 0, \end{cases}$ 求 $f'(x)$.

解 当 $x < 0$ 时, $f'(x) = \cos x$; 当 $x > 0$ 时, $f'(x) = 1$; 当 $x = 0$ 时,

$$f'_-(0) = \lim_{x \to 0^-} \dfrac{f(x) - f(0)}{x - 0} = \lim_{x \to 0^-} \dfrac{\sin x - 0}{x - 0} = 1,$$

$$f'_+(0) = \lim_{x \to 0^+} \dfrac{f(x) - f(0)}{x - 0} = \lim_{x \to 0^+} \dfrac{x - 0}{x - 0} = 1,$$

即 $f'_-(0) = f'_+(0) = 1$, 故 $f(x)$ 在点 $x = 0$ 处可导, 且 $f'(0) = 1$. 因此

$$f'(x) = \begin{cases} \cos x, & x < 0, \\ 1, & x \geqslant 0. \end{cases}$$

7. 设函数 $f(x) = (x - x_0)g(x)$, 其中 $g(x)$ 在点 x_0 处连续, 求 $f'(x_0)$.

解 因为 $f(x_0) = 0$, 且 $g(x)$ 在点 x_0 处连续, 所以

$$f'(x_0) = \lim_{x \to x_0} \dfrac{f(x) - f(x_0)}{x - x_0} = \lim_{x \to x_0} \dfrac{(x - x_0)g(x) - 0}{x - x_0} = \lim_{x \to x_0} g(x) = g(x_0).$$

注 题目中没有说明函数 $f(x)$ 和 $g(x)$ 在点 x_0 处可导, 所以不能直接求导, 必须用导数定义严格讨论.

8. 求下列函数的导数:

(1) $y = \dfrac{a^x}{x^2} + \ln 3$;

解 $y' = \dfrac{a^x \cdot \ln a \cdot x^2 - a^x \cdot 2x}{x^4} = \dfrac{a^x(x\ln a - 2)}{x^3}.$

(2) $y = x^2 \ln x \cos x$;

解 $y' = 2x\ln x\cos x + x\cos x - x^2 \ln x\sin x.$

(3) $y = \dfrac{1 + \sin x}{1 + \cos x}$;

解 $y' = \dfrac{(1 + \sin x)'(1 + \cos x) - (1 + \cos x)'(1 + \sin x)}{(1 + \cos x)^2} = \dfrac{\cos x(1 + \cos x) + \sin x(1 + \sin x)}{(1 + \cos x)^2}$

$= \dfrac{\cos x + \sin x + 1}{(1 + \cos x)^2}.$

(4) $y = (\arcsin x)^2$;

解 $y' = 2\arcsin x(\arcsin x)' = \dfrac{2\arcsin x}{\sqrt{1 - x^2}}.$

(5) $y = \ln(\csc x - \cot x)$；

解 $y' = \dfrac{1}{\csc x - \cot x}(\csc x - \cot x)' = \dfrac{1}{\csc x - \cot x}(-\csc x \cot x + \csc^2 x) = \csc x$.

(6) $y = e^{\arctan\sqrt{x}}$；

解 $y' = e^{\arctan\sqrt{x}} \cdot \dfrac{1}{1+x} \cdot \dfrac{1}{2\sqrt{x}} = \dfrac{e^{\arctan\sqrt{x}}}{2\sqrt{x}(1+x)}$.

(7) $y = \ln\left(\tan\dfrac{x}{2}\right)$；

解 $y' = \dfrac{1}{\tan\dfrac{x}{2}}\left(\tan\dfrac{x}{2}\right)' = \dfrac{1}{\tan\dfrac{x}{2}} \cdot \sec^2\dfrac{x}{2} \cdot \left(\dfrac{x}{2}\right)' = \dfrac{1}{\tan\dfrac{x}{2}} \cdot \sec^2\dfrac{x}{2} \cdot \dfrac{1}{2} = \csc x$.

(8) $y = \sec^2(e^{3x})$.

解 $y' = 2\sec(e^{3x}) \cdot \sec(e^{3x}) \cdot \tan(e^{3x}) \cdot e^{3x} \cdot 3 = 6\sec^2(e^{3x}) \cdot \tan(e^{3x}) \cdot e^{3x}$.

9. 求下列方程所确定的隐函数的导数 $\dfrac{dy}{dx}$：

(1) $y = x + \arccos y$；

解 将方程两边同时对 x 求导，得

$$\dfrac{dy}{dx} = 1 - \dfrac{1}{\sqrt{1-y^2}} \cdot \dfrac{dy}{dx}, \quad \text{即} \quad \dfrac{dy}{dx}\left(1 + \dfrac{1}{\sqrt{1-y^2}}\right) = 1.$$

解出 $\dfrac{dy}{dx}$，得 $\dfrac{dy}{dx} = \dfrac{\sqrt{1-y^2}}{1+\sqrt{1-y^2}}$.

(2) $xy = e^{x+y}$.

解 将方程两边同时对 x 求导，得

$$y + x\dfrac{dy}{dx} = e^{x+y}\left(1 + \dfrac{dy}{dx}\right).$$

解出 $\dfrac{dy}{dx}$，得 $\dfrac{dy}{dx} = \dfrac{e^{x+y} - y}{x - e^{x+y}}$.

10. 用对数求导法求下列函数的导数：

(1) $y = \left(\dfrac{x}{1+x}\right)^x$；

解 函数两边同时取对数，得

$$\ln y = x\ln x - x\ln(1+x).$$

上式两边同时对 x 求导，得

$$\dfrac{1}{y}y' = \ln x + 1 - \ln(1+x) - \dfrac{x}{1+x},$$

即

$$y' = \left(\dfrac{x}{1+x}\right)^x\left(\ln\dfrac{x}{1+x} + \dfrac{1}{1+x}\right).$$

(2) $y = \dfrac{\sqrt{x+2}\,(3-x)^4}{(x+1)^5}$.

解 函数两边同时取对数，得

$$\ln y = \dfrac{1}{2}\ln(x+2) + 4\ln(3-x) - 5\ln(1+x).$$

上式两边同时对 x 求导，得

$$\dfrac{1}{y}y' = \dfrac{1}{2(x+2)} - \dfrac{4}{3-x} - \dfrac{5}{1+x},$$

即

$$y' = \dfrac{\sqrt{x+2}\,(3-x)^4}{(x+1)^5}\left[\dfrac{1}{2(x+2)} - \dfrac{4}{3-x} - \dfrac{5}{1+x}\right].$$

11. 设 $f''(x)$ 存在，求下列函数的二阶导数 $\dfrac{d^2y}{dx^2}$：

(1) $y = f(x^2)$；

解 $\dfrac{dy}{dx} = f'(x^2)(x^2)' = 2xf'(x^2)$， $\dfrac{d^2y}{dx^2} = 2f'(x^2) + 4x^2f''(x^2)$.

(2) $y = \ln[f(x)]$.

解 $\dfrac{dy}{dx} = \dfrac{f'(x)}{f(x)}$， $\dfrac{d^2y}{dx^2} = \dfrac{f''(x)f(x) - [f'(x)]^2}{[f(x)]^2}$.

12. 求下列函数的 n 阶导数：

(1) $y = \sin^2 x$；

解 由于
$$y' = 2\sin x\cos x = \sin 2x,$$
$$y'' = 2\cos 2x = 2\sin\left(2x + \dfrac{\pi}{2}\right),$$
$$y''' = 4\cos\left(2x + \dfrac{\pi}{2}\right) = 4\sin\left(2x + \dfrac{\pi}{2}\cdot 2\right),$$

故
$$y^{(n)} = 2^{n-1}\sin\left[2x + (n-1)\dfrac{\pi}{2}\right].$$

(2) $y = xe^x$.

解 由于
$$y' = e^x + xe^x,$$
$$y'' = e^x + e^x + xe^x = (x+2)e^x,$$
$$y''' = e^x + (x+2)e^x = (x+3)e^x,$$

故
$$y^{(n)} = (x+n)e^x.$$

13. 证明：函数 $y = \sqrt{2x - x^2}$ 满足关系式 $y^3 y'' + 1 = 0$.

证明 因为
$$y' = \dfrac{2 - 2x}{2\sqrt{2x - x^2}} = \dfrac{1 - x}{\sqrt{2x - x^2}},$$
$$y'' = \dfrac{-\sqrt{2x-x^2} - \dfrac{(1-x)^2}{\sqrt{2x-x^2}}}{2x - x^2} = \dfrac{-2x + x^2 - (1-x)^2}{(2x-x^2)^{\frac{3}{2}}}$$
$$= \dfrac{-2x + x^2 - 1 + 2x - x^2}{(2x - x^2)^{\frac{3}{2}}} = \dfrac{-1}{(2x-x^2)^{\frac{3}{2}}},$$

所以
$$y^3 y'' + 1 = (\sqrt{2x-x^2})^3 \cdot \dfrac{-1}{(2x-x^2)^{\frac{3}{2}}} + 1 = 0.$$

14. 求下列函数的微分：

(1) $y = \tan^2(1 + 2x^2)$；

解 $dy = 2\tan(1+2x^2)\cdot\sec^2(1+2x^2)\cdot 4x dx$
$= 8x\tan(1+2x^2)\cdot\sec^2(1+2x^2)dx.$

15. 计算下列各数的近似值：

(2) $y = 2^{1.001}$.

解 令 $f(x) = 2^x$，取 $x_0 = 1, \Delta x = 0.001$，则
$$2^{1.001} \approx f(1) + f'(1)\cdot 0.001 = 2 + \left(2^x\cdot\ln 2\Big|_{x=1}\right)\cdot 0.001$$
$$\approx 2 + 2\times 0.693\times 0.001 = 2.001\,386.$$

16. 已知某产品的总成本函数和总收益函数分别为 $C(x) = 5 + 2\sqrt{x}$ 和 $R(x) = \dfrac{5x}{x+2}$，其中 x 为销售量，

求该产品的边际成本、边际收益和边际利润.

解 （1）$C'(x) = (5 + 2\sqrt{x})' = \dfrac{1}{\sqrt{x}}$.

（2）$R'(x) = \dfrac{5(x+2) - 5x}{(x+2)^2} = \dfrac{10}{(x+2)^2}$.

（3）$L'(x) = R'(x) - C'(x) = \dfrac{10}{(x+2)^2} - \dfrac{1}{\sqrt{x}}$.

17. 设某商品的供给量 S 关于价格 p 的函数为 $S(p) = 2 + 3p$，求 $p = 3$ 时的供给价格弹性 η，并说明其经济意义.

解 $\eta = \dfrac{\mathrm{d}S}{\mathrm{d}p} \cdot \dfrac{p}{S} = 3 \cdot \dfrac{p}{2 + 3p} = \dfrac{3p}{2 + 3p}$.

$p = 3$ 时，$\eta \approx 0.82$，其经济意义是：$p = 3$ 时，价格上涨（下降）1% 时，供给量增加（减少）0.82%.

（B）

1．选择题：

（1）设函数 $f(x)$ 可导，则（　　）成立.

A. $\lim\limits_{\Delta x \to 0} \dfrac{f(x_0 + \Delta x) - f(x_0 - \Delta x)}{\Delta x} = 2f'(x_0)$

B. $\lim\limits_{h \to 0} \dfrac{f(a - h) - f(a)}{h} = f'(a)$

C. $\lim\limits_{\Delta x \to 0} \dfrac{f(x_0 + \Delta x) - f(x_0 - \Delta x)}{\Delta x} = f'(x_0)$

D. $\lim\limits_{h \to 0} \dfrac{f(a + 2h) - f(a)}{h} = f'(a)$

解 由导数的定义，有

A. $\lim\limits_{\Delta x \to 0} \dfrac{f(x_0 + \Delta x) - f(x_0 - \Delta x)}{\Delta x}$

$= \lim\limits_{\Delta x \to 0} \dfrac{[f(x_0 + \Delta x) - f(x_0)] - [f(x_0 - \Delta x) - f(x_0)]}{\Delta x}$

$= \lim\limits_{\Delta x \to 0} \dfrac{f(x_0 + \Delta x) - f(x_0)}{\Delta x} + \lim\limits_{\Delta x \to 0} \dfrac{f(x_0 + (-\Delta x)) - f(x_0)}{-\Delta x}$

$= 2f'(x_0)$,

B. $\lim\limits_{h \to 0} \dfrac{f(a - h) - f(a)}{h} = \lim\limits_{h \to 0} \dfrac{f(a - h) - f(a)}{-h} \cdot (-1) = -f'(a)$,

D. $\lim\limits_{h \to 0} \dfrac{f(a + 2h) - f(a)}{h} = \lim\limits_{h \to 0} \dfrac{f(a + 2h) - f(a)}{2h} \cdot 2 = 2f'(a)$,

故答案为 A.

（2）设函数 $f(x) = (x - a)\varphi(x)$，其中 $\lim\limits_{x \to a}\varphi(x) = 0$，且 $\varphi(a) = 2$，则 $f'(a) = ($　　$)$.

A. 2　　　　B. a　　　　C. 0　　　　D. 不存在

解 由导数的定义，有

$$f'(a) = \lim\limits_{x \to a} \dfrac{f(x) - f(a)}{x - a} = \lim\limits_{x \to a} \dfrac{(x - a)\varphi(x) - 0}{x - a} = \lim\limits_{x \to a}\varphi(x) = 0,$$

故答案为 C.

（3）设函数 $f(x) = \begin{cases} \dfrac{|x^2 - 1|}{x - 1}, & x \neq 1, \\ 2, & x = 1, \end{cases}$ 则函数 $f(x)$ 在 $x = 1$ 处（　　）.

A. 不连续　　　　　　　　　　B. 连续，但不可导

C. 可导，但导数不连续　　　　D. 可导，且导函数连续

解 因为 $f(1) = 2$，

$$f(1^-) = \lim\limits_{x \to 1^-} f(x) = \lim\limits_{x \to 1^-} \dfrac{(x + 1)(1 - x)}{x - 1} = -2,$$

$$f(1^+) = \lim_{x\to 1^+} f(x) = \lim_{x\to 1^+} \frac{(x+1)(x-1)}{x-1} = 2,$$

所以 $f(1^-) \neq f(1^+)$，从而 $f(x)$ 在 $x=1$ 处不连续且不可导，故答案为 A.

(4) 函数 $f(x) = |x-1|$ 在 $x=1$ 处（ ）.

  A. 连续　　　　B. 不连续　　　　C. 可导　　　　D. 可微

解　由于 $f(x) = \begin{cases} 1-x, & x<1, \\ x-1, & x>1, \end{cases}$ 且 $f(1)=0$，则

$$f(1^-) = \lim_{x\to 1^-}(1-x) = 0, \quad f(1^+) = \lim_{x\to 1^+}(x-1) = 0,$$

因此 $f(x)$ 在 $x=1$ 处连续.

又由于

$$f'_-(1) = \lim_{x\to 1^-} \frac{f(x)-f(1)}{x-1} = \lim_{x\to 1^-} \frac{1-x}{x-1} = -1,$$

$$f'_+(1) = \lim_{x\to 1^+} \frac{f(x)-f(1)}{x-1} = \lim_{x\to 1^+} \frac{x-1}{x-1} = 1,$$

即 $f'_-(1) \neq f'_+(1)$，故 $f(x)$ 在 $x=1$ 处不可导. 因此答案为 A.

(5) 若函数 $f(u)$ 可导，且 $y=f(e^x)$，则有（ ）.

  A. $dy = f'(e^x)dx$　　　　　　　B. $dy = f'(e^x)d(e^x)$
  C. $dy = [f(e^x)]'d(e^x)$　　　　D. $dy = f(e^x)e^x dx$

解　$dy = f'(e^x)d(e^x) = f'(e^x)e^x dx$，故答案为 B.

(6) 已知函数 $y = \sin x$，则 $y^{(10)} = ($ $)$.

  A. $\sin x$　　　　B. $\cos x$　　　　C. $-\sin x$　　　　D. $-\cos x$

解　因为 $y^{(n)} = \sin\left(x + \dfrac{n\pi}{2}\right)$，所以 $y^{(10)} = \sin(x+5\pi) = \sin(x+\pi) = -\sin x$，故答案为 C.

(7) 已知函数 $y = x\ln x$，则 $y^{(10)} = ($ $)$.

  A. $-\dfrac{1}{x^9}$　　　B. $\dfrac{1}{x^9}$　　　C. $\dfrac{8!}{x^9}$　　　D. $-\dfrac{8!}{x^9}$

解　因为 $y' = \ln x + 1$，$y'' = \dfrac{1}{x}$，$y''' = -\dfrac{1}{x^2}$，$y^{(4)} = -\dfrac{-2x}{x^4} = \dfrac{1\cdot 2}{x^3}$，故 $y^{(10)} = \dfrac{8!}{x^9}$，因此答案为 C.

(8) 设函数 $f(x)$ 在点 x_0 的某邻域内有定义，且当 $x_0 + \Delta x$ 属于该邻域时，有

$$f(x_0+\Delta x) - f(x_0) = a\Delta x + b(\Delta x)^2 + c(\Delta x)^3,$$

其中 a,b,c 均为常数，则 $f(x)$ 在点 x_0 处（ ）.

  A. 不可微
  B. 可微，且 $dy = a dx$
  C. 可微，且 $dy = (a+b)dx$
  D. 可微，且 $dy = (a+b+c)dx$

解　由微分的定义，$\Delta y = f(x_0+\Delta x)-f(x_0) = a\Delta x+b(\Delta x)^2+c(\Delta x)^3$，其中 a,b,c 为常数，且 $\lim\limits_{\Delta x\to 0}\dfrac{b(\Delta x)^2+c(\Delta x)^3}{\Delta x} = 0$，即 $b(\Delta x)^2+c(\Delta x)^3 = o(\Delta x)$，故 $f(x)$ 在点 x_0 处可微，且 $dy = a dx$，因此答案为 B.

(9) 下列函数的弹性函数为常数的是（ ），其中 a,b 为常数.

  A. $y = ax+b$　　　　　　B. $y = ax^2+1$
  C. $y = \dfrac{a-x}{x}$　　　　　　D. $y = x^a$

解　由弹性的概念，四个选项的弹性函数分别为

$$\eta = \frac{xf'(x)}{f(x)} = \frac{ax}{ax+b}, \qquad \eta = \frac{xf'(x)}{f(x)} = \frac{x\cdot 2ax}{ax^2+1},$$

$$\eta = \frac{xf'(x)}{f(x)} = \frac{x\cdot\dfrac{-x-(a-x)}{x^2}}{\dfrac{a-x}{x}} = \frac{-a}{a-x}, \qquad \eta = \frac{xf'(x)}{f(x)} = \frac{x\cdot ax^{a-1}}{x^a} = a,$$

因此答案为 D.

(10) 设对于任意的 x，都有 $f(-x)=-f(x)$. 若 $f'(-x_0)=k\neq 0$,则 $f'(x_0)=(\quad)$.

A. k \qquad B. $-k$ \qquad C. $\dfrac{1}{k}$ \qquad D. $-\dfrac{1}{k}$

解 由于 $f(-x)=-f(x)$,故 $-f'(-x)=-f'(x)$,即 $f'(-x)=f'(x)$. 因此 $f'(x_0)=f'(-x_0)=k$,故答案为 A.

2．填空题：

(1) 设函数 $f(x)$ 在点 x_0 处可导，且 $\lim\limits_{x\to 0}\dfrac{f(x_0+2x)-f(x_0-x)}{2x}=1$,则 $f'(x_0)=$ _____ .

解
$$\lim_{x\to 0}\frac{f(x_0+2x)-f(x_0-x)}{2x}=\lim_{x\to 0}\frac{[f(x_0+2x)-f(x_0)]-[f(x_0-x)-f(x_0)]}{2x}$$
$$=\lim_{x\to 0}\frac{f(x_0+2x)-f(x_0)}{2x}+\frac{1}{2}\lim_{x\to 0}\frac{f(x_0-x)-f(x_0)}{-x}.$$
$$=f'(x_0)+\frac{1}{2}f'(x_0)=1,$$

则 $f'(x_0)=\dfrac{2}{3}$.

(2) 已知 $\dfrac{\mathrm{d}}{\mathrm{d}x}\left[f\left(\dfrac{1}{x^2}\right)\right]=\dfrac{1}{x}$,则 $f'\left(\dfrac{1}{2}\right)=$ _____ .

解 由已知有 $f\left(\dfrac{1}{x^2}\right)=\ln x$,令 $\dfrac{1}{x^2}=u$,则 $x=\dfrac{1}{\sqrt{u}}$,故 $f(x)=\ln\dfrac{1}{\sqrt{x}}$,$f'(x)=\sqrt{x}\cdot\left(-\dfrac{1}{2}\right)\cdot x^{-\frac{3}{2}}=-\dfrac{1}{2x}$.
因此 $f'\left(\dfrac{1}{2}\right)=-1$.

(3) 已知函数 $f(x)$ 在 $x=1$ 处连续，且 $\lim\limits_{x\to 1}\dfrac{f(x)}{x-1}=2$,则 $f'(1)=$ _____ .

解 因为函数 $f(x)$ 在 $x=1$ 处连续，且 $\lim\limits_{x\to 1}\dfrac{f(x)}{x-1}=2$,所以 $f(1)=0$,于是
$$f'(1)=\lim_{x\to 1}\frac{f(x)-f(1)}{x-1}=2.$$

(4) 函数 $f(x)=\mathrm{e}^{|x|}$ 在点 $x=0$ 处的导数 _____ .

解 因为
$$f'_-(0)=\lim_{x\to 0^-}\frac{f(x)-f(0)}{x-0}=\lim_{x\to 0^-}\frac{\mathrm{e}^{-x}-1}{x-0}=\lim_{x\to 0^-}\frac{-x}{x}=-1,$$
$$f'_+(0)=\lim_{x\to 0^+}\frac{f(x)-f(0)}{x-0}=\lim_{x\to 0^+}\frac{\mathrm{e}^{x}-1}{x-0}=\lim_{x\to 0^+}\frac{x}{x}=1,$$

即 $f'_-(0)\neq f'_+(0)$,故 $f(x)$ 在点 $x=0$ 处不可导.

(5) 设函数 $y=x^n$(n 为正整数),则 $y^{(n)}(0)=$ _____ .

解 由于 $y^{(n)}=n!$,故 $y^{(n)}(0)=n!$.

(6) 设函数 $y=f(x)$ 在点 x_0 处可导，当自变量 x 由 x_0 增加到 $x_0+\Delta x$ 时，记 Δy 为 $f(x)$ 的增量，$\mathrm{d}y$ 为 $f(x)$ 的微分，则 $\lim\limits_{\Delta x\to 0}\dfrac{\Delta y-\mathrm{d}y}{\Delta x}=$ _____ .

解 $\lim\limits_{\Delta x\to 0}\dfrac{\Delta y-\mathrm{d}y}{\Delta x}=\lim\limits_{\Delta x\to 0}\dfrac{o(\Delta x)}{\Delta x}=0$.

(7) 已知函数 $f(x)$ 具有任意阶导数，且 $f'(x)=[f(x)]^2$,则当 n 为大于 2 的正整数时，$f(x)$ 的 n 阶导数 $f^{(n)}(x)$ 为 _____ .

解 由于 $f'(x)=[f(x)]^2$,且 $f(x)$ 具有任意阶导数，则
$$f''(x)=2[f(x)]f'(x)=2[f(x)]^3,$$
$$f'''(x)=2\cdot 3[f(x)]^2f'(x)=6[f(x)]^4,$$
故
$$f^{(n)}(x)=n![f(x)]^{n+1}.$$

(8) 设函数 $f(x)=\dfrac{1-x}{1+x}$,则 $f^{(n)}(x)=$ _____ .

解 因为

$$f'(x) = \frac{-1 \cdot (1+x) - (1-x)}{(1+x)^2} = -2(1+x)^{-2},$$
$$f''(x) = -2 \cdot (-2)(1+x)^{-3} = 2 \cdot 2!\cdot (1+x)^{-3},$$
$$f'''(x) = 2 \cdot 2!\cdot (-3)(1+x)^{-4} = -2 \cdot 3!\cdot (1+x)^{-4},$$

于是
$$f^{(n)}(x) = 2(-1)^n \cdot n!\cdot (1+x)^{-n-1}.$$

(9) 设对任意 x,均有 $f(1+x) = 2f(x)$,且 $f(0) = 1, f'(0) = a$ (a 为常数),则 $f'(1) = $ _____.

解 由已知得,$f(1) = 2f(0) = 2$,且 $f'(0) = \lim\limits_{x \to 0} \dfrac{f(x) - f(0)}{x - 0} = \lim\limits_{x \to 0}\dfrac{f(x) - 1}{x} = a$.

因为 $f'(1) = \lim\limits_{x \to 1}\dfrac{f(x) - f(1)}{x - 1} = \lim\limits_{x \to 1}\dfrac{f(x) - 2}{x - 1}$,令 $x - 1 = u$,则 $x = u + 1$,所以

$$f'(1) = \lim_{x \to 1}\frac{f(x) - 2}{x - 1} = \lim_{u \to 0}\frac{f(u+1) - 2}{u} = \lim_{u \to 0}\frac{2f(u) - 2}{u}$$
$$= 2\lim_{u \to 0}\frac{f(u) - 1}{u} = 2a.$$

(10) 已知函数 $f(x) = (x-a)(x-b)(x-c)(x-d)$,且 $f'(x_0) = (c-a)(c-b)(c-d)$,则 $x_0 = $ _____.

解 因为
$$f'(x) = (x-b)(x-c)(x-d) + (x-a)(x-c)(x-d) + (x-a)(x-b)(x-d)$$
$$+ (x-a)(x-b)(x-c),$$

又
$$f'(x_0) = (x_0-b)(x_0-c)(x_0-d) + (x_0-a)(x_0-c)(x_0-d) + (x_0-a)(x_0-b)(x_0-d)$$
$$+ (x_0-a)(x_0-b)(x_0-c) = (c-a)(c-b)(c-d),$$

即
$$\begin{cases}(x_0-b)(x_0-c)(x_0-d) = 0,\\(x_0-a)(x_0-c)(x_0-d) = 0,\\(x_0-a)(x_0-b)(x_0-c) = 0,\end{cases}$$

于是
$$(x_0-a)(x_0-b)(x_0-d) = (c-a)(c-b)(c-d), \quad 即 \quad x_0 = c.$$

3. 设 $f(0) = 1, f'(0) = a$,求下列极限:

(1) $\lim\limits_{x \to 0}\dfrac{\cos x - f(x)}{x}$;

解
$$\lim_{x \to 0}\frac{\cos x - f(x)}{x} = \lim_{x \to 0}\frac{[\cos x - f(0)] - [f(x) - f(0)]}{x}$$
$$= \lim_{x \to 0}\frac{\cos x - 1}{x} - \lim_{x \to 0}\frac{f(x) - f(0)}{x - 0}$$
$$= \lim_{x \to 0}\frac{-x^2/2}{x} - f'(0) = -a.$$

(2) $\lim\limits_{x \to 0}\dfrac{2^x f(x) - 1}{x}$;

解
$$\lim_{x \to 0}\frac{2^x f(x) - 1}{x} = \lim_{x \to 0}\frac{2^x f(x) - 2^0 f(0)}{x - 0} = \left[2^x f(x)\right]'\bigg|_{x=0}$$
$$= \left[2^x \ln 2 \cdot f(x) + 2^x f'(x)\right]\bigg|_{x=0}$$
$$= \ln 2 \cdot f(0) + f'(0) = \ln 2 + a.$$

(3) $\lim\limits_{x \to 1}\dfrac{f(\ln x) - 1}{1 - x}$.

解 令 $u = \ln x$,则 $x = e^u$,且当 $x \to 1$ 时,$u \to 0$,故

$$\lim_{x \to 1}\frac{f(\ln x) - 1}{1 - x} = \lim_{u \to 0}\frac{f(u) - 1}{1 - e^u} = -\lim_{u \to 0}\frac{f(u) - f(0)}{e^u - 1}$$
$$= -\lim_{u \to 0}\frac{f(u) - f(0)}{u} = -f'(0) = -a.$$

第四章　微分中值定理与导数的应用

内容简介

1. 函数的极值与最值

定义 4.1　设函数 $f(x)$ 在点 x_0 的某邻域 $U(x_0,\delta)$ 内有定义. 如果对任意的 $x \in \mathring{U}(x_0,\delta)$,

① 若 $f(x) < f(x_0)$, 则称 $f(x_0)$ 为函数 $f(x)$ 的极大值, x_0 称为极大值点;

② 若 $f(x) > f(x_0)$, 则称 $f(x_0)$ 为函数 $f(x)$ 的极小值, x_0 称为极小值点.

函数的极大值与极小值统称为函数的极值, 极大值点与极小值点统称为极值点.

定义 4.2　使 $f'(x) = 0$ 的点称为函数 $f(x)$ 的驻点.

2. 曲线的凸性与拐点

定义 4.3　设函数 $f(x)$ 在区间 I 上连续. 如果对 I 上任意两点 x_1, x_2,

① 恒有 $f\left(\dfrac{x_1+x_2}{2}\right) > \dfrac{1}{2}[f(x_1)+f(x_2)]$, 那么称 $f(x)$ 在 I 上的图形是上凸的;

② 恒有 $f\left(\dfrac{x_1+x_2}{2}\right) < \dfrac{1}{2}[f(x_1)+f(x_2)]$, 那么称 $f(x)$ 在 I 上的图形是下凸的.

定义 4.4　曲线上凸与下凸的分界点称为曲线的拐点.

3. 曲线的渐近线

定义 4.5　如果曲线上一动点沿曲线无限远离原点时, 此点与某一直线的距离趋于零, 则称此直线是曲线的渐近线.

定义 4.6　若当自变量 $x \to \infty$ 时, 函数 $y = f(x)$ 的极限存在, 即 $\lim\limits_{x \to -\infty} f(x) = C$ 或 $\lim\limits_{x \to +\infty} f(x) = C$, 则称直线 $y = C$ 是曲线 $y = f(x)$ 的水平渐近线.

定义 4.7　若函数 $y = f(x)$ 在点 a 处无定义或不连续, 且当自变量 $x \to a$ 时, 函数为无穷大量, 即 $\lim\limits_{x \to a^+} f(x) = \infty$ 或 $\lim\limits_{x \to a^-} f(x) = \infty$, 则称直线 $x = a$ 是曲线 $y = f(x)$ 的铅垂渐近线.

定义 4.8　若 $\lim\limits_{x \to +\infty}[f(x)-(ax+b)] = 0$ 或 $\lim\limits_{x \to -\infty}[f(x)-(ax+b)] = 0$, 其中 a,b 为常

数,且 $a \neq 0$,则称直线 $y = ax + b$ 为曲线 $y = f(x)$ 的斜渐近线.

注 上述极限的自变量的两种变化过程,说明完全可能同时出现两条斜渐近线.

重要公式、定理及结论

1. 中值定理

定理 4.1(罗尔中值定理) 若函数 $f(x)$ 满足下列条件:
① 在闭区间 $[a,b]$ 上连续;
② 在开区间 (a,b) 内可导;
③ 在区间端点处的函数值相等,即 $f(a) = f(b)$,
则至少存在一点 $\xi \in (a,b)$,使得 $f'(\xi) = 0$.

注 罗尔中值定理的三个条件是充分非必要的,三个条件缺一不可,否则定理的结论就不一定成立.

定理 4.2(拉格朗日中值定理) 若函数 $f(x)$ 满足下列条件:
① 在闭区间 $[a,b]$ 上连续;
② 在开区间 (a,b) 内可导,
则至少存在一点 $\xi \in (a,b)$,使得

$$f'(\xi) = \frac{f(b) - f(a)}{b - a} \quad \text{或} \quad f(b) - f(a) = f'(\xi)(b-a).$$

这两个公式称为拉格朗日中值公式.

注 ① 拉格朗日中值公式还有如下的等价形式:
$$f(b) - f(a) = f'[a + \theta(b-a)](b-a), \quad \theta \in (0,1).$$
② 拉格朗日中值定理实际上是罗尔中值定理的推广,罗尔中值定理是拉格朗日中值定理当 $f(a) = f(b)$ 时的特殊情况.

推论 4.1 如果在区间 I 内,恒有 $f'(x) = 0$,则 $f(x)$ 在区间 I 内恒等于常数.

推论 4.2 如果在区间 I 内,恒有 $f'(x) = g'(x)$,则在区间 I 内,$f(x)$ 与 $g(x)$ 至多相差一个常数,即有 $f(x) = g(x) + C, x \in I$,其中 C 是一个常数.

定理 4.3(柯西中值定理) 若函数 $f(x)$ 与 $g(x)$ 满足下列条件:
① 在闭区间 $[a,b]$ 上连续;
② 在开区间 (a,b) 内可导;
③ 在开区间 (a,b) 内的每一点处,均有 $g'(x) \neq 0$,
则至少存在一点 $\xi \in (a,b)$,使得

$$\frac{f(b) - f(a)}{g(b) - g(a)} = \frac{f'(\xi)}{g'(\xi)}.$$

注 当 $g(x) = x$ 时,柯西中值定理便转化为拉格朗日中值定理.

2. 洛必达法则

(1) $\frac{0}{0}$ 型未定式

定理 4.4 若函数 $f(x)$ 与 $g(x)$ 满足下列条件：

① $\lim\limits_{x \to a} f(x) = \lim\limits_{x \to a} g(x) = 0$；

② 在点 a 的某空心邻域内，$f'(x)$ 与 $g'(x)$ 都存在，且 $g'(x) \neq 0$；

③ $\lim\limits_{x \to a} \dfrac{f'(x)}{g'(x)} = A(或 \infty)$，

则有
$$\lim_{x \to a} \frac{f(x)}{g(x)} = \lim_{x \to a} \frac{f'(x)}{g'(x)} = A(或 \infty).$$

(2) $\dfrac{\infty}{\infty}$ 型未定式

定理 4.5 若函数 $f(x)$ 与 $g(x)$ 满足下列条件：

① $\lim\limits_{x \to a} f(x) = \infty, \lim\limits_{x \to a} g(x) = \infty$；

② 在点 a 的某空心邻域内，$f'(x)$ 与 $g'(x)$ 都存在，且 $g'(x) \neq 0$；

③ $\lim\limits_{x \to a} \dfrac{f'(x)}{g'(x)} = A(或 \infty)$，

则有
$$\lim_{x \to a} \frac{f(x)}{g(x)} = \lim_{x \to a} \frac{f'(x)}{g'(x)} = A(或 \infty).$$

上述两个定理中的 $x \to a$ 可改为 $x \to \infty, x \to +\infty, x \to -\infty, x \to a^+, x \to a^-$，则也有相应的洛必达法则.

注 使用洛必达法则时必须注意下列几点：① 对分子、分母分别求导；② $\lim\limits_{x \to a} \dfrac{f(x)}{g(x)}$ 必须是 $\dfrac{0}{0}$ 型或 $\dfrac{\infty}{\infty}$ 型；③ $\lim\limits_{x \to a} \dfrac{f'(x)}{g'(x)}$ 不存在也不为 ∞，不能断定 $\lim\limits_{x \to a} \dfrac{f(x)}{g(x)}$ 不存在，此时洛必达法则失效，必须用其他方法来判别这个极限是否存在；④ 洛必达法则可多次使用，但每一步必须判断是否为 $\dfrac{0}{0}$ 型或 $\dfrac{\infty}{\infty}$ 型；⑤ 利用洛必达法则求极限时，最好能与其他求极限的方法结合使用，如应用等价无穷小量代换.

(3) 其他型未定式

形如 $0 \cdot \infty$ 型、$\infty - \infty$ 型、0^0 型、1^∞ 型、∞^0 型的未定式，总可通过适当的变换将它们化为 $\dfrac{0}{0}$ 型或 $\dfrac{\infty}{\infty}$ 型，再应用洛必达法则，如图 4-1 所示.

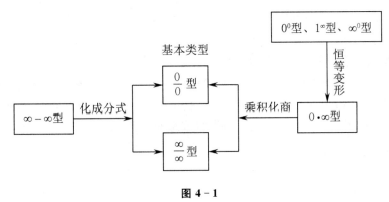

图 4-1

注 1^∞ 型未定式可用重要极限.

3. 函数单调性的判别法

定理 4.6 设函数 $f(x)$ 在 $[a, b]$ 上连续，在 (a, b) 内可导.

① 如果在(a,b)内,恒有$f'(x)>0$,则$f(x)$在$[a,b]$上单调增加;

② 如果在(a,b)内,恒有$f'(x)<0$,则$f(x)$在$[a,b]$上单调减少.

注 讨论函数$f(x)$的单调区间的步骤如下:① 确定$f(x)$的定义域;② 求出$f(x)$的导数为零的点、不可导点和间断点,用这些点把函数的定义域分成若干个子区间;③ 判断在各子区间上$f'(x)$的符号,从而确定函数的单调区间.

4. 函数的极值与最值

(1) 极值存在的必要条件

定理4.7 若函数$f(x)$在点x_0处可导且存在极值,则必有$f'(x_0)=0$.

注 ① 导数存在的极值点一定是驻点,但反之不一定成立,例如$y=x^3$,$x=0$是其驻点,但不是极值点. ② 极值点也可能是不可导点,例如,$f(x)=|x|$在$x=0$处取得极小值,但在$x=0$处不可导. 但反之不一定成立,例如,$y=x^{\frac{1}{3}}$在$x=0$处不可导,但$x=0$不是极值点.

(2) 极值存在的充分条件

定理4.8(极值存在的第一充分条件) 设函数$f(x)$在点x_0的某邻域$U(x_0,\delta)$内连续,在$\mathring{U}(x_0,\delta)$内可导.

① 如果当$x\in(x_0-\delta,x_0)$时,$f'(x)>0$,而当$x\in(x_0,x_0+\delta)$时,$f'(x)<0$,则$f(x_0)$为极大值;

② 如果当$x\in(x_0-\delta,x_0)$时,$f'(x)<0$,而当$x\in(x_0,x_0+\delta)$时,$f'(x)>0$,则$f(x_0)$为极小值;

③ 如果在$\mathring{U}(x_0,\delta)$内,$f'(x)$不变号(恒大于零或恒小于零),则$f(x_0)$不是极值.

定理4.9(极值存在的第二充分条件) 设函数$f(x)$在点x_0的某邻域内二阶可导,且$f'(x_0)=0$,则有

① 当$f''(x_0)<0$时,$f(x_0)$为极大值;

② 当$f''(x_0)>0$时,$f(x_0)$为极小值;

③ 当$f''(x_0)=0$时,不能确定$f(x_0)$是否为极值.

注 此定理仅给出判断驻点是否为极值点的方法,并且当$f''(x_0)=0$时此方法失效.

(3) 函数的最值

在极值的基础上讨论最值,大体上可以分为以下三种情况:

① 闭区间上的连续函数一定有最大值和最小值,只要比较驻点、不可导点和区间端点处的函数值,其中最大函数值就是最大值,最小函数值就是最小值;

② 闭区间上的单调函数一定有最大值和最小值,且最值一定在区间端点处取得;

③ 如果函数$f(x)$在区间I上连续,且在区间I上只有唯一的极值点,则这个极大(或极小)值点必定是函数$f(x)$在区间I上的最大(或最小)值点.

5. 曲线的凸性与拐点

定理4.10 设函数$y=f(x)$在$[a,b]$上连续,在(a,b)内$f''(x)$存在.

① 若在(a,b)内,$f''(x)>0$,则曲线$y=f(x)$在$[a,b]$上是下凸的;

② 若在(a,b)内,$f''(x)<0$,则曲线$y=f(x)$在$[a,b]$上是上凸的.

注 讨论曲线$y=f(x)$的凸性及拐点的步骤如下:① 求出$f'(x)$,$f''(x)$;② 求出$f''(x)=0$的点及$f''(x)$不存在的点,并用这些点把函数的定义域划分成若干个子区间;③ 列表讨论各子区间上$f''(x)$的符

号,确定曲线的上凸、下凸区间及拐点.

6. 函数图形的作法

(1) 求曲线 $y = f(x)$ 的斜渐近线 $y = ax + b$ 的公式:

$$a = \lim_{x \to +\infty} \frac{f(x)}{x}, \quad b = \lim_{x \to +\infty} [f(x) - ax]$$

或

$$a = \lim_{x \to -\infty} \frac{f(x)}{x}, \quad b = \lim_{x \to -\infty} [f(x) - ax].$$

(2) 描绘函数 $y = f(x)$ 的图形的基本步骤如下:
① 确定函数的定义域;
② 确定函数的奇偶性;
③ 求出 $f'(x), f''(x)$,并由此求出函数的驻点、不可导点、$f''(x) = 0$ 的点和 $f''(x)$ 不存在的点,用这些点把函数的定义域划分成几个子区间;
④ 列表讨论各子区间上 $f'(x)$ 和 $f''(x)$ 的符号,从而确定函数 $y = f(x)$ 的单调性、极值及对应曲线的凸性、拐点;
⑤ 讨论曲线的渐近线;
⑥ 描出曲线的一些特殊点,然后根据以上的讨论,作出函数的图形.

复习考试要求

1. 理解罗尔中值定理、拉格朗日中值定理,熟练掌握定理的条件和结论,掌握这两个定理的应用方法及技巧.
2. 了解柯西中值定理及应用.
3. 熟练掌握洛必达法则及运用该法则求极限的方法.
4. 掌握函数单调性的判别方法.
5. 理解函数极值的概念以及极值存在的充分条件和必要条件,掌握求极值的方法.
6. 掌握曲线凸性的判别方法及求拐点的方法.
7. 会解决最值的应用问题.
8. 会求曲线的水平、铅垂、斜渐近线,能描绘函数的图形.

典型例题

例 1 设函数 $f(x)$ 的导数在 $x = a$ 处连续,又 $\lim\limits_{x \to a} \dfrac{f'(x)}{x - a} = -1$,则( ).

A. $x = a$ 是 $f(x)$ 的极小值点
B. $x = a$ 是 $f(x)$ 的极大值点

C. $(a, f(a))$ 是曲线 $y = f(x)$ 的拐点

D. $x = a$ 不是 $f(x)$ 的极值点，$(a, f(a))$ 也不是曲线 $y = f(x)$ 的拐点

解 因为分母极限为零，即 $\lim\limits_{x \to a}(x-a) = 0$，且 $\lim\limits_{x \to a}\dfrac{f'(x)}{x-a}$ 存在，所以 $\lim\limits_{x \to a}\dfrac{f'(x)}{x-a}$ 为 $\dfrac{0}{0}$ 型未定式，即 $\lim\limits_{x \to a} f'(x) = f'(a) = 0$，说明 $x = a$ 是 $f(x)$ 的驻点．而

$$f''(a) = \lim_{x \to a} \frac{f'(x) - f'(a)}{x - a} = \lim_{x \to a} \frac{f'(x)}{x - a} = -1 < 0,$$

由极值存在的第二充分条件可知，$x = a$ 是 $f(x)$ 的极大值点，故答案选 B．

例 2 曲线 $y = \dfrac{1}{x} + \ln(1 + e^x)$ 的渐近线的条数为（　　）．

A. 0　　　　　　B. 1　　　　　　C. 2　　　　　　D. 3

解 因为 $\lim\limits_{x \to -\infty} y = \lim\limits_{x \to -\infty}\left[\dfrac{1}{x} + \ln(1 + e^x)\right] = 0$，所以 $y = 0$ 是曲线的一条水平渐近线．

又因为 $y = \dfrac{1}{x} + \ln(1 + e^x)$ 在点 $x = 0$ 处无定义，$\lim\limits_{x \to 0} y = \lim\limits_{x \to 0}\left[\dfrac{1}{x} + \ln(1 + e^x)\right] = \infty$，所以 $x = 0$ 是曲线的一条铅垂渐近线．

另外，$a = \lim\limits_{x \to +\infty} \dfrac{y}{x} = \lim\limits_{x \to +\infty}\left[\dfrac{1}{x^2} + \dfrac{\ln(1 + e^x)}{x}\right] = \lim\limits_{x \to +\infty} \dfrac{1}{x^2} + \lim\limits_{x \to +\infty} \dfrac{\ln(1 + e^x)}{x}$

$= 0 + \lim\limits_{x \to +\infty} \dfrac{\ln(1 + e^x)}{x} = \lim\limits_{x \to +\infty} \dfrac{e^x}{1 + e^x} = 1$,

$b = \lim\limits_{x \to +\infty}\left[\dfrac{1}{x} + \ln(1 + e^x) - 1 \cdot x\right] = \lim\limits_{x \to +\infty} \dfrac{1}{x} + \lim\limits_{x \to +\infty}[\ln(1 + e^x) - x]$

$= 0 + \lim\limits_{x \to +\infty}[\ln(1 + e^x) - \ln e^x] = \lim\limits_{x \to +\infty} \ln(e^{-x} + 1) = 0$,

故曲线有一条斜渐近线 $y = x$．

综上所述，曲线有三条渐近线，故答案选 D．

注 此题属于求渐近线的基本题，需要注意的是所给曲线沿 $x \to +\infty$ 方向有斜渐近线，沿 $x \to -\infty$ 方向有水平渐近线，要考虑全面，否则会错误地选择 C．

例 3 设函数 $f(x)$ 在闭区间 $[a, b]$ 上有定义，在开区间 (a, b) 内可导，则（　　）．

A. 当 $f(a)f(b) < 0$ 时，存在 $\xi \in (a, b)$，使 $f(\xi) = 0$

B. 对任何 $\xi \in (a, b)$，有 $\lim\limits_{x \to \xi}[f(x) - f(\xi)] = 0$

C. 当 $f(a) = f(b)$ 时，存在 $\xi \in (a, b)$，使 $f'(\xi) = 0$

D. 存在 $\xi \in (a, b)$，使 $f(b) - f(a) = f'(\xi)(b - a)$

解 由于题设并未给出 $f(x)$ 在闭区间 $[a, b]$ 上连续，而 $f(x)$ 在开区间 (a, b) 内可导只能说明 $f(x)$ 在开区间 (a, b) 内连续，区间端点处无法判断，因此零值定理、罗尔中值定理、拉格朗日中值定理均不一定成立．故 A，C，D 被排除，只能选 B．

由 $f(x)$ 在开区间 (a, b) 内可导可知，$f(x)$ 在开区间 (a, b) 内任意一点处连续，再由函数在一点处连续的定义可知 B 正确．

注 本题要求熟练掌握零值定理、中值定理的条件和结论，不能不管条件的乱用．

例 4 设函数 $f(x) = |x(1-x)|$，$-1 < x < 1$，则（　　）．

A. $x = 0$ 是 $f(x)$ 的极值点，但 $(0, 0)$ 不是曲线 $y = f(x)$ 的拐点

B. $x = 0$ 不是 $f(x)$ 的极值点，但 $(0, 0)$ 是曲线 $y = f(x)$ 的拐点

C. $x=0$ 是 $f(x)$ 的极值点，且 $(0,0)$ 是曲线 $y=f(x)$ 的拐点

D. $x=0$ 不是 $f(x)$ 的极值点，$(0,0)$ 也不是曲线 $y=f(x)$ 的拐点

解 函数 $f(x)$ 去绝对值，得

$$f(x)=\begin{cases}-x(1-x), & -1<x\leqslant 0,\\ x(1-x), & 0<x<1.\end{cases}$$

对分段函数 $f(x)$ 求导，当 $-1<x<0$ 时，$f'(x)=2x-1$；当 $0<x<1$ 时，$f'(x)=1-2x$；在 $x=0$ 处，

$$f'_-(0)=\lim_{x\to 0^-}\frac{f(x)-f(0)}{x-0}=\lim_{x\to 0^-}\frac{-x(1-x)}{x}=-1,$$

$$f'_+(0)=\lim_{x\to 0^+}\frac{f(x)-f(0)}{x-0}=\lim_{x\to 0^+}\frac{x(1-x)}{x}=1,$$

可见 $f'_-(0)\neq f'_+(0)$，所以 $f'(0)$ 不存在. 因此

$$f'(x)=\begin{cases}2x-1, & -1<x<0,\\ 1-2x, & 0<x<1,\\ 不存在, & x=0,\end{cases} \qquad f''(x)=\begin{cases}2, & -1<x<0,\\ -2, & 0<x<1.\end{cases}$$

因为 $f(x)$ 在点 $x=0$ 处的导数不存在，所以 $x=0$ 可能是极值点. 当 $-1<x<0$ 时，$f'(x)<0$；当 $0<x<\dfrac{1}{2}$ 时，$f'(x)>0$，由极值存在的第一充分条件，$x=0$ 是 $f(x)$ 的极值点，且为极小值点.

因为 $f(x)$ 在点 $x=0$ 处的二阶导数不存在，所以 $(0,0)$ 可能是拐点. 由于在 $x=0$ 两侧 $f''(x)$ 异号，由拐点的定义可知，$(0,0)$ 是曲线 $y=f(x)$ 的拐点. 因此答案选 C.

注 本题也可以画出点 $x=0$ 附近函数的图形，通过观察得出答案.

本题概念性强，涉及函数求导、极值及曲线拐点等知识点. 要会求带绝对值的函数的导数，另外要熟知一阶导数为零或不存在的点可能是极值点，二阶导数为零或不存在的点可能是拐点，再用具体的判别方法去判定是否为极值点、拐点.

例 5 设函数 $f'(x)$ 在 $[a,b]$ 上连续，且 $f'(a)>0,f'(b)<0$，则下列结论中错误的是（　　）.

A. 至少存在一点 $x_0\in(a,b)$，使得 $f(x_0)>f(a)$

B. 至少存在一点 $x_0\in(a,b)$，使得 $f(x_0)>f(b)$

C. 至少存在一点 $x_0\in(a,b)$，使得 $f'(x_0)=0$

D. 至少存在一点 $x_0\in(a,b)$，使得 $f(x_0)=0$

解 利用零值定理与极限的保号性可得到三个结论正确的选项，由排除法可选出结论错误的选项.

首先，已知函数 $f'(x)$ 在 $[a,b]$ 上连续，且 $f'(a)>0,f'(b)<0$，则由零值定理可知，至少存在一点 $x_0\in(a,b)$，使得 $f'(x_0)=0$. 另外，$f'(a)=\lim\limits_{x\to a^+}\dfrac{f(x)-f(a)}{x-a}>0$，则由极限的保号性可知，至少存在一点 $x_0\in(a,b)$，使得 $\dfrac{f(x_0)-f(a)}{x_0-a}>0$，即 $f(x_0)>f(a)$. 同理，至少存在一点 $x_0\in(a,b)$，使得 $f(x_0)>f(b)$. 所以，A,B,C 都正确，故答案选 D.

注 本题综合考查了零值定理与极限的保号性，有一定的难度.

例 6 若函数 $f(x)=2x^3-9x^2+12x-a$ 恰好有两个不同的零点，则 $a=$（　　）.

A. 2　　　　　　B. 4　　　　　　C. 6　　　　　　D. 8

解　先求出可能的极值点,再利用函数的单调性与极值画出函数对应的简单图形进行分析,当恰好有一个极值为零时,函数 $f(x)$ 恰好有两个不同的零点.

由 $f'(x) = 6x^2 - 18x + 12 = 6(x-1)(x-2)$,可知可能的极值点为 $x=1, x=2$,又 $f(1) = 5-a, f(2) = 4-a$,则 $a=5$ 或 $a=4$ 时,函数 $f(x)$ 恰好有两个零点,故应选 B.

例 7　设当 $x \to 0$ 时,$f(x) = e^x - (ax^2 + bx + 1) = o(x^2)$,则 $a = $ _____,$b = $ _____.

解　$f(x) = e^x - (ax^2 + bx + 1) = o(x^2)$ 表示 $e^x - (ax^2 + bx + 1)$ 是比 x^2 高阶的无穷小量,即 $\lim\limits_{x \to 0} \dfrac{e^x - (ax^2 + bx + 1)}{x^2} = 0.$ 又

$$\lim_{x \to 0} \frac{e^x - (ax^2 + bx + 1)}{x^2} = \lim_{x \to 0} \frac{e^x - (2ax + b)}{2x},$$

此极限必为 $\dfrac{0}{0}$ 型未定式,若不然,当分母趋于 0,分子趋于常数时,极限为 ∞ 而不是 0. 这说明

$$\lim_{x \to 0}[e^x - (2ax + b)] = 0, \quad 即 \quad 1 - b = 0. \tag{4-1}$$

对 $\lim\limits_{x \to 0} \dfrac{e^x - (2ax + b)}{2x}$ 继续应用洛必达法则,得

$$\lim_{x \to 0} \frac{e^x - 2a}{2} = \frac{1 - 2a}{2} = 0. \tag{4-2}$$

由式(4-1)和式(4-2)得 $a = \dfrac{1}{2}, b = 1.$

例 8　极限 $\lim\limits_{x \to \infty} x \sin \dfrac{2x}{x^2 + 1} = $ _____.

解　**法 1**　原式 $= \lim\limits_{x \to \infty} \dfrac{\sin \dfrac{2x}{x^2+1}}{\dfrac{1}{x}} = \lim\limits_{x \to \infty} \dfrac{\sin \dfrac{2x}{x^2+1}}{\dfrac{2x}{x^2+1}} \cdot \dfrac{\dfrac{2x}{x^2+1}}{\dfrac{1}{x}}$

$= \lim\limits_{x \to \infty} \dfrac{\sin \dfrac{2x}{x^2+1}}{\dfrac{2x}{x^2+1}} \cdot \lim\limits_{x \to \infty} \dfrac{2x^2}{x^2+1} = 1 \times 2 = 2.$

法 2　原式 $= \lim\limits_{x \to \infty} \dfrac{\sin \dfrac{2x}{x^2+1}}{\dfrac{1}{x}} = \lim\limits_{x \to \infty} \dfrac{\dfrac{2x}{x^2+1}}{\dfrac{1}{x}} = \lim\limits_{x \to \infty} \dfrac{2x^2}{x^2+1} = 2.$

例 9　极限 $\lim\limits_{x \to 0} \dfrac{e^x - \sin x - 1}{1 - \sqrt{1 - x^2}} = $ _____.

解　**法 1**　原式 $= \lim\limits_{x \to 0} \dfrac{e^x - \cos x}{\dfrac{x}{\sqrt{1-x^2}}} = \lim\limits_{x \to 0} \dfrac{e^x - \cos x}{x} \cdot \sqrt{1-x^2} = \lim\limits_{x \to 0} (e^x + \sin x) = 1.$

法 2　当 $x \to 0$ 时,$1 - \sqrt{1-x^2} \sim \dfrac{x^2}{2}$,于是

原式 $= \lim\limits_{x \to 0} \dfrac{e^x - \sin x - 1}{\dfrac{x^2}{2}} = \lim\limits_{x \to 0} \dfrac{e^x - \cos x}{x} = \lim\limits_{x \to 0} (e^x + \sin x) = 1.$

例 10 设函数 $f(x)$ 在 $[a,b]$ 上有二阶导数,$f''(x) \neq 0$,且 $f(a) = f(b) = 0$,证明:在 (a,b) 内 $f(x) \neq 0$.

证明 若存在 $c \in (a,b)$,使得 $f(c) = 0$,即有 $f(a) = f(c) = f(b) = 0$,则对 $f(x)$ 在 $[a,c]$ 与 $[c,b]$ 上分别运用罗尔中值定理,就有 $f'(\xi) = f'(\eta) = 0$,其中 $\xi \in (a,c), \eta \in (c,b)$.

再对 $f'(x)$ 在 $[\xi,\eta]$ 上运用罗尔中值定理,应有 $\theta \in (\xi,\eta)$,使得 $f''(\theta) = 0$,这与条件 $f''(x) \neq 0$ 矛盾,故在 (a,b) 内 $f(x) \neq 0$.

例 11 设函数 $f(x)$ 在 $[0,1]$ 上连续,在 $(0,1)$ 内可导,且 $f(0) = f(1) = 0, f\left(\dfrac{1}{2}\right) = 1$,试证:

(1) 存在 $\eta \in \left(\dfrac{1}{2}, 1\right)$,使得 $f(\eta) = \eta$;

(2) 对任意实数 λ,必存在 $\xi \in (0,\eta)$,使得 $f'(\xi) - \lambda[f(\xi) - \xi] = 1$.

证明 (1) 令 $F(x) = f(x) - x$,显然 $F(x)$ 在 $[0,1]$ 上连续.

又 $F(1) = f(1) - 1 = -1 < 0, F\left(\dfrac{1}{2}\right) = f\left(\dfrac{1}{2}\right) - \dfrac{1}{2} = \dfrac{1}{2} > 0$,即 $F\left(\dfrac{1}{2}\right) \cdot F(1) < 0$,所以由闭区间上连续函数的零值定理可知,存在 $\eta \in \left(\dfrac{1}{2}, 1\right)$,使得 $F(\eta) = 0$,即 $f(\eta) = \eta$.

(2) 令 $G(x) = e^{-\lambda x}[f(x) - x]$,则 $G(x)$ 在 $[0,\eta]$ 上连续,在 $(0,\eta)$ 内可导,且 $G(0) = e^0[f(0) - 0] = 0, G(\eta) = e^{-\lambda\eta}[f(\eta) - \eta] = 0$,即 $G(x)$ 在 $[0,\eta]$ 上满足罗尔中值定理的条件,故存在 $\xi \in (0,\eta)$,使得 $G'(\xi) = 0$,即 $-\lambda e^{-\lambda\xi}[f(\xi) - \xi] + e^{-\lambda\xi}[f'(\xi) - 1] = 0$. 又 $e^{-\lambda\xi} \neq 0$,因此 $f'(\xi) - \lambda[f(\xi) - \xi] = 1$.

注 本题关键是正确的构造辅助函数.证明不含有导数的等式,一般用零值定理或介值定理;等式中含有区间内点导数 $f'(\xi)$ 的,一般应用中值定理证明.

例 12 设函数 $f(x)$ 在 $[0,3]$ 上连续,在 $(0,3)$ 内可导,且 $f(0) + f(1) + f(2) = 3$,$f(3) = 1$,试证:必存在 $\xi \in (0,3)$,使得 $f'(\xi) = 0$.

证明 因函数 $f(x)$ 在 $[0,3]$ 上连续,故 $f(x)$ 在 $[0,2]$ 上连续,且在 $[0,2]$ 上必有最大值 M 和最小值 m,于是
$$m \leqslant f(0) \leqslant M, \quad m \leqslant f(1) \leqslant M, \quad m \leqslant f(2) \leqslant M.$$
因此 $m \leqslant \dfrac{f(0) + f(1) + f(2)}{3} = 1 \leqslant M$. 再由介值定理知,必存在 $c \in [0,2]$,使得 $f(c) = 1$,从而 $f(x)$ 在 $[c,3]$ 上连续,在 $(c,3)$ 内可导,且 $f(c) = f(3) = 1$,即 $f(x)$ 在 $[c,3]$ 上满足罗尔中值定理的条件.所以,必存在 $\xi \in (c,3) \subset (0,3)$,使得 $f'(\xi) = 0$.

注 因为要证存在 $\xi \in (0,3)$,使得 $f'(\xi) = 0$,所以考虑用罗尔中值定理.只要证明存在一点 $c \in (0,3)$,使得 $f(c) = 1$,又 $f(3) = 1$,然后运用罗尔中值定理即可.

例 13 讨论函数 $f(x) = \begin{cases} \dfrac{\ln\cos(x-1)}{1 - \sin\dfrac{\pi}{2}x}, & x \neq 1, \\ 1, & x = 1 \end{cases}$ 在 $x = 1$ 处是否连续;若不连续,修改 $f(x)$ 在 $x = 1$ 处的定义,使之连续.

解 $\lim\limits_{x \to 1} f(x) = \lim\limits_{x \to 1} \dfrac{\ln\cos(x-1)}{1 - \sin\dfrac{\pi}{2}x} = \lim\limits_{x \to 1} \dfrac{-\sin(x-1)}{-\dfrac{\pi}{2}\cos\dfrac{\pi}{2}x \cdot \cos(x-1)}$

$$= \frac{2}{\pi}\left[\lim_{x\to 1}\frac{\sin(x-1)}{\cos\frac{\pi}{2}x}\cdot\frac{1}{\cos(x-1)}\right] = \frac{2}{\pi}\lim_{x\to 1}\frac{\cos(x-1)}{-\frac{\pi}{2}\sin\frac{\pi}{2}x} = -\frac{4}{\pi^2},$$

因为 $\lim_{x\to 1}f(x) = -\frac{4}{\pi^2} \neq 1 = f(1)$,所以 $f(x)$ 在 $x=1$ 处不连续. 若重新修改定义,

$$f(x) = \begin{cases} \dfrac{\ln\cos(x-1)}{1-\sin\frac{\pi}{2}x}, & x \neq 1, \\ -\dfrac{4}{\pi^2}, & x = 1, \end{cases}$$

则 $f(x)$ 就在 $x=1$ 处连续了.

例 14 证明不等式: $e^x > ex$ $(x > 1)$.

证明 **法 1** 令 $f(x) = e^x$,显然它在 $[1,x]$ 上满足拉格朗日中值定理的条件,则至少存在一点 $\xi \in (1,x)$,使得 $f(x) - f(1) = f'(\xi)(x-1)$,即 $e^x - e = e^\xi(x-1)$.

因为函数 $f(x) = e^x$ 在其定义区间上单调增加,且 $1 < \xi < x$,所以有 $e^\xi > e$. 因此
$$e^x - e > e(x-1), \quad 即 \quad e^x > ex \ (x>1).$$

法 2 把不等式变形为 $e^x - ex > 0$,令 $f(x) = e^x - ex$,则 $f'(x) = e^x - e$,所以当 $x > 1$ 时,$f'(x) > 0$,即 $f(x)$ 在 $[1, +\infty)$ 上单调增加.

因此有 $f(x) > f(1) = 0$,即 $e^x - ex > 0$,亦即 $e^x > ex$ $(x > 1)$.

注 ① 用拉格朗日中值定理证明不等式的思路如下:先构造辅助函数,使其在某个区间上满足拉格朗日中值定理的条件,写出拉格朗日中值公式;再把中值公式与要证的不等式进行比较,找出它们的关系,从而证明不等式.值得一提的是,当不等式中含有区间端点和端点处的函数值时,常考虑用此方法.

② 用函数单调性证明不等式的思路如下:先根据不等式构造辅助函数,证明它在给定区间内的单调性;再求出函数在一个区间端点处的函数值或单调极限值,从而利用单调性证明不等式.

③ 对于不等式的证明,还可利用函数的极值、最值和函数的凸性等方法,我们在这里就不列举了.

例 15 求 $\lim\limits_{x\to 0}\left(\dfrac{1}{\sin^2 x} - \dfrac{\cos^2 x}{x^2}\right)$.

解 原式 $= \lim\limits_{x\to 0}\dfrac{x^2 - \sin^2 x\cos^2 x}{x^2\sin^2 x} = \lim\limits_{x\to 0}\dfrac{x^2 - \frac{1}{4}\sin^2 2x}{x^4} = \lim\limits_{x\to 0}\dfrac{x - \frac{1}{4}\sin 4x}{2x^3}$

$= \lim\limits_{x\to 0}\dfrac{1 - \cos 4x}{6x^2} = \lim\limits_{x\to 0}\dfrac{\sin 4x}{3x} = \dfrac{4}{3}$.

注 本题为 $\infty - \infty$ 型未定式,先通分化为 $\dfrac{0}{0}$ 型,再应用洛必达法则.应用洛必达法则前用等价无穷小量替换,这样会使计算简便,否则,对 $x^2\sin^2 x$ 求导比较烦琐,甚至得不到最后的结果.

例 16 求 $\lim\limits_{x\to 0}\dfrac{e^{-\frac{1}{x^2}}}{x^{2\,012}}$.

解 令 $t = \dfrac{1}{x^2}$,当 $x \to 0$ 时,$t \to +\infty$,则

$$\lim_{x\to 0}\frac{e^{-\frac{1}{x^2}}}{x^{2\,012}} = \lim_{t\to +\infty}\frac{e^{-t}}{\left(\dfrac{1}{t}\right)^{1\,006}} = \lim_{t\to +\infty}\frac{t^{1\,006}}{e^t} \quad \left(\frac{\infty}{\infty}型\right)$$

$$= \lim_{t\to +\infty}\frac{1\,006\,t^{1\,005}}{e^t} = \cdots = \lim_{t\to +\infty}\frac{1\,006!}{e^t} = 0.$$

注 本题为 $\dfrac{0}{0}$ 型未定式,若使用洛必达法则,

$$\lim_{x\to 0}\frac{\mathrm{e}^{-\frac{1}{x^2}}}{x^{2\,012}}=\lim_{x\to 0}\frac{\frac{2}{x^3}\mathrm{e}^{-\frac{1}{x^2}}}{2\,012x^{2\,011}}=\lim_{x\to 0}\frac{\mathrm{e}^{-\frac{1}{x^2}}}{1\,006x^{2\,014}}=\lim_{x\to 0}\frac{\frac{2}{x^3}\mathrm{e}^{-\frac{1}{x^2}}}{1\,006\times 2\,014x^{2\,013}}$$

$$=\lim_{x\to 0}\frac{\mathrm{e}^{-\frac{1}{x^2}}}{1\,006\times 1\,007x^{2\,016}}=\cdots.$$

可以看到,函数形式越来越复杂,得不到结果.

例 17 求 $\lim\limits_{x\to 0^+} x^{\sin x}$.

解 $\lim\limits_{x\to 0^+} x^{\sin x}(0^0\text{ 型})=\lim\limits_{x\to 0^+}\mathrm{e}^{\sin x\cdot\ln x}=\mathrm{e}^{\lim\limits_{x\to 0^+}(\sin x\cdot\ln x)}$,其中

$$\lim_{x\to 0^+}(\sin x\cdot\ln x)(0\cdot\infty\text{ 型})=\lim_{x\to 0^+}\frac{\ln x}{\dfrac{1}{\sin x}}=\lim_{x\to 0^+}\frac{\ln x}{\csc x}\left(\frac{\infty}{\infty}\text{ 型}\right)=\lim_{x\to 0^+}\frac{\dfrac{1}{x}}{-\csc x\cdot\cot x}$$

$$=-\lim_{x\to 0^+}\left(\frac{\sin x}{x}\cdot\tan x\right)=-1\times 0=0,$$

故 $\lim\limits_{x\to 0^+}\mathrm{e}^{\sin x}=\mathrm{e}^0=1.$

注 对于 $0\cdot\infty$ 型未定式,在乘积化商的过程中一般将复杂的函数留在分子,如对数函数、反三角函数等,其余部分则把其倒数放到分母上.

例 18 求函数 $y=(x-1)\mathrm{e}^{\frac{\pi}{2}+\arctan x}$ 的单调区间和极值,并求该函数曲线的渐近线.

解 $y'=\mathrm{e}^{\frac{\pi}{2}+\arctan x}+\dfrac{x-1}{1+x^2}\mathrm{e}^{\frac{\pi}{2}+\arctan x}=\dfrac{x^2+x}{1+x^2}\mathrm{e}^{\frac{\pi}{2}+\arctan x}=\dfrac{x(x+1)}{1+x^2}\mathrm{e}^{\frac{\pi}{2}+\arctan x}$,

令 $y'=0$,得驻点 $x_1=0, x_2=-1$. 列表讨论,如表 4-1 所示.

表 4-1

x	$(-\infty,-1)$	-1	$(-1,0)$	0	$(0,+\infty)$
y'	$+$	0	$-$	0	$+$
y	↗	极大值	↘	极小值	↗

由表 4-1 可知,函数的单调增加区间为 $(-\infty,-1),(0,+\infty)$,单调减少区间为 $(-1,0)$,极小值为 $f(0)=-\mathrm{e}^{\frac{\pi}{2}}$,极大值为 $f(-1)=-2\mathrm{e}^{\frac{\pi}{4}}$. 由于

$$a_1=\lim_{x\to+\infty}\frac{f(x)}{x}=\lim_{x\to+\infty}\frac{(x-1)\mathrm{e}^{\frac{\pi}{2}+\arctan x}}{x}$$

$$=\lim_{x\to+\infty}\frac{x-1}{x}\cdot\lim_{x\to+\infty}\mathrm{e}^{\frac{\pi}{2}+\arctan x}=1\times\mathrm{e}^{\pi}=\mathrm{e}^{\pi},$$

$$b_1=\lim_{x\to+\infty}[f(x)-a_1 x]=\lim_{x\to+\infty}[(x-1)\mathrm{e}^{\frac{\pi}{2}+\arctan x}-\mathrm{e}^{\pi}x]$$

$$=\lim_{x\to+\infty}\left(\frac{\mathrm{e}^{\frac{\pi}{2}+\arctan x}-\mathrm{e}^{\pi}}{\dfrac{1}{x}}-\mathrm{e}^{\frac{\pi}{2}+\arctan x}\right)$$

$$=\lim_{x\to+\infty}\frac{\dfrac{1}{1+x^2}\mathrm{e}^{\frac{\pi}{2}+\arctan x}}{-\dfrac{1}{x^2}}-\lim_{x\to+\infty}\mathrm{e}^{\frac{\pi}{2}+\arctan x}=-2\mathrm{e}^{\pi},$$

同理，
$$a_2 = \lim_{x \to -\infty} \frac{f(x)}{x} = 1,$$
$$b_2 = \lim_{x \to -\infty} [f(x) - a_2 x] = \lim_{x \to -\infty} [(x-1)e^{\frac{\pi}{2}+\arctan x} - x] = -2,$$

因此函数曲线有两条斜渐近线 $y = a_1 x + b_1 = e^{\pi}(x-2)$ 和 $y = a_2 x + b_2 = x - 2$.

注 本题是求单调区间、极值、渐近线的基本题目，但需要注意的是 y' 不能求错，求渐近线时要注意 $x \to +\infty$ 与 $x \to -\infty$ 时 $\frac{f(x)}{x}$ 的极限值不同，因此有两条渐近线.

例 19 求 $\lim\limits_{x \to 0} \left(\dfrac{1+x}{1-e^{-x}} - \dfrac{1}{x} \right)$.

解 此题为 $\infty - \infty$ 型未定式，一般先通分，再用洛必达法则：
$$\lim_{x \to 0} \left(\frac{1+x}{1-e^{-x}} - \frac{1}{x} \right) = \lim_{x \to 0} \frac{x + x^2 - 1 + e^{-x}}{x(1-e^{-x})} = \lim_{x \to 0} \frac{x + x^2 - 1 + e^{-x}}{x^2}$$
$$= \lim_{x \to 0} \frac{1 + 2x - e^{-x}}{2x} = \lim_{x \to 0} \frac{2 + e^{-x}}{2} = \frac{3}{2}.$$

例 20 证明：当 $0 < x < \pi$ 时，有 $\sin \dfrac{x}{2} > \dfrac{x}{\pi}$.

证明 利用曲线的凸性证明不等式. 设 $f(x) = \sin \dfrac{x}{2} - \dfrac{x}{\pi}$，则
$$f'(x) = \frac{1}{2} \cos \frac{x}{2} - \frac{1}{\pi}, \quad f''(x) = -\frac{1}{4} \sin \frac{x}{2} < 0 \quad (0 < x < \pi),$$

从而函数 $f(x)$ 对应的曲线在 $(0, \pi)$ 内上凸. 又
$$f(0) = f(\pi) = 0,$$

所以当 $0 < x < \pi$ 时，$f(x) > 0$，即 $\sin \dfrac{x}{2} > \dfrac{x}{\pi}$.

例 21 证明：$x \ln \dfrac{1+x}{1-x} + \cos x \geqslant 1 + \dfrac{x^2}{2}, -1 < x < 1$.

证明 令 $f(x) = x \ln \dfrac{1+x}{1-x} + \cos x - 1 - \dfrac{x^2}{2}$，则 $f(0) = 0$. 又
$$f'(x) = \ln \frac{1+x}{1-x} + \frac{2x}{1-x^2} - \sin x - x = \ln \frac{1+x}{1-x} + \frac{x(1+x^2)}{1-x^2} - \sin x.$$

当 $0 < x < 1$ 时，有 $\ln \dfrac{1+x}{1-x} > 0, \dfrac{1+x^2}{1-x^2} > 1$，所以 $\dfrac{x(1+x^2)}{1-x^2} - \sin x > 0$，即 $f'(x) > 0$，$f(x)$ 单调增加. 故 $f(x) > f(0)$，即 $x \ln \dfrac{1+x}{1-x} + \cos x - 1 - \dfrac{x^2}{2} > f(0)$，而 $f(0) = 0$，因此 $x \ln \dfrac{1+x}{1-x} + \cos x > 1 + \dfrac{x^2}{2}, 0 < x < 1$.

当 $-1 < x < 0$ 时，有 $\ln \dfrac{1+x}{1-x} < 0, \dfrac{1+x^2}{1-x^2} > 1$，所以 $\dfrac{x(1+x^2)}{1-x^2} - \sin x < 0$，即 $f'(x) < 0$，$f(x)$ 单调减少. 故 $f(x) > f(0)$，即 $x \ln \dfrac{1+x}{1-x} + \cos x - 1 - \dfrac{x^2}{2} > f(0)$，而 $f(0) = 0$，因此 $x \ln \dfrac{1+x}{1-x} + \cos x > 1 + \dfrac{x^2}{2}, -1 < x < 0$.

又因为 $f(0) = 0$，即当 $x = 0$ 时，$f(x) = 0$. 综上可知

$$x\ln\frac{1+x}{1-x}+\cos x \geqslant 1+\frac{x^2}{2}, \quad -1<x<1.$$

例 22 一商家销售某种商品的价格(单位:万元/吨)满足关系式 $p=7-0.2x$,其中 x 为销售量(单位:吨),商品的总成本函数(单位:万元)是 $C=3x+1$.

(1) 若每销售 1 吨商品,政府要征税 t 万元,求该商家获最大利润时的销售量;

(2) t 为何值时,政府税收总额最大?

解 (1) 设政府税收总额为 T,则 $T=tx$;商品销售总收益为 R,则 $R=px=7x-0.2x^2$,因此总利润函数为
$$L=R-C-T=-0.2x^2+(4-t)x-1.$$
$L'=-0.4x+4-t$,令 $L'=0$,得
$$x=\frac{4-t}{0.4}=\frac{5}{2}(4-t).$$
又 $L''=-0.4<0$,所以当销售量为 $\frac{5}{2}(4-t)$ 吨时,该商家可获得最大利润.

(2) 此时 $T=tx=t\cdot\frac{5}{2}(4-t)=10t-\frac{5}{2}t^2$,$T'=10-5t$,令 $T'=10-5t=0$,得 $t=2$. 又 $T''=-5<0$,所以当 $t=2$(单位:万元)时,政府税收总额最大.

例 23 某商品进价为 a 元/件,根据以往经验,当销售价格为 b 元/件时,销售量为 c 件 $\left(a,b,c\text{均为正常数},\text{且}\ b\geqslant\frac{4}{3}a\right)$. 又市场调查表明,销售价格每下降 10%,销售量可增加 40%,现决定一次性降价,试问:当销售价格定为多少元时,可获得最大利润?并求出最大利润.

解 设 p 表示降价后的销售价格(单位:元/件),x 为增加的销售量(单位:件),$L(x)$ 为总利润(单位:元),则
$$\frac{x}{b-p}=\frac{0.4c}{0.1b}, \quad 即 \quad p=b-\frac{b}{4c}x.$$
因此,总利润函数为
$$L(x)=\left(b-\frac{b}{4c}x-a\right)(c+x).$$
$L'(x)=-\frac{b}{2c}x+\frac{3}{4}b-a$,令 $L'(x)=0$,即 $-\frac{b}{2c}x+\frac{3}{4}b-a=0$,得 $x=\frac{(3b-4a)c}{2b}$. 又
$$L''(x)=-\frac{b}{2c}<0,$$
所以当 $x=\frac{(3b-4a)c}{2b}$ 时,$L(x)$ 达到极大值,即最大值,此时销售价格为
$$p=b-\frac{b}{4c}\cdot\frac{(3b-4a)c}{2b}=\frac{5}{8}b+\frac{1}{2}a,$$
最大利润(单位:元)为
$$L\left(\frac{(3b-4a)c}{2b}\right)=\frac{c}{16b}(5b-4a)^2.$$

课后习题选解

(A)

1. 验证下列函数在所给区间上是否满足罗尔中值定理的条件；若满足，则求出满足定理结论的点 ξ 的值：

(1) $f(x) = x^2 - 3x + 2$, $[1,2]$；

解 $f(x)$ 为初等函数，所以在 $[1,2]$ 上连续，在 $(1,2)$ 内可导，且导数为 $f'(x) = 2x - 3$. 又 $f(1) = f(2) = 0$，所以 $f(x)$ 在 $[1,2]$ 上满足罗尔中值定理的条件. 因此，至少存在一点 $\xi \in (1,2)$，使得 $f'(\xi) = 0$，即 $2\xi - 3 = 0$，解得 $\xi = \dfrac{3}{2}$.

(2) $f(x) = \dfrac{1}{1+x^2}$, $[-2,2]$；

解 $f(x)$ 为初等函数，所以在 $[-2,2]$ 上连续，在 $(-2,2)$ 内可导，且导数为 $f'(x) = -\dfrac{2x}{(1+x^2)^2}$. 又 $f(-2) = f(2) = \dfrac{1}{5}$，所以 $f(x)$ 在 $[-2,2]$ 上满足罗尔中值定理的条件. 因此，至少存在一点 $\xi \in (-2,2)$，使得 $f'(\xi) = 0$，即 $-\dfrac{2\xi}{(1+\xi^2)^2} = 0$，解得 $\xi = 0$.

(3) $f(x) = x\sqrt{3-x}$, $[0,3]$；

解 $f(x)$ 为初等函数，所以在 $[0,3]$ 上连续，在 $(0,3)$ 内可导，且导数为 $f'(x) = \dfrac{6-3x}{2\sqrt{3-x}}$. 又 $f(0) = f(3) = 0$，所以 $f(x)$ 在 $[0,3]$ 上满足罗尔中值定理的条件. 因此，至少存在一点 $\xi \in (0,3)$，使得 $f'(\xi) = 0$，即 $\dfrac{6-3\xi}{2\sqrt{3-\xi}} = 0$，解得 $\xi = 2$.

(4) $f(x) = e^{x^2} - 1$, $[-1,1]$；

解 $f(x)$ 为初等函数，所以在 $[-1,1]$ 上连续，在 $(-1,1)$ 内可导，且导数为 $f'(x) = 2xe^{x^2}$. 又 $f(-1) = f(1) = e - 1$，所以 $f(x)$ 在 $[-1,1]$ 上满足罗尔中值定理的条件. 因此，至少存在一点 $\xi \in (-1,1)$，使得 $f'(\xi) = 0$，即 $2\xi e^{\xi^2} = 0$，解得 $\xi = 0$.

(5) $f(x) = \ln(\sin x)$, $\left[\dfrac{\pi}{6}, \dfrac{5\pi}{6}\right]$；

解 $f(x)$ 为初等函数，所以在 $\left[\dfrac{\pi}{6}, \dfrac{5\pi}{6}\right]$ 上连续，在 $\left(\dfrac{\pi}{6}, \dfrac{5\pi}{6}\right)$ 内可导，且导数为 $f'(x) = \dfrac{\cos x}{\sin x} = \cot x$. 又 $f\left(\dfrac{\pi}{6}\right) = f\left(\dfrac{5\pi}{6}\right) = \ln\dfrac{1}{2}$，所以 $f(x)$ 在 $\left[\dfrac{\pi}{6}, \dfrac{5\pi}{6}\right]$ 上满足罗尔中值定理的条件. 因此，至少存在一点 $\xi \in \left(\dfrac{\pi}{6}, \dfrac{5\pi}{6}\right)$，使得 $f'(\xi) = 0$，即 $\cot \xi = 0$，解得 $\xi = \dfrac{\pi}{2}$.

(6) $f(x) = \begin{cases} x+1, & x < 5, \\ 1, & x \geq 5, \end{cases}$ $[0,5]$.

解 因为 $\lim\limits_{x \to 5^-} f(x) = \lim\limits_{x \to 5^-}(x+1) = 6$，而 $f(5) = 1$，$f(x)$ 在 $x = 5$ 处左不连续，所以 $f(x)$ 在 $[0,5]$ 上不连续. 因此，$f(x)$ 在 $[0,5]$ 上不满足罗尔中值定理的条件.

2. 验证下列函数在所给区间上是否满足拉格朗日中值定理的条件；若满足，则求出满足定理结论的点 ξ 的值：

(1) $f(x) = \sin x + 2x$, $[0, 2\pi]$；

解 $f(x)$ 为初等函数，所以在 $[0,2\pi]$ 上连续，在 $(0,2\pi)$ 内可导，且导数为 $f'(x)=\cos x+2$，则 $f(x)$ 在 $[0,2\pi]$ 上满足拉格朗日中值定理的条件. 因此，至少存在一点 $\xi\in(0,2\pi)$，使得 $f'(\xi)=2$，即 $\cos\xi+2=2$，解得 $\xi=\dfrac{\pi}{2}$ 或 $\dfrac{3\pi}{2}$.

(2) $f(x)=\sqrt{x}$，$[1,4]$；

解 $f(x)$ 为初等函数，所以在 $[1,4]$ 上连续，在 $(1,4)$ 内可导，且导数为 $f'(x)=\dfrac{1}{2\sqrt{x}}$，则 $f(x)$ 在 $[1,4]$ 上满足拉格朗日中值定理的条件. 因此，至少存在一点 $\xi\in(1,4)$，使得 $f'(\xi)=\dfrac{1}{3}$，即 $\dfrac{1}{2\sqrt{\xi}}=\dfrac{1}{3}$，解得 $\xi=\dfrac{9}{4}$.

(3) $f(x)=\ln x+1$，$[1,5]$；

解 $f(x)$ 为初等函数，所以在 $[1,5]$ 上连续，在 $(1,5)$ 内可导，且导数为 $f'(x)=\dfrac{1}{x}$，则 $f(x)$ 在 $[1,5]$ 上满足拉格朗日中值定理的条件. 因此，至少存在一点 $\xi\in(1,5)$，使得 $f'(\xi)=\dfrac{\ln 5}{4}$，即 $\dfrac{1}{\xi}=\dfrac{\ln 5}{4}$，解得 $\xi=\dfrac{4}{\ln 5}$.

(5) $f(x)=\begin{cases}\dfrac{1}{x}\sin x, & 0<x\leqslant\dfrac{2}{\pi},\\ 0, & x=0,\end{cases}$ $\left[0,\dfrac{2}{\pi}\right]$；

解 因为 $\lim\limits_{x\to 0^+}\dfrac{1}{x}\sin x=1$，又 $f(0)=0$，$f(x)$ 在 $x=0$ 处右不连续，所以 $f(x)$ 在 $\left[0,\dfrac{2}{\pi}\right]$ 上不连续. 因此，$f(x)$ 在 $\left[0,\dfrac{2}{\pi}\right]$ 上不满足拉格朗日中值定理的条件.

(6) $f(x)=\begin{cases}\dfrac{3-x^2}{2}, & x\leqslant 1,\\ \dfrac{1}{x}, & x>1,\end{cases}$ $[0,2]$.

解 因为 $\lim\limits_{x\to 1^-}f(x)=\lim\limits_{x\to 1^-}\dfrac{3-x^2}{2}=1$，$\lim\limits_{x\to 1^+}f(x)=\lim\limits_{x\to 1^+}\dfrac{1}{x}=1$，$f(1)=1$，所以 $f(x)$ 在 $[0,2]$ 上连续. 又因为 $f(x)$ 在 $(0,1)$ 内可导，且 $f'(x)=-x$；$f(x)$ 在 $(1,2)$ 内可导，且 $f'(x)=-\dfrac{1}{x^2}$，所以 $f(x)$ 分别在 $[0,1]$ 和 $[1,2]$ 上满足拉格朗日中值定理的条件，则

$$f'(\xi)=\dfrac{f(1)-f(0)}{1},\quad \xi\in(0,1),$$

即 $-\xi=\dfrac{1-\dfrac{3}{2}}{1}$，解得 $\xi=\dfrac{1}{2}$；

$$f'(\eta)=\dfrac{f(2)-f(1)}{1},\quad \eta\in(1,2),$$

即 $-\dfrac{1}{\eta^2}=\dfrac{\dfrac{1}{2}-1}{1}$，解得 $\eta^2=2$，取 $\eta=\sqrt{2}$.

3. 不用求出函数 $f(x)=(x-1)(x-2)(x-3)(x-4)$ 的导数，说明方程 $f'(x)=0$ 有几个实根，并指出它们所在的区间.

解 由于 $f(x)$ 在区间 $[1,2]$，$[2,3]$ 和 $[3,4]$ 上连续，在 $(1,2)$，$(2,3)$ 和 $(3,4)$ 内可导，且 $f(1)=f(2)=f(3)=f(4)=0$，因此函数 $f(x)$ 在区间 $[1,2]$，$[2,3]$ 和 $[3,4]$ 上满足罗尔中值定理的条件，则至少存在一点 $\xi_1\in(1,2)$，$\xi_2\in(2,3)$，$\xi_3\in(3,4)$，使得 $f'(\xi_1)=0$，$f'(\xi_2)=0$，$f'(\xi_3)=0$. 故 ξ_1，ξ_2 和 ξ_3 是方程 $f'(x)=0$ 的

实数根. 又因为 $f'(x)$ 为三次多项式,至多有三个实数根,所以方程 $f'(x) = 0$ 仅有三个实数根 ξ_1, ξ_2 和 ξ_3,它们分别在区间 $(1,2), (2,3)$ 和 $(3,4)$ 内.

4. 利用拉格朗日中值定理证明下列不等式:

(1) $\dfrac{a-b}{a} < \ln \dfrac{a}{b} < \dfrac{a-b}{b}$ $(a > b > 0)$;

证明 设 $f(x) = \ln x$,则 $f(x)$ 在 $[b,a]$ 上连续,在 (b,a) 内可导,由拉格朗日中值定理有
$$f(a) - f(b) = f'(\xi)(a-b) \quad (b < \xi < a).$$
由于
$$f(a) - f(b) = \ln a - \ln b = \ln \dfrac{a}{b}, \quad f'(\xi) = \dfrac{1}{\xi},$$
故
$$\ln \dfrac{a}{b} = \dfrac{a-b}{\xi}.$$
又由于 $b < \xi < a$,故
$$\dfrac{a-b}{a} < \dfrac{a-b}{\xi} < \dfrac{a-b}{b}, \quad 即 \quad \dfrac{a-b}{a} < \ln \dfrac{a}{b} < \dfrac{a-b}{b}.$$

注 从上面的证明中,我们不难发现,用拉格朗日中值定理证明不等式,关键有下述三条:

① 要根据题意,构造一个函数 $f(x)$ 和一个区间 $[b,a]$,使得要证明的不等式的一侧刚好是 $f(x)$ 在区间 $[b,a]$ 上的增量.

② 验证 $f(x)$ 在 $[b,a]$ 上满足拉格朗日中值定理的条件.

③ 对公式中的 $f'(\xi)$ 进行估计,即放大或者缩小,得到要证明的结果.

(2) $|\sin a - \sin b| \leqslant |a - b|$;

证明 不妨假设 $a < b$,令 $f(x) = \sin x$,显然 $f(x)$ 在 $[a,b]$ 上满足拉格朗日中值定理的条件,且 $f'(x) = \cos x$,则至少存在一点 $\xi \in (a,b)$,使得 $\sin b - \sin a = \cos \xi (b-a)$.

因为 $|\cos \xi| \leqslant 1$,所以 $|\sin b - \sin a| = |\cos \xi| \cdot |b-a| \leqslant |b-a|$,即
$$|\sin a - \sin b| \leqslant |a - b|.$$

(4) $\dfrac{x}{1+x^2} < \arctan x < x$ $(x > 0)$.

证明 设 $f(x) = \arctan x$,则 $f(x)$ 在 $[0,x]$ 上连续,在 $(0,x)$ 内可导,由拉格朗日中值定理有
$$f(x) - f(0) = f'(\xi)(x-0) \quad (0 < \xi < x).$$
由于
$$f(x) - f(0) = \arctan x - \arctan 0 = \arctan x, \quad f'(\xi) = \dfrac{1}{1+\xi^2},$$
故
$$\arctan x = \dfrac{x}{1+\xi^2}.$$
又由于 $0 < \xi < x$,故 $0 < \xi^2 < x^2$,则 $1 < 1+\xi^2 < 1+x^2$,即 $\dfrac{1}{1+x^2} < \dfrac{1}{1+\xi^2} < 1$. 因此
$$\dfrac{x}{1+x^2} < \dfrac{x}{1+\xi^2} < x, \quad 即 \quad \dfrac{x}{1+x^2} < \arctan x < x.$$

5. 验证恒等式 $\arcsin x + \arccos x = \dfrac{\pi}{2}$ $(-1 \leqslant x \leqslant 1)$.

证明 由于 $(\arcsin x + \arccos x)' = \dfrac{1}{\sqrt{1-x^2}} - \dfrac{1}{\sqrt{1-x^2}} = 0$,因此 $\arcsin x + \arccos x = C$,其中 C 是常数. 为了确定常数 C,令 $x = 0$,则
$$C = \arcsin 0 + \arccos 0 = \dfrac{\pi}{2}, \quad 即 \quad \arcsin x + \arccos x = \dfrac{\pi}{2}.$$

6. 求下列极限：

(1) $\lim\limits_{x\to 0}\dfrac{\ln(1+x)}{x}$；

解 原式 $=\lim\limits_{x\to 0}\dfrac{x}{x}=1$.

(2) $\lim\limits_{x\to 0}\dfrac{e^x-e^{-x}}{\sin x}$；

解 原式 $=\lim\limits_{x\to 0}\dfrac{e^{2x}-1}{\sin x}=\lim\limits_{x\to 0}\dfrac{2x}{\sin x}=2\lim\limits_{x\to 0}\dfrac{x}{\sin x}=2$.

(3) $\lim\limits_{x\to a}\dfrac{\sin x-\sin a}{x-a}$；

解 原式 $\left(\dfrac{0}{0}\text{型}\right)=\lim\limits_{x\to a}\dfrac{\cos x}{1}=\lim\limits_{x\to a}\cos x=\cos a$.

(5) $\lim\limits_{x\to\frac{\pi}{2}}\dfrac{\ln(\sin x)}{(\pi-2x)^2}$；

解 原式 $\left(\dfrac{0}{0}\text{型}\right)=\lim\limits_{x\to\frac{\pi}{2}}\left[\dfrac{\cos x}{\sin x}\cdot\dfrac{1}{-4(\pi-2x)}\right]=-\dfrac{1}{4}\lim\limits_{x\to\frac{\pi}{2}}\dfrac{1}{\sin x}\cdot\lim\limits_{x\to\frac{\pi}{2}}\dfrac{\cos x}{\pi-2x}$

$=-\dfrac{1}{4}\lim\limits_{x\to\frac{\pi}{2}}\dfrac{1}{\sin x}\cdot\lim\limits_{x\to\frac{\pi}{2}}\dfrac{-\sin x}{-2}=-\dfrac{1}{4}\times 1\times\dfrac{1}{2}=-\dfrac{1}{8}$.

(6) $\lim\limits_{x\to a}\dfrac{x^m-a^m}{x^n-a^n}$ $(a\ne 0)$；

解 原式 $\left(\dfrac{0}{0}\text{型}\right)=\lim\limits_{x\to a}\dfrac{mx^{m-1}}{nx^{n-1}}=\dfrac{m}{n}a^{m-n}$.

(7) $\lim\limits_{x\to 0^+}\dfrac{\ln(\tan 7x)}{\ln(\tan 2x)}$；

解 法1 原式 $\left(\dfrac{\infty}{\infty}\text{型}\right)=\lim\limits_{x\to 0^+}\dfrac{\frac{7\sec^2 7x}{\tan 7x}}{\frac{2\sec^2 2x}{\tan 2x}}=\dfrac{7}{2}\lim\limits_{x\to 0^+}\dfrac{\sin 2x}{\sin 7x}=\lim\limits_{x\to 0^+}\dfrac{\cos 2x}{\cos 7x}=1$.

法2 原式 $\left(\dfrac{\infty}{\infty}\text{型}\right)=\lim\limits_{x\to 0^+}\dfrac{\frac{7\sec^2 7x}{\tan 7x}}{\frac{2\sec^2 2x}{\tan 2x}}=\dfrac{7}{2}\lim\limits_{x\to 0^+}\dfrac{\frac{\cos 7x}{\sin 7x}\cdot\frac{1}{\cos^2 7x}}{\frac{\cos 2x}{\sin 2x}\cdot\frac{1}{\cos^2 2x}}=\dfrac{7}{2}\lim\limits_{x\to 0^+}\dfrac{\sin 2x\cos 2x}{\sin 7x\cos 7x}$

$=\dfrac{7}{2}\lim\limits_{x\to 0^+}\dfrac{\sin 4x}{\sin 14x}=\dfrac{7}{2}\lim\limits_{x\to 0^+}\dfrac{4\cos 4x}{14\cos 14x}=1$.

(10) $\lim\limits_{x\to 0}\dfrac{\ln(1+x^2)}{\sec x-\cos x}$；

解 原式 $\left(\dfrac{0}{0}\text{型}\right)=\lim\limits_{x\to 0}\dfrac{x^2}{\sec x-\cos x}=\lim\limits_{x\to 0}\dfrac{x^2}{\frac{1}{\cos x}(1-\cos^2 x)}=\lim\limits_{x\to 0}\dfrac{x^2\cos x}{1-\cos^2 x}$

$=\lim\limits_{x\to 0}\dfrac{x^2\cos x}{\frac{x^2}{2}(1+\cos x)}=2\lim\limits_{x\to 0}\dfrac{\cos x}{1+\cos x}=1$.

(11) $\lim\limits_{x\to 0}x\cot 2x$；

解 原式 $=\lim\limits_{x\to 0}\dfrac{x}{\tan 2x}=\lim\limits_{x\to 0}\dfrac{1}{2\sec^2 2x}=\dfrac{1}{2}\lim\limits_{x\to 0}\cos^2 2x=\dfrac{1}{2}$.

(12) $\lim\limits_{x\to 0}x^2 e^{\frac{1}{x^2}}$；

解 原式 $(0\cdot\infty\text{型})=\lim\limits_{x\to 0}\dfrac{e^{\frac{1}{x^2}}}{\frac{1}{x^2}}=\lim\limits_{x\to 0}\dfrac{-\frac{2}{x^3}e^{\frac{1}{x^2}}}{-\frac{2}{x^3}}=\lim\limits_{x\to 0}e^{\frac{1}{x^2}}=+\infty$.

(13) $\lim\limits_{x \to 1}\left(\dfrac{2}{x^2-1} - \dfrac{1}{x-1}\right)$;

解 原式（$\infty - \infty$ 型）$= \lim\limits_{x \to 1}\dfrac{2-x-1}{(x+1)(x-1)} = \lim\limits_{x \to 1}\dfrac{-1}{x+1} = -\dfrac{1}{2}$.

(14) $\lim\limits_{x \to \infty}\left(1+\dfrac{a}{x}\right)^x$;

解 原式 $= \lim\limits_{x \to \infty}\left(1+\dfrac{a}{x}\right)^{\frac{x}{a}\cdot a} = \lim\limits_{x \to \infty}\left[\left(1+\dfrac{a}{x}\right)^{\frac{x}{a}}\right]^a = e^a$.

(15) $\lim\limits_{x \to 0^+} x^{\sin x}$;

解 原式 $= \lim\limits_{x \to 0^+} e^{\sin x \ln x} = e^{\lim\limits_{x \to 0^+}\sin x \ln x} = e^{\lim\limits_{x \to 0^+} x \ln x} = e^{\lim\limits_{x \to 0^+}\frac{\ln x}{\frac{1}{x}}} = e^{\lim\limits_{x \to 0^+}(-x)} = e^0 = 1$.

(16) $\lim\limits_{x \to 0^+}\left(\dfrac{1}{x}\right)^{\tan x}$;

解 原式（∞^0 型）$= \lim\limits_{x \to 0^+} e^{\tan x \ln\frac{1}{x}} = e^{\lim\limits_{x \to 0^+}\tan x \ln\frac{1}{x}}$，其中

$$\lim\limits_{x \to 0^+}\tan x \ln\dfrac{1}{x}\, (0\cdot\infty\ \text{型}) = \lim\limits_{x \to 0^+}\dfrac{\ln\frac{1}{x}}{\cot x}\,\left(\dfrac{\infty}{\infty}\ \text{型}\right) = \lim\limits_{x \to 0^+}\dfrac{x\left(-\frac{1}{x^2}\right)}{-\csc^2 x} = \lim\limits_{x \to 0^+}\left(x\cdot\dfrac{\sin^2 x}{x^2}\right)$$

$$= \lim\limits_{x \to 0^+} x \cdot \lim\limits_{x \to 0^+}\left(\dfrac{\sin x}{x}\right)^2 = 0\times 1 = 0,$$

则 $\lim\limits_{x \to 0^+}\left(\dfrac{1}{x}\right)^{\tan x} = e^0 = 1$.

(17) $\lim\limits_{x \to \infty}(1+x^2)^{\frac{1}{x}}$;

解 原式 $= \lim\limits_{x \to \infty} e^{\frac{\ln(1+x^2)}{x}} = e^{\lim\limits_{x \to \infty}\frac{\ln(1+x^2)}{x}} = e^{\lim\limits_{x \to \infty}\left(\frac{1}{1+x^2}\cdot 2x\right)} = e^0 = 1$.

(18) $\lim\limits_{x \to 0^+}\sin x \ln x$;

解 原式 $= \lim\limits_{x \to 0^+} x \ln x = \lim\limits_{x \to 0^+}\dfrac{\ln x}{\frac{1}{x}} = \lim\limits_{x \to 0^+}\dfrac{\frac{1}{x}}{-\frac{1}{x^2}} = \lim\limits_{x \to 0^+}(-x) = 0$.

(19) $\lim\limits_{x \to 0}\left(\dfrac{2}{\pi}\arccos x\right)^{\frac{1}{x}}$;

解 原式 $= \lim\limits_{x \to 0} e^{\frac{\ln\left(\frac{2}{\pi}\arccos x\right)}{x}} = e^{\lim\limits_{x \to 0}\frac{\ln\left(\frac{2}{\pi}\arccos x\right)}{x}} = e^{\lim\limits_{x \to 0}\frac{1}{\frac{2}{\pi}\arccos x}\cdot\frac{2}{\pi}\left(-\frac{1}{\sqrt{1-x^2}}\right)} = e^{-\frac{2}{\pi}}$.

(20) $\lim\limits_{n \to +\infty}\sqrt[n]{n}$;

解 先求 $\lim\limits_{x \to +\infty}\sqrt[x]{x} = \lim\limits_{x \to +\infty} x^{\frac{1}{x}}$（$\infty^0$ 型）$= \lim\limits_{x \to +\infty} e^{\frac{1}{x}\ln x} = e^{\lim\limits_{x \to +\infty}\frac{\ln x}{x}} = e^{\lim\limits_{x \to +\infty}\frac{1}{x}} = e^0 = 1$，则

$$\lim\limits_{n \to +\infty}\sqrt[n]{n} = 1.$$

注 熟记洛必达法则的条件，因为 $f(n) = \sqrt[n]{n}$ 不是连续函数，所以不能直接应用法则.

(21) $\lim\limits_{x \to \infty}\left[x - x^2\ln\left(1+\dfrac{1}{x}\right)\right]$;

解 令 $t = \dfrac{1}{x}$，当 $x \to \infty$ 时，$t \to 0$，则

$$\text{原式} = \lim\limits_{t \to 0}\left[\dfrac{1}{t} - \dfrac{1}{t^2}\ln(1+t)\right] = \lim\limits_{t \to 0}\dfrac{t - \ln(1+t)}{t^2} = \lim\limits_{t \to 0}\dfrac{1 - \frac{1}{1+t}}{2t} = \lim\limits_{t \to 0}\dfrac{1}{2(1+t)} = \dfrac{1}{2}.$$

(22) $\lim\limits_{x \to +\infty}(x+\sqrt{1+x^2})^{\frac{1}{x}}$;

解 原式(∞^0 型) $= \lim\limits_{x\to+\infty} e^{\frac{1}{x}\ln(x+\sqrt{1+x^2})} = e^{\lim\limits_{x\to+\infty}\frac{1}{x}\ln(x+\sqrt{1+x^2})} = e^{\lim\limits_{x\to+\infty}\frac{1}{x+\sqrt{1+x^2}}\left(1+\frac{x}{\sqrt{1+x^2}}\right)}$

$= e^{\lim\limits_{x\to+\infty}\frac{1}{\sqrt{1+x^2}}} = e^0 = 1.$

(23) $\lim\limits_{x\to 0}\dfrac{e-(1+x)^{\frac{1}{x}}}{x}$;

解 原式$\left(\dfrac{0}{0}\text{型}\right) = \lim\limits_{x\to 0}\dfrac{[-(1+x)^{\frac{1}{x}}]'}{1} = -\lim\limits_{x\to 0}\left[(1+x)^{\frac{1}{x}}\cdot\dfrac{\dfrac{x}{1+x}-\ln(1+x)}{x^2}\right]$

$= -\lim\limits_{x\to 0}(1+x)^{\frac{1}{x}}\cdot\lim\limits_{x\to 0}\dfrac{\dfrac{x}{1+x}-\ln(1+x)}{x^2}$

$= -\lim\limits_{x\to 0}(1+x)^{\frac{1}{x}}\cdot\lim\limits_{x\to 0}\dfrac{\dfrac{1+x-x}{(1+x)^2}-\dfrac{1}{1+x}}{2x}$

$= \lim\limits_{x\to 0}(1+x)^{\frac{1}{x}}\cdot\lim\limits_{x\to 0}\dfrac{1}{2(1+x^2)} = \dfrac{e}{2}.$

(24) $\lim\limits_{x\to+\infty}\left(\dfrac{\pi}{2}-\arctan x\right)^{\frac{1}{\ln x}}$.

解 由于 $\dfrac{\pi}{2}-\arctan x = \text{arccot } x$,因此

原式 $= \lim\limits_{x\to+\infty}(\text{arccot }x)^{\frac{1}{\ln x}} = e^{\lim\limits_{x\to+\infty}\frac{1}{\ln x}\ln(\text{arccot }x)} = e^{\lim\limits_{x\to+\infty}\frac{\frac{1}{\text{arccot }x}\cdot\frac{-1}{1+x^2}}{\frac{1}{x}}}$

$= e^{\lim\limits_{x\to+\infty}\left(\frac{1}{\text{arccot }x}\cdot\frac{-x^2}{1+x^2}\right)} = e^{-\lim\limits_{x\to+\infty}\frac{1}{\text{arccot }x}} = e^{-\lim\limits_{x\to+\infty}\frac{-\frac{1}{x^2}}{\frac{-1}{1+x^2}}} = e^{-1}.$

7.设函数 $f(x)$ 在 $[a,+\infty)$ 上连续,其二阶导数 $f''(x)$ 在 $(a,+\infty)$ 上存在且大于零,试证:函数

$$F(x) = \dfrac{f(x)-f(a)}{x-a} \quad (x>a)$$

在 $(a,+\infty)$ 上单调增加.

证明 对任意的 $x\in\mathbf{R}$,有

$$F'(x) = \dfrac{f'(x)(x-a)-[f(x)-f(a)]}{(x-a)^2} = \dfrac{1}{x-a}\left[f'(x)-\dfrac{f(x)-f(a)}{x-a}\right].$$

函数 $f(x)$ 在 $[a,x]$ 上满足拉格朗日中值定理的条件,所以有 $\dfrac{f(x)-f(a)}{x-a} = f'(\xi), a<\xi<x.$

又因为 $f''(x)>0$,所以 $f'(x)$ 单调增加,$f'(x)>f'(\xi)$,则 $F'(x)>0$,这说明 $F(x)$ 在 $(a,+\infty)$ 上单调增加.

8.确定下列函数的单调区间:

(2) $y = \arctan x - x$;

解 函数的定义域为 $(-\infty,+\infty)$,$y' = \dfrac{1}{1+x^2}-1 \leqslant 0$,且使 $y' = \dfrac{1}{1+x^2}-1 = 0$ 的点是离散的,所以在区间 $(-\infty,+\infty)$ 上 y 单调减少.

(3) $y = x + \cos x$;

解 函数的定义域为 $(-\infty,+\infty)$,$y' = 1-\sin x \geqslant 0$,且使 $y' = 1-\sin x = 0$ 的点是离散的,所以在区间 $(-\infty,+\infty)$ 上 y 单调增加.

(5) $y = \ln(x+\sqrt{1+x^2})$;

解 函数的定义域为 $(-\infty,+\infty)$,$y' = \dfrac{1+\dfrac{2x}{2\sqrt{1+x^2}}}{x+\sqrt{1+x^2}} = \dfrac{1}{\sqrt{1+x^2}} > 0$,所以在区间 $(-\infty,+\infty)$ 上 y 单

调增加.

(6) $y = 2x + \dfrac{8}{x}$ $(x > 0)$.

解 $y' = 2 - \dfrac{8}{x^2} = \dfrac{2(x-2)(x+2)}{x^2}$,令 $y' = 0$,得 $x = \pm 2(x = -2$ 舍去$)$. 列表讨论,如表 4-2 所示.

表 4-2

x	$(0,2)$	$(2,+\infty)$
y'	$-$	$+$
y	↘	↗

因此,y 在 $(0,2]$ 上单调减少,在 $[2,+\infty)$ 上单调增加.

9.利用函数的单调性,证明下列不等式:

(1) 当 $x > 0$ 时,$1 + \dfrac{x}{2} > \sqrt{1+x}$;

解 将不等式变形为 $1 + \dfrac{x}{2} - \sqrt{1+x} > 0$,令 $f(x) = 1 + \dfrac{x}{2} - \sqrt{1+x}$,则 $f(0) = 0$. 因为 $f'(x) = \dfrac{1}{2} - \dfrac{1}{2\sqrt{1+x}} > 0$,所以 $f(x)$ 在区间 $(0, x)$ 内单调增加,即 $f(x) > f(0) = 0$,故 $1 + \dfrac{x}{2} - \sqrt{1+x} > 0$,即 $1 + \dfrac{x}{2} > \sqrt{1+x}$.

(2) 当 $x > 0$ 时,$1 + x\ln(x + \sqrt{1+x^2}) > \sqrt{1+x^2}$;

解 将不等式变形为 $1 + x\ln(x + \sqrt{1+x^2}) - \sqrt{1+x^2} > 0$,令 $f(x) = 1 + x\ln(x + \sqrt{1+x^2}) - \sqrt{1+x^2}$,则 $f(0) = 0$. 因为 $f'(x) = \ln(x + \sqrt{1+x^2}) > 0$,所以 $f(x)$ 在区间 $(0, x)$ 内单调增加,即 $f(x) > f(0) = 0$,故 $1 + x\ln(x + \sqrt{1+x^2}) - \sqrt{1+x^2} > 0$,即 $1 + x\ln(x + \sqrt{1+x^2}) > \sqrt{1+x^2}$.

(3) 当 $0 < x < \dfrac{\pi}{2}$ 时,$\sin x + \tan x > 2x$;

解 将不等式变形为 $\sin x + \tan x - 2x > 0$,令 $f(x) = \sin x + \tan x - 2x$,则 $f(0) = 0$. 因为 $f'(x) = \cos x + \sec^2 x - 2$,$f'(0) = 0$,$f''(x) = -\sin x + 2\sec x \sec x \tan x = \sin x(2\sec^3 x - 1) > 0$,$0 < x < \dfrac{\pi}{2}$,所以 $f'(x)$ 在 $\left[0, \dfrac{\pi}{2}\right)$ 上单调增加. 故 $f'(x) > f'(0) = 0$.

因为 $f'(x) > 0$,所以 $f(x)$ 在 $\left[0, \dfrac{\pi}{2}\right)$ 上单调增加. 故有 $f(x) > f(0) = 0$,即

$$f(x) = \sin x + \tan x - 2x > 0, \quad \text{亦即} \quad \sin x + \tan x > 2x, 0 < x < \dfrac{\pi}{2}.$$

(4) 当 $0 < x < \dfrac{\pi}{2}$ 时,$\tan x > x + \dfrac{1}{3}x^3$;

解 将不等式变形为 $\tan x - x - \dfrac{1}{3}x^3 > 0$,令 $f(x) = \tan x - x - \dfrac{1}{3}x^3$,则 $f(0) = 0$. 因为

$$f'(x) = \sec^2 x - 1 - x^2 = \tan^2 x - x^2 = (\tan x - x)(\tan x + x),$$

当 $0 < x < \dfrac{\pi}{2}$ 时,$x < \tan x$,所以 $f'(x) > 0$. 故 $f(x) = \tan x - x - \dfrac{1}{3}x^3$ 在 $\left[0, \dfrac{\pi}{2}\right)$ 上单调增加,且有 $f(x) > f(0) = 0$,即 $\tan x - x - \dfrac{1}{3}x^3 > 0$,亦即 $\tan x > x + \dfrac{1}{3}x^3$.

10. 证明:方程 $\sin x = x$ 仅有一个实根.

证明 设 $f(x) = \sin x - x$,$x \in \mathbf{R}$. 因为

$$f\left(\dfrac{\pi}{2}\right) = 1 - \dfrac{\pi}{2} < 0, \quad f\left(-\dfrac{\pi}{2}\right) = -1 + \dfrac{\pi}{2} > 0,$$

由零值定理知,方程 $f(x)=0$ 在 $\left[-\frac{\pi}{2},\frac{\pi}{2}\right]\in\mathbf{R}$ 上至少有一个实根.

又 $f'(x)=\cos x-1$,当 $x\in\left(-\frac{\pi}{2},0\right)$ 时,$f'(x)<0$;当 $x\in\left(0,\frac{\pi}{2}\right)$ 时,$f'(x)<0$;只有在 $x=0$ 处有 $f'(x)=0$,故 $f(x)$ 在 $\left[-\frac{\pi}{2},\frac{\pi}{2}\right]$ 上单调减少.因此,方程 $\sin x=x$ 仅有一个实根,且为 $x=0$.显然,原方程在 $\left[-\frac{\pi}{2},\frac{\pi}{2}\right]$ 外无解.

11.求下列函数的极值：

(1) $y=2x^2-2x+3$;

解 函数的定义域为 $(-\infty,+\infty)$,$y'=4x-2$,令 $y'=4\left(x-\frac{1}{2}\right)=0$,得驻点 $x=\frac{1}{2}$.列表讨论,如表 4-3 所示.

表 4-3

x	$\left(-\infty,\frac{1}{2}\right)$	$\frac{1}{2}$	$\left(\frac{1}{2},+\infty\right)$
y'	−	0	+
y	↘	极小值	↗

所以,函数有极小值为 $y\Big|_{x=\frac{1}{2}}=\frac{5}{2}$.

(3) $y=2x^3-6x^2-18x+7$;

解 函数的定义域为 $(-\infty,+\infty)$,$y'=6x^2-12x-18$,令 $y'=6(x^2-2x-3)=0$,得驻点 $x_1=-1$,$x_2=3$.列表讨论,如表 4-4 所示.

表 4-4

x	$(-\infty,-1)$	-1	$(-1,3)$	3	$(3,+\infty)$
y'	+	0	−	0	+
y	↗	极大值	↘	极小值	↗

所以,函数有极大值为 $y\Big|_{x=-1}=17$,有极小值为 $y\Big|_{x=3}=-47$.

(5) $y=x+\sqrt{1-x}$;

解 函数的定义域为 $(-\infty,1]$,$y'=1-\dfrac{1}{2\sqrt{1-x}}$,令 $y'=1-\dfrac{1}{2\sqrt{1-x}}=\dfrac{2\sqrt{1-x}-1}{2\sqrt{1-x}}=0$,得驻点 $x=\dfrac{3}{4}$.列表讨论,如表 4-5 所示.

表 4-5

x	$\left(-\infty,\frac{3}{4}\right)$	$\frac{3}{4}$	$\left(\frac{3}{4},1\right)$
y'	+	0	−
y	↗	极大值	↘

所以,函数有极大值为 $y\Big|_{\frac{3}{4}}=\dfrac{5}{4}$.

(6) $y=\dfrac{1+3x}{\sqrt{4+5x^2}}$;

解 函数的定义域为$(-\infty, +\infty)$, $y' = \dfrac{3\sqrt{4+5x^2} - (1+3x) \cdot \dfrac{10x}{2\sqrt{4+5x^2}}}{4+5x^2} = \dfrac{12-5x}{(4+5x^2)^{\frac{3}{2}}}$, 令 $y' = 0$, 得驻点 $x = \dfrac{12}{5}$. 列表讨论, 如表 4 - 6 所示.

表 4 - 6

x	$\left(-\infty, \dfrac{12}{5}\right)$	$\dfrac{12}{5}$	$\left(\dfrac{12}{5}, +\infty\right)$
y'	$+$	0	$-$
y	↗	极大值	↘

所以, 函数有极大值为 $y\big|_{x=\frac{12}{5}} = \dfrac{1}{10}\sqrt{205}$.

(9) $y = 3 - 2(x+1)^{\frac{1}{3}}$;

解 函数的定义域为$(-\infty, +\infty)$, $y' = -\dfrac{2}{3}(x+1)^{-\frac{2}{3}} = -\dfrac{2}{3\sqrt[3]{(x+1)^2}} < 0$, 因此函数在$(-\infty, +\infty)$上单调减少, 无极值.

(10) $y = x^{\frac{1}{x}}$.

解 函数的定义域为$(0, +\infty)$, $y' = (\mathrm{e}^{\frac{1}{x}\ln x})' = \mathrm{e}^{\frac{1}{x}\ln x}\left(\dfrac{1}{x^2} - \dfrac{\ln x}{x^2}\right) = x^{\frac{1}{x}} \cdot \dfrac{1-\ln x}{x^2}$, 令 $y' = 0$, 得驻点 $x = \mathrm{e}$. 当 $x < \mathrm{e}$ 时, $y' > 0$; 当 $x > \mathrm{e}$ 时, $y' < 0$, 因此函数有极大值为 $y\big|_{x=\mathrm{e}} = \mathrm{e}^{\frac{1}{\mathrm{e}}}$.

12. 求下列函数在所给区间上的最大值和最小值:

(1) $y = 2x^3 - 3x^2, x \in [-1, 4]$;

解 $y' = 6x^2 - 6x$, 令 $y' = 6x(x-1) = 0$, 得驻点 $x_1 = 0, x_2 = 1$. 因为
$$y\big|_{x=-1} = -5, \quad y\big|_{x=0} = 0, \quad y\big|_{x=1} = -1, \quad y\big|_{x=4} = 80,$$
所以函数在$[-1, 4]$上的最大值为 $y\big|_{x=4} = 80$, 最小值为 $y\big|_{x=-1} = -5$.

(2) $y = x^4 - 8x^2 + 2, x \in [-1, 3]$;

解 $y' = 4x^3 - 16x$, 令 $y' = 4x(x^2 - 4) = 0$, 得驻点 $x_1 = 0, x_2 = 2, x_3 = -2$(舍去). 因为
$$y\big|_{x=0} = 2, \quad y\big|_{x=2} = -14, \quad y\big|_{x=-1} = -5, \quad y\big|_{x=3} = 11,$$
所以函数在$[-1, 3]$上的最大值为 $y\big|_{x=3} = 11$, 最小值为 $y\big|_{x=2} = -14$.

(3) $y = x + \sqrt{1-x}, x \in [-5, 1]$;

解 $y' = 1 - \dfrac{1}{2\sqrt{1-x}} = \dfrac{2\sqrt{1-x} - 1}{2\sqrt{1-x}}$, 令 $y' = 0$, 得驻点 $x = \dfrac{3}{4}$, 还有不可导点 $x = 1$. 又
$$y\big|_{x=-5} = \sqrt{6} - 5, \quad y\big|_{x=\frac{3}{4}} = \dfrac{5}{4}, \quad y\big|_{x=1} = 1,$$
因此函数在$[-5, 1]$上的最大值为 $y\big|_{x=\frac{3}{4}} = \dfrac{5}{4}$, 最小值为 $y\big|_{x=-5} = \sqrt{6} - 5$.

(4) $y = x^2 - \dfrac{54}{x}, x \in (-\infty, 0)$;

解 $y' = 2x + \dfrac{54}{x^2} = \dfrac{2x^3 + 54}{x^2}$, 令 $y' = 0$, 得驻点 $x = -3$. 而 $y'' = 2 - \dfrac{108}{x^3}$, $y''\big|_{x=-3} > 0$, 则 $x = -3$ 是

唯一的极小值点,也是最小值点. 又 $\lim\limits_{x\to-\infty}\left(x^2-\dfrac{54}{x}\right)=\lim\limits_{x\to 0^-}\left(x^2-\dfrac{54}{x}\right)=+\infty$,因此函数无最大值.

综上所述,函数无最大值,有最小值为 $y\big|_{x=-3}=27$.

(5) $y=\sqrt{x}\ln x, x\in\left[\dfrac{1}{2},1\right]$;

解 因为 $y'=\dfrac{\ln x}{2\sqrt{x}}+\dfrac{1}{\sqrt{x}}>0, x\in\left[\dfrac{1}{2},1\right]$,所以函数在定义域上是单调增加的,于是在 $\left[\dfrac{1}{2},1\right]$ 上的最大值为 $y\big|_{x=1}=0$,最小值为 $y\big|_{x=\frac{1}{2}}=-\dfrac{1}{\sqrt{2}}\ln 2$.

(6) $y=e^{|x-3|}, x\in[-5,5]$.

解 $y=e^{|x-3|}=\begin{cases}e^{x-3}, & 3\leqslant x\leqslant 5\\ e^{3-x}, & -5\leqslant x<3\end{cases}$,当 $3<x<5$ 时,$y'=e^{x-3}>0$,函数在 $3\leqslant x\leqslant 5$ 上单调增加;当 $-5<x<3$ 时,$y'=-e^{3-x}<0$,函数在 $-5\leqslant x<3$ 上单调减少.

而 $y\big|_{x=5}=e^2, y\big|_{x=3}=1, y\big|_{x=-5}=e^8$,所以函数在 $[-5,5]$ 上的最大值为 $y\big|_{x=-5}=e^8$,最小值为 $y\big|_{x=3}=1$.

13. 将一边长为 54 cm 的正方形硬纸盒的四角,各剪去一个大小相同的正方形,然后将四边折起,做成一个无盖的方盒,问:当剪掉的小正方形边长为多大时,所得方盒的容积最大?

解 设剪去小正方形边长为 $x(0<x<27)$,则无盖方盒的容积为 $V=x(54-2x)^2$. 令
$$V'=(54-2x)^2-4x(54-2x)=12(x-27)(x-9)=0,$$
得驻点为 $x=27$(舍去),$x=9$. 又 $V''\big|_{x=9}=(24x-12\times 36)\big|_{x=9}=-12\times 18<0$,故 $x=9$ 是 $V=x(54-2x)^2$ 唯一的极大值点,也是最大值点,即当剪去小正方形边长为 9 cm 时,方盒的容积最大.

14. 要制作一个容积为 V 的圆柱形铁片啤酒罐,怎样设计用料最省?

解 设该啤酒罐的高为 h,底面半径为 r,则表面积为 $S=2\pi r^2+2\pi rh$.

依题设 $V=\pi r^2 h$,于是 $h=\dfrac{V}{\pi r^2}$,代入上式得
$$S=S(r)=2\pi r^2+2\pi r\cdot\dfrac{V}{\pi r^2}=2\pi r^2+\dfrac{2V}{r}.$$

令 $S'(r)=4\pi r-\dfrac{2V}{r^2}=0$,得驻点 $r_0=\left(\dfrac{V}{2\pi}\right)^{\frac{1}{3}}$. 又由 $S''(r)=4\pi+\dfrac{4V}{r^3}, S''(r_0)>0$ 可知,r_0 为 $S(r)$ 唯一的极小值点,也是最小值点,此时啤酒罐的高为 $h_0=\dfrac{V}{\pi r_0^2}=\dfrac{Vr_0}{\pi r_0^3}=2r_0$(因为 $\pi r_0^3=\dfrac{V}{2}$). 这说明,当啤酒罐的高与底面直径相等时,用料最省.

15. 在半径为 R 的半圆内接一矩形,问:当矩形的长、宽各为何值时,矩形的周长最大?

解 假设矩形长为 a,宽为 b,则所求的矩形周长为 $C=2(a+b)$. 由题意知 $a^2+\left(\dfrac{b}{2}\right)^2=R^2$,所以 $b=2\sqrt{R^2-a^2}$,则
$$C(a)=2(a+2\sqrt{R^2-a^2})=2a+4\sqrt{R^2-a^2}.$$
$C'(a)=2-\dfrac{4a}{\sqrt{R^2-a^2}}=\dfrac{2\sqrt{R^2-a^2}-4a}{\sqrt{R^2-a^2}}$,令 $C'(a)=0$,得 $a=\dfrac{\sqrt{5}R}{5}$. 当 $a<\dfrac{\sqrt{5}R}{5}$ 时,$C'(a)>0$;当 $a>\dfrac{\sqrt{5}R}{5}$ 时,$C'(a)<0$,即 $a=\dfrac{\sqrt{5}R}{5}$ 为函数 $C(a)=2a+4\sqrt{R^2-a^2}$ 唯一的极大值点,也是最大值点. 因此,当长、宽分别取 $a=\dfrac{\sqrt{5}R}{5}, b=\dfrac{4\sqrt{5}R}{5}$ 时,矩形的周长最大.

16. 已知生产 x 单位某种商品的利润函数(单位:元)是 $L(x)=5\,000+x-0.000\,01x^2$,问:生产多少单位该商品时,获利最大?

解 $L'(x) = 1 - 0.00002x$，令 $L'(x) = 0$，得驻点 $x_0 = 50\,000$. 因为 $L''(x) = -0.00002 < 0$，所以 x_0 是唯一的极大值点，也是最大值点. 因此，当生产 50 000 单位该商品时获利最大.

17. 设某厂生产 x 单位某种产品的销售收入（单位：元）为 $R(x) = 3\sqrt{x}$，成本函数（单位：元）为 $C(x) = \dfrac{x^2}{4} + 1$，求获得最大利润时的产量.

解 利润函数为
$$L(x) = R(x) - C(x) = 3\sqrt{x} - \frac{x^2}{4} - 1, \quad L'(x) = \frac{3}{2\sqrt{x}} - \frac{x}{2},$$

令 $L'(x) = \dfrac{3}{2\sqrt{x}} - \dfrac{x}{2} = 0$，得驻点 $x_0 \approx 2.08$.

因为 $L''(x) = -\dfrac{3}{4} x^{-\frac{3}{2}} - \dfrac{1}{2}$，$L''(2.08) < 0$，所以 x_0 是唯一的极大值点，也是最大值点. 因此，当产量约为 2.08 单位时获利最大.

18. 某商品的成本函数为 $C = 15Q - 6Q^2 + Q^3$，其中 Q 为产量.

(1) 问：生产数量为多少时，可使平均成本最小？

(2) 求出当平均成本达到最小时的边际成本，并验证此时的边际成本等于平均成本.

解 (1) 平均成本为
$$\overline{C}(Q) = \frac{C}{Q} = \frac{15Q - 6Q^2 + Q^3}{Q} = 15 - 6Q + Q^2.$$

$\overline{C}'(Q) = -6 + 2Q$，令 $\overline{C}'(Q) = -6 + 2Q = 0$，得驻点 $Q_0 = 3$.

因为 $\overline{C}''(Q) = 2 > 0$，所以 Q_0 是唯一的极小值点，也是最小值点. 因此，当产量为 $Q = 3$ 时平均成本最小.

(2) $C'(Q) = 15 - 12Q + 3Q^2$.

当 $Q = 3$ 时，平均成本最小，此时 $\overline{C}(Q)\big|_{Q=3} = 6$. 又由 $C'(Q)\big|_{Q=3} = 6$ 可知，当平均成本达到最小时，边际成本等于平均成本.

19. 某商店每年销售某种商品 a 件，每次购进的手续费为 b 元，而每件的库存费为 c 元/年. 若该商品均匀销售，问：商店应该分几批购进此种商品，才能使所用的手续费及库存费总和最小？

解 设每年的手续费及库存费总和（单位：元）为 K，批量（单位：件）为 x，则 $K = K(x) = \dfrac{ab}{x} + \dfrac{cx}{2}$.

$K'(x) = -\dfrac{ab}{x^2} + \dfrac{c}{2}$，令 $K'(x) = -\dfrac{ab}{x^2} + \dfrac{c}{2} = 0$，得驻点 $x_0 = \sqrt{\dfrac{2ab}{c}}$. 又 $K''(x) = \dfrac{2ab}{x^3} > 0$，知驻点 x_0 是唯一的极小值点，也是最小值点. 因此，该商店应该分 $\sqrt{\dfrac{ac}{2b}}$ 批购进此种商品，才能使所用的手续费及库存费总和最小.

21. 某公司销售某种商品的年销售量为 5 000 台，每次进货费用为 40 元，商品单价为 200 元，年保管费用率为 20%. 如果年销售率是均匀的，求最优（经济）订购批量.

解 设每年的进货费与年保管费总和（单位：元）为 C，最优订购批量（单位：件）为 x，则
$$C = C(x) = \frac{5\,000}{x} \cdot 40 + \frac{200x}{2} \cdot 20\%, \quad C'(x) = -\frac{5\,000}{x^2} \cdot 40 + 20.$$

令 $C'(x) = -\dfrac{5\,000}{x^2} \cdot 40 + 20 = 0$，得驻点 $x_0 = 100$. 由 $C''(x) = \dfrac{40\,000}{x^3} > 0$，知驻点 x_0 是唯一的极小值点，也是最小值点. 因此，该商店每次进货 100 台时，每年的进货费与年保管费总和最小，即最优订购批量为 100 台.

22. 确定下列曲线的凸性及拐点：

(1) $y = x\mathrm{e}^{-x}$；

解 函数 $y = x\mathrm{e}^{-x}$ 的定义域为 $(-\infty, +\infty)$，又
$$y' = \mathrm{e}^{-x} - x\mathrm{e}^{-x} = (1-x)\mathrm{e}^{-x}, \quad y'' = -\mathrm{e}^{-x} - (1-x)\mathrm{e}^{-x} = (x-2)\mathrm{e}^{-x}.$$

令 $y''=0$,得 $x=2$,又 $x<2$ 时,$y''<0$;$x>2$ 时,$y''>0$,所以曲线在 $(-\infty,2]$ 内上凸,在 $[2,+\infty)$ 内下凸,拐点为 $(2,2\mathrm{e}^{-2})$.

(3) $y=3x^{\frac{1}{3}}-\frac{3}{4}x^{\frac{4}{3}}$;

解 函数 $y=3x^{\frac{1}{3}}-\frac{3}{4}x^{\frac{4}{3}}$ 的定义域为 $(-\infty,+\infty)$,又

$$y'=x^{-\frac{2}{3}}-x^{\frac{1}{3}}=x^{-\frac{2}{3}}(1-x),$$

$$y''=-\frac{2}{3}x^{-\frac{5}{3}}-\frac{1}{3}x^{-\frac{2}{3}}=-\frac{1}{3}x^{-\frac{5}{3}}(2+x)=-\frac{1}{3\sqrt[3]{x^5}}(2+x).$$

令 $y''=0$,得 $x=-2$,还有不可导点 $x=0$.列表讨论,如表 4-7 所示.

表 4-7

x	$(-\infty,-2)$	-2	$(-2,0)$	0	$(0,+\infty)$
y''	$-$	0	$+$	不存在	$-$
y	上凸	拐点	下凸	拐点	上凸

所以,曲线在 $(-\infty,-2]$ 与 $[0,+\infty)$ 内上凸,在 $[-2,0]$ 内下凸,拐点为 $\left(-2,-\frac{9}{2}\sqrt[3]{2}\right)$,$(0,0)$.

(5) $y=(x-1)^{\frac{5}{3}}$;

解 函数 $y=(x-1)^{\frac{5}{3}}$ 的定义域为 $(-\infty,+\infty)$,又

$$y'=\frac{5}{3}(x-1)^{\frac{2}{3}},\quad y''=\frac{10}{9}(x-1)^{-\frac{1}{3}}=\frac{10}{9\sqrt[3]{x-1}}.$$

显然 y'' 有不可导点 $x=1$,又 $x<1$ 时,$y''<0$;$x>1$ 时,$y''>0$,所以曲线在 $(-\infty,1]$ 内上凸,在 $[1,+\infty)$ 内下凸,拐点为 $(1,0)$.

(7) $y=\ln(x^2+1)$;

解 函数 $y=\ln(x^2+1)$ 的定义域为 $(-\infty,+\infty)$,又

$$y'=\frac{2x}{x^2+1},\quad y''=\frac{2(x^2+1)-2x\cdot 2x}{(x^2+1)^2}=\frac{-2(x-1)(x+1)}{(x^2+1)^2}.$$

令 $y''=0$,得 $x=\pm 1$.列表讨论,如表 4-8 所示.

表 4-8

x	$(-\infty,-1)$	-1	$(-1,1)$	1	$(1,+\infty)$
y''	$-$	0	$+$	0	$-$
y	上凸	拐点	下凸	拐点	上凸

所以,曲线在 $(-\infty,-1]$ 与 $[1,+\infty)$ 内上凸,在 $[-1,1]$ 内下凸,拐点为 $(\pm 1,\ln 2)$.

23.求下列曲线的渐近线:

(1) $y=\dfrac{1}{x^2-4x+5}$;

解 函数 $y=\dfrac{1}{x^2-4x+5}$ 的定义域为 $(-\infty,+\infty)$,因为 $\lim\limits_{x\to\infty}\dfrac{1}{x^2-4x+5}=0$,所以直线 $y=0$ 是曲线的水平渐近线.

(2) $y=\mathrm{e}^{\frac{1}{x}}$;

解 函数 $y=\mathrm{e}^{\frac{1}{x}}$ 的定义域为 $(-\infty,0)\cup(0,+\infty)$,因为 $\lim\limits_{x\to\infty}\mathrm{e}^{\frac{1}{x}}=\mathrm{e}^0=1$,所以直线 $y=1$ 是曲线的水平渐近线.又因为 $\lim\limits_{x\to 0^+}\mathrm{e}^{\frac{1}{x}}=+\infty$,所以直线 $x=0$ 是曲线的铅垂渐近线.

(3) $y=x+\ln x$;

解 函数 $y=x+\ln x$ 的定义域为 $(0,+\infty)$,因为 $\lim\limits_{x\to+\infty}(x+\ln x)=+\infty$,所以曲线无水平渐近线.又因为

$\lim\limits_{x\to 0^+}(x+\ln x)=-\infty$,所以直线 $x=0$ 是曲线的铅垂渐近线.

(4) $y=\dfrac{\ln x}{x-1}$;

解 函数 $y=\dfrac{\ln x}{x-1}$ 的定义域为 $(0,1)\cup(1,+\infty)$,因为 $\lim\limits_{x\to+\infty}\dfrac{\ln x}{x-1}=\lim\limits_{x\to+\infty}\dfrac{1}{x}=0$,所以直线 $y=0$ 是曲线的水平渐近线(此方向无斜渐近线);又因为 $\lim\limits_{x\to 0^+}\dfrac{\ln x}{x-1}=+\infty$,所以直线 $x=0$ 是曲线的铅垂渐近线;而函数在 $x=1$ 处无定义,且 $\lim\limits_{x\to 1}\dfrac{\ln x}{x-1}=\lim\limits_{x\to 1}\dfrac{1}{x}=1$,所以 $x=1$ 不是曲线的铅垂渐近线.因此,曲线有渐近线 $x=0,y=0$.

(5) $y=(1+x)\mathrm{e}^{1-\frac{1}{x}}$;

解 函数 $y=(1+x)\mathrm{e}^{1-\frac{1}{x}}$ 的定义域为 $(-\infty,0)\cup(0,+\infty)$,因为 $\lim\limits_{x\to\infty}(1+x)\mathrm{e}^{1-\frac{1}{x}}=\infty$,所以曲线无水平渐近线.又因为 $\lim\limits_{x\to 0^-}(1+x)\mathrm{e}^{1-\frac{1}{x}}=+\infty$,所以直线 $x=0$ 是曲线的铅垂渐近线. 又因为

$$a=\lim_{x\to\infty}\dfrac{f(x)}{x}=\lim_{x\to\infty}\dfrac{(1+x)\mathrm{e}^{1-\frac{1}{x}}}{x}=\mathrm{e},$$

$$b=\lim_{x\to\infty}[f(x)-\mathrm{e}x]=\lim_{x\to\infty}[(1+x)\mathrm{e}^{1-\frac{1}{x}}-\mathrm{e}x]=0,$$

所以直线 $y=\mathrm{e}x$ 是曲线的斜渐近线.

(6) $y=x\mathrm{e}^{\frac{1}{x^2}}$.

解 函数 $y=x\mathrm{e}^{\frac{1}{x^2}}$ 的定义域为 $(-\infty,0)\cup(0,+\infty)$,因为

$$\lim_{x\to 0}x\mathrm{e}^{\frac{1}{x^2}}=\lim_{x\to 0}\dfrac{\mathrm{e}^{\frac{1}{x^2}}}{\dfrac{1}{x}}=\lim_{x\to 0}\dfrac{\dfrac{-2}{x^3}\mathrm{e}^{\frac{1}{x^2}}}{\dfrac{-1}{x^2}}=2\lim_{x\to 0}\dfrac{1}{x}\mathrm{e}^{\frac{1}{x^2}}=\infty,$$

所以直线 $x=0$ 为曲线的铅垂渐近线. 又因为

$$a=\lim_{x\to\infty}\dfrac{x\mathrm{e}^{\frac{1}{x^2}}}{x}=\lim_{x\to\infty}\mathrm{e}^{\frac{1}{x^2}}=1,$$

$$b=\lim_{x\to\infty}\left(x\mathrm{e}^{\frac{1}{x^2}}-x\right)=\lim_{x\to\infty}x\left(\mathrm{e}^{\frac{1}{x^2}}-1\right)=\lim_{x\to\infty}\dfrac{\mathrm{e}^{\frac{1}{x^2}}-1}{\dfrac{1}{x}}$$

$$=\lim_{x\to\infty}\dfrac{\dfrac{-2}{x^3}\mathrm{e}^{\frac{1}{x^2}}}{\dfrac{-1}{x^2}}=2\lim_{x\to\infty}\dfrac{1}{x}\mathrm{e}^{\frac{1}{x^2}}=0,$$

所以直线 $y=x$ 是曲线的斜渐近线.因此,曲线有渐近线 $x=0,y=x$.

24.作出下列函数的图形:

(2) $y=\dfrac{1}{1+x^2}$;

解 ① 函数的定义域为 $(-\infty,+\infty)$.

② 函数为偶函数,图形关于 y 轴对称,因此只考虑 $[0,+\infty)$.

③ $y'=\dfrac{-2x}{(1+x^2)^2}$,$y''=\dfrac{6x^2-2}{(1+x^2)^3}=\dfrac{2(\sqrt{3}x+1)(\sqrt{3}x-1)}{(1+x^2)^3}$.

令 $y'=0$,得驻点 $x_1=0$;令 $y''=0$,得 $x_2=\dfrac{\sqrt{3}}{3}$.

④ 列表讨论,如表 4-9 所示.

表 4 - 9

x	0	$\left(0,\frac{\sqrt{3}}{3}\right)$	$\frac{\sqrt{3}}{3}$	$\left(\frac{\sqrt{3}}{3},+\infty\right)$
y'	0	—	—	—
y''	—	—	0	+
y	极大值	↘∩	拐点	↘∪

表 4 - 9 中极大值为 $y\big|_{x=0}=1$,拐点为 $\left(\frac{\sqrt{3}}{3},\frac{3}{4}\right)$.

⑤ 因为 $\lim\limits_{x\to\infty}\frac{1}{1+x^2}=0$,所以曲线有水平渐近线 $y=0$;曲线无铅垂渐近线.

⑥ 曲线过点 $(0,1),\left(\frac{\sqrt{3}}{3},\frac{3}{4}\right)$.

综上所述可作出函数图形,如图 4 - 2 所示.

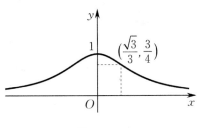

图 4 - 2

(3) $y=(2+x)\mathrm{e}^{\frac{1}{x}}$;

解 ① 函数的定义域为 $(-\infty,0)\cup(0,+\infty)$,在点 $x_1=0$ 处无定义.

② $y'=\mathrm{e}^{\frac{1}{x}}+(2+x)\mathrm{e}^{\frac{1}{x}}\cdot\left(-\frac{1}{x^2}\right)=\mathrm{e}^{\frac{1}{x}}\frac{(x-2)(x+1)}{x^2}$,

$y''=\left[\mathrm{e}^{\frac{1}{x}}\left(1-\frac{1}{x}-\frac{2}{x^2}\right)\right]'=\mathrm{e}^{\frac{1}{x}}\frac{5x+2}{x^4}$.

令 $y'=0$,得驻点 $x_2=2,x_3=-1$;令 $y''=0$,得 $x_4=-\frac{2}{5}$.

③ 列表讨论,如表 4 - 10 所示.

表 4 - 10

x	$(-\infty,-1)$	-1	$\left(-1,-\frac{2}{5}\right)$	$-\frac{2}{5}$	$\left(-\frac{2}{5},0\right)$	$(0,2)$	2	$(2,+\infty)$
y'	+	0	—	—	—	—	0	+
y''	—	—	—	0	+	+	+	+
y	↗∩	极大值	↘∩	拐点	↘∪	↘∪	极小值	↗∪

表 4 - 10 中极大值为 $f(-1)=\frac{1}{\mathrm{e}}$,极小值为 $f(2)=4\sqrt{\mathrm{e}}$,拐点为 $\left(-\frac{2}{5},\frac{8}{5}\mathrm{e}^{-\frac{5}{2}}\right)$.

④ 因为 $\lim\limits_{x\to 0^+}(2+x)\mathrm{e}^{\frac{1}{x}}=+\infty$,所以曲线有铅垂渐近线 $x=0$.

另外,$\lim\limits_{x\to 0^-}(2+x)\mathrm{e}^{\frac{1}{x}}=0$,所以当 $x\to 0^-$ 时,有 $y\to 0$. 又

$a=\lim\limits_{x\to\infty}\frac{(2+x)\mathrm{e}^{\frac{1}{x}}}{x}=1$,

$b=\lim\limits_{x\to\infty}\left[(2+x)\mathrm{e}^{\frac{1}{x}}-x\right]=\lim\limits_{x\to\infty}\left[x(\mathrm{e}^{\frac{1}{x}}-1)+2\mathrm{e}^{\frac{1}{x}}\right]$

$=\lim\limits_{x\to\infty}\left(\frac{\mathrm{e}^{\frac{1}{x}}-1}{\frac{1}{x}}+2\mathrm{e}^{\frac{1}{x}}\right)=3$,

所以曲线有斜渐近线 $y=x+3$.

⑤ 曲线过点 $\left(-1,\frac{1}{\mathrm{e}}\right),(1,3\mathrm{e}),(2,4\sqrt{\mathrm{e}}),\left(-\frac{2}{5},\frac{8}{5}\mathrm{e}^{-\frac{5}{2}}\right)$.

综上所述可作出函数图形,如图 4 - 3 所示.

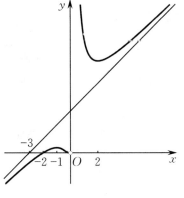

图 4 - 3

（B）

1. 填空题：

(1) 函数 $f(x) = \dfrac{3}{2x^2+1}$ 在 $[-1,1]$ 上满足罗尔中值定理的条件，则由罗尔中值定理确定的点 $\xi = $ _____.

解 因为 $f'(x) = -\dfrac{12x}{(2x^2+1)^2}$，令 $f'(x) = -\dfrac{12x}{(2x^2+1)^2} = 0$，得 $x=0$，故满足 $f'(\xi) = 0$ 的 $\xi = 0$.

(2) 函数 $f(x) = \dfrac{1}{1+x}$ 在 $[0,2]$ 上满足拉格朗日中值定理的条件，则满足定理结论中的点 $\xi = $ _____.

解 由拉格朗日中值公式得 $f'(\xi) = \dfrac{f(2)-f(0)}{2-0}, \xi \in (0,2)$. 而 $f(0) = 1, f(2) = \dfrac{1}{3}, f'(\xi) = -\dfrac{1}{(1+\xi)^2}$，故上式为 $-\dfrac{1}{(1+\xi)^2} = \dfrac{\dfrac{1}{3}-1}{2-0}$，即 $\dfrac{1}{(1+\xi)^2} = \dfrac{1}{3}$，解得 $\xi = \sqrt{3}-1, \xi \in (0,2)$.

(3) 曲线 $y = x^3 - 3x$ 的拐点是 _____.

解 函数 $y = f(x) = x^3 - 3x$ 的定义域为 $(-\infty, +\infty), f'(x) = 3x^2-3, f''(x) = 6x$. 令 $f''(x) = 6x = 0$，得 $x = 0$. 列表讨论，如表 4-11 所示.

表 4-11

x	$(-\infty, 0)$	0	$(0, +\infty)$
$f''(x)$	−	0	+
$f(x)$	∩	拐点	∪

所以，曲线的拐点是 $(0,0)$.

(4) 函数 $y = (x-1)\sqrt[3]{x^2}$ 在 $x = $ _____ 处有极值，极大值为 _____，极小值为 _____.

解 函数 $y = (x-1)\sqrt[3]{x^2}$ 的定义域为 $(-\infty, +\infty)$，

$$y' = [(x-1)\sqrt[3]{x^2}]' = x^{\frac{2}{3}} + \dfrac{2}{3}x^{-\frac{1}{3}}(x-1) = \dfrac{1}{3}x^{-\frac{1}{3}}[3x+2(x-1)] = \dfrac{5x-2}{3\sqrt[3]{x}}.$$

令 $y' = 0$，得驻点 $x_1 = \dfrac{2}{5}$，还有不可导点 $x_2 = 0$. 列表讨论，如表 4-12 所示.

表 4-12

x	$(-\infty, 0)$	0	$\left(0, \dfrac{2}{5}\right)$	$\dfrac{2}{5}$	$\left(\dfrac{2}{5}, +\infty\right)$
y'	+	不存在	−	0	+
y	↗	极大值	↘	极小值	↗

所以，函数有极大值为 $y\big|_{x=0} = 0$，极小值为 $y\big|_{x=\frac{2}{5}} = -\dfrac{3}{5}\sqrt[3]{\dfrac{4}{25}}$.

注 对带分数次幂的幂函数提取公因式时，要提取负幂次. 如果出现多个负幂次的幂函数，提取幂次绝对值最大的幂函数，目的是为了使其他部分为整次幂函数.

(5) 曲线 $y = \ln(1+x)$ 的铅垂渐近线是 _____.

解 函数 $y = \ln(1+x)$ 的定义域为 $(-1, +\infty)$，因为 $\lim\limits_{x \to -1^+} \ln(1+x) = -\infty$，所以曲线的铅垂渐近线为 $x = -1$.

(6) 曲线 $y = e^{-\frac{1}{x}}$ 的水平渐近线是 _____.

解 函数 $y = e^{-\frac{1}{x}}$ 的定义域为 $(-\infty, 0) \cup (0, +\infty)$，因为 $\lim\limits_{x \to \infty} e^{-\frac{1}{x}} = e^0 = 1$，所以曲线的水平渐近线

为 $y = 1$.

(7) $\arctan \sqrt{x^2-1} + \arcsin \dfrac{1}{x} = $ _____ $(x \geqslant 1)$.

解 设 $f(x) = \arctan \sqrt{x^2-1} + \arcsin \dfrac{1}{x}, x \in [1, +\infty)$. 由于

$$f'(x) = \dfrac{1}{1+(x^2-1)} \cdot \dfrac{2x}{2\sqrt{x^2-1}} + \dfrac{1}{\sqrt{1-\left(\dfrac{1}{x}\right)^2}} \cdot \left(-\dfrac{1}{x^2}\right) = \dfrac{1}{x\sqrt{x^2-1}} - \dfrac{1}{x\sqrt{x^2-1}} = 0,$$

所以 $f(x)$ 为常数函数. 于是, 当 $x = 1$ 时, 有 $f(1) = \arctan 0 + \arcsin 1 = 0 + \dfrac{\pi}{2}$, 故

$$\arctan \sqrt{x^2-1} + \arcsin \dfrac{1}{x} = \dfrac{\pi}{2} \quad (x \geqslant 1).$$

(8) 设函数 $f(x) = xe^x$, 则 $f^{(n)}(x)$ 在 $x = $ _____ 处取得极小值 _____.

解 令 $y = f^{(n)}(x) = (n+x)e^x$, 则 $y' = (n+1+x)e^x$. 令 $y' = 0$, 得 $x = -(n+1)$. 又 $y''\big|_{x=-(n+1)} = (n+2+x)e^x\big|_{x=-(n+1)} = e^{-(n+1)} > 0$, 所以 $f^{(n)}(x)$ 在 $x = -(n+1)$ 处取得极小值, 极小值为 $-e^{-(n+1)}$.

(9) 设函数 $y = x + a\ln x$ 在定义域内有极大值, 则 a _____.

解 函数 $y = x + a\ln x$ 的定义域为 $(0, +\infty)$, 又 $y' = 1 + \dfrac{a}{x}$, 令 $y' = 0$, 得驻点 $x = -a$. 又 $y'' = -\dfrac{a}{x^2}$, 则 $y''\big|_{x=-a} = -\dfrac{a}{(-a)^2} = -\dfrac{1}{a}$. 要使函数在其定义域内有极大值, 只需 $y''\big|_{x=-a} = -\dfrac{1}{a} < 0$, 即 $a > 0$.

2. 选择题:

(1) 下列函数中, 在 $[-1, 1]$ 上满足罗尔中值定理条件的是( ).

A. $y = e^x$ B. $y = |x|$ C. $y = 1 - x^2$ D. $y = \dfrac{1}{1-x^2}$

解 A 不满足第三个条件, 即 $e^{-1} \neq e^1$; B 在 $x = 0$ 处不可导; D 在区间 $[-1, 1]$ 上不连续. 故答案是 C.

(2) 函数 $f(x) = x^3$ 在 $[0, 1]$ 上满足拉格朗日中值定理的条件, 则满足定理结论的点 $\xi = ($).

A. $-\sqrt{3}$ B. $\sqrt{3}$ C. $-\dfrac{\sqrt{3}}{3}$ D. $\dfrac{\sqrt{3}}{3}$

解 因为 $f'(\xi) = \dfrac{f(1) - f(0)}{1-0}$, 即 $3\xi^2 = \dfrac{1-0}{1-0} = 1$, 解得 $x = \dfrac{\sqrt{3}}{3}$. 故答案是 D.

(3) 下列函数中, 在给定区间上不满足拉格朗日中值定理条件的是( ).

A. $y = \dfrac{2x}{1+x^2}, [-1, 1]$ B. $y = 4x^3 - 5x^2 + x - 2, [0, 1]$

C. $y = |x|, [-1, 2]$ D. $y = \ln(1+x^2), [0, 3]$

解 A, B, D 在给定区间上满足拉格朗日中值定理的条件, C 在 $x = 0$ 处不可导, 故答案是 C.

(4) 下列极限中, 能用洛必达法则的是( ).

A. $\lim\limits_{x \to 0} \dfrac{x^2 \sin \dfrac{1}{x}}{\sin x}$ B. $\lim\limits_{x \to \infty} \dfrac{x - \sin x}{x + \sin x}$

C. $\lim\limits_{x \to +\infty} x\left(\dfrac{\pi}{2} - \arctan x\right)$ D. $\lim\limits_{x \to 0} \dfrac{1 - \cos x}{1 + x^2}$

解 A, B 是典型的不能应用洛必达法则但极限却存在的题型, 另外还有 $\lim\limits_{x \to 0} \dfrac{x^2 \cos \dfrac{1}{x}}{\sin x}$ 和 $\lim\limits_{x \to \infty} \dfrac{x - \cos x}{x + \cos x}$ 这两种形式, 要熟记; D 是定式极限; C 是 $0 \cdot \infty$ 型未定式, 通过乘积化商化为 $\dfrac{0}{0}$ 型未定式, 再应用洛必达法则求出极限. 因此, 答案是 C.

(5) 若在 (a,b) 内,函数 $f(x)$ 的一阶导数 $f'(x) > 0$,二阶导数 $f''(x) < 0$,则函数 $f(x)$ 在此区间内是( ).

A. 单调减少,曲线下凸　　　　　　B. 单调减少,曲线上凸
C. 单调增加,曲线下凸　　　　　　D. 单调增加,曲线上凸

解　由于 $f'(x) > 0$,说明函数是单调增加的,$f''(x) < 0$,说明函数图形是上凸的.因此,答案是 D.

(6) 函数 $f(x) = \dfrac{1}{2}(e^x + e^{-x})$ 的极小值为( ).

A. 0　　　　　B. -1　　　　　C. 1　　　　　D. 不存在

解　$f'(x) = \dfrac{1}{2}(e^x - e^{-x})$,令 $f'(x) = \dfrac{1}{2}(e^x - e^{-x}) = 0$,解得 $x = 0$. $f''(x) = \dfrac{1}{2}(e^x + e^{-x})$,而 $f''(1) = \dfrac{1}{2}(e^x + e^{-x})\Big|_{x=0} = 1 > 0$,所以 $x = 0$ 是极小值点,极小值为 $f(0) = \dfrac{1}{2}(e^x + e^{-x})\Big|_{x=0} = 1$.因此,答案是 C.

(7) 函数 $f(x) = x^3 + 12x + 1$ 在其定义域内( ).

A. 单调增加　　B. 单调减少　　C. 图形下凸　　D. 图形上凸

解　函数的定义域为 $(-\infty, +\infty)$,因为 $f'(x) = 3x^2 + 12 > 0$,所以函数在其定义域 $(-\infty, +\infty)$ 内是单调增加的.因此,答案是 A.

(8) 函数 $y = f(x)$ 在点 $x = x_0$ 处取得极大值,则必有( ).

A. $f'(x_0) = 0$　　　　　　　　　B. $f''(x_0) < 0$
C. $f'(x_0) = 0$ 且 $f''(x_0) < 0$　　D. $f'(x_0) = 0$ 或 $f'(x_0)$ 不存在

解　答案是 D.根据极值的定义及极值存在的必要条件可以得到此结论.

(9) 已知 $\lim\limits_{x \to a} \dfrac{f(x) - f(a)}{(x-a)^2} = -1$,则在 $x = a$ 处( ).

A. $f'(a)$ 存在且 $f'(a) \neq 0$　　　B. $f(x)$ 取得极大值 $f(a)$
C. $f(x)$ 取得极小值 $f(a)$　　　　D. $f'(a)$ 不存在

解　由 $\lim\limits_{x \to a} \dfrac{f(x) - f(a)}{(x-a)^2} = -1$,可得

$$f'(a) = \lim_{x \to a} \frac{f(x) - f(a)}{x - a} = \lim_{x \to a} \frac{f(x) - f(a)}{(x-a)^2}(x - a)$$
$$= \lim_{x \to a} \frac{f(x) - f(a)}{(x-a)^2} \cdot \lim_{x \to a}(x - a) = 0.$$

同时由 $\lim\limits_{x \to a} \dfrac{f(x) - f(a)}{(x-a)^2} = -1$ 及 $(x-a)^2 \geqslant 0$ 可知,$\lim\limits_{x \to a}[f(x) - f(a)] \leqslant 0$,由极限的保号性有 $f(x) \leqslant f(a)$,即 $f(a)$ 为极大值.因此,答案是 B.

(11) 曲线 $y = xe^{-x}$ 的拐点是( ).

A. $(2, 2e^{-2})$　　B. $(0, 0)$　　C. $(1, e^{-1})$　　D. $(2, e^{-2})$

解　函数 $y = xe^{-x}$ 的定义域为 $(-\infty, +\infty)$,$y' = e^{-x} - xe^{-x} = e^{-x}(1-x)$,$y'' = e^{-x}(x-2)$.令 $y'' = e^{-x}(x-2) = 0$,得 $x = 2$.列表讨论,如表 4-13 所示.

表 4-13

x	$(-\infty, 2)$	2	$(2, +\infty)$
y''	$-$	0	$+$
y	$\cap$	拐点	$\cup$

所以,曲线的拐点为 $(2, 2e^{-2})$.因此,答案是 A.

(12) 点 $(0, 1)$ 是曲线 $y = ax^3 + bx^2 + c$ 的拐点,则有( ).

A. $a = 1, b = -3, c = 1$　　　　B. $a \neq 0, b = 0, c = 1$
C. $a = 1, b = 0, c$ 为任意值　　　D. a, b 为任意值,$c = 1$

解　点 $(0, 1)$ 在曲线 $y = ax^3 + bx^2 + c$ 上,所以有 $c = 1$.又 $y' = 3ax^2 + 2bx$,$y'' = 6ax + 2b$,$y'' = 0$ 或

使 y'' 不存在的点可能是拐点,这里 y'' 存在,令 $y'' = 0$,则有 $6ax + 2b = 0$.

当 $a \neq 0$ 时,$x = -\dfrac{b}{3a} = 0$,则 $b = 0$. 故答案是 B.

(13) 曲线 $y = 2\ln\dfrac{x+3}{x} - 3$ 的水平渐近线方程是( ).

A. $y = 2$　　　　B. $y = 1$　　　　C. $y = -3$　　　　D. $y = 0$

解 函数 $y = 2\ln\dfrac{x+3}{x} - 3$ 的定义域为 $(-\infty, -3) \cup (0, +\infty)$,因为 $\lim\limits_{x \to \infty}\left(2\ln\dfrac{x+3}{x} - 3\right) = -3$,所以曲线的水平渐近线方程是 $y = -3$. 故答案是 C.

(14) 曲线 $y = \dfrac{x^2}{x+1}$ 的铅垂渐近线方程是( ).

A. $y = -1$　　　　B. $y = 1$　　　　C. $x = -1$　　　　D. $x = 1$

解 函数 $y = \dfrac{x^2}{x+1}$ 的定义域为 $(-\infty, -1) \cup (-1, +\infty)$,因为 $\lim\limits_{x \to -1}\dfrac{x^2}{x+1} = \infty$,所以曲线的铅垂渐近线方程是 $x = -1$. 故答案是 C.

(15) 曲线 $y = x + \dfrac{\ln x}{x}$( ).

A. 只有水平渐近线　　　　　　　B. 只有铅垂渐近线

C. 有水平渐近线和铅垂渐近线　　D. 有斜渐近线 $y = x$

解 函数 $y = x + \dfrac{\ln x}{x}$ 的定义域为 $(0, +\infty)$,因为 $\lim\limits_{x \to +\infty}\left(x + \dfrac{\ln x}{x}\right) = +\infty$,所以曲线无水平渐近线. 又因为 $\lim\limits_{x \to 0^+}\left(x + \dfrac{\ln x}{x}\right) = -\infty$,所以曲线有铅垂渐近线 $x = 0$. 又因为

$$a = \lim_{x \to +\infty}\dfrac{f(x)}{x} = \lim_{x \to +\infty}\dfrac{x + \dfrac{\ln x}{x}}{x} = \lim_{x \to +\infty}\left(1 + \dfrac{\ln x}{x^2}\right) = 1,$$

$$b = \lim_{x \to +\infty}[f(x) - ax] = \lim_{x \to +\infty}\left(x + \dfrac{\ln x}{x} - x\right) = \lim_{x \to +\infty}\dfrac{\ln x}{x} = 0,$$

所以曲线有斜渐近线 $y = x$. 故答案是 D.

第五章 不定积分

内容简介

1. 原函数

定义5.1 设函数 $f(x)$ 和 $F(x)$ 在区间 I 上有定义. 若对于 I 上任一点 x,都有
$$F'(x) = f(x) \quad \text{或} \quad \mathrm{d}F(x) = f(x)\mathrm{d}x,$$
则称 $F(x)$ 是 $f(x)$ 在区间 I 上的一个原函数.

由此可见,原函数与导函数是一对相辅相成的概念,即在某区间 I 上,若函数 $f(x)$ 是 $F(x)$ 的导函数,则函数 $F(x)$ 是 $f(x)$ 的原函数;若 $F(x)$ 是 $f(x)$ 的原函数,则 $f(x)$ 是 $F(x)$ 的导函数.

2. 不定积分

定义5.2 设函数 $F(x)$ 是 $f(x)$ 的一个原函数,则称 $f(x)$ 的全体原函数 $F(x)+C$ 为 $f(x)$ 的不定积分,记作 $\int f(x)\mathrm{d}x$,即
$$\int f(x)\mathrm{d}x = F(x) + C,$$
其中 $f(x)$ 称为被积函数,$f(x)\mathrm{d}x$ 称为被积表达式,x 称为积分变量,$\int$ 称为积分号,C 称为积分常数.

3. 不定积分的几何意义

设 $F(x)$ 是 $f(x)$ 的一个原函数,则曲线 $y = F(x)$ 称为 $f(x)$ 的一条积分曲线. 于是,不定积分 $\int f(x)\mathrm{d}x$ 在几何上表示 $f(x)$ 的某一条积分曲线沿 y 轴方向任意平移所得的一切积分曲线组成的曲线族. 显然,若在每一条积分曲线上横坐标相同的点处作切线,则这些切线相互平行.

4. 有理函数

(1) 有理函数的概念

定义 5.3 有理函数是指由两个实系数多项式的商所表示的函数,其一般形式为

$$R(x) = \frac{P_n(x)}{Q_m(x)} = \frac{a_n x^n + a_{n-1} x^{n-1} + \cdots + a_1 x + a_0}{b_m x^m + b_{m-1} x^{m-1} + \cdots + b_1 x + b_0},$$

其中 m,n 为正整数,$a_n,a_{n-1},\cdots,a_1,a_0$ 和 $b_m,b_{m-1},\cdots,b_1,b_0$ 为常数,且 $a_n \neq 0, b_m \neq 0$. 当 $n < m$ 时,称 $R(x)$ 为真分式;当 $n \geqslant m$ 时,称 $R(x)$ 为假分式. 任一假分式总可以表示为一个多项式与一个真分式之和.

(2) 真分式的分解

任何一个真分式都可以分解为若干个部分分式之和. 部分分式是指如下四种"最简真分式":

① $\dfrac{A}{x+a}$;　　　　　　② $\dfrac{A}{(x+a)^n}, n = 2,3,\cdots$;

③ $\dfrac{Ax+B}{x^2+px+q}, p^2-4q < 0$;

④ $\dfrac{Ax+B}{(x^2+px+q)^n}, p^2-4q < 0, n = 2,3,\cdots$.

重要公式、定理及结论

1. 原函数存在定理

定理 5.1 如果函数 $f(x)$ 在区间 I 上连续,则 $f(x)$ 在区间 I 上一定存在原函数. 也就是说,连续函数一定有原函数.

定理 5.2 设 $F(x)$ 是 $f(x)$ 在 I 上的一个原函数,则

① $F(x) + C$ 表示 $f(x)$ 在 I 上的全体原函数,其中 C 是任意常数;

② $f(x)$ 在 I 上的任意两个原函数之间只可能相差一个常数.

2. 不定积分的基本性质

① $\int \alpha f(x) \mathrm{d}x = \alpha \int f(x) \mathrm{d}x$,其中 α 为非零常数;

② $\int [f(x) \pm g(x)] \mathrm{d}x = \int f(x) \mathrm{d}x \pm \int g(x) \mathrm{d}x$;

③ $\left[\int f(x) \mathrm{d}x \right]' = f(x)$ 或 $\mathrm{d} \int f(x) \mathrm{d}x = f(x) \mathrm{d}x$;

④ $\int f'(x) \mathrm{d}x = f(x) + C$ 或 $\int \mathrm{d}f(x) = f(x) + C$.

3. 重要公式

(1) 基本积分公式

① $\int 0 \mathrm{d}x = C$;

② $\int x^a dx = \begin{cases} \dfrac{1}{a+1}x^{a+1} + C, & a \neq -1, \\ \ln|x| + C, & a = -1; \end{cases}$

③ $\int a^x dx = \dfrac{a^x}{\ln a} + C, a > 0$ 且 $a \neq 1$,特别地,当 $a = e$ 时,$\int e^x dx = e^x + C$;

④ $\int \sin x dx = -\cos x + C$, $\int \cos x dx = \sin x + C$;

⑤ $\int \sec^2 x dx = \tan x + C$, $\int \csc^2 x dx = -\cot x + C$;

⑥ $\int \sec x \tan x dx = \sec x + C$, $\int \csc x \cot x dx = -\csc x + C$;

⑦ $\int \dfrac{1}{\sqrt{1-x^2}} dx = \arcsin x + C = -\arccos x + C$;

⑧ $\int \dfrac{1}{1+x^2} dx = \arctan x + C = -\text{arccot } x + C$.

(2) 换元积分公式

① 第一换元积分法(凑微分法):设函数 $u = \varphi(x)$ 可导. 若 $f(u)$ 具有原函数 $F(u)$,则有第一换元积分公式:

$$\int f[\varphi(x)] \varphi'(x) dx = \int f(u) du = F(u) + C = F[\varphi(x)] + C. \qquad (5-1)$$

注 上式左端的第一个式子一般不具有这样的形式,通常先对被积函数做适当变形化为上述形式才能进行后面的换元,而且换元后的被积函数 $f(u)$ 的原函数 $F(u)$ 应很容易得到. 第一换元积分法又称凑微分法.

② 第二换元积分法:设函数 $x = \varphi(t)$ 单调、可导,且 $\varphi'(t) \neq 0$. 若 $f[\varphi(t)]\varphi'(t)$ 有原函数 $F(t)$,则有第二换元积分公式:

$$\int f(x) dx = \int f[\varphi(t)] \varphi'(t) dt = F(t) + C = F[\varphi^{-1}(x)] + C, \qquad (5-2)$$

其中 $t = \varphi^{-1}(x)$ 是 $x = \varphi(t)$ 的反函数.

注 第二换元积分法是将积分变量直接设为某一个函数,换元后被积函数 $f[\varphi(t)]\varphi'(t)$ 的原函数 $F(t)$ 应很容易得到. 经常采用的变量代换主要有三角函数代换法和最简无理函数代换法.

(3) 分部积分公式

设函数 $u = u(x), v = v(x)$ 都有连续的导函数,且 $\int u'(x)v(x) dx$ 存在 $\left(\text{比} \int u(x)v'(x) dx \right.$ 容易求得$\left.\right)$,则有分部积分公式:

$$\int u(x)v'(x) dx = u(x)v(x) - \int u'(x)v(x) dx, \qquad (5-3)$$

简记为

$$\int u dv = uv - \int v du.$$

分部积分法主要用于解决被积函数中含有乘积项、对数函数或反三角函数的不定积分.

采用分部积分法计算 $\int f(x) dx$ 时,关键是如何将 $f(x) dx$ 巧妙地凑成 $u(x) dv(x)$ 的形式

（即 $f(x)dx = u(x)dv(x)$），并且 $\int v(x)du(x)$ 要容易求得. 换句话说，正确选定 u,v 是使用分部积分法的关键.

4. 一些常用到的结论

下面的这些结论读者不仅应记住它们的结果，更应知道它们的求解方法.

① $\int \tan x\,dx = -\ln|\cos x| + C$；

② $\int \cot x\,dx = \ln|\sin x| + C$；

③ $\int \sec x\,dx = \ln|\sec x + \tan x| + C$；

④ $\int \csc x\,dx = \ln|\csc x - \cot x| + C$；

⑤ $\int \dfrac{dx}{a^2 + x^2} = \dfrac{1}{a}\arctan\dfrac{x}{a} + C,\quad a \neq 0$；

⑥ $\int \dfrac{dx}{a^2 - x^2} = \dfrac{1}{2a}\ln\left|\dfrac{a+x}{a-x}\right| + C,\quad a \neq 0$；

⑦ $\int \dfrac{dx}{\sqrt{a^2 - x^2}} = \arcsin\dfrac{x}{a} + C,\quad a > 0$；

⑧ $\int \sqrt{a^2 - x^2}\,dx = \dfrac{1}{2}x\sqrt{a^2 - x^2} + \dfrac{a^2}{2}\arcsin\dfrac{x}{a} + C,\quad a > 0$；

⑨ $\int \dfrac{dx}{\sqrt{x^2 \pm a^2}} = \ln|x + \sqrt{x^2 \pm a^2}| + C,\quad a > 0$.

5. 关于有理函数中的某些最简真分式的不定积分

① $\int \dfrac{A}{x+a}dx = A\ln|x+a| + C$；

② $\int \dfrac{A}{(x+a)^n}dx = \dfrac{A}{1-n}(x+a)^{1-n} + C,\quad n \geqslant 2$；

③ $\int \dfrac{Ax+B}{x^2+px+q}dx$，$p^2 - 4q < 0$ 可以化为 $\int \dfrac{x+r}{x^2+px+q}dx$ 的形式，故我们只考虑不定积分 $\int \dfrac{x+r}{x^2+px+q}dx$ 即可：

$$\int \dfrac{x+r}{x^2+px+q}dx = \dfrac{1}{2}\int \dfrac{(2x+p)+(2r-p)}{x^2+px+q}dx$$
$$= \dfrac{1}{2}\int \dfrac{2x+p}{x^2+px+q}dx + \dfrac{2r-p}{2}\int \dfrac{1}{x^2+px+q}dx$$
$$= \dfrac{1}{2}\int \dfrac{d(x^2+px+q)}{x^2+px+q} + \dfrac{2r-p}{2}\int \dfrac{1}{x^2+px+q}dx$$
$$= \dfrac{1}{2}\ln(x^2+px+q) + \dfrac{2r-p}{2}\int \dfrac{1}{x^2+px+q}dx,$$

而

$$\int \frac{1}{x^2+px+q}dx = \int \frac{d\left(x+\frac{p}{2}\right)}{\left(x+\frac{p}{2}\right)^2+q-\frac{p^2}{4}} = \frac{2}{\sqrt{4q-p^2}}\arctan\frac{x+\frac{p}{2}}{\sqrt{q-\frac{p^2}{4}}}+C$$

$$= \frac{2}{\sqrt{4q-p^2}}\arctan\frac{2x+p}{\sqrt{4q-p^2}}+C. \tag{5-4}$$

所以,最后得到

$$\int \frac{x+r}{x^2+px+q}dx = \frac{1}{2}\ln(x^2+px+q)+\frac{2r-p}{\sqrt{4q-p^2}}\arctan\frac{2x+p}{\sqrt{4q-p^2}}+C. \tag{5-5}$$

注 上面的结论很难记住,一般都是对具体问题利用上述步骤,一步步凑微分而得到最后结果。

④ $\int \frac{Ax+B}{(x^2+px+q)^n}dx, p^2-4q<0, n\geq 2$ 可以化为 $\int \frac{x+r}{(x^2+px+q)^n}dx$ 的形式,故我们只考虑该形式的不定积分:

$$\int \frac{x+r}{(x^2+px+q)^n}dx = \frac{1}{2}\int \frac{d(x^2+px+q)+(2r-p)dx}{(x^2+px+q)^n}$$

$$= \frac{1}{2(1-n)} \cdot \frac{1}{(x^2+px+q)^{n-1}} + \left(r-\frac{p}{2}\right)\int \frac{1}{(x^2+px+q)^n}dx$$

$$= \frac{1}{2(1-n)} \cdot \frac{1}{(x^2+px+q)^{n-1}} + \left(r-\frac{p}{2}\right)\int \frac{d\left(x+\frac{p}{2}\right)}{\left[\left(x+\frac{p}{2}\right)^2+\frac{4q-p^2}{4}\right]^n},$$

然后利用 $\int \frac{1}{(a^2+u^2)^n}du = \frac{u}{2(n-1)a^2(a^2+u^2)^{n-1}} + \frac{2n-3}{2(n-1)a^2}\int \frac{du}{(a^2+u^2)^{n-1}}$ 递推求出。

学习完本章后,我们会求很多函数的不定积分,但是对形如 $\int \frac{\sin x}{x}dx, \int e^{-x^2}dx$ 等的不定积分我们还是无能为力,因为这些不定积分的被积函数的原函数不再是初等函数,无法用初等函数表示出来。

复习考试要求

1. 理解原函数与不定积分的概念。
2. 掌握不定积分的性质,熟练掌握不定积分的基本公式。
3. 熟练掌握换元积分法和分部积分法。
4. 会求有理函数、三角函数有理式和简单无理函数的不定积分。

典型例题

例 1 设 $f(x)$ 是连续函数,$F(x)$ 是 $f(x)$ 的原函数,则( )。

A. 当 $f(x)$ 是奇函数时，$F(x)$ 必是偶函数
B. 当 $f(x)$ 是偶函数时，$F(x)$ 必是奇函数
C. 当 $f(x)$ 是周期函数时，$F(x)$ 必是周期函数
D. 当 $f(x)$ 是单调函数时，$F(x)$ 必是单调函数

解 由 $f(x) = \cos x, F(x) = \sin x + 1$，可知 B 是错误的.

由 $f(x) = \cos x + 1, F(x) = \sin x + x$，可知 C 是错误的.

由 $f(x) = x, F(x) = \dfrac{1}{2}x^2$，可知 D 是错误的.

综上，由排除法可知 A 正确.

例 2 若 $f(x)$ 的导函数是 $\sin x$，则 $f(x)$ 的一个原函数为（　　）.

A. $1 + \sin x$　　　B. $1 - \sin x$　　　C. $1 + \cos x$　　　D. $1 - \cos x$

解 因 $\sin x$ 是 $f(x)$ 的导函数，即 $f'(x) = \sin x$，则 $f(x) = -\cos x + C$. 于是 $f(x)$ 的原函数为 $-\sin x + C_1 x + C_2$，其中 C_1, C_2 为任意常数. 当 $C_1 = 0, C_2 = 1$ 时，便得到 $f(x)$ 的一个原函数为 $-\sin x + 1$. 故答案是 B.

例 3 设函数 $f(\sin^2 x) = \dfrac{x}{\sin x}$，则 $\displaystyle\int \dfrac{\sqrt{x}}{\sqrt{1-x}} f(x) \mathrm{d}x = $ _____.

解 令 $x = \sin^2 t \left(0 < t < \dfrac{\pi}{2}\right)$，则

$$\int \frac{\sqrt{x}}{\sqrt{1-x}} f(x) \mathrm{d}x = \int \frac{\sin t}{\cos t} \cdot f(\sin^2 t) \cdot 2\sin t \cos t \, \mathrm{d}t = \int 2\sin^2 t \cdot \frac{t}{\sin t} \mathrm{d}t = 2\int t \sin t \, \mathrm{d}t$$

$$= 2\int t \, \mathrm{d}(-\cos t) = -2t\cos t + 2\int \cos t \, \mathrm{d}t$$

$$= -2t\cos t + 2\sin t + C$$

$$= -2\sqrt{1-x}\arcsin\sqrt{x} + 2\sqrt{x} + C.$$

例 4 设函数 $f'(\ln x) = 1 + x$，则 $f(x) = $ _____.

解 令 $\ln x = t$，则 $f'(t) = 1 + e^t$. 于是 $f(t) = \displaystyle\int (1 + e^t) \mathrm{d}t = t + e^t + C$，即

$$f(x) = x + e^x + C.$$

例 5 $\displaystyle\int \dfrac{\ln x - 1}{x^2} \mathrm{d}x = $ _____.

解 $\displaystyle\int \dfrac{\ln x - 1}{x^2} \mathrm{d}x = \int (1 - \ln x) \mathrm{d}\left(\dfrac{1}{x}\right) = \dfrac{1}{x}(1 - \ln x) + \int \dfrac{1}{x} \cdot \dfrac{1}{x} \mathrm{d}x = -\dfrac{\ln x}{x} + C.$

例 6 设 $\displaystyle\int x f(x) \mathrm{d}x = \arcsin x + C$，则 $\displaystyle\int \dfrac{1}{f(x)} \mathrm{d}x = $ _____.

解 因 $\arcsin x + C$ 是被积函数 $xf(x)$ 的原函数，即 $xf(x)$ 是 $\arcsin x + C$ 的导函数，于是 $xf(x) = (\arcsin x + C)' = \dfrac{1}{\sqrt{1-x^2}}$，即 $f(x) = \dfrac{1}{x\sqrt{1-x^2}}$，则

$$\int \frac{1}{f(x)} \mathrm{d}x = \int x\sqrt{1-x^2} \, \mathrm{d}x = -\frac{1}{2}\int \sqrt{1-x^2} \, \mathrm{d}(1-x^2) = -\frac{1}{3}(1-x^2)^{\frac{3}{2}} + C.$$

例 7 设 $f(x)$ 的一个原函数为 $\dfrac{\sin x}{x}$，则 $\displaystyle\int x f'(2x) \mathrm{d}x = $ _____.

解 因为 $f(x) = \left(\dfrac{\sin x}{x}\right)' = \dfrac{x\cos x - \sin x}{x^2}$,所以

$$\int xf'(2x)\,\mathrm{d}x = \frac{1}{2}\int x\,\mathrm{d}f(2x) = \frac{1}{2}xf(2x) - \frac{1}{2}\int f(2x)\,\mathrm{d}x$$

$$= \frac{1}{2}x \cdot \frac{2x\cos 2x - \sin 2x}{4x^2} - \frac{1}{4} \cdot \frac{\sin 2x}{2x} + C$$

$$= \frac{\cos 2x}{4} - \frac{\sin 2x}{4x} + C.$$

例 8 若 $\int xf(x)\,\mathrm{d}x = x^2\mathrm{e}^x + C$,则 $\int \dfrac{\mathrm{e}^x}{f(x)}\,\mathrm{d}x = $ _____.

解 因为 $xf(x) = (x^2\mathrm{e}^x + C)' = 2x\mathrm{e}^x + x^2\mathrm{e}^x$,所以 $f(x) = 2\mathrm{e}^x + x\mathrm{e}^x$. 于是

$$\int \frac{\mathrm{e}^x}{f(x)}\,\mathrm{d}x = \int \frac{\mathrm{e}^x}{2\mathrm{e}^x + x\mathrm{e}^x}\,\mathrm{d}x = \int \frac{1}{2+x}\,\mathrm{d}x = \ln|x+2| + C.$$

例 9 $\int \dfrac{\mathrm{d}x}{\sin x} = $ _____.

解 设 $\tan\dfrac{x}{2} = t$,则 $x = 2\arctan t$,$\sin x = \dfrac{2t}{1+t^2}$,$\mathrm{d}x = \dfrac{2}{1+t^2}\mathrm{d}t$,于是

$$\int \frac{\mathrm{d}x}{\sin x} = \int \frac{1+t^2}{2t} \cdot \frac{2}{1+t^2}\,\mathrm{d}t = \int \frac{1}{t}\,\mathrm{d}t = \ln|t| + C = \ln\left|\tan\frac{x}{2}\right| + C.$$

例 10 设 $f(x)$ 是单调连续函数,$f^{-1}(x)$ 是它的反函数,且 $\int f(x)\,\mathrm{d}x = F(x) + C$,则 $\int f^{-1}(x)\,\mathrm{d}x = $ _____.

解 因 $x = f(f^{-1}(x))$,于是

$$\int f^{-1}(x)\,\mathrm{d}x = xf^{-1}(x) - \int x\,\mathrm{d}f^{-1}(x) = xf^{-1}(x) - \int f(f^{-1}(x))\,\mathrm{d}f^{-1}(x)$$

$$= xf^{-1}(x) - F(f^{-1}(x)) + C.$$

例 11 求下列不定积分:

(1) $\int \dfrac{x}{x^4 + 2x^2 + 5}\,\mathrm{d}x$;　　(2) $\int \dfrac{1}{\sin^2 x \cos^2 x}\,\mathrm{d}x$;　　(3) $\int \dfrac{1}{x^4 + x^6}\,\mathrm{d}x$;

(4) $\int \cos^5 x\,\mathrm{d}x$;　　(5) $\int \sin^6 x\,\mathrm{d}x$.

解 (1) $\int \dfrac{x}{x^4 + 2x^2 + 5}\,\mathrm{d}x = \dfrac{1}{2}\int \dfrac{\mathrm{d}(x^2+1)}{(x^2+1)^2 + 4} = \dfrac{1}{4}\arctan\dfrac{x^2+1}{2} + C.$

(2) $\int \dfrac{1}{\sin^2 x \cos^2 x}\,\mathrm{d}x = \int \dfrac{\sin^2 x + \cos^2 x}{\sin^2 x \cos^2 x}\,\mathrm{d}x = \int \dfrac{1}{\cos^2 x}\,\mathrm{d}x + \int \dfrac{1}{\sin^2 x}\,\mathrm{d}x$

$$= \tan x - \cot x + C.$$

(3) $\int \dfrac{1}{x^4 + x^6}\,\mathrm{d}x = \int \dfrac{1 + x^2 - (x^2 + x^4) + x^4}{x^4 + x^6}\,\mathrm{d}x = \int \left(\dfrac{1}{x^4} - \dfrac{1}{x^2} + \dfrac{1}{1+x^2}\right)\mathrm{d}x$

$$= -\frac{1}{3x^3} + \frac{1}{x} + \arctan x + C.$$

(4) $\int \cos^5 x\,\mathrm{d}x = \int \cos^4 x \cos x\,\mathrm{d}x = \int (1 - \sin^2 x)^2\,\mathrm{d}(\sin x)$

$$= \int (1 - 2\sin^2 x + \sin^4 x)\,\mathrm{d}(\sin x) = \sin x - \frac{2}{3}\sin^3 x + \frac{1}{5}\sin^5 x + C.$$

(5) $\int \sin^6 x \, dx = \int \left(\frac{1-\cos 2x}{2}\right)^3 dx = \frac{1}{8}\int (1 - 3\cos 2x + 3\cos^2 2x - \cos^3 2x) dx$

$= \frac{x}{8} - \frac{3}{16}\sin 2x + \frac{3}{8}\int \frac{1+\cos 4x}{2} dx - \frac{1}{8}\int (1-\sin^2 2x)\cos 2x \, dx$

$= \frac{x}{8} - \frac{3}{16}\sin 2x + \frac{3x}{16} + \frac{3}{64}\sin 4x - \frac{1}{16}\int (1-\sin^2 2x) d(\sin 2x)$

$= \frac{x}{8} - \frac{3}{16}\sin 2x + \frac{3x}{16} + \frac{3}{64}\sin 4x - \frac{1}{16}\sin 2x + \frac{1}{48}\sin^3 2x + C$

$= \frac{5x}{16} - \frac{1}{4}\sin 2x + \frac{3}{64}\sin 4x + \frac{1}{48}\sin^3 2x + C.$

注 ① 对于 $\int \sin^{2n+1} x \, dx, \int \cos^{2n+1} x \, dx$ 类型的不定积分的求解方法:利用公式 $\sin^2 x + \cos^2 x = 1$ 进行变换.例如，

$$\int \sin^{2n+1} x \, dx = \int \sin^{2n} x \sin x \, dx = -\int \sin^{2n} x \, d(\cos x)$$
$$= -\int (1 - \cos^2 x)^n d(\cos x).$$

② 对于 $\int \sin^{2n} x \, dx, \int \cos^{2n} x \, dx$ 类型的不定积分的求解方法:先利用可化为倍角的三角函数,即三角函数的降幂公式,然后积分.例如，

$$\int \sin^{2n} x \, dx = \int \left(\frac{1-\cos 2x}{2}\right)^n dx,$$

展开后再进行积分.

③ 对于 $\int \sin^m x \cos^n x \, dx$ 类型的不定积分,当 m, n 都是偶数时,则用倍角公式.例如，

$\int \sin^2 x \cos^4 x \, dx = \int (\sin x \cos x)^2 \cos^2 x \, dx = \frac{1}{4}\int \sin^2 2x \cdot \frac{1+\cos 2x}{2} dx$

$= \frac{1}{8}\int \sin^2 2x \cos 2x \, dx + \frac{1}{8}\int \sin^2 2x \, dx$

$= \frac{1}{16}\int \sin^2 2x \, d(\sin 2x) + \frac{1}{8}\int \frac{1-\cos 4x}{2} dx$

$= \frac{1}{48}\sin^3 2x + \frac{1}{16}x - \frac{1}{64}\sin 4x + C.$

当 m, n 有一个是奇数时,则用凑微分法.例如，

$\int \sin^3 x \cos^2 x \, dx = \int \sin^2 x \cos^2 x \sin x \, dx = -\int \sin^2 x \cos^2 x \, d(\cos x)$

$= \int (\cos^4 x - \cos^2 x) d(\cos x) = \frac{1}{5}\cos^5 x - \frac{1}{3}\cos^3 x + C.$

例 12 利用换元积分法计算下列不定积分：

(1) $\int (2x-3)^{10} dx$; (2) $\int \sqrt[3]{1-3x} \, dx$; (3) $\int \frac{dx}{\sqrt{2-5x}}$;

(4) $\int \frac{dx}{(5x-2)^{\frac{5}{2}}}$; (5) $\int \frac{dx}{2+3x^2}$; (6) $\int \frac{dx}{2-3x^2}$;

(7) $\int \frac{dx}{\sqrt{2-3x^2}}$; (8) $\int \frac{dx}{\sqrt{3x^2-2}}$; (9) $\int x^2 \sqrt[3]{1-x} \, dx$;

(10) $\int \frac{x^2}{\sqrt{2-x}} dx$; (11) $\int \frac{dx}{\sqrt{1+e^x}}$; (12) $\int \frac{x^2}{\sqrt{x^2-2}} dx$;

(13) $\int \sqrt{\dfrac{a+x}{a-x}} dx$;   (14) $\int \dfrac{1-\ln x}{(x-\ln x)^2} dx$.

解 (1) $\int (2x-3)^{10} dx = \dfrac{1}{2}\int (2x-3)^{10} d(2x-3) = \dfrac{1}{2}\cdot\dfrac{1}{11}(2x-3)^{11}$

$$= \dfrac{1}{22}(2x-3)^{11} + C.$$

(2) $\int \sqrt[3]{1-3x}\, dx = \int (1-3x)^{\frac{1}{3}} dx = -\dfrac{1}{3}\int (1-3x)^{\frac{1}{3}} d(1-3x)$

$$= -\dfrac{1}{4}(1-3x)^{\frac{4}{3}} + C.$$

(3) $\int \dfrac{dx}{\sqrt{2-5x}} = -\dfrac{1}{5}\int (2-5x)^{-\frac{1}{2}} d(2-5x) = -\dfrac{2}{5}\sqrt{2-5x} + C.$

(4) $\int \dfrac{dx}{(5x-2)^{\frac{5}{2}}} = \dfrac{1}{5}\int (5x-2)^{-\frac{5}{2}} d(5x-2) = -\dfrac{2}{15}(5x-2)^{-\frac{3}{2}} + C.$

(5) $\int \dfrac{dx}{2+3x^2} = \dfrac{1}{\sqrt{3}}\int \dfrac{d(\sqrt{3}x)}{(\sqrt{2})^2+(\sqrt{3}x)^2} = \dfrac{1}{\sqrt{6}}\arctan\left(\sqrt{\dfrac{3}{2}}x\right) + C.$

(6) $\int \dfrac{dx}{2-3x^2} = \dfrac{1}{2}\int \dfrac{dx}{1-\left(\sqrt{\dfrac{3}{2}}x\right)^2} = \dfrac{1}{2}\cdot\sqrt{\dfrac{2}{3}}\cdot\dfrac{1}{2}\ln\left|\dfrac{1+\sqrt{\dfrac{3}{2}}x}{1-\sqrt{\dfrac{3}{2}}x}\right| + C$

$$= \dfrac{1}{2\sqrt{6}}\ln\left|\dfrac{\sqrt{2}+\sqrt{3}x}{\sqrt{2}-\sqrt{3}x}\right| + C.$$

(7) $\int \dfrac{dx}{\sqrt{2-3x^2}} = \dfrac{1}{\sqrt{3}}\arcsin\left(\sqrt{\dfrac{3}{2}}x\right) + C.$

(8) $\int \dfrac{dx}{\sqrt{3x^2-2}} = \dfrac{1}{\sqrt{2}}\int \dfrac{dx}{\sqrt{\left(\sqrt{\dfrac{3}{2}}x\right)^2-1}} = \dfrac{1}{\sqrt{3}}\ln|\sqrt{3}x+\sqrt{3x^2-2}| + C.$

(9) 设 $1-x=t$,则 $x=1-t, dx=-dt$,于是

$\int x^2\sqrt[3]{1-x}\, dx = -\int (1-t)^2 t^{\frac{1}{3}} dt = -\int (t^{\frac{1}{3}}-2t^{\frac{4}{3}}+t^{\frac{7}{3}}) dt$

$$= -\dfrac{3}{4}t^{\frac{4}{3}} + \dfrac{6}{7}t^{\frac{7}{3}} - \dfrac{3}{10}t^{\frac{10}{3}} + C = -\dfrac{3}{140}(9+12x+14x^2)(1-x)^{\frac{4}{3}} + C.$$

(10) 设 $2-x=t$,则 $x=2-t, dx=-dt$,于是

$\int \dfrac{x^2}{\sqrt{2-x}} dx = -\int t^{-\frac{1}{2}}(2-t)^2 dt = -\int (4t^{-\frac{1}{2}}-4t^{\frac{1}{2}}+t^{\frac{3}{2}}) dt$

$$= -8t^{\frac{1}{2}} + \dfrac{8}{3}t^{\frac{3}{2}} - \dfrac{2}{5}t^{\frac{5}{2}} + C$$

$$= -\dfrac{2}{15}(32+8x+3x^2)\sqrt{2-x} + C.$$

(11) 设 $\sqrt{1+e^x}=t$,则 $x=\ln(t^2-1), dx=\dfrac{2t}{t^2-1}dt$,于是

$$\int \dfrac{dx}{\sqrt{1+e^x}} = 2\int \dfrac{dt}{t^2-1} = \ln\dfrac{t-1}{t+1} + C = \ln\dfrac{\sqrt{1+e^x}-1}{\sqrt{1+e^x}+1} + C$$

$$= x - 2\ln(1 + \sqrt{1 + e^x}) + C.$$

(12) ① 当 $x > \sqrt{2}$ 时，令 $x = \sqrt{2}\sec t \left(0 < t < \dfrac{\pi}{2}\right)$，于是 $dx = \sqrt{2}\sec t \tan t\, dt$，故

$$\int \frac{x^2}{\sqrt{x^2 - 2}} dx = \int \frac{2\sec^2 t}{\sqrt{2}\tan t} \cdot \sqrt{2}\sec t \tan t\, dt = 2\int \sec^3 t\, dt$$

$$= 2\int \frac{d(\sin t)}{(1 - \sin^2 t)^2} = \frac{1}{2}\int \left(\frac{1}{1 + \sin t} + \frac{1}{1 - \sin t}\right)^2 d(\sin t)$$

$$= \frac{1}{2}\int \frac{d(1 + \sin t)}{(1 + \sin t)^2} - \frac{1}{2}\int \frac{d(1 - \sin t)}{(1 - \sin t)^2} + \int \frac{d(\sin t)}{1 - \sin^2 t}$$

$$= \frac{1}{2}\left(\frac{1}{1 - \sin t} - \frac{1}{1 + \sin t}\right) + \frac{1}{2}\ln\frac{1 + \sin t}{1 - \sin t} + C_1$$

$$= \tan t \sec t + \ln(\sec t + \tan t) + C_1$$

$$= \frac{x}{2}\sqrt{x^2 - 2} + \ln(x + \sqrt{x^2 - 2}) + C.$$

② 当 $x < -\sqrt{2}$ 时，仍设 $x = \sqrt{2}\sec t$，但限制 $\pi < t < \dfrac{3\pi}{2}$，此时 $\sec t + \tan t < 0$，结果为 $\dfrac{x}{2}\sqrt{x^2 - 2} + \ln(x + \sqrt{x^2 - 2}) + C$. 总之，当 $|x| > \sqrt{2}$ 时，

$$\int \frac{x^2}{\sqrt{x^2 - 2}} dx = \frac{x}{2}\sqrt{x^2 - 2} + \ln(x + \sqrt{x^2 - 2}) + C.$$

(13) **法 1** 令 $\sqrt{\dfrac{a + x}{a - x}} = t$，化为有理函数的不定积分能够计算出来，但过程较为烦琐.

法 2 因为 $\sqrt{\dfrac{a + x}{a - x}} = \sqrt{\dfrac{(a + x)^2}{a^2 - x^2}}$，所以令 $x = a\sin t \left(-\dfrac{\pi}{2} < t < \dfrac{\pi}{2}\right)$，于是

$$原式 = \int \sqrt{\frac{(a + x)^2}{a^2 - x^2}} dx = \int \sqrt{\frac{(1 + \sin t)^2}{\cos^2 t}} \cdot a\cos t\, dt$$

$$= a\int (1 + \sin t) dt = a(t - \cos t) + C$$

$$= a\arcsin\frac{x}{a} - \sqrt{a^2 - x^2} + C.$$

(14) 令 $x = \dfrac{1}{t}$，则 $dx = -\dfrac{1}{t^2} dt$，于是

$$原式 = \int \frac{1 - \ln\dfrac{1}{t}}{\left(\dfrac{1}{t} - \ln\dfrac{1}{t}\right)^2} \cdot \left(-\frac{1}{t^2}\right) dt = -\int \frac{1 + \ln t}{(1 + t\ln t)^2} dt$$

$$= -\int \frac{1}{(1 + t\ln t)^2} d(t\ln t + 1) = \frac{1}{1 + t\ln t} + C$$

$$= \frac{x}{x - \ln x} + C.$$

注 上述(9)～(14)问都是应用第二换元积分法，常见的类型归纳如下：

① $\int R\left(x, \sqrt[n]{\dfrac{ax + b}{cx + d}}\right) dx$，其中 R 表示有理式(下同)，令 $\sqrt[n]{\dfrac{ax + b}{cx + d}} = t$.

② $\int R\left(x, \sqrt[n]{\dfrac{ax+b}{cx+d}}, \sqrt[m]{\dfrac{ax+b}{cx+d}}\right) dx$，令 $\sqrt[k]{\dfrac{ax+b}{cx+d}} = t$，其中 k 为 m, n 的最小公倍数.

③ $\int R(x, \sqrt{a^2-x^2}) dx$，令 $x = a\sin t$ 或 $x = a\cos t$.

④ $\int R(x, \sqrt{a^2+x^2}) dx$，令 $x = a\tan t$.

⑤ $\int R(x, \sqrt{x^2-a^2}) dx$，令 $x = a\sec t$.

例 13 用分部积分法计算下列不定积分：

(1) $\int x\ln(1+x^4) dx$;　　　　　(2) $\int x^2 e^{3x} dx$;

(3) $\int x^2 \cos x\, dx$;　　　　　(4) $\int \sin 2x\, e^x\, dx$;

(5) $\int \dfrac{x^2}{1+x^2} \arctan x\, dx$;　　(6) $\int \dfrac{x\cos^4 \dfrac{x}{2}}{\sin^3 x} dx$;

(7) $\int \dfrac{\arcsin\sqrt{x}}{\sqrt{1-x}} dx$;　　　(8) $\int \dfrac{x e^{\arctan x}}{(1+x^2)^{\frac{3}{2}}} dx$.

解 (1) 原式 $= \dfrac{1}{2} \int \ln(1+x^4) d(x^2)$

$= \dfrac{1}{2} x^2 \ln(1+x^4) - \dfrac{1}{2} \int x^2 d[\ln(1+x^4)]$

$= \dfrac{1}{2} x^2 \ln(1+x^4) - 2\int \left(x - \dfrac{x}{1+x^4}\right) dx$

$= \dfrac{1}{2} x^2 \ln(1+x^4) - x^2 + \arctan x^2 + C.$

(2) 原式 $= \dfrac{1}{3} \int x^2 d(e^{3x}) = \dfrac{1}{3} x^2 e^{3x} - \dfrac{1}{3} \int e^{3x} d(x^2)$

$= \dfrac{1}{3} x^2 e^{3x} - \dfrac{2}{3} \int x e^{3x} dx = \dfrac{1}{3} x^2 e^{3x} - \dfrac{2}{9} \int x d(e^{3x})$

$= \dfrac{1}{3} x^2 e^{3x} - \dfrac{2}{9} x e^{3x} + \dfrac{2}{9} \int e^{3x} dx$

$= \dfrac{1}{3} x^2 e^{3x} - \dfrac{2}{9} x e^{3x} + \dfrac{2}{27} e^{3x} + C.$

(3) 原式 $= \int x^2 d(\sin x) = x^2 \sin x - \int 2x \sin x\, dx$

$= x^2 \sin x + \int 2x\, d(\cos x) = x^2 \sin x + 2x\cos x - 2\int \cos x\, dx$

$= x^2 \sin x + 2x\cos x - 2\sin x + C$

$= (x^2 - 2)\sin x + 2x\cos x + C.$

注 上述几个例题说明，应用分部积分公式不是一次就奏效的，有时要多次应用才能得到结果. 例如 $\int x^n e^x dx, \int x^n \sin x\, dx, \int x^n \cos x\, dx$ (n 为正整数)，都需要应用 n 次分部积分公式. 另外，特别要注意的是这几个形式的不定积分是不能先用 $x^n dx = \dfrac{1}{n+1} d(x^{n+1})$ 来凑微分进行积分运算的. 例如，

$\int x^n \cos x\, dx = \dfrac{1}{n+1} \int \cos x\, d(x^{n+1}) = \dfrac{1}{n+1} x^{n+1} \cos x + \dfrac{1}{n+1} \int x^{n+1} \sin x\, dx$

是计算不出来的.

(4) 原式 $= \int \sin 2x \mathrm{d}(\mathrm{e}^x) = \sin 2x \mathrm{e}^x - \int \mathrm{e}^x \mathrm{d}(\sin 2x)$

$= \sin 2x \mathrm{e}^x - 2\int \mathrm{e}^x \cos 2x \mathrm{d}x = \sin 2x \mathrm{e}^x - 2\int \cos 2x \mathrm{d}(\mathrm{e}^x)$

$= \sin 2x \mathrm{e}^x - 2\cos 2x \mathrm{e}^x + 2\int \mathrm{e}^x \mathrm{d}(\cos 2x)$

$= (\sin 2x - 2\cos 2x)\mathrm{e}^x - 4\int \sin 2x \mathrm{e}^x \mathrm{d}x,$

所以
$$5\int \sin 2x \mathrm{e}^x \mathrm{d}x = (\sin 2x - 2\cos 2x)\mathrm{e}^x + C_1.$$

于是
$$\int \sin 2x \mathrm{e}^x \mathrm{d}x = \frac{1}{5}\mathrm{e}^x(\sin 2x - 2\cos 2x) + C.$$

(5) 原式 $= \int \frac{x^2+1-1}{1+x^2} \arctan x \mathrm{d}x = \int \arctan x \mathrm{d}x - \int \frac{\arctan x}{1+x^2} \mathrm{d}x$

$= x \arctan x - \int \frac{x}{1+x^2} \mathrm{d}x - \frac{1}{2} \arctan^2 x$

$= x \arctan x - \frac{1}{2} \ln(1+x^2) - \frac{1}{2} \arctan^2 x + C.$

(6) 原式 $= \frac{1}{8}\int x \csc^2 \frac{x}{2} \cot \frac{x}{2} \mathrm{d}x = -\frac{1}{8}\int x \mathrm{d}\left(\csc^2 \frac{x}{2}\right)$

$= -\frac{1}{8}\left(x \csc^2 \frac{x}{2} - \int \csc^2 \frac{x}{2} \mathrm{d}x\right) = -\frac{1}{8} x \csc^2 \frac{x}{2} - \frac{1}{4} \cot \frac{x}{2} + C.$

(7) 原式 $= -2\int \arcsin \sqrt{x} \mathrm{d}(\sqrt{1-x})$

$= -2\left[\sqrt{1-x} \arcsin \sqrt{x} - \int \sqrt{1-x} \mathrm{d}(\arcsin \sqrt{x})\right]$

$= -2\left(\sqrt{1-x} \arcsin \sqrt{x} - \int \mathrm{d}(\sqrt{x})\right)$

$= 2\sqrt{x} - 2\sqrt{1-x} \arcsin \sqrt{x} + C.$

(8) 原式 $= \int \frac{x \mathrm{e}^{\arctan x}}{(1+x^2)\sqrt{1+x^2}} \mathrm{d}x$

$= \int \frac{x \mathrm{e}^{\arctan x}}{\sqrt{1+x^2}} \mathrm{d}(\arctan x) = \int \frac{x}{\sqrt{1+x^2}} \mathrm{d}(\mathrm{e}^{\arctan x})$

$= \frac{x}{\sqrt{1+x^2}} \mathrm{e}^{\arctan x} - \int \mathrm{e}^{\arctan x} \mathrm{d}\left(\frac{x}{\sqrt{1+x^2}}\right)$

$= \frac{x}{\sqrt{1+x^2}} \mathrm{e}^{\arctan x} - \int \frac{\mathrm{e}^{\arctan x}}{(1+x^2)^{\frac{3}{2}}} \mathrm{d}x$

$= \frac{x}{\sqrt{1+x^2}} \mathrm{e}^{\arctan x} - \int \frac{1}{\sqrt{1+x^2}} \mathrm{d}(\mathrm{e}^{\arctan x})$

$= \frac{x}{\sqrt{1+x^2}} \mathrm{e}^{\arctan x} - \frac{1}{\sqrt{1+x^2}} \mathrm{e}^{\arctan x} - \int \frac{x \mathrm{e}^{\arctan x}}{(1+x^2)^{\frac{3}{2}}} \mathrm{d}x,$

于是
$$2\int \frac{xe^{\arctan x}}{(1+x^2)^{\frac{3}{2}}}dx = \frac{x-1}{\sqrt{1+x^2}}e^{\arctan x} + C_1,$$

故
$$\int \frac{xe^{\arctan x}}{(1+x^2)^{\frac{3}{2}}}dx = \frac{x-1}{2\sqrt{1+x^2}}e^{\arctan x} + C.$$

注 题(4)和(8)不仅两次用到了分部积分公式,而且计算过程中又出现了所求的不定积分,然后通过解代数方程才能解得所求的不定积分.我们称这种分部积分法为回复分部积分法.类似这样的题目很多,例如,$\int e^{nx}\sin mx\,dx$, $\int e^{nx}\cos mx\,dx$, $\int \cos(\ln x)\,dx$ 等.

例 14 求下列不定积分的递推公式:

(1) $I_n = \int \cos^n x\,dx$; (2) $I_n = \int \sec^n x\,dx$.

解 (1) $I_n = \int \cos^n x\,dx = \int \cos^{n-1}x \cos x\,dx = \int \cos^{n-1}x\,d(\sin x)$

$$= \cos^{n-1}x \sin x + \int (n-1)\cos^{n-2}x \sin^2 x\,dx$$

$$= \cos^{n-1}x \sin x + (n-1)\int \cos^{n-2}x(1-\cos^2 x)\,dx$$

$$= \cos^{n-1}x \sin x + (n-1)\int \cos^{n-2}x\,dx - (n-1)\int \cos^n x\,dx$$

$$= \cos^{n-1}x \sin x + (n-1)I_{n-2} - (n-1)I_n,$$

从而得
$$I_n = \frac{1}{n}\cos^{n-1}x \sin x + \frac{n-1}{n}I_{n-2} \quad (n>1).$$

反复运用递推公式,最后归结到求 I_0 或 I_1,这里
$$I_0 = \int \cos^0 x\,dx = \int dx = x + C, \quad I_1 = \int \cos x\,dx = \sin x + C.$$

(2) $I_n = \int \sec^n x\,dx = \int \sec^{n-2}x \sec^2 x\,dx = \int \sec^{n-2}x\,d(\tan x)$

$$= \sec^{n-2}x \tan x - (n-2)\int \tan x \sec^{n-3}x \sec x \tan x\,dx$$

$$= \sec^{n-2}x \tan x - (n-2)\int \tan^2 x \sec^{n-2}x\,dx$$

$$= \sec^{n-2}x \tan x - (n-2)\int \sec^n x\,dx + (n-2)\int \sec^{n-2}x\,dx$$

$$= \sec^{n-2}x \tan x - (n-2)I_n + (n-2)I_{n-2},$$

从而得
$$I_n = \frac{1}{n-1}\sec^{n-2}x \tan x + \frac{n-2}{n-1}I_{n-2} \quad (n>1),$$

其中
$$I_0 = \int \sec^0 x\,dx = \int dx = x + C,$$

$$I_1 = \int \sec x\,dx = \ln|\sec x + \tan x| + C.$$

例 15 求下列简单有理函数、三角函数有理式、无理函数的不定积分:

(1) $\int \dfrac{x-5}{x^3-3x^2+4} \mathrm{d}x$;   (2) $\int \dfrac{2x+3}{x^2+3x-10} \mathrm{d}x$;   (3) $\int \dfrac{x^3+1}{x^3-5x^2+6x} \mathrm{d}x$;

(4) $\int \dfrac{x^2+1}{(x+1)^2(x-1)} \mathrm{d}x$;   (5) $\int \dfrac{\sin^2 x}{1+\sin^2 x} \mathrm{d}x$;   (6) $\int \dfrac{\mathrm{d}x}{2\sin x - \cos x + 5}$;

(7) $\int \dfrac{\mathrm{d}x}{\sin x + \tan x}$;   (8) $\int \dfrac{1-\sqrt{x+1}}{1+\sqrt[3]{x+1}} \mathrm{d}x$;   (9) $\int \dfrac{\mathrm{d}x}{\sqrt{x^2+6x+5}}$.

解 (1) 设 $\dfrac{x-5}{x^3-3x^2+4} = \dfrac{A}{x+1} + \dfrac{B}{x-2} + \dfrac{C}{(x-2)^2}$，用待定系数法可求得 A, B, C 的值：

去分母，得
$$x-5 = A(x-2)^2 + B(x+1)(x-2) + C(x+1),$$
即
$$x-5 = (A+B)x^2 + (-4A-B+C)x + 4A-2B+C.$$
比较等式两端 x 的同次幂的系数，解得
$$A = -\dfrac{2}{3}, \quad B = \dfrac{2}{3}, \quad C = -1,$$
于是
$$\text{原式} = -\dfrac{2}{3}\int \dfrac{1}{x+1}\mathrm{d}x + \dfrac{2}{3}\int \dfrac{1}{x-2}\mathrm{d}x - \int \dfrac{1}{(x-2)^2}\mathrm{d}x$$
$$= -\dfrac{2}{3}\ln|x+1| + \dfrac{2}{3}\ln|x-2| + \dfrac{1}{x-2} + C$$
$$= \dfrac{2}{3}\ln\left|\dfrac{x-2}{x+1}\right| + \dfrac{1}{x-2} + C.$$

(2) 设 $\dfrac{2x+3}{x^2+3x-10} = \dfrac{2x+3}{(x-2)(x+5)} = \dfrac{A}{x-2} + \dfrac{B}{x+5}$，去分母，得
$$2x+3 = A(x+5) + B(x-2).$$
比较等式两端 x 的同次幂的系数，得 $\begin{cases} A+B = 2, \\ 5A-2B = 3, \end{cases}$ 解得 $A=1, B=1$，于是
$$\int \dfrac{2x+3}{x^2+3x-10}\mathrm{d}x = \int \left(\dfrac{1}{x-2} + \dfrac{1}{x+5}\right)\mathrm{d}x = \ln|x-2| + \ln|x+5| + C$$
$$= \ln|(x-2)(x+5)| + C.$$

(3) $\dfrac{x^3+1}{x^3-5x^2+6x} = 1 + \dfrac{5x^2-6x+1}{x^3-5x^2+6x} = 1 + \dfrac{5x^2-6x+1}{x(x-2)(x-3)}$，设
$$\dfrac{5x^2-6x+1}{x(x-2)(x-3)} = \dfrac{A}{x} + \dfrac{B}{x-2} + \dfrac{C}{x-3},$$
去分母，得
$$5x^2-6x+1 = A(x-2)(x-3) + Bx(x-3) + Cx(x-2).$$
比较等式两端 x 的同次幂的系数，得 $\begin{cases} A+B+C = 5, \\ -5A-3B-2C = -6, \\ 6A = 1, \end{cases}$ 解得 $A = \dfrac{1}{6}, B = -\dfrac{9}{2}, C = \dfrac{28}{3}$，于是
$$\int \dfrac{x^3+1}{x^3-5x^2+6x}\mathrm{d}x = \int\left[1 + \dfrac{1}{6x} - \dfrac{9}{2(x-2)} + \dfrac{28}{3(x-3)}\right]\mathrm{d}x$$

$$= x + \frac{1}{6}\ln|x| - \frac{9}{2}\ln|x-2| + \frac{28}{3}\ln|x-3| + C.$$

(4) 设 $\dfrac{x^2+1}{(x+1)^2(x-1)} = \dfrac{A}{x+1} + \dfrac{B}{(x+1)^2} + \dfrac{C}{x-1}$，去分母，得

$$x^2 + 1 = A(x+1)(x-1) + B(x-1) + C(x+1)^2.$$

比较等式两端 x 的同次幂的系数，得 $\begin{cases} A+C = 1, \\ B+2C = 0, \\ -A-B+C = 1, \end{cases}$ 解得 $A = \dfrac{1}{2}, B = -1, C = \dfrac{1}{2}$，于是

$$\int \frac{x^2+1}{(x+1)^2(x-1)}dx = \int \left[\frac{1}{2(x+1)} - \frac{1}{(x+1)^2} + \frac{1}{2(x-1)}\right]dx$$

$$= \frac{1}{2}\ln|x^2-1| + \frac{1}{x+1} + C.$$

(5) $\displaystyle\int \frac{\sin^2 x}{1+\sin^2 x}dx = \int \left(1 - \frac{1}{1+\sin^2 x}\right)dx = x - \int \frac{d(\tan x)}{\sec^2 x + \tan^2 x}$

$$= x - \int \frac{d(\tan x)}{1+2\tan^2 x} = x - \frac{1}{\sqrt{2}}\arctan(\sqrt{2}\tan x) + C.$$

(6) 设 $t = \tan\dfrac{x}{2}$，则 $\sin x = \dfrac{2t}{1+t^2}, \cos x = \dfrac{1-t^2}{1+t^2}, dx = \dfrac{2dt}{1+t^2}$，于是

$$\int \frac{dx}{2\sin x - \cos x + 5} = \int \frac{dt}{3t^2 + 2t + 2} = \frac{1}{\sqrt{5}}\arctan\frac{3t+1}{\sqrt{5}} + C$$

$$= \frac{1}{\sqrt{5}}\arctan\frac{3\tan\dfrac{x}{2}+1}{\sqrt{5}} + C.$$

(7) **法 1** 令 $t = \tan\dfrac{x}{2}$，则 $\sin x = \dfrac{2t}{1+t^2}, \tan x = \dfrac{2t}{1-t^2}, dx = \dfrac{2}{1+t^2}dt$，于是

$$\int \frac{dx}{\sin x + \tan x} = \int \frac{1}{\dfrac{2t}{1+t^2} + \dfrac{2t}{1-t^2}} \cdot \frac{2dt}{1+t^2} = \int \frac{1-t^2}{2t}dt$$

$$= \frac{1}{2}\int \frac{1}{t}dt - \frac{1}{2}\int t\,dt = \frac{1}{2}\ln|t| - \frac{1}{4}t^2 + C$$

$$= \frac{1}{2}\ln\left|\tan\frac{x}{2}\right| - \frac{1}{4}\tan^2\frac{x}{2} + C.$$

法 2 $\displaystyle\int \frac{dx}{\sin x + \tan x} = \int \frac{\cos x}{\sin x(\cos x + 1)}dx = \int \frac{\cos^2\dfrac{x}{2} - \sin^2\dfrac{x}{2}}{2\sin\dfrac{x}{2}\cos\dfrac{x}{2} \cdot 2\cos^2\dfrac{x}{2}}dx$

$$= \int \frac{1}{2\sin x}dx - \int \frac{\sin\dfrac{x}{2}}{4\cos^3\dfrac{x}{2}}dx$$

$$= \frac{1}{2}\ln|\csc x - \cot x| + \int \frac{1}{2\cos^3\dfrac{x}{2}}d\left(\cos\dfrac{x}{2}\right)$$

$$= \frac{1}{2}\ln|\csc x - \cot x| - \frac{1}{4\cos^2\dfrac{x}{2}} + C$$

$$= \frac{1}{2}\ln|\csc x - \cot x| - \frac{1}{4}\sec^2\frac{x}{2} + C.$$

通过化简最后的结果是一致的.

注 对于三角函数有理式的不定积分 $\int R(\sin x, \cos x)\mathrm{d}x$,通常做万能替换,令 $t = \tan\frac{x}{2}, x \in (-\pi, \pi)$,则 $\sin x = \frac{2t}{1+t^2}, \cos x = \frac{1-t^2}{1+t^2}, \mathrm{d}x = \frac{2}{1+t^2}\mathrm{d}t$,于是由

$$\int R(\sin x, \cos x)\mathrm{d}x = \int R\left(\frac{2t}{1+t^2}, \frac{1-t^2}{1+t^2}\right)\frac{2}{1+t^2}\mathrm{d}t$$

转化为关于变量 t 的有理函数的不定积分. 但是,如果能根据被积函数的特点,运用三角函数的恒等变形,常常可以找到更为简便的解法.

(8) 设 $\sqrt[6]{x+1} = t$,则 $x = t^6 - 1, \mathrm{d}x = 6t^5\mathrm{d}t$,于是

$$\int \frac{1-\sqrt{x+1}}{1+\sqrt[3]{x+1}}\mathrm{d}x = 6\int \frac{t^5(1-t^3)}{1+t^2}\mathrm{d}t = 6\int\left(-t^6 + t^4 + t^3 - t^2 - t + \frac{t-1}{1+t^2}\right)\mathrm{d}t$$

$$= -\frac{6}{7}t^7 + \frac{6}{5}t^5 + \frac{3}{2}t^4 - 2t^3 - 3t^2 + 6t + 3\ln(1+t^2) - 6\arctan t + C.$$

将 $t = \sqrt[6]{x+1}$ 代回即得所求结果.

(9) 因为 $x^2 + 6x + 5 = (x+3)^2 - 2^2$,所以令 $x + 3 = 2\sec t \left(0 < t < \frac{\pi}{2}\right)$,则 $\mathrm{d}x = 2\sec t \tan t \mathrm{d}t, x^2 + 6x + 5 = (x+3)^2 - 4 = 4\sec^2 t - 4 = 4\tan^2 t$,于是

$$\int \frac{\mathrm{d}x}{\sqrt{x^2+6x+5}} = \int \frac{2\sec t \tan t}{2\tan t}\mathrm{d}t = \int \sec t \mathrm{d}t$$

$$= \ln|\sec t + \tan t| + C_1 = \ln\left|\frac{x+3}{2} + \frac{\sqrt{x^2+6x+5}}{2}\right| + C_1$$

$$= \ln|x+3+\sqrt{x^2+6x+5}| + C.$$

注 简单无理函数的不定积分问题,在第二换元积分法中已做详细讨论,这里还需补充一下. 形如

$$\int R(x, \sqrt{ax^2+bx+c})\mathrm{d}x$$

的不定积分,首先将 $ax^2 + bx + c$ 进行配方,然后用三角变换转化为三角函数有理式的不定积分.

课后习题选解

(A)

1. 求函数 $f(x)$,使得 $f'(x) = x^2 - 1$,且 $f(1) = 1$.

解 $f(x) = \int(x^2-1)\mathrm{d}x = \frac{1}{3}x^3 - x + C$,代入条件 $f(1) = 1$,即 $\frac{1}{3} - 1 + C = 1$,可得 $C = \frac{5}{3}$. 因此,所求函数为 $f(x) = \frac{1}{3}x^3 - x + \frac{5}{3}$.

2. 设曲线 $y = f(x)$ 过点 $(1,0)$,且其上任一点 x 处的切线斜率为 $\frac{1}{x} - \frac{1}{2-x}$,求曲线方程.

解 由题意得 $f'(x) = \frac{1}{x} - \frac{1}{2-x}$,于是

$$f(x) = \int \left(\frac{1}{x} - \frac{1}{2-x} \right) dx = \ln|x| + \ln|2-x| + C.$$

又因为曲线 $y = f(x)$ 过点 $(1,0)$，代入得 $C = 0$，故所求曲线方程为 $y = \ln|2x - x^2|$.

3. 求下列不定积分：

(1) $\int \frac{1+x}{\sqrt[3]{x}} dx$；

解 **法 1** 原式 $= \int (x^{-\frac{1}{3}} + x^{\frac{2}{3}}) dx = \frac{3}{2} \sqrt[3]{x^2} + \frac{3}{5} x \sqrt[3]{x^2} + C.$

法 2 令 $t = \sqrt[3]{x}$，则 $x = t^3, dx = 3t^2 dt$，于是

$$\text{原式} = \int \frac{1+t^3}{t} 3t^2 dt = 3\int (t + t^4) dt = \frac{3}{2} t^2 + \frac{3}{5} t^5 + C = \frac{3}{2} \sqrt[3]{x^2} + \frac{3}{5} \sqrt[3]{x^5} + C.$$

(3) $\int \frac{x^2 + 2}{x^2 + 1} dx$；

解 原式 $= \int \frac{x^2 + 1 + 1}{x^2 + 1} dx = \int \left(1 + \frac{1}{x^2 + 1}\right) dx = x + \arctan x + C.$

(4) $\int \frac{2^x - 5^x}{e^x} dx$；

解 原式 $= \int [(2e^{-1})^x - (5e^{-1})^x] dx = \frac{1}{\ln(2e^{-1})} (2e^{-1})^x - \frac{1}{\ln(5e^{-1})} (5e^{-1})^x + C$

$= \frac{1}{\ln 2 - 1} (2e^{-1})^x - \frac{1}{\ln 5 - 1} (5e^{-1})^x + C.$

(7) $\int \left(\cos^2 \frac{x}{2} + \sin x \right) dx$；

解 原式 $= \int \left(\frac{1 + \cos x}{2} + \sin x \right) dx = \frac{1}{2} x + \frac{1}{2} \sin x - \cos x + C.$

(9) $\int \frac{x^2 - x^4}{1 + x^2} dx$；

解 原式 $= \int \frac{x^2 + 1 - x^4 - 1}{1 + x^2} dx = \int \left(1 - \frac{1}{1 + x^2} - \frac{x^4 - 1 + 1}{1 + x^2} \right) dx$

$= \int \left(2 - \frac{2}{1 + x^2} - x^2 \right) dx = 2x - 2\arctan x - \frac{1}{3} x^3 + C.$

4. 用换元积分法求下列不定积分：

(1) $\int e^{3t} dt$；

解 原式 $= \frac{1}{3} \int e^{3t} d(3t) = \frac{1}{3} e^{3t} + C.$

(2) $\int (2x - 3) dx$；

解 原式 $= \frac{1}{2} \int (2x - 3) d(2x - 3) = \frac{1}{4} (2x - 3)^2 + C.$

(3) $\int \frac{1}{2x - 1} dx$；

解 原式 $= \frac{1}{2} \int \frac{1}{2x - 1} d(2x - 1) = \frac{1}{2} \ln|2x - 1| + C.$

(4) $\int \frac{1}{\sqrt[3]{2 - 3x}} dx$；

解 原式 $= -\frac{1}{3} \int (2 - 3x)^{-\frac{1}{3}} d(2 - 3x) = -\frac{1}{2} (2 - 3x)^{\frac{2}{3}} + C.$

(5) $\int (\cos ax - e^{bx}) dx$；

解 原式 $= \int \cos ax \, dx - \int e^{bx} dx = \frac{1}{a} \int \cos ax \, d(ax) - \frac{1}{b} \int e^{bx} d(bx)$

$$= \frac{1}{a}\sin ax - \frac{1}{b}e^{bx} + C.$$

(6) $\int x^4 \cos x^5 \, dx$;

解 原式 $= \frac{1}{5}\int \cos x^5 \, d(x^5) = \frac{1}{5}\sin x^5 + C.$

(7) $\int \frac{x}{\sqrt{1-x^4}} \, dx$;

解 原式 $= \frac{1}{2}\int \frac{1}{\sqrt{1-x^4}} \, d(x^2) = \frac{1}{2}\arcsin x^2 + C.$

(8) $\int \frac{1}{\sqrt{x+2}-\sqrt{x-3}} \, dx$;

解 原式 $= \frac{1}{5}\int (\sqrt{x+2}+\sqrt{x-3}) \, dx = \frac{2}{15}(x+2)^{\frac{3}{2}} + \frac{2}{15}(x-3)^{\frac{3}{2}} + C.$

(9) $\int \frac{x}{(1+x)^3} \, dx$;

解 令 $t = 1+x$, 则 $x = 1-t, dx = -dt$, 于是
$$\text{原式} = -\int \frac{1-t}{t^3} \, dt = \int (t^{-2} - t^{-3}) \, dt = -\frac{1}{t} + \frac{1}{2t^2} + C = -\frac{1}{1+x} + \frac{1}{2(1+x)^2} + C.$$

(10) $\int xe^{x^2} \, dx$;

解 原式 $= \frac{1}{2}\int e^{x^2} \, d(x^2) = \frac{1}{2}e^{x^2} + C.$

(11) $\int \frac{\cos\sqrt{t}}{\sqrt{t}} \, dt$;

解 原式 $= 2\int \frac{\cos\sqrt{t}}{2\sqrt{t}} \, dt = 2\int \cos\sqrt{t} \, d(\sqrt{t}) = 2\sin\sqrt{t} + C.$

(12) $\int \frac{1}{x(1+3\ln x)} \, dx$;

解 原式 $= \int \frac{1}{1+3\ln x} \, d(\ln x) = \frac{1}{3}\int \frac{1}{1+3\ln x} \, d(1+3\ln x) = \frac{1}{3}\ln|1+3\ln x| + C.$

(13) $\int \frac{\cos(\ln x)}{x} \, dx$;

解 原式 $= \int \cos(\ln x) \, d(\ln x) = \sin(\ln x) + C.$

(14) $\int e^{\sin x} \cos x \, dx$;

解 原式 $= \int e^{\sin x} \, d(\sin x) = e^{\sin x} + C.$

(15) $\int (x-1)e^{x^2-2x+3} \, dx$;

解 原式 $= \frac{1}{2}\int e^{x^2-2x+3} \, d(x^2-2x+3) = \frac{1}{2}e^{x^2-2x+3} + C.$

(17) $\int \tan^{10} x \sec^2 x \, dx$;

解 原式 $= \int \tan^{10} x \, d(\tan x) = \frac{1}{11}\tan^{11} x + C.$

(18) $\int \frac{1}{\sin x \cos x} \, dx$;

解 原式 $= \int \frac{1}{\tan x} \cdot \frac{1}{\cos^2 x} \, dx = \int \frac{1}{\tan x} \, d(\tan x) = \ln|\tan x| + C.$

(19) $\int \dfrac{1}{x\ln x\ln(\ln x)}dx$;

解 原式 $=\int \dfrac{1}{\ln x\ln(\ln x)}d(\ln x)=\int \dfrac{1}{\ln(\ln x)}d(\ln(\ln x))=\ln|\ln(\ln x)|+C.$

(20) $\int \dfrac{3x^3}{1-x^4}dx$;

解 原式 $=\dfrac{3}{4}\int \dfrac{1}{1-x^4}d(x^4)=-\dfrac{3}{4}\int \dfrac{1}{1-x^4}d(1-x^4)=-\dfrac{3}{4}\ln|1-x^4|+C.$

(21) $\int \dfrac{1}{e^x+e^{-x}}dx$;

解 原式 $=\int \dfrac{e^x}{1+e^{2x}}dx=\int \dfrac{1}{1+e^{2x}}d(e^x)=\arctan e^x+C.$

(22) $\int \dfrac{x^2}{1+x^6}dx$;

解 原式 $=\int \dfrac{x^2}{1+(x^3)^2}dx=\dfrac{1}{3}\int \dfrac{1}{1+(x^3)^2}d(x^3)=\dfrac{1}{3}\arctan x^3+C.$

(24) $\int e^{4x^2+\ln x}dx$;

解 原式 $=\int e^{4x^2}x\,dx=\dfrac{1}{8}\int e^{4x^2}d(4x^2)=\dfrac{1}{8}e^{4x^2}+C.$

(25) $\int \dfrac{1}{(x+2)\sqrt{x+1}}dx$;

解 原式 $=2\int \dfrac{1}{x+2}d(\sqrt{x+1})=2\int \dfrac{1}{1+(\sqrt{x+1})^2}d(\sqrt{x+1})$

$=2\arctan\sqrt{x+1}+C.$

(26) $\int \dfrac{\sqrt{x}}{\sqrt[3]{x^2}-\sqrt{x}}dx$;

解 令 $x=t^6$,则 $dx=6t^5dt$,于是

原式 $=\int \dfrac{t^3}{t^4-t^3}6t^5dt=6\int \dfrac{t^5}{t-1}dt=6\int \dfrac{t^5-1+1}{t-1}dt$

$=6\int\left(t^4+t^3+t^2+t+1+\dfrac{1}{t-1}\right)dt$

$=\dfrac{6}{5}t^5+\dfrac{3}{2}t^4+2t^3+3t^2+6t+6\ln|t-1|+C$

$=\dfrac{6}{5}x^{\frac{5}{6}}+\dfrac{3}{2}x^{\frac{2}{3}}+2x^{\frac{1}{2}}+3x^{\frac{1}{3}}+6x^{\frac{1}{6}}+6\ln|x^{\frac{1}{6}}-1|+C.$

(28) $\int \dfrac{1}{x}\sqrt{\dfrac{x+1}{x}}dx$;

解 令 $\sqrt{\dfrac{x+1}{x}}=t$,则 $x=\dfrac{1}{t^2-1}$,$dx=-\dfrac{2t}{(t^2-1)^2}dt$,于是

原式 $=-\int(t^2-1)t\dfrac{2t}{(t^2-1)^2}dt=-2\int \dfrac{t^2}{t^2-1}dt=-2\int\left(1+\dfrac{1}{t^2-1}\right)dt$

$=-2t-\ln\left|\dfrac{t-1}{t+1}\right|+C=-2\sqrt{\dfrac{x+1}{x}}-2\ln(\sqrt{x+1}-\sqrt{x})+C.$

(29) $\int \dfrac{1}{\sqrt{x}(1+x)}dx$;

解 原式 $=2\int \dfrac{1}{1+(\sqrt{x})^2}d(\sqrt{x})=2\arctan\sqrt{x}+C.$

(31) $\int \dfrac{1}{(x^2+a^2)^{\frac{3}{2}}}dx$;

解 设 $x = a\tan t$, 则 $\mathrm{d}x = a\sec^2 t\,\mathrm{d}t$, 于是

$$\text{原式} = \int \frac{a\sec^2 t}{a^3\sec^3 t} = \frac{1}{a^2}\int \cos t\,\mathrm{d}t = \frac{1}{a^2}\sin t + C = \frac{x}{a^2\sqrt{a^2+x^2}} + C.$$

(32) $\int \dfrac{\sqrt{x^2-a^2}}{x}\,\mathrm{d}x$;

解 设 $x = a\sec t$, 则 $\mathrm{d}x = a\sec t\tan t\,\mathrm{d}t$, 于是

$$\text{原式} = \int \frac{a\tan t}{a\sec t} a\sec t\tan t\,\mathrm{d}t = a\int \tan^2 t\,\mathrm{d}t = a\int (\sec^2 t - 1)\,\mathrm{d}t$$

$$= a(\tan t - t) + C = \sqrt{x^2-a^2} - a\arccos\frac{a}{x} + C.$$

(33) $\int \dfrac{x^2}{\sqrt{2-x^2}}\,\mathrm{d}x$;

解 设 $x = \sqrt{2}\sin t$, 则 $\mathrm{d}x = \sqrt{2}\cos t\,\mathrm{d}t$, 于是

$$\text{原式} = \int \frac{2\sin^2 t}{\sqrt{2}\cos t}\sqrt{2}\cos t\,\mathrm{d}t = 2\int \sin^2 t\,\mathrm{d}t = \int (1-\cos 2t)\,\mathrm{d}t$$

$$= t - \frac{1}{2}\sin 2t + C = \arcsin\frac{x}{\sqrt{2}} - \frac{x}{2}\sqrt{2-x^2} + C.$$

(34) $\int \dfrac{1}{x\sqrt{x^2+4}}\,\mathrm{d}x$;

解 设 $x = 2\tan t$, 则 $\mathrm{d}x = 2\sec^2 t\,\mathrm{d}t$, 于是

$$\text{原式} = \int \frac{2\sec^2 t}{2\tan t \cdot 2\sec t}\,\mathrm{d}t = \frac{1}{2}\int \frac{\sec t}{\tan t}\,\mathrm{d}t = \frac{1}{2}\int \frac{1}{\sec^2 t - 1}\,\mathrm{d}(\sec t)$$

$$= \frac{1}{4}\ln\left|\frac{\sec t - 1}{\sec t + 1}\right| + C = \frac{1}{2}\ln\left|\frac{\sqrt{4+x^2}-2}{x}\right| + C.$$

(36) $\int \dfrac{1}{1+\sqrt{1-x^2}}\,\mathrm{d}x$;

解 设 $x = \sin t$, 则 $\mathrm{d}x = \cos t\,\mathrm{d}t$, 于是

$$\text{原式} = \int \frac{1}{1+\cos t}\cos t\,\mathrm{d}t = \int \left(1 - \frac{1}{1+\cos t}\right)\mathrm{d}t = t - \int \frac{1}{1+\cos t}\,\mathrm{d}t$$

$$= t - \int \frac{1-\cos t}{\sin^2 t}\,\mathrm{d}t = t - \int \csc^2 t\,\mathrm{d}t + \int \frac{\cos t}{\sin^2 t}\,\mathrm{d}t$$

$$= t + \cot t - \frac{1}{\sin t} + C = \arcsin x - \frac{x}{1+\sqrt{1-x^2}} + C.$$

(37) $\int \dfrac{1}{x+\sqrt{1-x^2}}\,\mathrm{d}x$;

解 令 $x = \sin t\left(-\dfrac{\pi}{2} < t < \dfrac{\pi}{2}\right)$, 则 $\mathrm{d}x = \cos t\,\mathrm{d}t$, 于是

$$\text{原式} = \int \frac{\cos t}{\sin t + \cos t}\,\mathrm{d}t = \int \frac{\cos t(\cos t - \sin t)}{(\sin t + \cos t)(\cos t - \sin t)}\,\mathrm{d}t$$

$$= \frac{1}{2}\int \frac{1+\cos 2t - \sin 2t}{\cos 2t}\,\mathrm{d}t = \frac{1}{2}\int (\sec 2t + 1 - \tan 2t)\,\mathrm{d}t$$

$$= \frac{1}{4}\ln|\sec 2t + \tan 2t| + \frac{1}{2}t + \frac{1}{4}\ln|\cos 2t| + C$$

$$= \frac{1}{4}\ln|1+\sin 2t| + \frac{1}{2}t + C$$

$$= \frac{1}{4}\ln|1+2x\sqrt{1-x^2}| + \frac{1}{2}\arcsin x + C$$

$$= \frac{1}{2}\ln|x+\sqrt{1-x^2}| + \frac{1}{2}\arcsin x + C.$$

5. 求下列不定积分：

(1) $\int \dfrac{\ln x}{x^n}dx \quad (n \neq 1)$；

解 原式 $= \dfrac{1}{1-n}\int \ln x\, d(x^{1-n}) = \dfrac{1}{1-n}x^{1-n}\ln x - \dfrac{1}{1-n}\int x^{-n}dx$

$= \dfrac{1}{1-n}x^{1-n}\ln x - \dfrac{1}{(1-n)^2}x^{1-n} + C = \dfrac{1}{1-n}x^{1-n}\left(\ln x - \dfrac{1}{1-n}\right) + C.$

(2) $\int x\sin 2x\, dx$；

解 原式 $= -\dfrac{1}{2}\int x\, d(\cos 2x) = -\dfrac{1}{2}x\cos 2x + \dfrac{1}{2}\int \cos 2x\, dx$

$= -\dfrac{1}{2}x\cos 2x + \dfrac{1}{4}\int \cos 2x\, d(2x) = -\dfrac{1}{2}x\cos 2x + \dfrac{1}{4}\sin 2x + C.$

(3) $\int x\arctan x\, dx$；

解 原式 $= \dfrac{1}{2}\int \arctan x\, d(x^2) = \dfrac{1}{2}x^2\arctan x - \dfrac{1}{2}\int \dfrac{x^2}{1+x^2}dx$

$= \dfrac{1}{2}x^2\arctan x - \dfrac{1}{2}\int\left(1 - \dfrac{1}{1+x^2}\right)dx$

$= \dfrac{1}{2}x^2\arctan x - \dfrac{1}{2}x + \dfrac{1}{2}\arctan x + C.$

(4) $\int \arcsin\sqrt{1-x}\, dx$；

解 原式 $= x\arcsin\sqrt{1-x} - \int x\, \dfrac{1}{\sqrt{1-(\sqrt{1-x})^2}}\cdot\dfrac{-1}{2\sqrt{1-x}}dx$

$= x\arcsin\sqrt{1-x} + \dfrac{1}{2}\int \dfrac{x}{\sqrt{x-x^2}}dx$

$= x\arcsin\sqrt{1-x} - \dfrac{1}{4}\int \dfrac{(1-2x)-1}{\sqrt{x-x^2}}dx$

$= x\arcsin\sqrt{1-x} - \dfrac{1}{4}\int \dfrac{d(x-x^2)}{\sqrt{x-x^2}} - \dfrac{1}{4}\int \dfrac{d\left(\dfrac{1}{2}-x\right)}{\sqrt{\dfrac{1}{4}-\left(\dfrac{1}{2}-x\right)^2}}$

$= x\arcsin\sqrt{1-x} - \dfrac{1}{2}\sqrt{x-x^2} - \dfrac{1}{4}\arcsin(1-2x) + C.$

(7) $\int e^{-2x}\sin\dfrac{x}{2}dx$；

解 原式 $= -\dfrac{1}{2}\int \sin\dfrac{x}{2}d(e^{-2x}) = -\dfrac{1}{2}e^{-2x}\sin\dfrac{x}{2} + \dfrac{1}{2}\int e^{-2x}d\left(\sin\dfrac{x}{2}\right)$

$= -\dfrac{1}{2}e^{-2x}\sin\dfrac{x}{2} + \dfrac{1}{4}\int e^{-2x}\cos\dfrac{x}{2}dx = -\dfrac{1}{2}e^{-\frac{1}{8}x}\sin\dfrac{x}{2} - \dfrac{1}{8}\int \cos\dfrac{x}{2}d(e^{-2x})$

$= -\dfrac{1}{2}e^{-\frac{1}{8}x}\sin\dfrac{x}{2} - \dfrac{1}{8}e^{-2x}\cos\dfrac{x}{2} + \dfrac{1}{8}\int e^{-2x}d\left(\cos\dfrac{x}{2}\right)$

$= -\dfrac{1}{2}e^{-2x}\sin\dfrac{x}{2} - \dfrac{1}{8}e^{-2x}\cos\dfrac{x}{2} - \dfrac{1}{16}\int e^{-2x}\sin\dfrac{x}{2}dx,$

故原式 $= -\dfrac{8}{17}e^{-2x}\sin\dfrac{x}{2} - \dfrac{2}{17}e^{-2x}\cos\dfrac{x}{2} + C.$

(8) $\int x\tan^2 x\, dx$；

解 原式 $= \int x(\sec^2 x - 1)dx = \int x\, d(\tan x) - \int x\, dx$

$$= x\tan x - \int \tan x \mathrm{d}x - \frac{1}{2}x^2 + C = -\frac{1}{2}x^2 + x\tan x + \ln|\cos x| + C.$$

(9) $\int \ln^2 x \mathrm{d}x$;

解 原式 $= x\ln^2 x - 2\int \ln x \mathrm{d}x = x\ln^2 x - 2x\ln x + 2\int \mathrm{d}x$
$$= x\ln^2 x - 2x\ln x + 2x + C.$$

(11) $\int \cos(\ln x) \mathrm{d}x$;

解 原式 $= x\cos(\ln x) - \int x \mathrm{d}(\cos(\ln x)) = x\cos(\ln x) + \int \sin(\ln x) \mathrm{d}x$
$$= x\cos(\ln x) + x\sin(\ln x) - \int x \mathrm{d}(\sin(\ln x)) = x\cos(\ln x) + x\sin(\ln x) - \int \cos(\ln x) \mathrm{d}x,$$

故原式 $= \frac{1}{2}x(\cos(\ln x) + \sin(\ln x)) + C.$

(13) $\int \frac{x}{\sqrt{1+x^2}} \ln(x + \sqrt{1+x^2}) \mathrm{d}x$;

解 原式 $= \int \ln(x + \sqrt{1+x^2}) \mathrm{d}(\sqrt{1+x^2}) = \sqrt{1+x^2}\ln(x + \sqrt{1+x^2}) - \int \mathrm{d}x$
$$= \sqrt{1+x^2}\ln(x + \sqrt{1+x^2}) - x + C.$$

(14) $\int x(1+x^2)\mathrm{e}^{x^2} \mathrm{d}x$;

解 原式 $= \int (x + x^3)\mathrm{e}^{x^2} \mathrm{d}x = \int x\mathrm{e}^{x^2} \mathrm{d}x + \int x^3 \mathrm{e}^{x^2} \mathrm{d}x$
$$= \frac{1}{2}\mathrm{e}^{x^2} + \frac{1}{2}\int x^2 \mathrm{d}(\mathrm{e}^{x^2}) = \frac{1}{2}\mathrm{e}^{x^2} + \frac{1}{2}x^2 \mathrm{e}^{x^2} - \frac{1}{2}\int \mathrm{e}^{x^2} \mathrm{d}(x^2)$$
$$= \frac{1}{2}\mathrm{e}^{x^2} + \frac{1}{2}x^2 \mathrm{e}^{x^2} - \frac{1}{2}\mathrm{e}^{x^2} + C = \frac{1}{2}x^2 \mathrm{e}^{x^2} + C.$$

(17) $\int x\arctan\sqrt{x} \mathrm{d}x$;

解 令 $u = \sqrt{x}$，则 $x = u^2, \mathrm{d}x = 2u\mathrm{d}u$，于是
$$\int x\arctan\sqrt{x} \mathrm{d}x = 2\int u^3 \arctan u \mathrm{d}u = \frac{1}{2}\int \arctan u \mathrm{d}(u^4)$$
$$= \frac{1}{2}u^4 \arctan u - \frac{1}{2}\int \frac{u^4}{1+u^2} \mathrm{d}u = \frac{1}{2}u^4 \arctan u - \frac{1}{2}\int \left(u^2 - 1 + \frac{1}{1+u^2}\right) \mathrm{d}u$$
$$= \frac{1}{2}u^4 \arctan u - \frac{1}{2}\left(\frac{1}{3}u^3 - u + \arctan u\right) + C$$
$$= \frac{1}{2}x^2 \arctan\sqrt{x} - \frac{1}{2}\left(\frac{1}{3}x^{\frac{3}{2}} - \sqrt{x} + \arctan\sqrt{x}\right) + C.$$

6. 计算下列有理函数的不定积分：

(3) $\int \frac{6}{1+x^3} \mathrm{d}x$;

解 由 $\frac{6}{1+x^3} = \frac{6}{(1+x)(1-x+x^2)} = \frac{A}{1+x} + \frac{Bx+C}{1-x+x^2}$, 可得
$$(A+B)x^2 + (B+C-A)x + A + C = 6.$$

比较同次幂系数，得
$$\begin{cases} A + C = 6, \\ A + B = 0, \\ B + C - A = 0, \end{cases}$$

解得 $A = 2, B = -2, C = 4$. 于是

$$\int \frac{6}{1+x^3}dx = \int \left(\frac{2}{1+x} + \frac{-2x+4}{1-x+x^2}\right)dx = 2\ln|x+1| - \int \frac{2x-4}{x^2-x+1}dx$$

$$= 2\ln|x+1| - \int \frac{2x-1-3}{x^2-x+1}dx$$

$$= 2\ln|x+1| - \int \frac{d(x^2-x+1)}{x^2-x+1} + 3\int \frac{dx}{x^2-x+1}$$

$$= 2\ln|x+1| - \ln(x^2-x+1) + 3\int \frac{dx}{\left(x-\frac{1}{2}\right)^2 + \frac{3}{4}}$$

$$= 2\ln|x+1| - \ln(x^2-x+1) + 3 \cdot \frac{2}{\sqrt{3}} \arctan \frac{x-\frac{1}{2}}{\frac{\sqrt{3}}{2}} + C$$

$$= 2\ln|x+1| - \ln(x^2-x+1) + 2\sqrt{3} \arctan \frac{2x-1}{\sqrt{3}} + C.$$

(8) $\int \frac{x+5}{x^2-2x-1}dx$.

解 原式 $= \frac{1}{2}\int \frac{(2x-2)+12}{x^2-2x-1}dx = \frac{1}{2}\int \frac{d(x^2-2x-1)}{x^2-2x-1} + 6\int \frac{1}{(x-1)^2-2}d(x-1)$

$$= \frac{1}{2}\ln|x^2-2x-1| + \frac{3}{\sqrt{2}}\ln\left|\frac{x-(\sqrt{2}+1)}{x+(\sqrt{2}-1)}\right| + C.$$

(B)

1. 填空题：

(3) 设函数 $f(\ln x) = \frac{\ln(1+x)}{x}$，则 $\int f(x)dx = $ _____.

解 令 $\ln x = u, x = e^u$，则 $f(u) = \frac{\ln(1+e^u)}{e^u}$，于是

$$\int f(x)dx = \int \ln(1+e^u)e^{-u}du = -\int \ln(1+e^u)d(e^{-u})$$

$$= -\ln(1+e^u)e^{-u} + \int e^{-u}d(\ln(1+e^u)) = -\ln(1+e^u)e^{-u} + \int \frac{1}{1+e^u}du.$$

对 $\int \frac{1}{1+e^u}du$，令 $t = e^u, u = \ln t$，则 $du = \frac{1}{t}dt$，于是

$$\int \frac{1}{1+e^u}du = \int \frac{1}{1+t} \cdot \frac{1}{t}dt = \ln t - \ln(1+t) + C = u - \ln(1+e^u) + C.$$

所以

$$\int f(x)dx = -\ln(1+e^u)e^{-u} + u - \ln(1+e^u) + C$$

$$= x - (e^{-x}+1)\ln(1+e^x) + C.$$

(4) 已知函数 $f'(\ln x) = 1+x$，则 $f(x) = $ _____.

解 $f'(\ln x) = 1+x$，令 $t = \ln x, x = e^t$，则 $f'(t) = 1+e^t$. 于是

$$f(x) = \int f'(x)dx = \int (1+e^x)dx = x + e^x + C.$$

2. 选择题：

(2) 若 $\int f(x)dx = \frac{1}{x} + C$，则 $\int xf(1-x^2)dx = ($).

A. $-\frac{1}{2(1-x^2)} + C$ B. $2(1-x^2) + C$

C. $-2(1-x^2) + C$ D. $\frac{1}{2(1-x^2)} + C$

解 令 $t=1-x^2, x=\sqrt{1-t}$，则 $\mathrm{d}x=\dfrac{-1}{2\sqrt{1-t}}\mathrm{d}t$，于是

$$\int xf(1-x^2)\mathrm{d}x = \int \sqrt{1-t}f(t)\dfrac{-1}{2\sqrt{1-t}}\mathrm{d}t = -\dfrac{1}{2}\cdot\dfrac{1}{t}+C$$

$$=-\dfrac{1}{2(1-x^2)}+C.$$

因此，答案是 A.

(4) 设函数 $F(x)=f(x)-\dfrac{1}{f(x)}, g(x)=f(x)+\dfrac{1}{f(x)}$. 若 $F'(x)=g^2(x)$，且 $f\left(\dfrac{\pi}{4}\right)=1$，则 $f(x)=$ ( ).

A. $\tan x$ B. $\cot x$ C. $\sin\left(x+\dfrac{\pi}{4}\right)$ D. $\cos\left(x-\dfrac{\pi}{4}\right)$

解 令 $y=f(x)$，由条件 $F'(x)=g^2(x)$，知 $y'+\dfrac{y'}{y^2}=y^2+\dfrac{1}{y^2}+2$，整理化简得 $y'=1+y^2$（该方程是常微分方程（见第十章），属于可分离变量的微分方程）. 容易解得 $y=\tan(x+C)$（C 为任意常数），再由条件 $f\left(\dfrac{\pi}{4}\right)=1$，得 $C=0$，故 $y=f(x)=\tan x$. 因此，答案是 A.

第六章 定 积 分

内容简介

1. 定积分的概念

① 定积分的概念是在解决不规则平面图形的面积等几何问题和变速直线运动的位移等物理问题时提炼出来的,这些问题最后都归结为用和式

$$\sum_{i=1}^{n} f(\xi_i) \Delta x_i$$

作为所求量的近似值,并以它的极限

$$\lim_{\lambda \to 0} \sum_{i=1}^{n} f(\xi_i) \Delta x_i$$

求出所求的精确值.

② 由于很多实际问题都具有上述统一形式,从而去掉其实际意义可以抽象出定积分的定义.

定义 6.1 设函数 $f(x)$ 在 $[a,b]$ 上有定义,在 $[a,b]$ 内任意插入 $n-1$ 个分点:

$$a = x_0 < x_1 < x_2 < \cdots < x_{n-1} < x_n = b,$$

将区间 $[a,b]$ 分成 n 个小区间 $[x_{i-1}, x_i]$,各小区间的长度为 $\Delta x_i = x_i - x_{i-1} (i=1,2,\cdots,n)$. 任取一点 $\xi_i \in [x_{i-1}, x_i]$,先做乘积

$$f(\xi_i) \Delta x_i \quad (i = 1, 2, \cdots, n),$$

再做和

$$S_n = \sum_{i=1}^{n} f(\xi_i) \Delta x_i.$$

令 $\lambda = \max_{1 \leqslant i \leqslant n}\{\Delta x_i\} \to 0$(这时 $n \to \infty$),如果总和 S_n 的极限存在,且其极限值与区间 $[a,b]$ 的分割及点 ξ_i 的选取无关,则称函数 $f(x)$ 在 $[a,b]$ 上可积,并将此极限值称为 $f(x)$ 在 $[a,b]$ 上的定积分,记作 $\int_a^b f(x) \mathrm{d}x$,即

$$\int_a^b f(x) \mathrm{d}x = \lim_{\lambda \to 0} \sum_{i=1}^{n} f(\xi_i) \Delta x_i.$$

③ 定积分 $\int_a^b f(x) \mathrm{d}x$ 的几何意义是由曲线 $y = f(x)$,直线 $x = a, x = b$ 及 x 轴所围成的平面图形面积的代数和,如图 6-1 所示,即

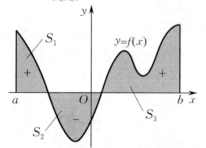

图 6-1

$$\int_a^b f(x)\mathrm{d}x = S_1 - S_2 + S_3.$$

2. 微积分基本定理

定义 6.2 设函数 $f(x)$ 在 $[a,b]$ 上连续，则对于每一个取定的 $x \in [a,b]$，定积分 $\int_a^x f(t)\mathrm{d}t$ 都有唯一的对应值，从而它在 $[a,b]$ 上定义了一个新的函数，记为 $p(x)$，即

$$p(x) = \int_a^x f(t)\mathrm{d}t, \quad x \in [a,b],$$

称为积分上限函数.

3. 广义积分与 Γ 函数

广义积分又称为反常积分. 广义积分的概念有着非常丰富的实际意义，它在数学领域起着特别重要的作用. 例如，概率论与数理统计课程中有关分布函数与概率密度函数等基本概念，都是与广义积分有关的.

（1）无穷积分

定义 6.3 设函数 $f(x)$ 在无穷区间 $[a,+\infty)$ 上连续，则称极限

$$\lim_{b \to +\infty} \int_a^b f(x)\mathrm{d}x \quad (b > a)$$

为 $f(x)$ 在无穷区间 $[a,+\infty)$ 上的广义积分，简称无穷积分，记作 $\int_a^{+\infty} f(x)\mathrm{d}x$，即

$$\int_a^{+\infty} f(x)\mathrm{d}x = \lim_{b \to +\infty} \int_a^b f(x)\mathrm{d}x.$$

若上述极限存在，则称无穷积分 $\int_a^{+\infty} f(x)\mathrm{d}x$ 收敛；否则，称无穷积分 $\int_a^{+\infty} f(x)\mathrm{d}x$ 发散.

类似地，可以定义 $\int_{-\infty}^b f(x)\mathrm{d}x$ 和 $\int_{-\infty}^{+\infty} f(x)\mathrm{d}x$ 及其敛散性.

（2）瑕积分

定义 6.4 设函数 $f(x)$ 在区间 $(a,b]$ 上连续. 若 $\lim_{x \to a^+} f(x) = \infty$（此时称 $x=a$ 为 $f(x)$ 的瑕点），则称

$$\lim_{\varepsilon \to 0^+} \int_{a+\varepsilon}^b f(x)\mathrm{d}x$$

为无界函数 $f(x)$ 在区间 $(a,b]$ 上的广义积分，简称瑕积分，记作 $\int_a^b f(x)\mathrm{d}x$，即

$$\int_a^b f(x)\mathrm{d}x = \lim_{\varepsilon \to 0^+} \int_{a+\varepsilon}^b f(x)\mathrm{d}x.$$

若上述极限存在，则称瑕积分 $\int_a^b f(x)\mathrm{d}x$ 收敛；否则，称瑕积分 $\int_a^b f(x)\mathrm{d}x$ 发散.

类似地，可以定义区间右端点 $x=b$ 为瑕点和区间 $[a,b]$ 内有瑕点情况下的瑕积分及其敛散性.

（3）Γ 函数

定义 6.5 广义积分

$$\Gamma(r) = \int_0^{+\infty} x^{r-1}\mathrm{e}^{-x}\mathrm{d}x \quad (r > 0)$$

是参变量 r 的函数,称为 Γ 函数.

重要公式、定理及结论

1. 定积分存在定理

定理 6.1 如果函数 $f(x)$ 在 $[a,b]$ 上连续,则 $f(x)$ 在 $[a,b]$ 上可积.

定理 6.2 如果函数 $f(x)$ 在 $[a,b]$ 上有界,且只有有限个间断点,则 $f(x)$ 在 $[a,b]$ 上可积.

2. 定积分的性质

假定以下所讨论的定积分都是存在的.

① $\int_a^b [f(x) \pm g(x)] dx = \int_a^b f(x) dx \pm \int_a^b g(x) dx$.

② $\int_a^b k f(x) dx = k \int_a^b f(x) dx$ （k 是常数）.

③ 设 a,b,c 是不同的常数,则 $\int_a^b f(x) dx = \int_a^c f(x) dx + \int_c^b f(x) dx$.

④ $\int_a^b dx = b - a$.

⑤ 若在区间 $[a,b]$ 上, $f(x) \geqslant 0$, 则 $\int_a^b f(x) dx \geqslant 0$.

⑥ 如果在区间 $[a,b]$ 上, $f(x) \leqslant g(x)$, 则 $\int_a^b f(x) dx \leqslant \int_a^b g(x) dx$.

⑦ $\left| \int_a^b f(x) dx \right| \leqslant \int_a^b |f(x)| dx$.

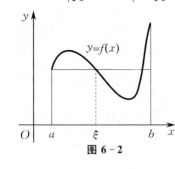

图 6-2

⑧ 若对任意的 $x \in [a,b]$,有 $m \leqslant f(x) \leqslant M$,则
$$m(b-a) \leqslant \int_a^b f(x) dx \leqslant M(b-a).$$

⑨ 如果函数 $f(x)$ 在区间 $[a,b]$ 上连续,则至少存在一点 $\xi \in [a,b]$,使得
$$\int_a^b f(x) dx = f(\xi)(b-a),$$
如图 6-2 所示.

3. 微积分基本定理

（1）原函数存在定理

定理 6.3 如果函数 $f(x)$ 在区间 $[a,b]$ 上连续,则 $f(x)$ 在区间 $[a,b]$ 上的原函数一定存在,且积分上限函数
$$p(x) = \int_a^x f(t) dt$$
就是 $f(x)$ 在区间 $[a,b]$ 上的一个原函数,即

$$p'(x) = \left(\int_a^x f(t)\mathrm{d}t\right)' = f(x).$$

(2) 牛顿-莱布尼茨公式

定理 6.4 设 $F(x)$ 是连续函数 $f(x)$ 在区间 $[a,b]$ 上的一个原函数,则有

$$\int_a^b f(x)\mathrm{d}x = F(x)\Big|_a^b = F(b) - F(a).$$

4. 定积分的计算

定理 6.5 若函数 $f(x)$ 在区间 $[a,b]$ 上连续,$x = \varphi(t)$ 在 $[\alpha,\beta]$ 上具有连续导数,且满足

$$\varphi(\alpha) = a, \quad \varphi(\beta) = b, \quad a \leqslant \varphi(t) \leqslant b (t \in [\alpha,\beta]),$$

则有定积分的换元积分公式:

$$\int_a^b f(x)\mathrm{d}x = \int_\alpha^\beta f[\varphi(t)]\varphi'(t)\mathrm{d}t.$$

定理 6.6 若 $u = u(x), v = v(x)$ 为 $[a,b]$ 上的连续可微函数,则有定积分的分部积分公式:

$$\int_a^b u(x)v'(x)\mathrm{d}x = u(x)v(x)\Big|_a^b - \int_a^b u'(x)v(x)\mathrm{d}x.$$

定理 6.7 设函数 $f(x)$ 在 $[-a,a]$ 上可积.

① 若 $f(x)$ 为奇函数,则 $\int_{-a}^a f(x)\mathrm{d}x = 0$.

② 若 $f(x)$ 为偶函数,则 $\int_{-a}^a f(x)\mathrm{d}x = 2\int_0^a f(x)\mathrm{d}x$.

5. 定积分的应用

(1) 平面图形的面积

① 如图 6-3 所示,由连续曲线 $y = f(x), y = g(x)(f(x) \geqslant g(x))$ 及直线 $x = a, x = b\,(a < b)$ 所围成的平面图形的面积为

$$S = \int_a^b [f(x) - g(x)]\mathrm{d}x.$$

② 如图 6-4 所示,由连续曲线 $x = \psi(y), x = \varphi(y)$ 及直线 $y = c, y = d$ 所围成的平面图形的面积为

$$S = \int_c^d [\psi(y) - \varphi(y)]\mathrm{d}y.$$

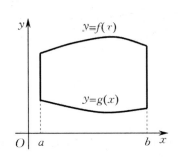

图 6-3

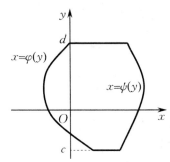

图 6-4

(2) 立体的体积

① 如图 6-5 所示，一立体位于两个平面 $x=a$ 与 $x=b(a<b)$ 之间．若该立体被垂直于 x 轴的平面所截得的截面面积为关于 x 的已知函数 $S(x)$，则该立体的体积为

$$V = \int_a^b S(x)\,dx.$$

② 如图 6-6 所示，由连续曲线 $y=f(x)$，直线 $x=a, x=b(a<b)$ 及 x 轴所围成的曲边梯形绕 x 轴旋转一周而成的立体的体积为

$$V = \pi \int_a^b [f(x)]^2 \,dx.$$

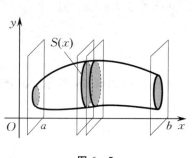

图 6-5

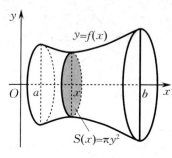

图 6-6

③ 如图 6-7 所示，由连续曲线 $x=\varphi(y)$，直线 $y=c, y=d(c<d)$ 与 y 轴所围成的曲边梯形绕 y 轴旋转一周而成的立体的体积为

$$V = \pi \int_c^d [\varphi(y)]^2 \,dy.$$

④ 如图 6-8 所示，由连续曲线 $y=f(x)$，直线 $x=a, x=b(b>a\geqslant 0)$ 及 x 轴所围成的曲边梯形绕 y 轴旋转一周而成的立体的体积为

$$V = 2\pi \int_a^b x\,|f(x)|\,dx.$$

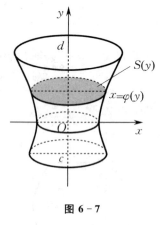

图 6-7

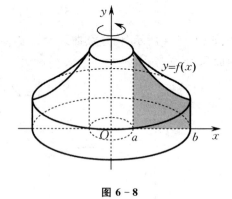

图 6-8

(3) 经济应用

① 已知总产量的变化率求总产量：已知某产品的总产量 Q 关于时间 t 的变化率为 $\dfrac{dQ}{dt} = f(t)$，则该产品在时间区间 $[a,b]$ 上的总产量为 $Q = \int_a^b f(t)\,dt$.

② 已知边际函数求总量函数：设总量函数 $f(x)$ 的边际函数为 $g(x)$，则总量函数为 $f(x) = f(0) + \int_0^x g(t)\mathrm{d}t$.

6. Γ 函数的性质

Γ 函数有如下重要性质：
① $\Gamma(r+1) = r\Gamma(r) \quad (r > 0)$；
② $\Gamma(n+1) = n! \quad (n \in \mathbf{N})$；
③ $\Gamma(1) = 1, \Gamma\left(\dfrac{1}{2}\right) = \sqrt{\pi}$.

7. 常用的几个公式

① $\left[\displaystyle\int_{\varphi(x)}^{\psi(x)} f(t)\mathrm{d}t\right]' = f[\psi(x)]\psi'(x) - f[\varphi(x)]\varphi'(x)$；

② $\displaystyle\int_0^{\frac{\pi}{2}} f(\sin x)\mathrm{d}x = \int_0^{\frac{\pi}{2}} f(\cos x)\mathrm{d}x$，

$\displaystyle\int_0^{\pi} xf(\sin x)\mathrm{d}x = \dfrac{\pi}{2}\int_0^{\pi} f(\sin x)\mathrm{d}x$；

③ $\displaystyle\int_0^{\frac{\pi}{2}} \sin^n x\,\mathrm{d}x = \int_0^{\frac{\pi}{2}} \cos^n x\,\mathrm{d}x = \begin{cases} \dfrac{n-1}{n} \cdot \dfrac{n-3}{n-2} \cdot \cdots \cdot \dfrac{1}{2} \cdot \dfrac{\pi}{2}, & n \text{ 为偶数,} \\ \dfrac{n-1}{n} \cdot \dfrac{n-3}{n-2} \cdot \cdots \cdot \dfrac{2}{3}, & n \text{ 为奇数.} \end{cases}$

复习考试要求

1. 理解定积分的概念，并能利用定积分的定义求某些数列的极限.
2. 掌握函数可积的充分条件.
3. 掌握定积分的性质及积分中值定理，会运用定积分的性质来证明积分等式和积分不等式.
4. 掌握变限积分的导数公式及其应用.
5. 熟练掌握牛顿-莱布尼茨公式.
6. 熟练掌握定积分的换元积分法和分部积分法.
7. 熟练掌握定积分的思想，并会运用它求平面图形的面积、旋转体的体积、平行截面的面积已知的立体的体积.
8. 了解广义积分的概念与计算.
9. 了解定积分的经济应用.

典型例题

例1 函数 $f(x)$ 在区间 $[a,b]$ 上连续是 $\int_a^b f(x)dx$ 存在的（　　）.

A. 必要条件 B. 充要条件
C. 充分条件 D. 无关条件

解 由定理 6.1 可知本题应选 C.

例2 积分中值定理 $\int_a^b f(x)dx = f(\xi)(b-a)$ 中（　　）.

A. ξ 是 $[a,b]$ 上任一点 B. ξ 是 $[a,b]$ 上必定存在的某一点
C. ξ 是 $[a,b]$ 上唯一的某一点 D. ξ 是 $[a,b]$ 的中点

解 由积分中值定理的内容可知，ξ 是 $[a,b]$ 上必定存在的某一点，因此答案是 B.

例3 曲线 $y = \sqrt{x^2-1}$，直线 $x=2$ 及 x 轴所围成的平面图形绕 x 轴旋转所成的旋转体的体积为_____.

解 由旋转体的体积公式可知
$$V = \pi \int_1^2 (x^2-1)dx = \pi\left(\frac{x^3}{3} - x\right)\Big|_1^2 = \frac{4}{3}\pi.$$

例4 $\int_2^{+\infty} \frac{dx}{x(\ln x)^k}$（$k$ 为常数），当 $k \leq 1$ 时，该积分_____，当 $k>1$ 时，该积分_____.

解 当 $k \neq 1$ 时，$\int_2^{+\infty} \frac{dx}{x(\ln x)^k} = \int_2^{+\infty} \frac{d(\ln x)}{(\ln x)^k} = \frac{(\ln x)^{1-k}}{1-k}\Big|_2^{+\infty}$.

当 $k<1$ 时，$1-k>0$，则 $(\ln x)^{1-k} \to +\infty$（$x \to +\infty$），因此该积分发散.

当 $k>1$ 时，$1-k<0$，则 $(\ln x)^{1-k} \to 0$（$x \to +\infty$），因此该积分收敛，且
$$\int_2^{+\infty} \frac{dx}{x(\ln x)^k} = \frac{(\ln x)^{1-k}}{1-k}\Big|_2^{+\infty} = -\frac{(\ln 2)^{1-k}}{1-k}.$$

当 $k=1$ 时，$\int_2^{+\infty} \frac{dx}{x\ln x} = \int_2^{+\infty} \frac{d(\ln x)}{\ln x} = \ln(\ln x)\Big|_2^{+\infty}$，则 $\ln(\ln x) \to +\infty$（$x \to +\infty$），因此该积分发散.

例5 $\int_0^1 \left(\frac{1}{2}\right)^x dx$ _____ $\int_0^1 \left(\frac{1}{2}\right)^{x^2} dx$（比较大小）.

解 在区间 $[0,1]$ 上，$x \geq x^2$，且只有在 $x=0, x=1$ 两点处 $x = x^2$，因此
$$\int_0^1 \left(\frac{1}{2}\right)^x dx < \int_0^1 \left(\frac{1}{2}\right)^{x^2} dx.$$

例6 求极限 $I = \lim_{n \to \infty}\left(\frac{1}{n+1} + \frac{1}{n+2} + \cdots + \frac{1}{2n}\right)$.

解 $I = \lim_{n \to \infty}\left(\frac{1}{n+1} + \frac{1}{n+2} + \cdots + \frac{1}{2n}\right) = \lim_{n \to \infty} \sum_{i=1}^n \frac{1}{1+\frac{i}{n}} \cdot \frac{1}{n}$.

设 $f(x) = \frac{1}{1+x}$，$x \in [0,1]$，由于 $f(x)$ 在区间 $[0,1]$ 上连续，故可积. 因此，积分值与分

割方式与点 ξ_i 的选取无关. 将区间$[0,1]$ n 等分,则每个小区间的长度为 $\Delta x_i = \dfrac{1}{n}$,令 $\xi_i = \dfrac{i}{n}$,则

$$\int_0^1 \dfrac{1}{1+x}\mathrm{d}x = \lim_{n\to\infty}\sum_{i=1}^n f(\xi_i)\cdot\dfrac{1}{n} = \lim_{n\to\infty}\sum_{i=1}^n \dfrac{1}{1+\dfrac{i}{n}}\cdot\dfrac{1}{n}.$$

因此

$$I = \int_0^1 \dfrac{\mathrm{d}x}{1+x} = \ln(1+x)\Big|_0^1 = \ln 2.$$

例 7 设函数 $f(x) = \displaystyle\int_x^{x+1} t(t-2)(t-4)\mathrm{d}t\,(x\geqslant 0)$,求 $f(x)$ 的极值点.

解 $f'(x) = (x+1)(x+1-2)(x+1-4) - x(x-2)(x-4)$
$= 3(x^2 - 3x + 1).$

令 $f'(x) = 0$,得驻点 $x = \dfrac{3\pm\sqrt{5}}{2}$. 又 $f''(x) = 3(2x-3)$,因此

$$f''\left(\dfrac{3-\sqrt{5}}{2}\right) = -3\sqrt{5} < 0,\quad f''\left(\dfrac{3+\sqrt{5}}{2}\right) = 3\sqrt{5} > 0.$$

所以,$x = \dfrac{3-\sqrt{5}}{2}$ 是 $f(x)$ 的极大值点,$x = \dfrac{3+\sqrt{5}}{2}$ 是 $f(x)$ 的极小值点.

例 8 求函数 $F(x) = \displaystyle\int_{\sin x}^{\cos x} \cos(\pi t^2)\mathrm{d}x$ 的导数.

解 $F'(x) = \cos(\pi\cos^2 x)(-\sin x) - \cos(\pi\sin^2 x)\cos x$
$= -\sin x\cos(\pi - \pi\sin^2 x) - \cos x\cos(\pi\sin^2 x)$
$= \sin x\cos(\pi\sin^2 x) - \cos x\cos(\pi\sin^2 x)$
$= (\sin x - \cos x)\cos(\pi\sin^2 x).$

例 9 用换元积分法计算下列定积分:

(1) $\displaystyle\int_0^{\frac{\pi}{2}} \cos^5 x\sin 2x\mathrm{d}x$; (2) $\displaystyle\int_0^8 \dfrac{\mathrm{d}x}{1+\sqrt[3]{x}}$; (3) $\displaystyle\int_0^a x^2\sqrt{a^2-x^2}\,\mathrm{d}x$.

解 (1) 原式 $= 2\displaystyle\int_0^{\frac{\pi}{2}} \cos^6 x\sin x\mathrm{d}x = -2\int_0^{\frac{\pi}{2}} \cos^6 x\mathrm{d}(\cos x)$

$$= -\dfrac{2}{7}\cos^7 x\Big|_0^{\frac{\pi}{2}} = \dfrac{2}{7}.$$

(2) 令 $\sqrt[3]{x} = t$,则有 $x = t^3$,$\mathrm{d}x = 3t^2\mathrm{d}t$,且当 $x = 0$ 时,$t = 0$;当 $x = 8$ 时,$t = 2$. 于是

$$原式 = \int_0^2 \dfrac{3t^2}{1+t}\mathrm{d}t = 3\int_0^2\left(t - 1 + \dfrac{1}{1+t}\right)\mathrm{d}t$$
$$= 3\left[\dfrac{t^2}{2} - t + \ln(1+t)\right]\Big|_0^2 = 3\ln 3.$$

(3) 令 $x = a\sin t$,则 $\mathrm{d}x = a\cos t\mathrm{d}t$,且当 $x = 0$ 时,$t = 0$;当 $x = a$ 时,$t = \dfrac{\pi}{2}$. 于是

$$原式 = \int_0^{\frac{\pi}{2}} a^2\sin^2 t\sqrt{a^2 - a^2\sin^2 t}\,a\cos t\mathrm{d}t = a^4\int_0^{\frac{\pi}{2}} \sin^2 t\cos^2 t\mathrm{d}t$$
$$= \dfrac{a^4}{4}\int_0^{\frac{\pi}{2}} \sin^2 2t\mathrm{d}t = \dfrac{a^4}{8}\int_0^{\frac{\pi}{2}}(1 - \cos 4t)\mathrm{d}t$$

$$= \frac{a^4}{8}\left(t - \frac{1}{4}\sin 4t\right)\Big|_0^{\frac{\pi}{2}} = \frac{\pi a^4}{16}.$$

注 由(2),(3)问可知,运用换元积分法计算定积分时,一旦换元,积分限必须要做相应的变换,否则计算结果将会出错.

例 10 用分部积分法计算下列定积分:

(1) $\int_1^e x\ln x\,\mathrm{d}x$;　　　(2) $\int_0^{\frac{\pi}{2}} \mathrm{e}^x\cos x\,\mathrm{d}x$;　　　(3) $\int_0^{\frac{\pi}{2}} x\sin x\,\mathrm{d}x$.

解 (1) 原式 $= \frac{1}{2}x^2\ln x\Big|_1^e - \frac{1}{2}\int_1^e x^2 \frac{1}{x}\mathrm{d}x = \frac{\mathrm{e}^2}{2} - \frac{1}{4}x^2\Big|_1^e = \frac{1}{4}(\mathrm{e}^2 + 1).$

(2) 原式 $= \mathrm{e}^x\cos x\Big|_0^{\frac{\pi}{2}} - \int_0^{\frac{\pi}{2}} \mathrm{e}^x(-\sin x)\mathrm{d}x = -1 + \mathrm{e}^x\sin x\Big|_0^{\frac{\pi}{2}} - \int_0^{\frac{\pi}{2}} \mathrm{e}^x\cos x\,\mathrm{d}x$

$$= -1 + \mathrm{e}^{\frac{\pi}{2}} - \int_0^{\frac{\pi}{2}} \mathrm{e}^x\cos x\,\mathrm{d}x.$$

因此 $2\int_0^{\frac{\pi}{2}} \mathrm{e}^x\cos x\,\mathrm{d}x = -1 + \mathrm{e}^{\frac{\pi}{2}}$,即 $\int_0^{\frac{\pi}{2}} \mathrm{e}^x\cos x\,\mathrm{d}x = \frac{1}{2}(\mathrm{e}^{\frac{\pi}{2}} - 1).$

(3) 原式 $= -x\cos x\Big|_0^{\frac{\pi}{2}} + \int_0^{\frac{\pi}{2}} \cos x\,\mathrm{d}x = \sin x\Big|_0^{\frac{\pi}{2}} = 1.$

例 11 设连续函数 $f(x)$ 满足 $\int_0^x f(x-t)\mathrm{d}t = \mathrm{e}^{-2x} - 1$,求 $\int_0^1 f(x)\mathrm{d}x$.

解 对被积函数 $f(x-t)$ 做变量替换,设 $x - t = u$,则

$$\int_0^x f(x-t)\mathrm{d}t = \int_x^0 f(u)\mathrm{d}(x-u) = \int_0^x f(u)\mathrm{d}u.$$

因此有等式 $\int_0^x f(u)\mathrm{d}u = \mathrm{e}^{-2x} - 1.$ 令 $x = 1$,则有

$$\int_0^1 f(x)\mathrm{d}x = \mathrm{e}^{-2} - 1.$$

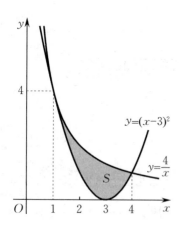

图 6-9

例 12 求由曲线 $y = \frac{4}{x}$ 与 $y = (x-3)^2$ 所围成的平面图形的面积(见图 6-9),并求此图形绕 x 轴和 y 轴旋转而成的旋转体的体积.

解 联立 $y = \frac{4}{x}$ 和 $y = (x-3)^2$,可得其交点为 $(1,4)$ 和 $(4,1)$,则这两条曲线所围成的平面图形的面积为

$$S = \int_1^4 \left[\frac{4}{x} - (x-3)^2\right]\mathrm{d}x$$
$$= \left[4\ln x - \frac{1}{3}(x-3)^3\right]\Big|_1^4 = 8\ln 2 - 3.$$

该平面图形绕 x 轴旋转而成的旋转体的体积为

$$V_x = \pi\int_1^4 \left[\left(\frac{4}{x}\right)^2 - (x-3)^4\right]\mathrm{d}x = \pi\left[-\frac{16}{x} - \frac{1}{5}(x-3)^5\right]\Big|_1^4 = \frac{27}{5}\pi.$$

该平面图形绕 y 轴旋转而成的旋转体的体积为

$$V_y = 2\pi\int_1^4 x\left[\frac{4}{x} - (x-3)^2\right]\mathrm{d}x = 2\pi\int_1^4 (-x^3 + 6x^2 - 9x + 4)\mathrm{d}x$$
$$= 2\pi\left(-\frac{x^4}{4} + 2x^3 - \frac{9}{2}x^2 + 4x\right)\Big|_1^4 = \frac{27}{2}\pi.$$

例 13 已知某产品的边际成本为 $C'(x) = 7 + \dfrac{25}{\sqrt{x}}$,固定成本为 1 000,求总成本函数.

解 $C(x) = C(0) + \displaystyle\int_0^x C'(t)\mathrm{d}t = 1\,000 + \int_0^x \left(7 + \dfrac{25}{\sqrt{t}}\right)\mathrm{d}t$

$\qquad\qquad = 1\,000 + 7x + 50\sqrt{x}.$

例 14 某地区居民购买冰箱的消费支出 $W(x)$ 的变化率是居民总收入 x 的函数: $W'(x) = \dfrac{1}{200\sqrt{x}}$. 当该地区居民总收入由 4 亿元增加至 9 亿元时,问:购买冰箱的消费支出增加多少?

解 $\displaystyle\int_4^9 W'(x)\mathrm{d}x = \int_4^9 \dfrac{1}{200\sqrt{x}}\mathrm{d}x = \dfrac{1}{100}\sqrt{x}\,\Big|_4^9 = \dfrac{1}{100}$(单位:亿元).

例 15 计算下列广义积分:

(1) $\displaystyle\int_0^{+\infty} \mathrm{e}^{-x}\sin x\,\mathrm{d}x$; 　　　　　(2) $\displaystyle\int_0^1 \dfrac{x}{\sqrt{1-x^2}}\mathrm{d}x.$

解 (1) 原式 $= -\mathrm{e}^{-x}\cos x\,\Big|_0^{+\infty} + \displaystyle\int_0^{+\infty} \cos x(-\mathrm{e}^{-x})\mathrm{d}x$

$\qquad\qquad = 1 - \left(\mathrm{e}^{-x}\sin x\,\Big|_0^{+\infty} + \displaystyle\int_0^{+\infty} \mathrm{e}^{-x}\sin x\,\mathrm{d}x\right)$

$\qquad\qquad = 1 - \displaystyle\int_0^{+\infty} \mathrm{e}^{-x}\sin x\,\mathrm{d}x,$

所以 $2\displaystyle\int_0^{+\infty} \mathrm{e}^{-x}\sin x\,\mathrm{d}x = 1$,故该广义积分收敛,且 $\displaystyle\int_0^{+\infty} \mathrm{e}^{-x}\sin x\,\mathrm{d}x = \dfrac{1}{2}.$

(2) $x = 1$ 为被积函数的瑕点,

$\qquad\qquad$ 原式 $= -\dfrac{1}{2}\displaystyle\int_0^1 \dfrac{\mathrm{d}(1-x^2)}{\sqrt{1-x^2}} = -\sqrt{1-x^2}\,\Big|_0^1 = 1.$

课后习题选解

（A）

1. 利用定积分的定义计算下列定积分:

(1) $\displaystyle\int_0^1 x\mathrm{d}x$;

解 由于被积函数 $y = x$ 在积分区间 $[0,1]$ 上连续,故必然可积. 所以,积分值与区间的分割方式和点 ξ_i 的选取无关,因此可将区间 $[0,1]$ n 等分,每个小区间的长度为 $\Delta x_i = \dfrac{1}{n}$,选取小区间的右端点为 ξ_i,可得 $\xi_i = \dfrac{i}{n}$,则

$$\int_0^1 x\mathrm{d}x = \lim_{n\to\infty}\sum_{i=1}^n \left(\dfrac{i}{n}\cdot\dfrac{1}{n}\right) = \lim_{n\to\infty}\dfrac{n(n+1)}{2n^2} = \dfrac{1}{2}.$$

(2) $\displaystyle\int_0^1 \mathrm{e}^x\mathrm{d}x.$

解 由于被积函数 $y = \mathrm{e}^x$ 在积分区间 $[0,1]$ 上连续,故必然可积. 所以,积分值与区间的分割方式和点

ξ_i 的选取无关,因此可将区间 $[0,1]$ n 等分,每个小区间的长度为 $\Delta x_i = \dfrac{1}{n}$,选取小区间的右端点为 ξ_i,可得 $\xi_i = \dfrac{i}{n}$,则

$$\int_0^1 e^x dx = \lim_{n \to \infty} \sum_{i=1}^n \left(e^{\frac{i}{n}} \cdot \frac{1}{n} \right) = \lim_{n \to \infty} \frac{1}{n} (e^{\frac{1}{n}} + e^{\frac{2}{n}} + \cdots + e^{\frac{n}{n}})$$

$$= \lim_{n \to \infty} \left[\frac{1}{n} \cdot \frac{e^{\frac{1}{n}}(1-e)}{1-e^{\frac{1}{n}}} \right] = (1-e) \lim_{n \to \infty} \frac{\frac{1}{n}}{1-e^{\frac{1}{n}}}$$

$$= (1-e) \lim_{n \to \infty} \frac{-\frac{1}{n^2}}{\frac{1}{n^2} e^{\frac{1}{n}}} = e - 1.$$

2.利用定积分求下列极限:

(1) $\lim\limits_{n \to \infty} \dfrac{1}{n^4}(1+2^3+\cdots+n^3)$;

解 $\lim\limits_{n \to \infty} \dfrac{1}{n^4}(1+2^3+\cdots+n^3) = \lim\limits_{n \to \infty} \sum\limits_{i=1}^n \left(\dfrac{i}{n}\right)^3 \dfrac{1}{n} = \int_0^1 x^3 dx = \left.\dfrac{x^4}{4}\right|_0^1 = \dfrac{1}{4}.$

(2) $\lim\limits_{n \to \infty} n \left[\dfrac{1}{(n+1)^2} + \dfrac{1}{(n+2)^2} + \cdots + \dfrac{1}{(n+n)^2} \right]$;

解 $\lim\limits_{n \to \infty} \dfrac{1}{n} \left[\left(\dfrac{n}{n+1}\right)^2 + \left(\dfrac{n}{n+2}\right)^2 + \cdots + \left(\dfrac{n}{n+n}\right)^2 \right]$

$$= \lim_{n \to \infty} \dfrac{1}{n} \left[\left(\dfrac{1}{1+\frac{1}{n}}\right)^2 + \left(\dfrac{1}{1+\frac{2}{n}}\right)^2 + \cdots + \left(\dfrac{1}{1+\frac{n}{n}}\right)^2 \right]$$

$$= \lim_{n \to \infty} \sum_{i=1}^n \left(\dfrac{1}{1+\frac{i}{n}}\right)^2 \dfrac{1}{n} = \int_0^1 \dfrac{1}{(1+x)^2} dx = \left.-\dfrac{1}{1+x}\right|_0^1 = \dfrac{1}{2}.$$

(3) $\lim\limits_{n \to \infty} n \left(\dfrac{1}{n^2+1} + \dfrac{1}{n^2+2^2} + \cdots + \dfrac{1}{2n^2} \right).$

解 $\lim\limits_{n \to \infty} n \left(\dfrac{1}{n^2+1} + \dfrac{1}{n^2+2^2} + \cdots + \dfrac{1}{2n^2} \right) = \lim\limits_{n \to \infty} \dfrac{1}{n} \left[\dfrac{1}{1+\frac{1}{n^2}} + \dfrac{1}{1+\frac{2^2}{n^2}} + \cdots + \dfrac{1}{1+\frac{n^2}{n^2}} \right]$

$$= \lim_{n \to \infty} \sum_{i=1}^n \dfrac{1}{1+\left(\frac{i}{n}\right)^2} \cdot \dfrac{1}{n}$$

$$= \int_0^1 \dfrac{1}{1+x^2} dx = \left.\arctan x\right|_0^1 = \dfrac{\pi}{4}.$$

3.利用定积分的几何意义,试求出下列积分值:

(1) $\int_0^1 x dx$;

解 $\int_0^1 x dx$ 在几何上表示如图 6-10 所示三角形的面积,故

$$\int_0^1 x dx = \dfrac{1}{2} \times 1 \times 1 = \dfrac{1}{2}.$$

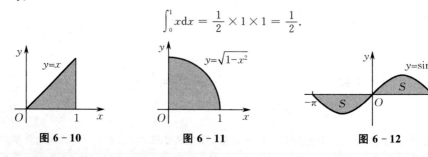

图 6-10　　　　图 6-11　　　　图 6-12

(2) $\int_0^1 \sqrt{1-x^2}\,dx$;

解 $\int_0^1 \sqrt{1-x^2}\,dx$ 在几何上表示如图 6-11 所示四分之一圆的面积,故

$$\int_0^1 \sqrt{1-x^2}\,dx = \frac{1}{4} \times \pi \times 1^2 = \frac{\pi}{4}.$$

(3) $\int_{-\pi}^{\pi} \sin x\,dx$.

解 如图 6-12 所示,

$$\int_{-\pi}^{\pi} \sin x\,dx = \int_{-\pi}^{0} \sin x\,dx + \int_{0}^{\pi} \sin x\,dx = -S + S = 0.$$

4. 判别下列定积分的大小:

(1) $\int_1^2 x^2\,dx$ 与 $\int_1^2 x^3\,dx$;

解 在区间 $[1,2]$ 上,$x^2 \leqslant x^3$,且只有当 $x=1$ 时,$x^2 = x^3$,因此由定积分的性质可知

$$\int_1^2 x^2\,dx < \int_1^2 x^3\,dx.$$

(2) $\int_0^1 e^x\,dx$ 与 $\int_0^1 e^{x^2}\,dx$;

解 在区间 $[0,1]$ 上,$x \geqslant x^2$,因此 $e^x \geqslant e^{x^2}$,且只有当 $x=0$ 和 $x=1$ 时,$e^x = e^{x^2}$.于是

$$\int_0^1 e^x\,dx > \int_0^1 e^{x^2}\,dx.$$

(3) $\int_1^e \ln x\,dx$ 与 $\int_1^e (\ln x)^2\,dx$;

解 在区间 $[1,e]$ 上,$0 \leqslant \ln x \leqslant 1$,因此 $\ln x \geqslant (\ln x)^2$,且只有当 $x=1$ 和 $x=e$ 时,$\ln x = (\ln x)^2$.于是

$$\int_1^e \ln x\,dx > \int_1^e (\ln x)^2\,dx.$$

(4) $\int_{-\frac{\pi}{2}}^{0} \sin x\,dx$ 与 $\int_{0}^{\frac{\pi}{2}} \sin x\,dx$;

解 在区间 $\left[-\frac{\pi}{2}, 0\right]$ 上,$\sin x \leqslant 0$,在区间 $\left[0, \frac{\pi}{2}\right]$ 上,$\sin x \geqslant 0$,故

$$\int_{-\frac{\pi}{2}}^{0} \sin x\,dx < \int_{0}^{\frac{\pi}{2}} \sin x\,dx.$$

(5) $\int_{0}^{\frac{\pi}{2}} x\,dx$ 与 $\int_{0}^{\frac{\pi}{2}} \sin x\,dx$;

解 在区间 $\left[0, \frac{\pi}{2}\right]$ 上,$x > \sin x$,且只有当 $x=0$ 时,$x = \sin x$,故

$$\int_{0}^{\frac{\pi}{2}} x\,dx > \int_{0}^{\frac{\pi}{2}} \sin x\,dx.$$

(6) $\int_0^1 e^x\,dx$ 与 $\int_0^1 (1+x)\,dx$.

解 在区间 $[0,1]$ 上,$e^x \geqslant 1+x$,且只有当 $x=0$ 时,$e^x = 1+x$,故

$$\int_0^1 e^x\,dx > \int_0^1 (1+x)\,dx.$$

5. 估计下列积分值:

(1) $\int_0^1 e^{x^2}\,dx$;

解 在区间 $[0,1]$ 上,$y = e^{x^2}$ 的最小值为 1,最大值为 e,因此

$$1 < \int_0^1 e^{x^2} dx < e.$$

(2) $\int_1^4 (x^2+1)dx$；

解 在区间$[1,4]$上，$y=x^2+1$的最小值为2，最大值为17，因此

$$6 < \int_1^4 (x^2+1)dx < 51.$$

(3) $\int_{\frac{\sqrt{3}}{3}}^{\sqrt{3}} x\arctan x dx$.

解 在区间$\left[\frac{\sqrt{3}}{3}, \sqrt{3}\right]$上，$y=x\arctan x$的最小值为$y=\frac{\sqrt{3}}{18}\pi$，最大值为$y=\frac{\sqrt{3}}{3}\pi$，因此

$$\frac{\pi}{9} < \int_{\frac{\sqrt{3}}{3}}^{\sqrt{3}} x\arctan x dx < \frac{2}{3}\pi.$$

6. 设函数$f(x)$及$g(x)$在$[a,b]$上连续，证明：

(1) 若在$[a,b]$上，$f(x) \geqslant 0$，且$\int_a^b f(x)dx = 0$，则在$[a,b]$上，$f(x) \equiv 0$；

证明 用反证法。设在$[a,b]$上$f(x)$不恒为零，由(2)问的结论可得$\int_a^b f(x)dx > 0$，这与$\int_a^b f(x)dx = 0$矛盾，所以在$[a,b]$上，$f(x) \equiv 0$. 因此，只要证明(2)问中的结论即可.

(2) 若在$[a,b]$上，$f(x) \geqslant 0$，且$f(x)$不恒为零，则在$[a,b]$上，$\int_a^b f(x)dx > 0$；

证明 因为$f(x)$不恒为零，所以存在$x_0 \in [a,b]$，使得$f(x_0) > 0$.

① 若$x_0 \in (a,b)$，由$\lim_{x \to x_0} f(x) = f(x_0) > \frac{1}{2}f(x_0)$，存在$\delta > 0$，$x_0-\delta, x_0+\delta \in (a,b)$，使得当$x_0-\delta \leqslant x \leqslant x_0+\delta$时，$f(x) > \frac{1}{2}f(x_0)$，则

$$\int_a^b f(x)dx = \int_a^{x_0-\delta} f(x)dx + \int_{x_0-\delta}^{x_0+\delta} f(x)dx + \int_{x_0+\delta}^b f(x)dx$$

$$\geqslant \int_{x_0-\delta}^{x_0+\delta} f(x)dx > \frac{1}{2}f(x_0) \cdot 2\delta > 0.$$

② 若x_0取端点，不妨设$x_0 = a$，$\lim_{x \to x_0^+} f(x) = f(x_0) > \frac{1}{2}f(x_0)$，则存在$\delta > 0$，$a+\delta \in (a,b)$，使得当$a \leqslant x \leqslant a+\delta$时，$f(x) > \frac{1}{2}f(x_0)$，则

$$\int_a^b f(x)dx = \int_a^{a+\delta} f(x)dx + \int_{a+\delta}^b f(x)dx \geqslant \int_a^{a+\delta} f(x)dx > \frac{1}{2}f(x_0)\delta > 0.$$

(3) 若在$[a,b]$上，$f(x) \leqslant g(x)$，且$\int_a^b f(x)dx = \int_a^b g(x)dx$，则在$[a,b]$上，$f(x) \equiv g(x)$；

证明 因为$f(x) \leqslant g(x)$，且$\int_a^b f(x)dx = \int_a^b g(x)dx$，所以$g(x)-f(x) \geqslant 0$，$\int_a^b [g(x)-f(x)]dx = 0$. 由(1)问的结论可得$g(x) - f(x) \equiv 0$，则在$[a,b]$上，$f(x) \equiv g(x)$.

(4) 若在$[a,b]$上，$f(x) \leqslant g(x)$，且$f(x)$不恒等于$g(x)$，则$\int_a^b f(x)dx < \int_a^b g(x)dx$.

证明 因为$f(x) \leqslant g(x)$，且$f(x)$不恒等于$g(x)$，所以$g(x)-f(x) \geqslant 0$，且$g(x)-f(x)$不恒为零. 由(2)问的结论可得$\int_a^b [g(x)-f(x)]dx > 0$，则在$[a,b]$上，$\int_a^b f(x)dx < \int_a^b g(x)dx$.

7. 设函数$f(x)$在$[-a,a]$上连续，证明：

(1) 若$f(x)$为偶函数，则$\int_{-a}^a f(x)dx = 2\int_0^a f(x)dx$；

(2) 若$f(x)$为奇函数，则$\int_{-a}^a f(x)dx = 0$.

证明 $\int_{-a}^{a} f(x)\mathrm{d}x = \int_{-a}^{0} f(x)\mathrm{d}x + \int_{0}^{a} f(x)\mathrm{d}x$，令 $x = -t$，则

$$\int_{-a}^{0} f(x)\mathrm{d}x = -\int_{a}^{0} f(-t)\mathrm{d}t = \int_{0}^{a} f(-t)\mathrm{d}t.$$

(1) 若 $f(x)$ 为偶函数，则 $f(-t) = f(t)$，故 $\int_{-a}^{a} f(x)\mathrm{d}x = 2\int_{0}^{a} f(x)\mathrm{d}x$.

(2) 若 $f(x)$ 为奇函数，则 $f(-t) = -f(t)$，故 $\int_{-a}^{a} f(x)\mathrm{d}x = 0$.

8. 求下列变限积分函数的导数：

(1) $\int_{0}^{x} \dfrac{t}{\sqrt{1+t^2}} \mathrm{d}t$；

解 $\left(\int_{0}^{x} \dfrac{t}{\sqrt{1+t^2}} \mathrm{d}t\right)' = \dfrac{x}{\sqrt{1+x^2}}$.

(2) $\int_{x}^{5} t\arctan t\, \mathrm{d}t$；

解 $\left(\int_{x}^{5} t\arctan t\, \mathrm{d}t\right)' = -x\arctan x$.

(3) $\int_{0}^{x^2} \sqrt{1+t^2}\, \mathrm{d}t$；

解 $\left(\int_{0}^{x^2} \sqrt{1+t^2}\, \mathrm{d}t\right)' = \sqrt{1+(x^2)^2} \cdot 2x = 2x\sqrt{1+x^4}$.

(4) $\int_{x^2}^{x^3} \dfrac{\mathrm{d}t}{\sqrt{1+t^4}}$；

解 $\left(\int_{x^2}^{x^3} \dfrac{\mathrm{d}t}{\sqrt{1+t^4}}\right)' = \dfrac{3x^2}{\sqrt{1+(x^3)^4}} - \dfrac{2x}{\sqrt{1+(x^2)^4}} = \dfrac{3x^2}{\sqrt{1+x^{12}}} - \dfrac{2x}{\sqrt{1+x^8}}$.

(6) $\int_{0}^{x} x^2 f(t)\mathrm{d}t$ （$f(x)$ 是连续函数）；

解 $\left(\int_{0}^{x} x^2 f(t)\mathrm{d}t\right)' = \left(x^2 \int_{0}^{x} f(t)\mathrm{d}t\right)' = 2x \int_{0}^{x} f(t)\mathrm{d}t + x^2 f(x)$.

(7) 求函数 $y = \int_{0}^{x} \sin t\, \mathrm{d}t$ 在 $x = 0$ 及 $x = \dfrac{\pi}{4}$ 时的导数.

解 $y' = \left(\int_{0}^{x} \sin t\, \mathrm{d}t\right)' = \sin x$，当 $x = 0$ 时，$y' = 0$；当 $x = \dfrac{\pi}{4}$ 时，$y' = \dfrac{\sqrt{2}}{2}$.

9. 求下列极限：

(1) $\lim\limits_{x \to 0} \dfrac{\int_{0}^{x} \cos t^2\, \mathrm{d}t}{x}$；

解 原式 $= \lim\limits_{x \to 0} \dfrac{\cos x^2}{1} = 1$.

(2) $\lim\limits_{x \to 0} \dfrac{\int_{0}^{x} (\sqrt{1+t^2} - \sqrt{1-t^2})\mathrm{d}t}{x^3}$；

解 原式 $= \lim\limits_{x \to 0} \dfrac{\sqrt{1+x^2} - \sqrt{1-x^2}}{3x^2} = \lim\limits_{x \to 0} \dfrac{2x^2}{3x^2(\sqrt{1+x^2} + \sqrt{1-x^2})} = \dfrac{1}{3}$.

(3) $\lim\limits_{x \to 0} \dfrac{\ln(1+x) \int_{0}^{x} \sin t\, \mathrm{d}t}{x^3}$；

解 原式 $= \lim\limits_{x \to 0} \dfrac{x \int_{0}^{x} \sin t\, \mathrm{d}t}{x^3} = \lim\limits_{x \to 0} \dfrac{\int_{0}^{x} \sin t\, \mathrm{d}t}{x^2} = \lim\limits_{x \to 0} \dfrac{\sin x}{2x} = \dfrac{1}{2}$.

(4) $\lim\limits_{x \to 0^+} \dfrac{\int_0^{\sin x} \sqrt{\tan t}\,dt}{\int_0^{\tan x} \sqrt{\sin t}\,dt}$;

解 原式 $= \lim\limits_{x \to 0^+} \dfrac{\sqrt{\tan(\sin x)}\cos x}{\sqrt{\sin(\tan x)}\sec^2 x} = \lim\limits_{x \to 0^+} \dfrac{\sqrt{x}\cos^3 x}{\sqrt{x}} = 1.$

(5) $\lim\limits_{n \to \infty} \int_n^{n+p} x^2 e^{-x^2}\,dx$ ($p > 0$, n 为正整数).

解 由积分中值定理得

$$\lim_{n \to \infty} \int_n^{n+p} x^2 e^{-x^2}\,dx = \lim_{n \to \infty} \xi^2 e^{-\xi^2} p \quad (n < \xi < n+p)$$

$$= p \lim_{\xi \to +\infty} \dfrac{\xi^2}{e^{\xi^2}} = p \lim_{\xi \to +\infty} \dfrac{2\xi}{2\xi e^{\xi^2}} = 0.$$

10. 试求由方程 $\int_0^y e^t\,dt + \int_0^x \cos t\,dt = 0$ 所确定的隐函数 y 对 x 的导数 $\dfrac{dy}{dx}$.

解 方程两边同时对 x 求导,得

$$e^y \dfrac{dy}{dx} + \cos x = 0,$$

因此

$$\dfrac{dy}{dx} = -\dfrac{\cos x}{e^y} = -e^{-y}\cos x.$$

11. 求函数 $f(x) = \int_0^x t e^{-t^2}\,dt$ 的极值点与极值.

解 令 $f'(x) = xe^{-x^2} = 0$,解得驻点为 $x = 0$,且此函数没有不可导点. 又当 $x < 0$ 时,$f'(x) = xe^{-x^2} < 0$,当 $x > 0$ 时,$f'(x) = xe^{-x^2} > 0$,故 $x = 0$ 为该函数的极小值点,且极小值为

$$f(0) = \int_0^0 t e^{-t^2}\,dt = 0.$$

12. 计算下列定积分:

(1) $\int_0^a (3x^2 - x + 1)\,dx$;

解 原式 $= \left(x^3 - \dfrac{1}{2}x^2 + x\right)\Big|_0^a = a^3 - \dfrac{1}{2}a^2 + a.$

(2) $\int_1^2 \left(x^2 + \dfrac{1}{x^4}\right)dx$;

解 原式 $= \left(\dfrac{1}{3}x^3 - \dfrac{1}{3}x^{-3}\right)\Big|_1^2 = \dfrac{21}{8}.$

(3) $\int_4^9 \sqrt{x}(1 + \sqrt{x})\,dx$;

解 原式 $= \int_4^9 (\sqrt{x} + x)\,dx = \left(\dfrac{2}{3}x^{\frac{3}{2}} + \dfrac{1}{2}x^2\right)\Big|_4^9 = \dfrac{271}{6}.$

(4) $\int_{\frac{\sqrt{3}}{3}}^{\sqrt{3}} \dfrac{dx}{1 + x^2}$;

解 原式 $= \arctan x \Big|_{\frac{\sqrt{3}}{3}}^{\sqrt{3}} = \arctan\sqrt{3} - \arctan\dfrac{\sqrt{3}}{3} = \dfrac{\pi}{6}.$

(5) $\int_{-\frac{1}{2}}^{\frac{1}{2}} \dfrac{dx}{\sqrt{1 - x^2}}$;

解 原式 $= \arcsin x \Big|_{-\frac{1}{2}}^{\frac{1}{2}} = \dfrac{\pi}{3}.$

(6) $\int_0^{\sqrt{3}a} \dfrac{dx}{a^2 + x^2}$;

解 原式 $= \dfrac{1}{a} \arctan \dfrac{x}{a} \Big|_0^{\sqrt{3}a} = \dfrac{\pi}{3a}$.

(7) $\int_0^\pi \cos^2 \dfrac{x}{2} dx$;

解 原式 $= \int_0^\pi \dfrac{1+\cos x}{2} dx = \dfrac{1}{2}(x+\sin x)\Big|_0^\pi = \dfrac{\pi}{2}$.

(8) $\int_{-1}^3 \max\{1, x^2\} dx$.

解 原式 $= \int_{-1}^1 1 dx + \int_1^3 x^2 dx = 2 + \dfrac{x^3}{3}\Big|_1^3 = \dfrac{32}{3}$.

13. 设函数
$$f(x) = \begin{cases} 2x-1, & -1 \leqslant x < 0, \\ e^{-x}, & 0 \leqslant x \leqslant 1, \end{cases}$$
求定积分 $\int_{-1}^1 f(x) dx$.

解 $\int_{-1}^1 f(x) dx = \int_{-1}^0 (2x-1) dx + \int_0^1 e^{-x} dx = (x^2 - x)\Big|_{-1}^0 - e^{-x}\Big|_0^1 = -(e^{-1} + 1)$.

14. 计算下列定积分：

(2) $\int_{-1}^7 \dfrac{dx}{\sqrt{4+3x}}$;

解 原式 $= \dfrac{1}{3} \int_{-1}^7 (4+3x)^{-\frac{1}{2}} d(4+3x) = \dfrac{2}{3}\sqrt{4+3x}\Big|_{-1}^7$

$= \dfrac{2}{3}(\sqrt{4+3\times 7} - \sqrt{4+3\times(-1)}) = \dfrac{8}{3}$.

(3) $\int_{\frac{\pi}{3}}^{\pi} \sin\left(x + \dfrac{\pi}{3}\right) dx$;

解 原式 $= \int_{\frac{\pi}{3}}^\pi \sin\left(x+\dfrac{\pi}{3}\right) d\left(x+\dfrac{\pi}{3}\right) = -\cos\left(x+\dfrac{\pi}{3}\right)\Big|_{\frac{\pi}{3}}^\pi = 0$.

(4) $\int_1^{e^2} \dfrac{dx}{x\sqrt{1+\ln x}}$;

解 原式 $= \int_1^{e^2} \dfrac{d(1+\ln x)}{\sqrt{1+\ln x}} = 2\sqrt{1+\ln x}\Big|_1^{e^2} = 2(\sqrt{3}-1)$.

(5) $\int_0^5 \dfrac{2x^2+3x-5}{x+3} dx$;

解 原式 $= \int_0^5 \left(2x-3+\dfrac{4}{x+3}\right) dx = [x^2-3x+4\ln(x+3)]\Big|_0^5 = 10+12\ln 2 - 4\ln 3$.

(6) $\int_{-2}^1 \dfrac{dx}{(11+5x)^3}$;

解 原式 $= \dfrac{1}{5}\int_{-2}^1 (11+5x)^{-3} d(11+5x) = -\dfrac{1}{10(11+5x)^2}\Big|_{-2}^1 = \dfrac{51}{512}$.

(7) $\int_0^5 \dfrac{x^3}{1+x^2} dx$;

解 原式 $= \dfrac{1}{2}\int_0^5 \dfrac{x^2}{1+x^2} d(x^2) = \dfrac{1}{2}\int_0^5 \dfrac{x^2+1-1}{1+x^2} d(x^2) = \dfrac{1}{2}\int_0^5 \left(1-\dfrac{1}{1+x^2}\right) d(x^2)$

$= \dfrac{1}{2}[x^2-\ln(1+x^2)]\Big|_0^5 = \dfrac{1}{2}(25-\ln 26)$.

(8) $\int_0^1 x\sqrt[3]{1-x^2} dx$;

解 令 $x = \sin t$, 则 $dx = \cos t dt$, 于是

$$原式 = \int_0^{\frac{\pi}{2}} \sin t \sqrt[3]{\cos^2 t} \cos t \, dt = -\int_0^{\frac{\pi}{2}} \cos^{\frac{5}{3}} t \, d(\cos t) = -\frac{3}{8} \cos^{\frac{8}{3}} t \Big|_0^{\frac{\pi}{2}} = \frac{3}{8}.$$

(9) $\int_0^{\frac{\pi}{4}} \tan^3 x \, dx$;

解 $\quad$ 原式 $= \int_0^{\frac{\pi}{4}} (\sec^2 x - 1) \tan x \, dx = \int_0^{\frac{\pi}{4}} \sec^2 x \tan x \, dx - \int_0^{\frac{\pi}{4}} \tan x \, dx$

$$= \int_0^{\frac{\pi}{4}} \tan x \, d(\tan x) - \int_0^{\frac{\pi}{4}} \tan x \, dx = \frac{\tan^2 x}{2} \Big|_0^{\frac{\pi}{4}} + \ln(\cos x) \Big|_0^{\frac{\pi}{4}} = \frac{1}{2}(1 - \ln 2).$$

(10) $\int_{-1}^1 (x + \sqrt{1-x^2})^2 \, dx$;

解 $\quad$ 原式 $= \int_{-1}^1 (x^2 + 2x\sqrt{1-x^2} + 1 - x^2) \, dx = \int_{-1}^1 (2x\sqrt{1-x^2} + 1) \, dx$,

因为 $2x\sqrt{1-x^2}$ 是奇函数,积分区间关于原点对称,故 $\int_{-1}^1 2x\sqrt{1-x^2} \, dx = 0$, 从而原式 $= x \Big|_{-1}^1 = 2$.

(11) $\int_{-\frac{\pi}{2}}^{\frac{\pi}{2}} \sqrt{\cos x - \cos^3 x} \, dx$;

解 $\quad$ 原式 $= \int_{-\frac{\pi}{2}}^{\frac{\pi}{2}} |\sin x| \sqrt{\cos x} \, dx = 2 \int_0^{\frac{\pi}{2}} \sin x \sqrt{\cos x} \, dx$

$$= -2 \int_0^{\frac{\pi}{2}} \sqrt{\cos x} \, d(\cos x) = -2 \cdot \frac{2}{3} \cos^{\frac{3}{2}} x \Big|_0^{\frac{\pi}{2}} = \frac{4}{3}.$$

(12) $\int_0^{\frac{\pi}{2}} \sqrt{1 - \sin 2x} \, dx$;

解 $\quad$ 原式 $= \int_0^{\frac{\pi}{2}} |\sin x - \cos x| \, dx = \int_0^{\frac{\pi}{4}} (\cos x - \sin x) \, dx + \int_{\frac{\pi}{4}}^{\frac{\pi}{2}} (\sin x - \cos x) \, dx$

$$= (\sin x + \cos x) \Big|_0^{\frac{\pi}{4}} + (-\cos x - \sin x) \Big|_{\frac{\pi}{4}}^{\frac{\pi}{2}} = 2(\sqrt{2} - 1).$$

(13) $\int_0^{\frac{\pi}{4}} \tan x \ln(\cos x) \, dx$;

解 $\quad$ 原式 $= -\int_0^{\frac{\pi}{4}} \ln(\cos x) \, d(\ln(\cos x)) = -\frac{1}{2} (\ln(\cos x))^2 \Big|_0^{\frac{\pi}{4}}$

$$= -\frac{1}{2} \left(\ln \frac{\sqrt{2}}{2} \right)^2 = -\frac{1}{8} (\ln 2)^2.$$

(14) $\int_1^e \frac{x^2 + (\ln x)^2}{x} \, dx$;

解 $\quad$ 原式 $= \int_1^e x \, dx + \int_1^e \frac{(\ln x)^2}{x} \, dx = \frac{1}{2} x^2 \Big|_1^e + \int_1^e (\ln x)^2 \, d(\ln x)$

$$= \frac{1}{2} e^2 - \frac{1}{2} + \frac{1}{3} (\ln x)^3 \Big|_1^e = \frac{1}{2} e^2 - \frac{1}{6}.$$

(15) $\int_{-\frac{1}{2}}^{\frac{1}{2}} \frac{(\arcsin x)^2}{\sqrt{1-x^2}} \, dx$;

解 $\quad$ 原式 $= 2 \int_0^{\frac{1}{2}} \frac{(\arcsin x)^2}{\sqrt{1-x^2}} \, dx = 2 \int_0^{\frac{1}{2}} (\arcsin x)^2 \, d(\arcsin x)$

$$= \frac{2}{3} (\arcsin x)^3 \Big|_0^{\frac{1}{2}} = \frac{\pi^3}{324}.$$

(16) $\int_{-\sqrt{2}}^{\sqrt{2}} \sqrt{8 - 2x^2} \, dx$;

解 $\quad$ 原式 $= 2 \int_0^{\sqrt{2}} \sqrt{8 - 2x^2} \, dx$,

令 $x = 2\sin t$，当 $x = 0$ 时，$t = 0$；当 $x = \sqrt{2}$ 时，$t = \dfrac{\pi}{4}$，且 $\mathrm{d}x = 2\cos t\mathrm{d}t$，于是

$$原式 = 2\int_0^{\frac{\pi}{4}} \sqrt{8 - 8\sin^2 t}\, 2\cos t\mathrm{d}t = 8\sqrt{2}\int_0^{\frac{\pi}{4}} \cos^2 t\mathrm{d}t = 4\sqrt{2}\int_0^{\frac{\pi}{4}} (1 + \cos 2t)\mathrm{d}t$$

$$= 4\sqrt{2}\left(\int_0^{\frac{\pi}{4}} \mathrm{d}t + \frac{1}{2}\int_0^{\frac{\pi}{4}} \cos 2t\mathrm{d}(2t)\right) = 4\sqrt{2}\left(t\Big|_0^{\frac{\pi}{4}} + \frac{1}{2}\sin 2t\Big|_0^{\frac{\pi}{4}}\right) = \sqrt{2}(\pi + 2).$$

(17) $\int_{\frac{\sqrt{2}}{2}}^{1} \dfrac{\sqrt{1-x^2}}{x^2}\mathrm{d}x$;

解 令 $x = \sin t$，当 $x = \dfrac{\sqrt{2}}{2}$ 时，$t = \dfrac{\pi}{4}$；当 $x = 1$ 时，$t = \dfrac{\pi}{2}$，且 $\mathrm{d}x = \cos t\mathrm{d}t$，于是

$$原式 = \int_{\frac{\pi}{4}}^{\frac{\pi}{2}} \frac{\sqrt{1 - \sin^2 t}}{\sin^2 t}\cos t\mathrm{d}t = \int_{\frac{\pi}{4}}^{\frac{\pi}{2}} \frac{\cos^2 t}{\sin^2 t}\mathrm{d}t = \int_{\frac{\pi}{4}}^{\frac{\pi}{2}} \cot^2 t\mathrm{d}t$$

$$= \int_{\frac{\pi}{4}}^{\frac{\pi}{2}} (\csc^2 t - 1)\mathrm{d}t = (-\cot t - t)\Big|_{\frac{\pi}{4}}^{\frac{\pi}{2}} = 1 - \frac{\pi}{4}.$$

(18) $\int_0^1 \sqrt{4 - x^2}\,\mathrm{d}x$;

解 令 $x = 2\sin t$，当 $x = 0$ 时，$t = 0$；当 $x = 1$ 时，$t = \dfrac{\pi}{6}$，且 $\mathrm{d}x = 2\cos t\mathrm{d}t$，于是

$$原式 = \int_0^{\frac{\pi}{6}} \sqrt{4 - 4\sin^2 t}\, 2\cos t\mathrm{d}t = \int_0^{\frac{\pi}{6}} 4\cos^2 t\mathrm{d}t = 2\int_0^{\frac{\pi}{6}} (1 + \cos 2t)\mathrm{d}t$$

$$= 2\int_0^{\frac{\pi}{6}} \mathrm{d}t + \int_0^{\frac{\pi}{6}} \cos 2t\mathrm{d}(2t) = 2t\Big|_0^{\frac{\pi}{6}} + \sin 2t\Big|_0^{\frac{\pi}{6}} = \frac{\pi}{3} + \frac{\sqrt{3}}{2}.$$

(19) $\int_0^{\frac{1}{2}} \dfrac{1+x}{\sqrt{1-x^2}}\mathrm{d}x$;

解 $$原式 = \int_0^{\frac{1}{2}} \frac{1}{\sqrt{1-x^2}}\mathrm{d}x + \int_0^{\frac{1}{2}} \frac{x}{\sqrt{1-x^2}}\mathrm{d}x = \arcsin x\Big|_0^{\frac{1}{2}} - \frac{1}{2}\int_0^{\frac{1}{2}} \frac{\mathrm{d}(1-x^2)}{\sqrt{1-x^2}}$$

$$= \frac{\pi}{6} - \sqrt{1-x^2}\Big|_0^{\frac{1}{2}} = \frac{\pi}{6} - \frac{\sqrt{3}}{2} + 1.$$

(20) $\int_1^{\sqrt{3}} \dfrac{\mathrm{d}x}{x^2\sqrt{1+x^2}}$;

解 令 $x = \tan t$，则 $\mathrm{d}x = \sec^2 t\mathrm{d}t$，于是

$$原式 = \int_{\frac{\pi}{4}}^{\frac{\pi}{3}} \frac{\sec^2 t}{\tan^2 t\sec t}\mathrm{d}t = \int_{\frac{\pi}{4}}^{\frac{\pi}{3}} \frac{\cos t}{\sin^2 t}\mathrm{d}t = \int_{\frac{\pi}{4}}^{\frac{\pi}{3}} \frac{\mathrm{d}(\sin t)}{\sin^2 t} = -\frac{1}{\sin t}\Big|_{\frac{\pi}{4}}^{\frac{\pi}{3}} = \sqrt{2} - \frac{2}{3}\sqrt{3}.$$

(21) $\int_0^{\pi} \sqrt{1 + \cos 2x}\,\mathrm{d}x$;

解 $$原式 = \int_0^{\pi} \sqrt{2\cos^2 x}\,\mathrm{d}x = \sqrt{2}\int_0^{\pi} |\cos x|\,\mathrm{d}x = \sqrt{2}\left(\int_0^{\frac{\pi}{2}} \cos x\mathrm{d}x - \int_{\frac{\pi}{2}}^{\pi} \cos x\mathrm{d}x\right)$$

$$= \sqrt{2}\left(\sin x\Big|_0^{\frac{\pi}{2}} - \sin x\Big|_{\frac{\pi}{2}}^{\pi}\right) = 2\sqrt{2}.$$

(22) $\int_{-\pi}^{\pi} x^4 \sin x\mathrm{d}x$;

解 由于被积函数为奇函数，积分区间关于原点对称，因此原式 $= 0$.

(23) $\int_{-\frac{\pi}{2}}^{\frac{\pi}{2}} 4\cos^4 x\mathrm{d}x$;

解 $原式 = 8\int_0^{\frac{\pi}{2}} \cos^4 x\mathrm{d}x = 8 \cdot \dfrac{3}{4} \cdot \dfrac{1}{2} \cdot \dfrac{\pi}{2} = \dfrac{3}{2}\pi.$

(24) $\int_{-5}^{5} \dfrac{x^3 \sin^2 x}{x^4 + 2x^2 + 1} dx$.

解 由于被积函数为奇函数，积分区间关于原点对称，因此原式 $= 0$.

15. 计算下列定积分：

(1) $\int_0^1 x e^{-x} dx$；

解 原式 $= -x e^{-x} \Big|_0^1 + \int_0^1 e^{-x} dx = -\dfrac{1}{e} - e^{-x} \Big|_0^1 = 1 - \dfrac{2}{e}$.

(3) $\int_0^{\frac{2\pi}{\omega}} x \sin \omega x \, dx$；

解 原式 $= -\dfrac{x}{\omega} \cos \omega x \Big|_0^{\frac{2\pi}{\omega}} + \dfrac{1}{\omega} \int_0^{\frac{2\pi}{\omega}} \cos \omega x \, dx = -\dfrac{2\pi}{\omega^2} + \dfrac{\sin \omega x}{\omega^2} \Big|_0^{\frac{2\pi}{\omega}} = -\dfrac{2\pi}{\omega^2}$.

(4) $\int_0^1 x \arctan x \, dx$；

解 原式 $= \dfrac{x^2}{2} \arctan x \Big|_0^1 - \dfrac{1}{2} \int_0^1 \dfrac{x^2}{1+x^2} dx = \dfrac{\pi}{8} - \dfrac{1}{2} \int_0^1 \left(1 - \dfrac{1}{1+x^2}\right) dx$

$= \dfrac{\pi}{8} - \dfrac{1}{2}(x - \arctan x) \Big|_0^1 = \dfrac{\pi}{4} - \dfrac{1}{2}$.

(5) $\int_0^{\frac{\pi}{2}} e^{2x} \cos x \, dx$；

解 原式 $= e^{2x} \sin x \Big|_0^{\frac{\pi}{2}} - 2 \int_0^{\frac{\pi}{2}} e^{2x} \sin x \, dx = e^{\pi} - 2 \left(-e^{2x} \cos x \Big|_0^{\frac{\pi}{2}} + 2 \int_0^{\frac{\pi}{2}} e^{2x} \cos x \, dx\right)$

$= e^{\pi} - 2 - 4 \int_0^{\frac{\pi}{2}} e^{2x} \cos x \, dx$,

因此 $5 \int_0^{\frac{\pi}{2}} e^{2x} \cos x \, dx = e^{\pi} - 2$, 原式 $= \dfrac{1}{5}(e^{\pi} - 2)$.

(6) $\int_1^4 \dfrac{\ln x}{\sqrt{x}} dx$；

解 原式 $= \int_1^4 \ln x \, d(2\sqrt{x}) = 2\sqrt{x} \ln x \Big|_1^4 - \int_1^4 2\sqrt{x} \, d(\ln x)$

$= 4\ln 4 - \int_1^4 \dfrac{2}{\sqrt{x}} dx = 4\ln 4 - 4\sqrt{x} \Big|_1^4 = 8\ln 2 - 4$.

(7) $\int_0^{\frac{\sqrt{3}}{2}} \arccos x \, dx$；

解 原式 $= x \arccos x \Big|_0^{\frac{\sqrt{3}}{2}} - \int_0^{\frac{\sqrt{3}}{2}} x \, d(\arccos x) = \dfrac{\sqrt{3}}{12} \pi + \int_0^{\frac{\sqrt{3}}{2}} \dfrac{x}{\sqrt{1-x^2}} dx$

$= \dfrac{\sqrt{3}}{12} \pi - \dfrac{1}{2} \int_0^{\frac{\sqrt{3}}{2}} (1-x^2)^{-\frac{1}{2}} d(1-x^2) = \dfrac{\sqrt{3}}{12} \pi - \sqrt{1-x^2} \Big|_0^{\frac{\sqrt{3}}{2}} = \dfrac{\sqrt{3}}{12} \pi + \dfrac{1}{2}$.

(8) $\int_0^{\frac{1}{2}} (\arcsin x)^2 dx$；

解 原式 $= x(\arcsin x)^2 \Big|_0^{\frac{1}{2}} - 2 \int_0^{\frac{1}{2}} \dfrac{x}{\sqrt{1-x^2}} \arcsin x \, dx$

$= \dfrac{\pi^2}{72} - \left(-2\sqrt{1-x^2} \arcsin x \Big|_0^{\frac{1}{2}} + 2 \int_0^{\frac{1}{2}} \sqrt{1-x^2} \dfrac{1}{\sqrt{1-x^2}} dx\right)$

$= \dfrac{\pi^2}{72} + \dfrac{\sqrt{3}}{6} \pi - 1$.

(9) $\int_0^{\frac{\pi}{2}} \frac{x+\sin x}{1+\cos x} dx$;

解 原式 $= \int_0^{\frac{\pi}{2}} \frac{x}{1+\cos x} dx + \int_0^{\frac{\pi}{2}} \frac{\sin x}{1+\cos x} dx = \frac{1}{2} \int_0^{\frac{\pi}{2}} x \sec^2 \frac{x}{2} dx - \int_0^{\frac{\pi}{2}} \frac{d(1+\cos x)}{1+\cos x}$

$= x \tan \frac{x}{2} \Big|_0^{\frac{\pi}{2}} - \int_0^{\frac{\pi}{2}} \tan \frac{x}{2} dx - \ln(1+\cos x) \Big|_0^{\frac{\pi}{2}}$

$= \frac{\pi}{2} + \ln 2 + \ln\left(\cos \frac{x}{2}\right) \Big|_0^{\frac{\pi}{2}} = \frac{\pi}{2}.$

(10) $\int_0^{\pi} (x \sin x)^2 dx$;

解 原式 $= \int_0^{\pi} x^2 \frac{1-\cos 2x}{2} dx = \frac{1}{2} \int_0^{\pi} x^2 dx - \frac{1}{2} \int_0^{\pi} x^2 \cos 2x dx$

$= \frac{x^3}{6} \Big|_0^{\pi} - \frac{1}{4} \int_0^{\pi} x^2 d(\sin 2x) = \frac{\pi^3}{6} - \frac{1}{4} x^2 \sin 2x \Big|_0^{\pi} + \frac{1}{4} \int_0^{\pi} \sin 2x d(x^2)$

$= \frac{\pi^3}{6} + \frac{1}{2} \int_0^{\pi} x \sin 2x dx = \frac{\pi^3}{6} - \frac{1}{4} \int_0^{\pi} x d(\cos 2x)$

$= \frac{\pi^3}{6} - \frac{1}{4} x \cos 2x \Big|_0^{\pi} + \frac{1}{4} \int_0^{\pi} \cos 2x dx$

$= \frac{\pi^3}{6} - \frac{\pi}{4} + \frac{1}{8} \sin 2x \Big|_0^{\pi} = \frac{\pi^3}{6} - \frac{\pi}{4}.$

(11) $\int_0^1 \ln(x + \sqrt{1+x^2}) dx$;

解 原式 $= x\ln(x+\sqrt{1+x^2}) \Big|_0^1 - \int_0^1 x d(\ln(x+\sqrt{1+x^2}))$

$= \ln(1+\sqrt{2}) - \int_0^1 \frac{x}{\sqrt{1+x^2}} dx = \ln(1+\sqrt{2}) - \frac{1}{2} \int_0^1 (1+x^2)^{-\frac{1}{2}} d(1+x^2)$

$= \ln(1+\sqrt{2}) - \sqrt{1+x^2} \Big|_0^1 = \ln(1+\sqrt{2}) - \sqrt{2} + 1.$

(12) $\int_0^{\frac{3}{4}} \frac{\arcsin \sqrt{x}}{\sqrt{1-x}} dx$;

解 原式 $= -\int_0^{\frac{3}{4}} \arcsin \sqrt{x} \, d(2\sqrt{1-x}) = -2\sqrt{1-x} \arcsin \sqrt{x} \Big|_0^{\frac{3}{4}} + \int_0^{\frac{3}{4}} 2\sqrt{1-x} \, d(\arcsin \sqrt{x})$

$= -\frac{\pi}{3} + \int_0^{\frac{3}{4}} 2\sqrt{1-x} \frac{1}{2\sqrt{x}\sqrt{1-x}} dx = -\frac{\pi}{3} + \int_0^{\frac{3}{4}} \frac{1}{\sqrt{x}} dx = -\frac{\pi}{3} + 2\sqrt{x} \Big|_0^{\frac{3}{4}} = -\frac{\pi}{3} + \sqrt{3}.$

(13) $\int_0^1 \frac{x e^{-x}}{(1+e^{-x})^2} dx$;

解 原式 $= -\int_0^1 \frac{x}{(1+e^{-x})^2} d(1+e^{-x}) = \int_0^1 x d\left(\frac{1}{1+e^{-x}}\right) = \frac{x}{1+e^{-x}} \Big|_0^1 - \int_0^1 \frac{e^x}{1+e^x} dx$

$= \frac{e}{1+e} - \ln(1+e^x) \Big|_0^1 = \frac{e}{1+e} - \ln(1+e) + \ln 2.$

(14) $\int_1^{e^{\frac{\pi}{2}}} \cos(\ln x) dx.$

解 原式 $= x\cos(\ln x) \Big|_1^{e^{\frac{\pi}{2}}} - \int_1^{e^{\frac{\pi}{2}}} x d(\cos(\ln x)) = -1 + \int_1^{e^{\frac{\pi}{2}}} \sin(\ln x) dx$

$= -1 + x\sin(\ln x) \Big|_1^{e^{\frac{\pi}{2}}} - \int_1^{e^{\frac{\pi}{2}}} x d(\sin(\ln x)) = -1 + e^{\frac{\pi}{2}} - \int_1^{e^{\frac{\pi}{2}}} \cos(\ln x) dx,$

所以原式 $=\dfrac{1}{2}(\mathrm{e}^{\frac{\pi}{2}}-1)$.

16. 求函数 $I(x)=\displaystyle\int_0^x \dfrac{3t+1}{t^2-t+1}\mathrm{d}t$ 在 $[0,1]$ 上的最大值与最小值.

解 $I'(x)=\left(\displaystyle\int_0^x \dfrac{3t+1}{t^2-t+1}\mathrm{d}t\right)'=\dfrac{3x+1}{x^2-x+1}$,

因为在 $[0,1]$ 上,$I'(x)>0$,所以函数 $I(x)$ 在 $[0,1]$ 上单调增加. 故 $I(x)$ 在 $x=0$ 处取得最小值 $I(0)=0$,在 $x=1$ 处取得最大值

$$I(1)=\int_0^1 \dfrac{3t+1}{t^2-t+1}\mathrm{d}t=\int_0^1 \dfrac{3\left(t-\dfrac{1}{2}\right)}{\left(t-\dfrac{1}{2}\right)^2+\dfrac{3}{4}}\mathrm{d}t+\dfrac{5}{2}\int_0^1 \dfrac{1}{\left(t-\dfrac{1}{2}\right)^2+\dfrac{3}{4}}\mathrm{d}t$$

$$=\dfrac{3}{2}\int_0^1 \dfrac{1}{\left(t-\dfrac{1}{2}\right)^2+\dfrac{3}{4}}\mathrm{d}\left[\left(t-\dfrac{1}{2}\right)^2+\dfrac{3}{4}\right]+\dfrac{5}{2}\int_0^1 \dfrac{1}{\left(t-\dfrac{1}{2}\right)^2+\dfrac{3}{4}}\mathrm{d}t$$

$$=\dfrac{3}{2}\ln\left[\left(t-\dfrac{1}{2}\right)^2+\dfrac{3}{4}\right]\Big|_0^1+\dfrac{5}{2}\cdot\dfrac{2}{\sqrt{3}}\arctan\dfrac{2}{\sqrt{3}}\left(t-\dfrac{1}{2}\right)\Big|_0^1$$

$$=\dfrac{5}{9}\sqrt{3}\pi.$$

所以,函数 $I(x)$ 在 $[0,1]$ 上的最大值为 $\dfrac{5}{9}\sqrt{3}\pi$,最小值为 0.

17. 求函数 $y=\displaystyle\int_0^x (t-1)(t-2)^2\mathrm{d}t$ 的拐点.

解 $y'=\left(\displaystyle\int_0^x (t-1)(t-2)^2\mathrm{d}t\right)'=(x-1)(x-2)^2$,

$y''=(x-2)^2+2(x-1)(x-2)=(x-2)(3x-4)$,

令 $y''=0$,得 $x=\dfrac{4}{3},x=2$.

当 $x<\dfrac{4}{3}$ 时,$y''>0$;当 $\dfrac{4}{3}<x<2$ 时,$y''<0$;当 $x>2$ 时,$y''>0$,所以拐点为 $\left(\dfrac{4}{3},-\dfrac{112}{81}\right),\left(2,-\dfrac{3}{4}\right)$.

18. 求函数 $y=\dfrac{x^2}{\sqrt{1-x^2}}$ 在区间 $\left[\dfrac{1}{2},\dfrac{\sqrt{3}}{2}\right]$ 上的平均值.

解 平均值为 $\dfrac{2}{\sqrt{3}-1}\displaystyle\int_{\frac{1}{2}}^{\frac{\sqrt{3}}{2}} \dfrac{x^2}{\sqrt{1-x^2}}\mathrm{d}x$,又

$$\dfrac{2}{\sqrt{3}-1}\int_{\frac{1}{2}}^{\frac{\sqrt{3}}{2}} \dfrac{x^2}{\sqrt{1-x^2}}\mathrm{d}x=-(\sqrt{3}+1)\int_{\frac{1}{2}}^{\frac{\sqrt{3}}{2}}\left(\dfrac{1-x^2}{\sqrt{1-x^2}}-\dfrac{1}{\sqrt{1-x^2}}\right)\mathrm{d}x$$

$$=-(\sqrt{3}+1)\int_{\frac{1}{2}}^{\frac{\sqrt{3}}{2}}\left(\sqrt{1-x^2}-\dfrac{1}{\sqrt{1-x^2}}\right)\mathrm{d}x$$

$$=-(\sqrt{3}+1)\int_{\frac{1}{2}}^{\frac{\sqrt{3}}{2}}\sqrt{1-x^2}\mathrm{d}x+(\sqrt{3}+1)\arcsin x\Big|_{\frac{1}{2}}^{\frac{\sqrt{3}}{2}}$$

$$=-(\sqrt{3}+1)\int_{\frac{1}{2}}^{\frac{\sqrt{3}}{2}}\sqrt{1-x^2}\mathrm{d}x+\dfrac{\sqrt{3}+1}{6}\pi,$$

下面计算 $\displaystyle\int_{\frac{1}{2}}^{\frac{\sqrt{3}}{2}}\sqrt{1-x^2}\mathrm{d}x$. 令 $x=\sin t$, $\mathrm{d}x=\cos t\mathrm{d}t$, 当 $x=\dfrac{1}{2}$ 时, $t=\dfrac{\pi}{6}$; 当 $x=\dfrac{\sqrt{3}}{2}$ 时, $t=\dfrac{\pi}{3}$. 于是

$$\int_{\frac{1}{2}}^{\frac{\sqrt{3}}{2}}\sqrt{1-x^2}\mathrm{d}x=\int_{\frac{\pi}{6}}^{\frac{\pi}{3}}\sqrt{1-\sin^2 t}\cos t\mathrm{d}t=\int_{\frac{\pi}{6}}^{\frac{\pi}{3}}\cos^2 t\mathrm{d}t=\int_{\frac{\pi}{6}}^{\frac{\pi}{3}}\dfrac{1+\cos 2t}{2}\mathrm{d}t$$

$$= \left(\frac{1}{2}t + \frac{1}{4}\sin 2t\right)\Big|_{\frac{\pi}{6}}^{\frac{\pi}{3}} = \frac{\pi}{12}.$$

所以平均值为

$$\frac{2}{\sqrt{3}-1}\int_{\frac{1}{2}}^{\frac{\sqrt{3}}{2}}\frac{x^2}{\sqrt{1-x^2}}\mathrm{d}x = -\frac{\sqrt{3}+1}{12}\pi + \frac{\sqrt{3}+1}{6}\pi = \frac{\sqrt{3}+1}{12}\pi.$$

19. 用分部积分法求 $\int_0^\pi f(x)\mathrm{d}x$ 的值，其中 $f(x) = \int_\pi^x \frac{\sin t}{t}\mathrm{d}t$.

解 原式 $= xf(x)\Big|_0^\pi - \int_0^\pi xf'(x)\mathrm{d}x = x\int_\pi^x \frac{\sin t}{t}\mathrm{d}t\Big|_0^\pi - \int_0^\pi x\frac{\sin x}{x}\mathrm{d}x$

$$= -\int_0^\pi \sin x\mathrm{d}x = \cos x\Big|_0^\pi = -2.$$

20. 已知 $f(0)=1, f(2)=3, f'(2)=5$，试计算 $\int_0^1 xf''(2x)\mathrm{d}x$.

解 原式 $= \frac{x}{2}f'(2x)\Big|_0^1 - \frac{1}{2}\int_0^1 f'(2x)\mathrm{d}x = \frac{1}{2}f'(2) - \frac{1}{4}f(2x)\Big|_0^1$

$$= \frac{1}{2}f'(2) - \frac{1}{4}f(2) + \frac{1}{4}f(0) = 2.$$

21. 若函数 $f(x) = \frac{1}{1+x^2} + x^3\int_0^1 f(x)\mathrm{d}x$，求 $f(x)$.

解 设 $\int_0^1 f(x)\mathrm{d}x = A$，对 $f(x)$ 在区间 $[0,1]$ 上求定积分，可得

$$A = \int_0^1 \frac{\mathrm{d}x}{1+x^2} + A\int_0^1 x^3\mathrm{d}x = \frac{\pi}{4} + \frac{A}{4}.$$

因此 $A = \int_0^1 f(x)\mathrm{d}x = \frac{\pi}{3}$，故 $f(x) = \frac{1}{1+x^2} + \frac{\pi}{3}x^3$.

22. 设函数 $f(x)$ 在 $(-\infty, +\infty)$ 上连续，并满足方程 $\int_0^x f(x-u)\mathrm{e}^u\mathrm{d}u = \sin x, x\in(-\infty,+\infty)$，求 $f(x)$.

解 令 $x - u = t$，则 $\mathrm{d}u = -\mathrm{d}t$，从而原方程可化为 $-\int_x^0 f(t)\mathrm{e}^{x-t}\mathrm{d}t = \sin x$，即

$$\int_0^x f(t)\mathrm{e}^{-t}\mathrm{d}t = \mathrm{e}^{-x}\sin x.$$

上式两边同时对 x 求导，得

$$f(x)\mathrm{e}^{-x} = -\mathrm{e}^{-x}\sin x + \mathrm{e}^{-x}\cos x,$$

因此 $f(x) = \cos x - \sin x$.

23. 设函数 $f(x)$ 在 $[0,1]$ 上连续，证明：$\int_0^1\left[\int_0^x f(t)\mathrm{d}t\right]\mathrm{d}x = \int_0^1 (1-x)f(x)\mathrm{d}x$.

证明 等式左端 $= x\int_0^x f(t)\mathrm{d}t\Big|_0^1 - \int_0^1 xf(x)\mathrm{d}x = \int_0^1 f(t)\mathrm{d}t - \int_0^1 xf(x)\mathrm{d}x$

$$= \int_0^1 f(x)\mathrm{d}x - \int_0^1 xf(x)\mathrm{d}x = \int_0^1 (1-x)f(x)\mathrm{d}x = 等式右端.$$

24. 证明：$\int_{-a}^a \varphi(x^2)\mathrm{d}x = 2\int_0^a \varphi(x^2)\mathrm{d}x$，其中 $\varphi(u)$ 为连续函数.

证明 因为被积函数 $\varphi(x^2)$ 是偶函数，积分区间 $[-a,a]$ 关于原点对称，所以

$$\int_{-a}^a \varphi(x^2)\mathrm{d}x = 2\int_0^a \varphi(x^2)\mathrm{d}x.$$

25. 设函数 $f(x)$ 在 $[a,b]$ 上连续，证明：

$$\int_a^b f(x)\mathrm{d}x = \int_a^b f(a+b-x)\mathrm{d}x.$$

证明 令 $a + b - x = t$，则 $x = a+b-t, \mathrm{d}x = -\mathrm{d}t$，于是

$$\int_a^b f(x)\mathrm{d}x = -\int_b^a f(a+b-t)\mathrm{d}t = \int_a^b f(a+b-t)\mathrm{d}t = \int_a^b f(a+b-x)\mathrm{d}x.$$

26. 证明下列各式：

(1) $\int_0^1 \dfrac{\mathrm{d}x}{\arccos x} = \int_0^{\frac{\pi}{2}} \dfrac{\sin x}{x}\mathrm{d}x$；

证明 令 $\arccos x = t$，则 $x = \cos t, \mathrm{d}x = -\sin t\mathrm{d}t$，于是

$$\int_0^1 \dfrac{\mathrm{d}x}{\arccos x} = -\int_{\frac{\pi}{2}}^0 \dfrac{\sin t\mathrm{d}t}{t} = \int_0^{\frac{\pi}{2}} \dfrac{\sin x}{x}\mathrm{d}x.$$

(2) $\int_x^1 \dfrac{\mathrm{d}t}{1+t^2} = \int_1^{\frac{1}{x}} \dfrac{\mathrm{d}t}{1+t^2}$；

证明 令 $t = \dfrac{1}{u}$，则 $\mathrm{d}t = -\dfrac{1}{u^2}\mathrm{d}u$，于是

$$\int_x^1 \dfrac{\mathrm{d}t}{1+t^2} = -\int_{\frac{1}{x}}^1 \dfrac{\frac{1}{u^2}\mathrm{d}u}{1+\frac{1}{u^2}} = \int_1^{\frac{1}{x}} \dfrac{\mathrm{d}t}{1+t^2}.$$

(3) $\int_0^1 x^m(1-x)^n\mathrm{d}x = \int_0^1 x^n(1-x)^m\mathrm{d}x$；

证明 令 $t = 1-x$，则 $x = 1-t, \mathrm{d}x = -\mathrm{d}t$，于是

$$\int_0^1 x^m(1-x)^n\mathrm{d}x = -\int_1^0 (1-t)^m t^n\mathrm{d}t = \int_0^1 (1-t)^m t^n\mathrm{d}t = \int_0^1 x^n(1-x)^m\mathrm{d}x.$$

(4) $\int_0^\pi \sin^n x\mathrm{d}x = 2\int_0^{\frac{\pi}{2}} \sin^n x\mathrm{d}x.$

证明 $\int_0^\pi \sin^n x\mathrm{d}x = \int_0^{\frac{\pi}{2}} \sin^n x\mathrm{d}x + \int_{\frac{\pi}{2}}^\pi \sin^n x\mathrm{d}x$，

令 $t = \pi - x$，则 $x = \pi - t, \mathrm{d}x = -\mathrm{d}t$，于是

$$\int_{\frac{\pi}{2}}^\pi \sin^n x\mathrm{d}x = -\int_{\frac{\pi}{2}}^0 \sin^n(\pi-t)\mathrm{d}t = \int_0^{\frac{\pi}{2}} \sin^n t\mathrm{d}t = \int_0^{\frac{\pi}{2}} \sin^n x\mathrm{d}x.$$

故

$$\int_0^\pi \sin^n x\mathrm{d}x = 2\int_0^{\frac{\pi}{2}} \sin^n x\mathrm{d}x.$$

27. 设函数 $f(x)$ 是连续函数，证明下列各式：

(1) $\int_a^b f(x)\mathrm{d}x = (b-a)\int_0^1 f[a+(b-a)x]\mathrm{d}x$；

证明 令 $t = a+(b-a)x$，则 $x = \dfrac{t-a}{b-a}, \mathrm{d}x = \dfrac{1}{b-a}\mathrm{d}t$，因此

$$(b-a)\int_0^1 f[a+(b-a)x]\mathrm{d}x = (b-a)\int_a^b f(t)\dfrac{1}{b-a}\mathrm{d}t = \int_a^b f(t)\mathrm{d}t = \int_a^b f(x)\mathrm{d}x.$$

(2) $\int_0^a x^5 f(x^3)\mathrm{d}x = \dfrac{1}{3}\int_0^{a^3} xf(x)\mathrm{d}x$；

证明 令 $x^3 = t$，则 $x = \sqrt[3]{t}, \mathrm{d}x = \dfrac{1}{3}t^{-\frac{2}{3}}\mathrm{d}t$，因此

$$\int_0^a x^5 f(x^3)\mathrm{d}x = \dfrac{1}{3}\int_0^{a^3} t^{\frac{5}{3}} f(t) t^{-\frac{2}{3}}\mathrm{d}t = \dfrac{1}{3}\int_0^{a^3} tf(t)\mathrm{d}t = \dfrac{1}{3}\int_0^{a^3} xf(x)\mathrm{d}x.$$

(3) $\int_1^a f\left(x^2 + \dfrac{a^2}{x^2}\right)\dfrac{\mathrm{d}x}{x} = \dfrac{1}{2}\int_1^{a^2} f\left(x + \dfrac{a^2}{x}\right)\dfrac{\mathrm{d}x}{x}.$

证明 令 $x^2 = t$，则 $x = \sqrt{t}, \mathrm{d}x = \dfrac{1}{2\sqrt{t}}\mathrm{d}t$，因此

$$\int_1^a f\left(x^2 + \dfrac{a^2}{x^2}\right)\dfrac{\mathrm{d}x}{x} = \dfrac{1}{2}\int_1^{a^2} f\left(t + \dfrac{a^2}{t}\right)\dfrac{1}{\sqrt{t}}\cdot\dfrac{1}{\sqrt{t}}\mathrm{d}t = \dfrac{1}{2}\int_1^{a^2} f\left(t + \dfrac{a^2}{t}\right)\dfrac{1}{t}\mathrm{d}t$$

$$= \frac{1}{2}\int_1^{a^2} f\left(x+\frac{a^2}{x}\right)\frac{1}{x}dx.$$

28. 设函数 $f(x)$ 是连续函数，$F(x)=\int_0^x f(t)dt$，证明：

(1) 若 $f(x)$ 是奇函数，则 $F(x)$ 是偶函数；

证明 $F(-x)=\int_0^{-x} f(t)dt$，令 $t=-u$，则 $dt=-du$，因此 $F(-x)=-\int_0^x f(-u)du$. 又 $f(x)$ 为奇函数，所以 $f(-u)=-f(u)$. 故 $F(-x)=\int_0^x f(u)du=F(x)$，因此 $F(x)$ 是偶函数.

29. 设函数 $f(x)$ 为 $(-\infty,+\infty)$ 上以 T 为周期的连续函数，证明：对任何实数 a，都有
$$\int_a^{a+nT} f(x)dx = n\int_0^T f(x)dx \quad (n\in \mathbf{Z}).$$

证明 $\int_a^{a+nT} f(x)dx = \int_a^{a+T} f(x)dx + \int_{a+T}^{a+2T} f(x)dx + \cdots + \int_{a+(n-1)T}^{a+nT} f(x)dx,$

其中
$$\int_a^{a+T} f(x)dx = \int_a^0 f(x)dx + \int_0^T f(x)dx + \int_T^{a+T} f(x)dx.$$

令 $x=u+T$，则 $dx=du$，于是
$$\int_T^{a+T} f(x)dx = \int_0^a f(u+T)du.$$

由于 $f(x)$ 为 $(-\infty,+\infty)$ 上以 T 为周期的连续函数，所以 $f(u+T)=f(u)$，从而有
$$\int_T^{a+T} f(x)dx = \int_0^a f(u)du.$$

因此
$$\int_a^{a+T} f(x)dx = \int_0^T f(x)dx.$$

同理，
$$\int_{a+T}^{a+2T} f(x)dx = \int_0^T f(x)dx, \quad \cdots, \quad \int_{a+(n-1)T}^{a+nT} f(x)dx = \int_0^T f(x)dx,$$

因此结论得证.

30. 设函数 $f(x)$ 在 $[0,a]$ 上连续，且 $f(x)\geqslant 1$，试证：
$$\left[\int_0^a f(x)dx\right]\left[\int_0^a f(a-x)dx\right]\geqslant a^2.$$

证明 令 $t=a-x$，则 $dx=-dt$，于是
$$\int_0^a f(a-x)dx = -\int_a^0 f(t)dt = \int_0^a f(t)dt = \int_0^a f(x)dx.$$

因为 $f(x)\geqslant 1$，所以 $\int_0^a f(x)dx \geqslant \int_0^a dx = a$，从而有
$$\left[\int_0^a f(x)dx\right]\left[\int_0^a f(a-x)dx\right] = \left[\int_0^a f(x)dx\right]^2 \geqslant a^2.$$

31. 设 $f(x)$ 为连续函数，$F(x)=x\int_0^x f(t)dt - 2\int_0^x tf(t)dt$.

(1) 若 $f(x)$ 是偶函数，证明：$F(x)$ 也是偶函数；

证明 $F(-x)=-x\int_0^{-x} f(t)dt - 2\int_0^{-x} tf(t)dt$，令 $t=-u$，则 $dt=-du$，于是
$$-x\int_0^{-x} f(t)dt - 2\int_0^{-x} tf(t)dt = x\int_0^x f(-u)du - 2\int_0^x uf(-u)du.$$

因为 $f(x)$ 是偶函数，所以 $f(-u)=f(u)$，从而有
$$F(-x) = x\int_0^x f(u)du - 2\int_0^x uf(u)du = F(x).$$

所以，$F(x)$ 也是偶函数.

(2) 求 $F'(x)$；

解 $F'(x) = \int_0^x f(t)dt + xf(x) - 2xf(x) = \int_0^x f(t)dt - xf(x)$.

(3) 若 $x > 0$ 时, $f'(x) \leqslant 0$, 证明: $F'(x) \geqslant 0 (x > 0)$.

证明 $F''(x) = f(x) - [f(x) + xf'(x)] = -xf'(x)$, 因为 $x > 0$ 时, $f'(x) \leqslant 0$, 所以 $F''(x) \geqslant 0$. 因此, $x > 0$ 时, $F'(x)$ 单调增加. 又 $F'(0) = 0$, 故 $F'(x) \geqslant 0 (x > 0)$.

32. 设函数 $f(x)$ 和 $g(x)$ 在区间 $[a,b]$ 上连续, 且 $g(x) \neq 0, x \in [a,b]$, 试证: 至少存在一点 $\xi \in (a,b)$, 使得

$$\frac{\int_a^b f(x)dx}{\int_a^b g(x)dx} = \frac{f(\xi)}{g(\xi)}.$$

证明 令 $F(x) = \int_a^x f(t)dt, G(x) = \int_a^x g(t)dt$, 因为 $f(x)$ 和 $g(x)$ 在区间 $[a,b]$ 上连续, 所以 $F(x), G(x)$ 在 $[a,b]$ 上连续. 又因为 $F'(x) = f(x), G'(x) = g(x)$, 所以 $F(x), G(x)$ 在 (a,b) 内可导, 且 $G'(x) \neq 0$.

由柯西中值定理知至少存在一点 $\xi \in (a,b)$, 使得

$$\frac{F(b) - F(a)}{G(b) - G(a)} = \frac{F'(\xi)}{G'(\xi)},$$

即

$$\frac{\int_a^b f(x)dx}{\int_a^b g(x)dx} = \frac{f(\xi)}{g(\xi)}.$$

33. 设函数 $f(x)$ 在 $[a,b]$ 上连续, 在 (a,b) 内可导, 且 $\frac{1}{b-a}\int_a^b f(x)dx = f(b)$, 求证: 在 (a,b) 内至少存在一点 ξ, 使得 $f'(\xi) = 0$.

证明 因为 $f(b) = \frac{1}{b-a}\int_a^b f(x)dx = \frac{1}{a-b}\int_b^a f(x)dx = f(a)$, 且 $f(x)$ 在 $[a,b]$ 上连续, 在 (a,b) 内可导, 所以 $f(x)$ 在 $[a,b]$ 上满足罗尔中值定理的条件, 则由罗尔中值定理知在 (a,b) 内至少存在一点 ξ, 使得 $f'(\xi) = 0$.

34. 设 $f(x)$ 为连续可微函数, 试求 $\dfrac{d}{dx}\int_a^x (x-t)f'(t)dt$, 并用此结果求 $\dfrac{d}{dx}\int_0^x (x-t)\sin t \, dt$.

解 $\dfrac{d}{dx}\int_a^x (x-t)f'(t)dt = \dfrac{d}{dx}\left[x\int_a^x f'(t)dt - \int_a^x tf'(t)dt\right] = \int_a^x f'(t)dt + xf'(x) - xf'(x)$

$= f(t)\Big|_a^x = f(x) - f(a)$.

因此

$$\dfrac{d}{dx}\int_0^x (x-t)\sin t \, dt = \dfrac{d}{dx}\int_0^x (x-t)(-\cos t)' dt = -\cos x + \cos 0 = 1 - \cos x.$$

35. 求由下列各曲线所围成的平面图形的面积:

(1) $y = \dfrac{1}{2}x^2$ 与 $x^2 + y^2 = 8$ (有两部分区域);

解 如图 6-13 所示, 阴影部分面积为 $S_1 = \int_{-2}^{2}\left(\sqrt{8-x^2} - \dfrac{1}{2}x^2\right)dx = 2\pi + \dfrac{4}{3}$.

另一部分的面积为 $S_2 = 8\pi - \left(2\pi + \dfrac{4}{3}\right) = 6\pi - \dfrac{4}{3}$.

(2) $y = \dfrac{1}{x}$ 与直线 $y = x$ 及 $x = 2$;

解 如图 6-14 所示, 所求平面图形的面积为 $S = \int_1^2\left(x - \dfrac{1}{x}\right)dx = \dfrac{3}{2} - \ln 2$.

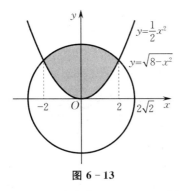

图 6 - 13

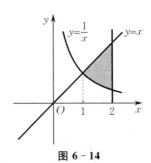

图 6 - 14

(3) $y = e^x, y = e^{-x}$ 与直线 $x = 2$;

解 如图 6 - 15 所示,所求平面图形的面积为 $S = \int_0^2 (e^x - e^{-x}) dx = e^2 + \dfrac{1}{e^2} - 2$.

(4) $y = \ln x, y$ 轴与直线 $y = \ln a, y = \ln b \ \ (b > a > 0)$;

解 $y = \ln x$,则 $x = e^y$. 如图 6 - 16 所示,所求平面图形的面积为 $S = \int_{\ln a}^{\ln b} (e^y - 0) dy = b - a$.

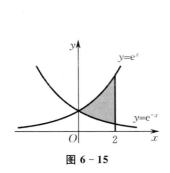

图 6 - 15

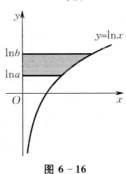

图 6 - 16

(5) $y = x^2$ 与 $y = 2 - x^2$;

解 如图 6 - 17 所示,所求平面图形的面积为

$$S = \int_{-1}^{1} (2 - x^2 - x^2) dx = 2\int_0^1 (2 - 2x^2) dx = 2\left(2x - \dfrac{2}{3}x^3\right)\bigg|_0^1 = \dfrac{8}{3}.$$

(6) $y = x^3$ 与直线 $y = 2x$;

解 如图 6 - 18 所示,所求平面图形的面积为

$$S = \int_{-\sqrt{2}}^{\sqrt{2}} |2x - x^3| dx = 2\int_0^{\sqrt{2}} (2x - x^3) dx = 2\left(x^2 - \dfrac{1}{4}x^4\right)\bigg|_0^{\sqrt{2}} = 2.$$

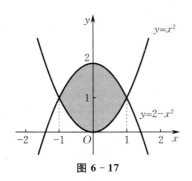

图 6 - 17

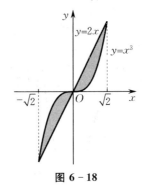

图 6 - 18

(7) $y = x^2$ 与直线 $y = x$ 及 $y = 2x$;

解 如图 6 - 19 所示,所求平面图形的面积为

$$S = \int_0^1 (2x - x)\,dx + \int_1^2 (2x - x^2)\,dx = \frac{1}{2}x^2 \Big|_0^1 + \left(x^2 - \frac{1}{3}x^3\right)\Big|_1^2 = \frac{7}{6}.$$

(8) $y = x^2 - 8$ 与直线 $2x + y + 8 = 0$ 及 $y = -4$；

解 如图 6-20 所示，$x = -\sqrt{y+8}$，$x = -\frac{1}{2}y - 4$，所求平面图形的面积为

$$S = \int_{-8}^{-4} \left(-\frac{1}{2}y - 4 + \sqrt{y+8}\right) dy = \left[-\frac{1}{4}y^2 - 4y + \frac{2}{3}(y+8)^{\frac{3}{2}}\right]\Big|_{-8}^{-4} = \frac{28}{3}.$$

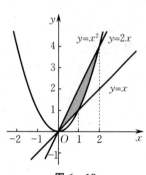

图 6-19

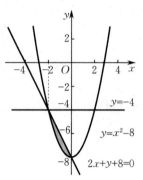

图 6-20

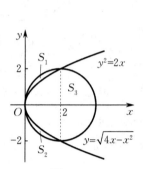

图 6-21

(9) $y^2 = 2x$ 与 $y^2 = 4x - x^2$（有三部分区域）；

解 如图 6-21 所示，$y = \sqrt{2x}$，$y = \sqrt{4x - x^2}$，于是

$$S_1 = \int_0^2 (\sqrt{4x - x^2} - \sqrt{2x})\,dx = \int_0^2 \sqrt{4x - x^2}\,dx - \int_0^2 \sqrt{2x}\,dx$$

$$= \pi - \frac{2}{3}\sqrt{2}\, x^{\frac{3}{2}} \Big|_0^2 = \pi - \frac{8}{3},$$

$$S_2 = S_1 = \pi - \frac{8}{3},$$

$$S_3 = 4\pi - S_1 - S_2 = \frac{16}{3} + 2\pi.$$

(10) $y = x^3 - 3x + 2$ 与过其极小值点的切线；

解 如图 6-22 所示，$y' = 3x^2 - 3$，令 $y' = 0$，得 $x = \pm 1$，故极小值点为 $(1,0)$，从而过 $(1,0)$ 的切线方程为 $y = 0$。令 $y = x^3 - 3x + 2 = 0$，解得 $x = 1, x = -2$。所以，所求平面图形的面积为

$$S = \int_{-2}^{1} (x^3 - 3x + 2)\,dx = \left(\frac{1}{4}x^4 - \frac{3}{2}x^2 + 2x\right)\Big|_{-2}^{1} = \frac{27}{4}.$$

(11) $y = \cos x, x \in [0, 2\pi]$ 与 x 轴、y 轴及直线 $x = 2\pi$；

解 如图 6-23 所示，所求平面图形的面积为

$$S = \int_0^{2\pi} |\cos x|\,dx = \int_0^{\frac{\pi}{2}} \cos x\,dx - \int_{\frac{\pi}{2}}^{\frac{3\pi}{2}} \cos x\,dx + \int_{\frac{3\pi}{2}}^{2\pi} \cos x\,dx = 4.$$

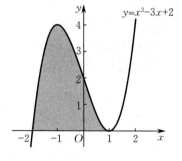

图 6-22

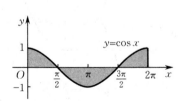

图 6-23

(12) $y^2 = 2x+1$ 与 $y^2 = -2x+1$；

解 如图 6-24 所示，$x = \dfrac{y^2-1}{2}, x = \dfrac{1-y^2}{2}$，所求平面图形的面积为
$$S = \int_{-1}^{1}\left(\dfrac{1-y^2}{2} - \dfrac{y^2-1}{2}\right)\mathrm{d}y = 2\int_{0}^{1}(1-y^2)\mathrm{d}y = \dfrac{4}{3}.$$

(13) $y = \sqrt{2x-x^2}, x \in \left[0, \dfrac{1}{2}\right]$ 与直线 $y = x, x = \dfrac{1}{2}$.

解 如图 6-25 所示，所求平面图形的面积为
$$S = \int_{0}^{\frac{1}{2}}(\sqrt{2x-x^2} - x)\mathrm{d}x = \int_{0}^{\frac{1}{2}}\sqrt{1-(1-x)^2}\,\mathrm{d}x - \dfrac{1}{8}.$$

先计算 $\int_{0}^{\frac{1}{2}}\sqrt{1-(1-x)^2}\,\mathrm{d}x$. 令 $1-x = \sin t$，则 $t = \arcsin(1-x), \mathrm{d}x = -\cos t\,\mathrm{d}t$，于是
$$\int_{0}^{\frac{1}{2}}\sqrt{1-(1-x)^2}\,\mathrm{d}x = -\int_{\frac{\pi}{2}}^{\frac{\pi}{6}}\cos^2 t\,\mathrm{d}t = \int_{\frac{\pi}{6}}^{\frac{\pi}{2}}\dfrac{1+\cos 2t}{2}\mathrm{d}t$$
$$= \left(\dfrac{1}{2}t + \dfrac{\sin 2t}{4}\right)\bigg|_{\frac{\pi}{6}}^{\frac{\pi}{2}} = \dfrac{\pi}{6} - \dfrac{\sqrt{3}}{8}.$$

故
$$S = \int_{0}^{\frac{1}{2}}\sqrt{1-(1-x)^2}\,\mathrm{d}x - \dfrac{1}{8} = \dfrac{\pi}{6} - \dfrac{\sqrt{3}+1}{8}.$$

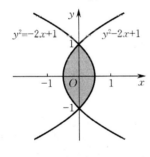

图 6-24

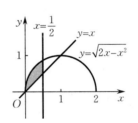

图 6-25

36. 求 $c(c>0)$ 的值，使两曲线 $y = x^2$ 与 $y = cx^3$ 所围成的平面图形的面积等于 $\dfrac{2}{3}$.

解 如图 6-26 所示，解方程组 $\begin{cases} y = x^2, \\ y = cx^3, \end{cases}$ 得交点坐标为 $(0,0), \left(\dfrac{1}{c}, \dfrac{1}{c^2}\right)$，因此所围成的平面图形的面积为
$$S = \int_{0}^{\frac{1}{c}}(x^2 - cx^3)\mathrm{d}x = \left(\dfrac{x^3}{3} - \dfrac{cx^4}{4}\right)\bigg|_{0}^{\frac{1}{c}} = \dfrac{1}{3c^3} - \dfrac{1}{4c^3} = \dfrac{1}{12c^3} = \dfrac{2}{3}.$$

解得 $c = \dfrac{1}{2}$.

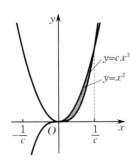

图 6-26

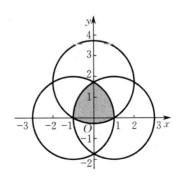

图 6-27

37. 设有三个半径为 2 的圆,已知每两个圆都通过第三个圆的圆心,求公共部分的面积.

解 如图 6-27 所示,建立直角坐标系,则三个圆的方程分别为
$$(x+1)^2 + y^2 = 4, \quad (x-1)^2 + y^2 = 4, \quad x^2 + (y-\sqrt{3})^2 = 4,$$
公共部分的面积为
$$S = 2\int_0^1 (\sqrt{4-(x+1)^2} + \sqrt{4-x^2} - \sqrt{3})dx.$$

先计算 $\int_0^1 \sqrt{4-(x+1)^2}\,dx$. 令 $x = 2\sin t - 1$,则 $dx = 2\cos t\,dt$,于是
$$\int_0^1 \sqrt{4-(x+1)^2}\,dx = \int_{\frac{\pi}{6}}^{\frac{\pi}{2}} 4\cos^2 t\,dt = 2\int_{\frac{\pi}{6}}^{\frac{\pi}{2}} (1+\cos 2t)dt$$
$$= (2t + \sin 2t)\Big|_{\frac{\pi}{6}}^{\frac{\pi}{2}} = \frac{2}{3}\pi - \frac{\sqrt{3}}{2}.$$

再计算 $\int_0^1 \sqrt{4-x^2}\,dx$. 令 $x = 2\sin t$,则 $dx = 2\cos t\,dt$,于是
$$\int_0^1 \sqrt{4-x^2}\,dx = \int_0^{\frac{\pi}{6}} 4\cos^2 t\,dt = 2\int_0^{\frac{\pi}{6}} (1+\cos 2t)dt$$
$$= (2t + \sin 2t)\Big|_0^{\frac{\pi}{6}} = \frac{1}{3}\pi + \frac{\sqrt{3}}{2}.$$

故
$$S = 2\pi - 2\sqrt{3}.$$

38. 求曲线 $y = \ln x$ 在 $[2,6]$ 上的一点,使该点的切线与直线 $x = 2, x = 6$ 及曲线 $y = \ln x$ 所围成的平面图形的面积最小.

解 如图 6-28 所示,设所求点的坐标为 $(x_0, \ln x_0)$,过该点的切线斜率为 $y' = \frac{1}{x_0}$,切线方程为 $y - \ln x_0 = \frac{1}{x_0}(x-x_0)$,即 $y = \frac{1}{x_0}x + \ln x_0 - 1$. 因此,所围成的平面图形的面积为
$$S = \int_2^6 \left(\frac{1}{x_0}x + \ln x_0 - 1 - \ln x\right)dx = \left[\frac{1}{2x_0}x^2 + (\ln x_0 - 1)x - x\ln x + x\right]\Big|_2^6$$
$$= \frac{16}{x_0} + 4\ln x_0 - 6\ln 6 + 2\ln 2.$$

$S' = -\frac{16}{x_0^2} + \frac{4}{x_0}$,令 $S' = 0$,得 $x_0 = 4$. 因为 $S'' = \frac{32}{x_0^3} - \frac{4}{x_0^2}$,$S''(4) > 0$,所以 S 在 $x_0 = 4$ 处取得极小值,也就是最小值. 故所求点的坐标为 $(4, \ln 4)$.

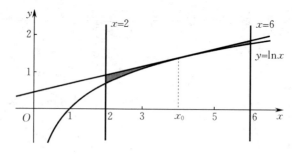

图 6-28

39. 求由下列各曲线所围成的平面图形分别绕 x 轴、y 轴旋转一周所得旋转体的体积:

(1) $y = \sqrt{x}$ 与直线 $x = 1, x = 4$ 和 x 轴;

解 如图 6-29 所示,$V_x = \pi\int_1^4 x\,dx = \frac{15}{2}\pi$,$V_y = 2\pi\int_1^4 x\sqrt{x}\,dx = \frac{124}{5}\pi$.

(2) $y = \dfrac{3}{x}$ 和直线 $x + y = 4$;

解 如图 6-30 所示,两条曲线的交点为 $(1,3),(3,1)$,于是
$$V_x = \pi \int_1^3 \left[(-x+4)^2 - \dfrac{9}{x^2}\right] dx = \dfrac{8}{3}\pi,$$
$$V_y = \pi \int_1^3 \left[(-y+4)^2 - \dfrac{9}{y^2}\right] dy = \dfrac{8}{3}\pi.$$

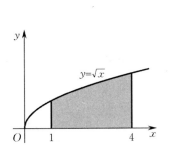

图 6-29

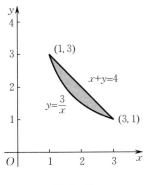

图 6-30

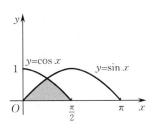

图 6-31

(3) $y = \sin x, y = \cos x \left(x \in \left[0, \dfrac{\pi}{2}\right]\right)$ 与 x 轴;

解 如图 6-31 所示,
$$V_x = \pi \int_0^{\frac{\pi}{4}} \sin^2 x \, dx + \pi \int_{\frac{\pi}{4}}^{\frac{\pi}{2}} \cos^2 x \, dx = \pi\left(\dfrac{\pi}{4} - \dfrac{1}{2}\right),$$
$$V_y = 2\pi \int_0^{\frac{\pi}{4}} x \sin x \, dx + 2\pi \int_{\frac{\pi}{4}}^{\frac{\pi}{2}} x \cos x \, dx = \dfrac{2-\sqrt{2}}{2}\pi^2.$$

(4) $y^2 = 2px$ 与直线 $x = \dfrac{p}{2}(p > 0)$;

解 如图 6-32 所示,
$$V_x = \pi \int_0^{\frac{p}{2}} 2px \, dx = \pi p x^2 \Big|_0^{\frac{p}{2}} = \dfrac{\pi p^3}{4},$$
$$V_y = 4\pi \int_0^{\frac{p}{2}} x\sqrt{2px} \, dx = 4\pi \int_0^{\frac{p}{2}} \sqrt{2p} \, x^{\frac{3}{2}} dx = \dfrac{8}{5}\pi \sqrt{2p} \, x^{\frac{5}{2}}\Big|_0^{\frac{p}{2}} = \dfrac{2\pi p^3}{5}.$$

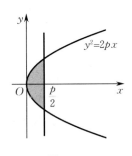

图 6-32

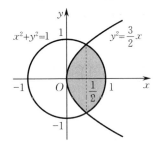

图 6-33

(5) $x^2 + y^2 = 1$ 与 $y^2 = \dfrac{3}{2}x$ (围成的两部分区域中较小的一块).

解 如图 6-33 所示,
$$V_x = \pi \int_0^{\frac{1}{2}} \dfrac{3}{2}x \, dx + \pi \int_{\frac{1}{2}}^1 (1-x^2) dx = \dfrac{19}{48}\pi,$$

$$V_y = 4\pi \int_0^{\frac{1}{2}} x\sqrt{\frac{3}{2}x}\,dx + 4\pi \int_{\frac{1}{2}}^1 x\sqrt{1-x^2}\,dx = \frac{7}{10}\sqrt{3}\pi.$$

40. 设一正抛物线拱底边长为 $2b$,高为 h,证明:该抛物线拱绕底边旋转一周所得旋转体体积为
$$V = \frac{16}{15}\pi h^2 b.$$

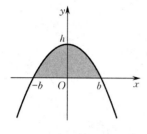

图 6-34

证明 建立平面直角坐标系,如图 6-34 所示.因此,该抛物线的方程为 $y = h - \frac{h}{b^2}x^2$,所求旋转体体积为
$$V = 2\pi \int_0^b \left(h - \frac{h}{b^2}x^2\right)^2 dx = \frac{16}{15}\pi h^2 b.$$

41. 设一物体做变速直线运动,其速度(单位:m/s)为 $v = 3t^2 + 2t$,其中 t 为时间(单位:s),求该物体在时间区间 $[2,5]$ 上所走的路程.

解 路程(单位:m)为 $s = \int_2^5 (3t^2 + 2t)\,dt = 138.$

42. 已知某产品总产量(单位:件)的变化率是时间 t(单位:月)的函数:$f(t) = 2t+5$,求上半年与下半年的总产量.

解 上半年的总产量为 $\int_0^6 (2t+5)\,dt = 66$,下半年的总产量为 $\int_6^{12} (2t+5)\,dt = 138.$

43. 已知生产 $x(x \geqslant 0)$ 单位某产品的边际收益(单位:元/单位)为 $R'(x) = 200 - \frac{x}{100}.$

(1) 求生产 50 单位该产品时的总收益;

(2) 如果该产品已经生产了 100 单位,问:再生产 100 单位时,总收益将增加多少?

解 (1) 生产 50 单位该产品时的总收益(单位:元)为 $\int_0^{50} \left(200 - \frac{x}{100}\right) dx = 9\,987.5.$

(2) $\int_{100}^{200} \left(200 - \frac{x}{100}\right) dx = 19\,850$(单位:元).

44. 已知某商品的边际成本(单位:元/件)为 $C'(Q) = 125e^{0.5Q}$,且固定成本(单位:元)为 150,求总成本函数 $C(Q)$.

解 总成本函数(单位:元)为 $C(Q) = 150 + \int_0^Q 125e^{0.5t}\,dt = 250e^{0.5Q} - 100.$

45. 已知某种商品的需求量 Q 与价格 p 之间的函数关系为
$$Q = Q(p) = 1600\left(\frac{1}{4}\right)^p,$$
试求价格在 $[1,5]$ 内的平均需求量.

解 平均需求量为 $\frac{1}{4}\int_1^5 1\,600\left(\frac{1}{4}\right)^p dp = 400 \left.\frac{4^{-p}}{-\ln 4}\right|_1^5 = \frac{6\,375}{64\ln 4}.$

46. 设某商店出售 $x(x \geqslant 0)$ 台录像机时的边际利润(单位:元/台)为
$$L'(x) = 12.5 - \frac{x}{80},$$
且 $L(0) = 0$,试求:

(1) 售出 40 台时的总利润;

(2) 售出 60 台时,前 30 台的平均利润和后 30 台的平均利润.

解 (1) 售出 40 台时的总利润(单位:元)为 $\int_0^{40}\left(12.5 - \frac{x}{80}\right)dx = 490.$

(2) 前 30 台的平均利润(单位:元)为 $\frac{1}{30}\int_0^{30}\left(12.5 - \frac{x}{80}\right)dx = 12.31$,后 30 台的平均利润(单位:元)为 $\frac{1}{30}\int_{30}^{60}\left(12.5 - \frac{x}{80}\right)dx = 11.91.$

47. 已知某工厂生产某产品的产量(单位:百台)为 x 时的边际成本(单位:万元/百台)为 $C'(x)=2+x$,边际收益(单位:万元/百台)为 $R'(x)=14-3x$. 如果固定成本为 10 万元,

(1) 求总利润函数和利润最大时的产量;

(2) 在利润最大的产量基础上又生产了 50 台,问:总利润减少了多少?

解 (1) 总成本函数(单位:万元)为 $C(x)=\int_0^x(2+t)\mathrm{d}t+10=2x+\dfrac{1}{2}x^2+10$,总收益函数(单位:万元)为 $R(x)=\int_0^x(14-3t)\mathrm{d}t=14x-\dfrac{3}{2}x^2$,因此总利润函数(单位:万元)为

$$L(x)=R(x)-C(x)=12x-2x^2-10.$$

令 $L'(x)=12-4x=0$,得驻点 $x=3$. 又 $L''(x)=-4<0$,所以 $x=3$ 是极大值点,也是最大值点. 因此,产量为 3 百台时,利润最大.

(2) 总利润(单位:万元)减少了 $L(3)-L(3.5)=0.5$.

48. 判断下列广义积分的敛散性;若收敛,求其值:

(1) $\int_1^{+\infty}\dfrac{\mathrm{d}x}{\sqrt{x+1}}$;

解 原式 $=\int_1^{+\infty}(x+1)^{-\frac{1}{2}}\mathrm{d}(x+1)=2\sqrt{x+1}\Big|_1^{+\infty}=\lim\limits_{x\to+\infty}2\sqrt{x+1}-2\sqrt{2}=+\infty$,所以 $\int_1^{+\infty}\dfrac{\mathrm{d}x}{\sqrt{x+1}}$ 发散.

(2) $\int_2^{+\infty}\dfrac{\mathrm{d}x}{x^2+x-2}$;

解 原式 $=\int_2^{+\infty}\dfrac{\mathrm{d}x}{(x-1)(x+2)}=\dfrac{1}{3}\int_2^{+\infty}\left(\dfrac{1}{x-1}-\dfrac{1}{x+2}\right)\mathrm{d}x$

$=\left[\dfrac{1}{3}(\ln|x-1|-\ln|x+2|)\right]\Big|_2^{+\infty}=\dfrac{1}{3}\ln\left|\dfrac{x-1}{x+2}\right|\Big|_2^{+\infty}$

$=\lim\limits_{x\to+\infty}\dfrac{1}{3}\ln\left|\dfrac{x-1}{x+2}\right|-\dfrac{1}{3}\ln\dfrac{1}{4}=\dfrac{2\ln 2}{3}.$

(3) $\int_e^{+\infty}\dfrac{\mathrm{d}x}{x(\ln x)^k}$;

解 ① 当 $k=1$ 时,

原式 $=\int_e^{+\infty}\dfrac{\mathrm{d}x}{x\ln x}=\int_e^{+\infty}\dfrac{\mathrm{d}(\ln x)}{\ln x}=\ln(\ln x)\Big|_e^{+\infty}=\lim\limits_{x\to+\infty}\ln(\ln x)-\ln(\ln e)=+\infty,$

所以 $\int_e^{+\infty}\dfrac{\mathrm{d}x}{x(\ln x)^k}$ 发散.

② 当 $k>1$ 时,

原式 $=\int_e^{+\infty}\dfrac{\mathrm{d}x}{x(\ln x)^k}=\int_e^{+\infty}(\ln x)^{-k}\mathrm{d}(\ln x)=\dfrac{1}{1-k}(\ln x)^{1-k}\Big|_e^{+\infty}$

$=\lim\limits_{x\to+\infty}\dfrac{1}{1-k}(\ln x)^{1-k}-\dfrac{1}{1-k}=\dfrac{1}{k-1},$

所以 $\int_e^{+\infty}\dfrac{\mathrm{d}x}{x(\ln x)^k}$ 收敛于 $\dfrac{1}{k-1}$.

③ 同理,当 $k<1$ 时,原式 $=\lim\limits_{x\to+\infty}\dfrac{1}{1-k}(\ln x)^{1-k}-\dfrac{1}{1-k}=+\infty$,所以 $\int_e^{+\infty}\dfrac{\mathrm{d}x}{x(\ln x)^k}$ 发散.

综上所述,当 $k>1$ 时,$\int_e^{+\infty}\dfrac{\mathrm{d}x}{x(\ln x)^k}$ 收敛于 $\dfrac{1}{k-1}$,当 $k\leq 1$ 时,$\int_e^{+\infty}\dfrac{\mathrm{d}x}{x(\ln x)^k}$ 发散.

(4) $\int_0^{+\infty}\mathrm{e}^{-\sqrt{x}}\mathrm{d}x$;

解 令 $\sqrt{x}=t$,则 $x=t^2$,$\mathrm{d}x=2t\mathrm{d}t$,当 $x=0$ 时,$t=0$;当 $x\to+\infty$ 时,$t\to+\infty$. 于是

原式 $=2\int_0^{+\infty}t\mathrm{e}^{-t}\mathrm{d}t=2\int_0^{+\infty}t\mathrm{d}(-\mathrm{e}^{-t})=2\left(-t\mathrm{e}^{-t}\Big|_0^{+\infty}+\int_0^{+\infty}\mathrm{e}^{-t}\mathrm{d}t\right)$

$$= 2\left(\lim_{t\to+\infty}(-t\mathrm{e}^{-t}) - \mathrm{e}^{-t}\Big|_0^{+\infty}\right) = 2\left(\lim_{t\to+\infty}\left(-\frac{t}{\mathrm{e}^t}\right) - \lim_{t\to+\infty}\mathrm{e}^{-t} + 1\right)$$

$$= 2\left(\lim_{t\to+\infty}\left(-\frac{1}{\mathrm{e}^t}\right) - \lim_{t\to+\infty}\mathrm{e}^{-t} + 1\right) = 2.$$

(5) $\int_0^1 \dfrac{\arcsin x}{\sqrt{1-x^2}}\mathrm{d}x$;

解 $x=1$ 是被积函数的瑕点,

$$\text{原式} = \int_0^1 \arcsin x\,\mathrm{d}(\arcsin x) = \frac{1}{2}(\arcsin x)^2\Big|_0^1 = \lim_{x\to 1^-}\frac{1}{2}(\arcsin x)^2 = \frac{\pi^2}{8}.$$

(6) $\int_0^1 \ln x\,\mathrm{d}x$;

解 $x=0$ 是被积函数的瑕点,

$$\text{原式} = x\ln x\Big|_0^1 - \int_0^1 x\,\mathrm{d}(\ln x) = \ln 1 - \lim_{x\to 0^+} x\ln x - \int_0^1 \mathrm{d}x$$

$$= -\lim_{x\to 0^+}\frac{\ln x}{\frac{1}{x}} - x\Big|_0^1 = \lim_{x\to 0^+} x - 1 + \lim_{x\to 0^+} x = -1.$$

(7) $\int_1^2 \dfrac{x}{\sqrt{x-1}}\mathrm{d}x$;

解 $x=1$ 是被积函数的瑕点,

$$\text{原式} = \int_1^2 \frac{x-1+1}{\sqrt{x-1}}\mathrm{d}x = \int_1^2\left(\sqrt{x-1} + \frac{1}{\sqrt{x-1}}\right)\mathrm{d}x$$

$$= \frac{2}{3}(x-1)^{\frac{3}{2}}\Big|_0^1 + 2(x-1)^{\frac{1}{2}}\Big|_0^1 = \frac{8}{3}.$$

(8) $\int_1^{\mathrm{e}} \dfrac{\mathrm{d}x}{x\sqrt{1-\ln^2 x}}$.

解 $x=\mathrm{e}$ 是被积函数的瑕点,

$$\text{原式} = \int_1^{\mathrm{e}} \frac{\mathrm{d}(\ln x)}{\sqrt{1-\ln^2 x}} = \arcsin(\ln x)\Big|_1^{\mathrm{e}} = \lim_{x\to \mathrm{e}^-}\arcsin(\ln x) - \arcsin(\ln 1) = \frac{\pi}{2}.$$

49. 求 k 的值,使 $\lim\limits_{x\to+\infty}\left(\dfrac{x+k}{x-k}\right)^x = \int_{-\infty}^k t\mathrm{e}^{2t}\mathrm{d}t$ 成立.

解 $\lim\limits_{x\to+\infty}\left(\dfrac{x+k}{x-k}\right)^x = \lim\limits_{x\to+\infty}\left[\left(1+\dfrac{2k}{x-k}\right)^{\frac{x-k}{2k}\cdot 2k}\cdot\left(1+\dfrac{2k}{x-k}\right)^k\right] = \mathrm{e}^{2k}$, 又

$$\int_{-\infty}^k t\mathrm{e}^{2t}\mathrm{d}t = \frac{t}{2}\mathrm{e}^{2t}\Big|_{-\infty}^k - \frac{1}{2}\int_{-\infty}^k \mathrm{e}^{2t}\mathrm{d}t = \frac{k}{2}\mathrm{e}^{2k} - \frac{1}{4}\mathrm{e}^{2k},$$

因此由已知可得 $\mathrm{e}^{2k} = \dfrac{k}{2}\mathrm{e}^{2k} - \dfrac{1}{4}\mathrm{e}^{2k}$, 即 $\left(\dfrac{k}{2} - \dfrac{5}{4}\right)\mathrm{e}^{2k} = 0$. 由此可得 $k = \dfrac{5}{2}$.

50. 求由曲线 $y=\mathrm{e}^{-x}$ 与直线 $y=0$ 在第一象限内所围成的平面图形绕 x 轴旋转一周所得旋转体的体积.

解 $V = \pi\int_0^{+\infty} \mathrm{e}^{-2x}\mathrm{d}x = \dfrac{\pi}{2}.$

51. 利用 Γ 函数计算:

(1) $\dfrac{5\Gamma(5)\Gamma(3)}{\Gamma(6)\Gamma(4)}$;

解 原式 $= \dfrac{5\times 4!\times 2!}{5!\times 3!} = \dfrac{1}{3}.$

(2) $\dfrac{\Gamma\left(\frac{3}{2}\right)\Gamma\left(\frac{5}{2}\right)}{\Gamma\left(\frac{9}{2}\right)}$;

解 原式 $= \dfrac{\dfrac{1}{2}\Gamma\left(\dfrac{1}{2}\right)\dfrac{3}{2}\cdot\dfrac{1}{2}\Gamma\left(\dfrac{1}{2}\right)}{\dfrac{7}{2}\cdot\dfrac{5}{2}\cdot\dfrac{3}{2}\cdot\dfrac{1}{2}\Gamma\left(\dfrac{1}{2}\right)} = \dfrac{2}{35}\Gamma\left(\dfrac{1}{2}\right) = \dfrac{2}{35}\sqrt{\pi}.$

(3) $\displaystyle\int_0^{+\infty} x^3 \mathrm{e}^{-\frac{x}{2}}\mathrm{d}x$;

解 令 $u = \dfrac{x}{2}$, 则 $x = 2u, \mathrm{d}x = 2\mathrm{d}u$. 于是

$$\text{原式} = \int_0^{+\infty} 16u^3 \mathrm{e}^{-u}\mathrm{d}u = 16\Gamma(4) = 16\times 3! = 96.$$

(4) $\displaystyle\int_0^{+\infty} x^{2\alpha} \mathrm{e}^{-x^2}\mathrm{d}x \quad \left(\alpha > -\dfrac{1}{2}\right)$;

解 令 $u = x^2$, 则 $x = \sqrt{u}, \mathrm{d}x = \dfrac{1}{2\sqrt{u}}\mathrm{d}u$. 于是

$$\text{原式} = \dfrac{1}{2}\int_0^{+\infty} u^{\alpha - \frac{1}{2}} \mathrm{e}^{-u}\mathrm{d}u = \dfrac{1}{2}\Gamma\left(\alpha + \dfrac{1}{2}\right).$$

(5) $\displaystyle\int_0^1 \left(\ln\dfrac{1}{x}\right)^\alpha \mathrm{d}x \quad (\alpha > -1)$;

解 令 $u = \ln\dfrac{1}{x}$, 则 $x = \mathrm{e}^{-u}, \mathrm{d}x = -\mathrm{e}^{-u}\mathrm{d}u$. 于是

$$\text{原式} = \int_{+\infty}^0 (-u^\alpha \mathrm{e}^{-u})\mathrm{d}u = \int_0^{+\infty} u^\alpha \mathrm{e}^{-u}\mathrm{d}u = \Gamma(\alpha + 1).$$

(6) $\displaystyle\int_0^{+\infty} \mathrm{e}^{-x^\alpha}\mathrm{d}x \quad (\alpha > 0).$

解 令 $u = x^\alpha$, 则 $x = u^{\frac{1}{\alpha}}, \mathrm{d}x = \dfrac{1}{\alpha} u^{\frac{1}{\alpha} - 1}\mathrm{d}u$. 于是

$$\text{原式} = \dfrac{1}{\alpha}\int_0^{+\infty} u^{\frac{1}{\alpha} - 1} \mathrm{e}^{-u}\mathrm{d}u = \dfrac{1}{\alpha}\Gamma\left(\dfrac{1}{\alpha}\right).$$

52. 利用 $\Gamma\left(\dfrac{1}{2}\right)$ 的结果计算：

(1) $\displaystyle\int_0^{+\infty} \mathrm{e}^{-a^2 x^2}\mathrm{d}x \quad (a > 0)$;

解 令 $u = a^2 x^2$, 则 $x = \dfrac{1}{a}u^{\frac{1}{2}}, \mathrm{d}x = \dfrac{1}{2a}u^{-\frac{1}{2}}$. 于是

$$\text{原式} = \dfrac{1}{2a}\int_0^{+\infty} u^{-\frac{1}{2}} \mathrm{e}^{-u}\mathrm{d}u = \dfrac{1}{2a}\Gamma\left(\dfrac{1}{2}\right) = \dfrac{\sqrt{\pi}}{2a}.$$

(2) $\displaystyle\int_{-\infty}^{+\infty} \dfrac{1}{\sqrt{2\pi}}\mathrm{e}^{-\frac{x^2}{2}}\mathrm{d}x.$

解 原式 $= 2\displaystyle\int_0^{+\infty} \dfrac{1}{\sqrt{2\pi}}\mathrm{e}^{-\frac{x^2}{2}}\mathrm{d}x.$

令 $u = \dfrac{x^2}{2}$, 则 $x = \sqrt{2u}, \mathrm{d}x = \dfrac{1}{\sqrt{2}}u^{-\frac{1}{2}}\mathrm{d}u$. 于是

$$\text{原式} = \int_0^{+\infty} \dfrac{1}{\sqrt{\pi}} u^{-\frac{1}{2}} \mathrm{e}^{-u}\mathrm{d}u = \dfrac{1}{\sqrt{\pi}}\Gamma\left(\dfrac{1}{2}\right) = 1.$$

(B)

1. 填空题：

(1) 设函数 $f(x) = \displaystyle\int_0^x \mathrm{sgn}\, t\mathrm{d}t$, 则 $f'(x) = $ _____.

解 当 $x > 0$ 时, $f(x) = \displaystyle\int_0^x \mathrm{sgn}\, t\mathrm{d}t = \int_0^x \mathrm{d}t = x$; 当 $x = 0$ 时, $f(0) = 0$; 当 $x < 0$ 时, $f(x) = \displaystyle\int_0^x \mathrm{sgn}\, t\mathrm{d}t = $

$$\int_0^x (-1)\mathrm{d}t = -x.$$

因为当 $x=0$ 时,$f'(x)$ 不存在,所以 $f'(x) = \begin{cases} 1, & x>0, \\ -1, & x<0. \end{cases}$

(2) 设函数 $f(x) = \int_0^x |t|\,\mathrm{d}t$,则 $f'(x) =$ _____.

解 $f'(x) = \left(\int_0^x |t|\,\mathrm{d}t\right)' = |x|$.

(3) $\int_{-2}^{2} \min\left\{\dfrac{1}{|x|}, x^2\right\}\mathrm{d}x =$ _____.

解 原式 $= 2\int_0^2 \min\left\{\dfrac{1}{|x|}, x^2\right\}\mathrm{d}x = 2\left(\int_0^1 x^2\,\mathrm{d}x + \int_1^2 \dfrac{1}{x}\,\mathrm{d}x\right) = 2\left(\dfrac{1}{3} + \ln 2\right)$.

(4) 设函数 $f(x) = \int_0^{1-x^2} \mathrm{e}^{-t^2}\,\mathrm{d}t$,则 $f'(x) =$ _____.

解 $f'(x) = \mathrm{e}^{-(1-x^2)^2} \cdot (1-x^2)' = -2x\mathrm{e}^{-(1-x^2)^2}$.

(5) $\lim\limits_{x\to 0} \dfrac{1}{x}\int_{\sin x}^{0} \cos t^2\,\mathrm{d}t =$ _____.

解 原式 $= \lim\limits_{x\to 0}[-\cos(\sin^2 x) \cdot \cos x] = -1$.

(6) 设方程 $\int_0^{x^3-1} f(t)\,\mathrm{d}t = x$,其中 $f(x)$ 是连续函数,则 $f(7) =$ _____.

解 方程两边对 x 求导,得 $3x^2 f(x^3-1) = 1$,即 $f(x^3-1) = \dfrac{1}{3x^2}$. 因此 $f(7) = \dfrac{1}{12}$.

(7) 设 $f(x)$ 是连续的奇函数,且 $\int_0^1 f(t)\,\mathrm{d}t = 1$,则 $\int_{-1}^0 f(t)\,\mathrm{d}t =$ _____.

解 令 $t = -x$,则 $\mathrm{d}t = -\mathrm{d}x$. 于是
$$\int_{-1}^0 f(t)\,\mathrm{d}t = -\int_1^0 f(-x)\,\mathrm{d}x = \int_0^1 f(-x)\,\mathrm{d}x = -\int_0^1 f(x)\,\mathrm{d}x = -1.$$

2. 选择题:

(2) $\lim\limits_{n\to\infty} \int_n^{n+1} \dfrac{\sin x}{x}\,\mathrm{d}x = (\quad)$,其中 n 是正整数.

A. 0 B. 1 C. $\sin 1$ D. 不存在

解 由积分中值定理得
$$\lim\limits_{n\to\infty} \int_n^{n+1} \dfrac{\sin x}{x}\,\mathrm{d}x = \lim\limits_{n\to\infty} \dfrac{\sin \xi}{\xi}(n < \xi < n+1) = \lim\limits_{\xi\to\infty} \dfrac{\sin \xi}{\xi} = 0,$$
因此答案是 A.

(5) 设 $f(x)$ 为连续函数,且 $F(x) = \int_{\frac{1}{x}}^{\ln x} f(t)\,\mathrm{d}t$,则 $F'(x) = (\quad)$.

A. $\dfrac{1}{x}f(\ln x) + \dfrac{1}{x^2}f\left(\dfrac{1}{x}\right)$ B. $f(\ln x) + f\left(\dfrac{1}{x}\right)$

C. $\dfrac{1}{x}f(\ln x) - \dfrac{1}{x^2}f\left(\dfrac{1}{x}\right)$ D. $f(\ln x) - f\left(\dfrac{1}{x}\right)$

解 $F'(x) = \left(\int_{\frac{1}{x}}^{0} f(t)\,\mathrm{d}t\right)' + \left(\int_0^{\ln x} f(t)\,\mathrm{d}t\right)' = \left(-\int_0^{\frac{1}{x}} f(t)\,\mathrm{d}t\right)' + \dfrac{1}{x}f(\ln x)$
$= \dfrac{1}{x^2}f\left(\dfrac{1}{x}\right) + \dfrac{1}{x}f(\ln x),$

因此答案是 A.

(6) 设函数 $F(x) = \dfrac{x^2}{x-a}\int_a^x f(t)\,\mathrm{d}t$,其中 $f(x)$ 为连续函数,则 $\lim\limits_{x\to a} F(x) = (\quad)$.

A. a^2 B. $a^2 f(a)$ C. 0 D. 不存在

解 $\lim\limits_{x\to a}F(x) = \lim\limits_{x\to a}\dfrac{x^2}{x-a}\int_a^x f(t)\mathrm{d}t = \lim\limits_{x\to a}\left[2x\int_a^x f(t)\mathrm{d}t + x^2 f(x)\right] = a^2 f(a)$,因此答案是 B.

(7) 设函数 $f(x), \varphi(x)$ 在点 $x=0$ 的某邻域内连续,且当 $x\to 0$ 时, $f(x)$ 是 $\varphi(x)$ 的高阶无穷小量,则当 $x\to 0$ 时, $\int_0^x f(t)\sin t\,\mathrm{d}t$ 是 $\int_0^x t\varphi(t)\mathrm{d}t$ 的( ).

A. 低阶无穷小量 B. 高阶无穷小量
C. 同阶但不等价无穷小量 D. 等价无穷小量

解 因为 $\lim\limits_{x\to 0}\dfrac{\int_0^x f(t)\sin t\,\mathrm{d}t}{\int_0^x t\varphi(t)\mathrm{d}t} = \lim\limits_{x\to 0}\dfrac{f(x)\sin x}{x\varphi(x)} = \lim\limits_{x\to 0}\dfrac{f(x)}{\varphi(x)}$,所以当 $x\to 0$ 时, $\int_0^x f(t)\sin t\,\mathrm{d}t$ 是 $\int_0^x t\varphi(t)\mathrm{d}t$ 的高阶无穷小量.因此,答案是 B.

(8) 若 $\int_0^a x(2-3x)\mathrm{d}x = 2$,则 $a = ($).

A. 1 B. -1 C. 0 D. 2

解 因为 $\int_0^a x(2-3x)\mathrm{d}x = \int_0^a (2x-3x^2)\mathrm{d}x = (x^2-x^3)\big|_0^a = a^2 - a^3$,所以 $a^2 - a^3 = 2$,解得 $a=-1$.因此,答案是 B.

(9) 已知 $F(x)$ 是 $f(x)$ 的一个原函数,则 $\int_a^x f(t+a)\mathrm{d}t = ($).

A. $F(x) - F(a)$ B. $F(t+a) - F(2a)$
C. $F(x+a) - F(2a)$ D. $F(t) - F(a)$

解 $\int_a^x f(t+a)\mathrm{d}t = F(t+a)\big|_a^x = F(x+a) - F(2a)$,因此答案是 C.

(10) $\int_a^x f'(2t)\mathrm{d}t = ($).

A. $2[f(x) - f(a)]$ B. $f(2x) - f(2a)$
C. $2[f(2x) - f(2a)]$ D. $\dfrac{1}{2}[f(2x) - f(2a)]$

解 $\int_a^x f'(2t)\mathrm{d}t = \dfrac{1}{2}\int_a^x f'(2t)\mathrm{d}(2t) = \dfrac{1}{2}f(2t)\big|_a^x = \dfrac{1}{2}[f(2x) - f(2a)]$,因此答案是 D.

(11) 若 $\int_0^x f(t)\mathrm{d}t = \dfrac{x^4}{2}$,则 $\int_0^4 \dfrac{1}{\sqrt{x}}f(\sqrt{x})\mathrm{d}x = ($).

A. 16 B. 8 C. 4 D. 2

解 $\int_0^4 \dfrac{1}{\sqrt{x}}f(\sqrt{x})\mathrm{d}x = 2\int_0^4 f(\sqrt{x})\mathrm{d}(\sqrt{x}) = (\sqrt{x})^4\big|_0^4 = 16$,因此答案是 A.

(12) 积分 $I = t\int_0^{\frac{s}{t}} f(tx)\mathrm{d}x = 2$ 与( )有关.

A. s,t,x B. s,t C. t,x D. s

解 $I = \int_0^{\frac{s}{t}} f(tx)\mathrm{d}(tx) = F(tx)\big|_0^{\frac{s}{t}} = F(s) - F(0)$,因此与 s 有关,答案是 D.

(17) 下列广义积分中收敛的是( ).

A. $\int_e^{+\infty} \dfrac{\mathrm{d}x}{x\sqrt{\ln x}}$ B. $\int_1^e \dfrac{\mathrm{d}x}{x\ln x}$
C. $\int_{-1}^1 \dfrac{\mathrm{d}x}{\sin x}$ D. $\int_e^{+\infty} \dfrac{\mathrm{d}x}{x\ln^2 x}$

解 因为 $\int_e^{+\infty} \dfrac{\mathrm{d}x}{x\sqrt{\ln x}} = \int_e^{+\infty} (\ln x)^{-\frac{1}{2}}\mathrm{d}(\ln x) = 2\sqrt{\ln x}\big|_e^{+\infty} = \lim\limits_{x\to+\infty} 2\sqrt{\ln x} - 2 = +\infty$,所以 A 发散.

因为 $\int_1^e \dfrac{\mathrm{d}x}{x\ln x} = \int_1^e \dfrac{\mathrm{d}(\ln x)}{\ln x} = \ln(\ln x)\big|_1^e = -\lim\limits_{x\to 1^+}\ln(\ln x) = +\infty$,所以 B 发散.

因为 $\int_{-1}^{1}\dfrac{\mathrm{d}x}{\sin x}=\int_{-1}^{0}\csc x\mathrm{d}x+\int_{0}^{1}\csc x\mathrm{d}x$，又

$$\int_{-1}^{0}\csc x\mathrm{d}x = \ln|\csc x-\cot x|\Big|_{-1}^{0} = \ln\left|\dfrac{1-\cos x}{\sin x}\right|\Big|_{-1}^{0}$$

$$= \lim_{x\to 0^{-}}\ln\left|\dfrac{1-\cos x}{\sin x}\right| - \ln\left|\dfrac{1-\cos(-1)}{\sin(-1)}\right|$$

$$= \lim_{x\to 0^{-}}\ln\left|\dfrac{\sin x}{\cos x}\right| - \ln\left|\dfrac{1-\cos(-1)}{\sin(-1)}\right| = -\infty,$$

所以 $\int_{-1}^{0}\csc x\mathrm{d}x$ 发散，从而 $\int_{-1}^{1}\dfrac{\mathrm{d}x}{\sin x}$ 发散，即 C 发散.

因为 $\int_{e}^{+\infty}\dfrac{\mathrm{d}x}{x\ln^2 x}=\int_{e}^{+\infty}\dfrac{\mathrm{d}(\ln x)}{\ln^2 x}=-\dfrac{1}{\ln x}\Big|_{e}^{+\infty}=-\lim_{x\to+\infty}\dfrac{1}{\ln x}+1=1$，所以 D 收敛，答案是 D.

(18) 已知 $\int_{0}^{+\infty}\dfrac{\sin x}{x}\mathrm{d}x=\dfrac{\pi}{2}$，则 $\int_{0}^{+\infty}\dfrac{\sin^2 x}{x^2}\mathrm{d}x=$ ( ).

A. $\dfrac{\pi^2}{4}$ B. $\dfrac{\pi}{2}$ C. π D. $\dfrac{\pi}{4}$

解 $\int_{0}^{+\infty}\dfrac{\sin^2 x}{x^2}\mathrm{d}x=\int_{0}^{+\infty}\dfrac{1-\cos 2x}{2x^2}\mathrm{d}x=\dfrac{1}{2}\int_{0}^{+\infty}\dfrac{1}{x^2}\mathrm{d}x-\dfrac{1}{2}\int_{0}^{+\infty}\dfrac{\cos 2x}{x^2}\mathrm{d}x$

$$=-\dfrac{1}{2x}\Big|_{0}^{+\infty}+\dfrac{1}{2}\int_{0}^{+\infty}\cos 2x\mathrm{d}\left(\dfrac{1}{x}\right)=-\dfrac{1}{2x}\Big|_{0}^{+\infty}+\dfrac{1}{2}\cdot\dfrac{\cos 2x}{x}\Big|_{0}^{+\infty}-\dfrac{1}{2}\int_{0}^{+\infty}\dfrac{1}{x}\mathrm{d}(\cos 2x)$$

$$=\dfrac{1}{2}\cdot\dfrac{\cos 2x-1}{x}\Big|_{0}^{+\infty}+\int_{0}^{+\infty}\dfrac{\sin 2x}{x}\mathrm{d}x$$

$$=\dfrac{1}{2}\left(\lim_{x\to+\infty}\dfrac{\cos 2x-1}{x}-\lim_{x\to 0}\dfrac{\cos 2x-1}{x}\right)+\int_{0}^{+\infty}\dfrac{\sin 2x}{2x}\mathrm{d}(2x)$$

$$=\dfrac{1}{2}\lim_{x\to 0}2\sin 2x+\int_{0}^{+\infty}\dfrac{\sin x}{x}\mathrm{d}x=\dfrac{\pi}{2},$$

因此答案是 B.

(20) 设函数 $f(x)$ 在 $[a,b]$ 上连续，且 $f(x)>0$，则方程

$$\int_{a}^{x}f(t)\mathrm{d}t+\int_{b}^{x}\dfrac{1}{f(t)}\mathrm{d}t=0$$

在 (a,b) 内有 (　　) 个实根.

A. 0 B. 1 C. 2 D. 无穷多个

解 令

$$F(x)=\int_{a}^{x}f(t)\mathrm{d}t+\int_{b}^{x}\dfrac{1}{f(t)}\mathrm{d}t,$$

因为 $f(x)$ 在 $[a,b]$ 上连续，所以 $F(x)$ 在 $[a,b]$ 上也连续. 又因为

$$F(a)=\int_{b}^{a}\dfrac{1}{f(t)}\mathrm{d}t=-\int_{a}^{b}\dfrac{1}{f(t)}\mathrm{d}t<0, \quad F(b)=\int_{a}^{b}f(t)\mathrm{d}t>0,$$

根据零值定理，则至少存在一点 $\xi\in(a,b)$，使得 $F(\xi)=0$. 由于

$$F'(x)=f(x)+\dfrac{1}{f(x)}>0,$$

所以 $F(x)$ 在 (a,b) 上单调增加，从而得出 ξ 是唯一的. 故方程 $\int_{a}^{x}f(t)\mathrm{d}t+\int_{b}^{x}\dfrac{1}{f(t)}\mathrm{d}t=0$ 在 (a,b) 内有 1 个实根，答案是 B.

第七章 多元函数微分学

内容简介

1. 多元函数的概念

(1) 平面区域的概念

定义 7.1 设 $P_0(x_0, y_0)$ 是 xOy 面上的一点,δ 为某一正数,则称与点 $P_0(x_0, y_0)$ 距离小于 δ 的点 $P(x,y)$ 的全体为点 $P_0(x_0, y_0)$ 的 δ 邻域,记作 $U(P_0, \delta)$,即

$$U(P_0, \delta) = \{(x, y) \mid \sqrt{(x-x_0)^2 + (y-y_0)^2} < \delta\}.$$

在上述邻域 $U(P_0, \delta)$ 中,除去点 $P_0(x_0, y_0)$ 后剩下的部分称为点 $P_0(x_0, y_0)$ 的空心 δ 邻域,记作 $\mathring{U}(P_0, \delta)$. 如果不强调邻域的半径,通常把点 $P_0(x_0, y_0)$ 的邻域和空心邻域简记为 $U(P_0)$ 和 $\mathring{U}(P_0)$.

定义 7.2 平面上的点 $P(x, y)$ 及点集 $D \subset \mathbf{R}^2$ 之间有下面的关系:
① 如果存在点 P 的某一邻域 $U(P)$,使得 $U(P) \subset D$,则称点 P 是 D 的内点;
② 如果存在点 P 的某一邻域 $U(P)$,使得 $U(P) \cap D = \varnothing$,则称点 P 是 D 的外点;
③ 如果在点 P 的任意邻域内,既含有属于 D 的点,又含有不属于 D 的点,则称点 P 是 D 的边界点. D 的边界点的全体称为 D 的边界,记作 ∂D.

定义 7.3 ① 如果点集 $D \subset \mathbf{R}^2$ 中的每一个点都是 D 的内点,则称 D 是开集;如果点集 D 的补集 D^c 是开集,则称 D 是闭集.
② 如果点集 D 内的任意两点都可以用包含在 D 内的折线连接起来,则称点集 D 为连通集.
③ 平面上连通的开集称为开区域,简称区域;开区域连同它的边界一起称为闭区域.
④ 如果一个点集 D 能包含在以原点 O 为中心的某一邻域内,即 $D \subset U(O, \delta)$,则称 D 为有界集;否则,称 D 为无界集.

(2) 多元函数的定义

定义 7.4 设 D 是 xOy 面上的一个点集,若对 D 中的任意点 (x, y),依照某一对应法则 f,变量 z 都有唯一确定的值与之对应,则称 z 是 x, y 的二元函数,记为

$$z = f(x, y), \quad (x, y) \in D,$$

其中 x, y 称为自变量,z 称为因变量,D 称为函数 f 的定义域.

定义 7.5 设 $D \subset \mathbf{R}^n$ 是一个非空子集,从 D 到实数集 $\mathbf{R}$ 的任一映射 f 称为定义在 D 上

的一个 n 元函数,记作 $f:D \subset \mathbf{R}^n \to \mathbf{R}$,即 $y = f(\boldsymbol{x}) = f(x_1, x_2, \cdots, x_n), \boldsymbol{x} \in D$,其中 x_1, $x_2, \cdots, x_n$ 称为自变量,y 为因变量,D 称为函数 f 的定义域. 函数 f 的值域为
$$f(D) = \{y | y = f(\boldsymbol{x}) = f(x_1, x_2, \cdots, x_n), \boldsymbol{x} \in D\}.$$

(3) 二元函数的极限

定义 7.6 设函数 $z = f(x,y)$ 在点 $P_0(x_0, y_0)$ 的某一空心邻域 $\mathring{U}(P_0)$ 内有定义,A 是确定的常数. 如果当点 $P(x,y) \in \mathring{U}(P_0)$ 以任何方式无限趋近于点 P_0 时,函数 $f(x,y)$ 的值都无限趋近于 A,则称 A 是函数 $f(x,y)$ 当 $(x,y) \to (x_0, y_0)$ 时的极限,记作
$$\lim_{(x,y) \to (x_0, y_0)} f(x,y) = A \quad \text{或} \quad \lim_{\substack{x \to x_0 \\ y \to y_0}} f(x,y) = A.$$

定义 7.7 设函数 $z = f(x,y)$ 在点 $P_0(x_0, y_0)$ 的某一空心邻域 $\mathring{U}(P_0)$ 内有定义,A 是确定的常数. 若对任意给定的 $\varepsilon > 0$,存在 $\delta > 0$,使得当 $0 < \sqrt{(x-x_0)^2 + (y-y_0)^2} < \delta$ 时,恒有
$$|f(x,y) - A| < \varepsilon$$
成立,则称 A 是函数 $f(x,y)$ 当 $(x,y) \to (x_0, y_0)$ 时的极限.

为了区别一元函数的极限,我们把二元函数的极限称为二重极限.

(4) 二元函数的连续性

定义 7.8 设函数 $z = f(x,y)$ 在点 $P_0(x_0, y_0)$ 的某一邻域 $U(P_0)$ 内有定义,自变量 x, y 分别在 x_0, y_0 处有改变量 $\Delta x, \Delta y$,且 $(x_0 + \Delta x, y_0 + \Delta y) \in U(P_0)$. 相应地,函数 $z = f(x,y)$ 有改变量 $\Delta z = f(x_0 + \Delta x, y_0 + \Delta y) - f(x_0, y_0)$(称 Δz 为函数 $z = f(x,y)$ 在点 (x_0, y_0) 处的全增量). 如果 $\lim\limits_{(\Delta x, \Delta y) \to (0,0)} \Delta z = 0$,即
$$\lim_{(\Delta x, \Delta y) \to (0,0)} f(x_0 + \Delta x, y_0 + \Delta y) = f(x_0, y_0),$$
则称函数 $z = f(x,y)$ 在点 $P_0(x_0, y_0)$ 处连续.

定义 7.9 设函数 $z = f(x,y)$ 在点 $P_0(x_0, y_0)$ 的某一邻域 $U(P_0)$ 内有定义. 若
$$\lim_{(x,y) \to (x_0, y_0)} f(x,y) = f(x_0, y_0),$$
则称函数 $z = f(x,y)$ 在点 $P_0(x_0, y_0)$ 处连续.

注 函数 $z = f(x,y)$ 在点 $P_0(x_0, y_0)$ 处连续,必须同时满足下列三个条件:

① $f(x,y)$ 在点 $P_0(x_0, y_0)$ 处有定义;

② $f(x,y)$ 在点 $P_0(x_0, y_0)$ 处的极限存在;

③ $\lim\limits_{(x,y) \to (x_0, y_0)} f(x,y)$ 的值等于 $f(x_0, y_0)$.

若函数在某一点处不满足上述条件之一,则函数在该点处不连续,此时称该点为函数的间断点.

2. 偏导数

(1) 一阶偏导数

定义 7.10 设函数 $z = f(x,y)$ 在点 $P_0(x_0, y_0)$ 的某一邻域 $U(P_0)$ 内有定义,自变量 x 在 x_0 处有改变量 Δx,而自变量 y 固定在 y_0 处. 相应地,函数 $z = f(x,y)$ 有改变量 $\Delta_x z = f(x_0 + \Delta x, y_0) - f(x_0, y_0)$($\Delta_x z$ 称为函数 $z = f(x,y)$ 在点 $P_0(x_0, y_0)$ 处对 x 的偏增量). 若极限

$$\lim_{\Delta x \to 0} \frac{\Delta_x z}{\Delta x} = \lim_{\Delta x \to 0} \frac{f(x_0 + \Delta x, y_0) - f(x_0, y_0)}{\Delta x}$$

存在,则称此极限值为函数 $z = f(x,y)$ 在点 $P_0(x_0, y_0)$ 处对 x 的偏导数,记作

$$f'_x(x_0, y_0), \quad z'_x\bigg|_{(x_0, y_0)}, \quad \frac{\partial f}{\partial x}\bigg|_{(x_0, y_0)} \quad \text{或} \quad \frac{\partial z}{\partial x}\bigg|_{(x_0, y_0)}.$$

类似地,如果极限

$$\lim_{\Delta y \to 0} \frac{\Delta_y z}{\Delta y} = \lim_{\Delta y \to 0} \frac{f(x_0, y_0 + \Delta y) - f(x_0, y_0)}{\Delta y}$$

存在,则称此极限值为函数 $z = f(x,y)$ 在点 $P_0(x_0, y_0)$ 处对 y 的偏导数,记作

$$f'_y(x_0, y_0), \quad z'_y\bigg|_{(x_0, y_0)}, \quad \frac{\partial f}{\partial y}\bigg|_{(x_0, y_0)} \quad \text{或} \quad \frac{\partial z}{\partial y}\bigg|_{(x_0, y_0)}.$$

若函数 $z = f(x,y)$ 在点 $P_0(x_0, y_0)$ 处同时存在对 x 与 y 的偏导数,则称 $z = f(x,y)$ 在点 $P_0(x_0, y_0)$ 处可偏导.

定义 7.11 如果函数 $z = f(x,y)$ 在 D 中的每一点 $P(x,y)$ 处对 x 的偏导数 $f'_x(x,y)$ 都存在,即对于任一点 $P(x,y)$ 都有唯一确定的偏导数与之对应,则得到一个新的函数,称为函数 $f(x,y)$ 对 x 的偏导函数,记作 $f'_x, z'_x, \frac{\partial f}{\partial x}$ 或 $\frac{\partial z}{\partial x}$. 同样,也可以定义 $f(x,y)$ 对 y 的偏导函数,记作 $f'_y, z'_y, \frac{\partial f}{\partial y}$ 或 $\frac{\partial z}{\partial y}$. 通常情况下简称偏导函数为偏导数.

偏导数的概念和计算很容易推广到三元及三元以上的函数中去.

(2) 高阶偏导数

定义 7.12 设函数 $z = f(x,y)$ 在某区域 D 内处处具有偏导数 $f'_x(x,y), f'_y(x,y)$,且它们仍是关于 x,y 的函数. 若这两个偏导数也可偏导,则称它们的偏导数为函数 $z = f(x,y)$ 的二阶偏导数.

按照对变量求导次序的不同,二元函数有下列四种不同的二阶偏导数:

① 函数 $z = f(x,y)$ 关于 x 的二阶偏导数:

$$\frac{\partial}{\partial x}\left(\frac{\partial z}{\partial x}\right) = f''_{xx}(x,y) = z''_{xx} = \frac{\partial^2 f}{\partial x^2} = \frac{\partial^2 z}{\partial x^2};$$

② 函数 $z = f(x,y)$ 的两个二阶混合偏导数:

$$\frac{\partial}{\partial y}\left(\frac{\partial z}{\partial x}\right) = f''_{xy}(x,y) = z''_{xy} = \frac{\partial^2 f}{\partial x \partial y} = \frac{\partial^2 z}{\partial x \partial y},$$

$$\frac{\partial}{\partial x}\left(\frac{\partial z}{\partial y}\right) = f''_{yx}(x,y) = z''_{yx} = \frac{\partial^2 f}{\partial y \partial x} = \frac{\partial^2 z}{\partial y \partial x};$$

③ 函数 $z = f(x,y)$ 关于 y 的二阶偏导数:

$$\frac{\partial}{\partial y}\left(\frac{\partial z}{\partial y}\right) = f''_{yy}(x,y) = z''_{yy} = \frac{\partial^2 f}{\partial y^2} = \frac{\partial^2 z}{\partial y^2}.$$

类似地,可定义多元函数的三阶及三阶以上的偏导数,并有相应的记号,例如 $\frac{\partial^3 f}{\partial x^2 \partial y}$ 等.

二阶及二阶以上的偏导数统称为高阶偏导数.

3. 全微分

定义 7.13 设函数 $z = f(x,y)$ 在点 $P_0(x_0, y_0)$ 的某邻域 $U(P_0)$ 内有定义,自变量 x,

y 分别在 x_0, y_0 处有改变量 $\Delta x, \Delta y$，且 $(x_0+\Delta x, y_0+\Delta y) \in U(P_0)$. 相应地，函数 $z = f(x, y)$ 的全增量为

$$\Delta z = f(x_0+\Delta x, y_0+\Delta y) - f(x_0, y_0).$$

如果 Δz 可以表示为

$$\Delta z = A\Delta x + B\Delta y + o(\rho),$$

其中 $\rho = \sqrt{(\Delta x)^2 + (\Delta y)^2}$，常数 A, B 仅与点 (x_0, y_0) 有关，而与 $\Delta x, \Delta y$ 无关，则称函数 $f(x, y)$ 在点 (x_0, y_0) 处可微，$A\Delta x + B\Delta y$ 称为函数 $f(x, y)$ 在点 (x_0, y_0) 处的全微分，记为 $\mathrm{d}z \big|_{(x_0, y_0)}$，即

$$\mathrm{d}z \big|_{(x_0, y_0)} = A\Delta x + B\Delta y.$$

定义 7.14 如果函数 $z = f(x, y)$ 在区域 D 内的每一点处都可微，则称 $z = f(x, y)$ 在 D 内可微. 在 D 内，函数 $z = f(x, y)$ 的全微分为

$$\mathrm{d}z = f'_x(x, y)\mathrm{d}x + f'_y(x, y)\mathrm{d}y.$$

设函数 $z = f(u, v)$ 可微. 若 u, v 为自变量，则该函数的一阶全微分为

$$\mathrm{d}z = \frac{\partial z}{\partial u}\mathrm{d}u + \frac{\partial z}{\partial v}\mathrm{d}v;$$

若 u, v 又是 x, y 的函数，即 $u = u(x, y), v = v(x, y)$，且这两个函数也可微，则复合函数 $z = f[u(x, y), v(x, y)]$ 的一阶全微分为

$$\mathrm{d}z = \frac{\partial z}{\partial x}\mathrm{d}x + \frac{\partial z}{\partial y}\mathrm{d}y = \left(\frac{\partial z}{\partial u} \cdot \frac{\partial u}{\partial x} + \frac{\partial z}{\partial v} \cdot \frac{\partial v}{\partial x}\right)\mathrm{d}x + \left(\frac{\partial z}{\partial u} \cdot \frac{\partial u}{\partial y} + \frac{\partial z}{\partial v} \cdot \frac{\partial v}{\partial y}\right)\mathrm{d}y$$

$$= \frac{\partial z}{\partial u}\left(\frac{\partial u}{\partial x}\mathrm{d}x + \frac{\partial u}{\partial y}\mathrm{d}y\right) + \frac{\partial z}{\partial v}\left(\frac{\partial v}{\partial x}\mathrm{d}x + \frac{\partial v}{\partial y}\mathrm{d}y\right) = \frac{\partial z}{\partial u}\mathrm{d}u + \frac{\partial z}{\partial v}\mathrm{d}v,$$

即无论 u, v 是函数的自变量还是中间变量，函数的全微分形式都是一样的. 这个性质称为一阶全微分的形式不变性.

4. 多元函数的极值

定义 7.15 设函数 $z = f(x, y)$ 在点 $P_0(x_0, y_0)$ 的某一邻域内有定义，对于该邻域内异于 (x_0, y_0) 的任一点 (x, y)，如果恒有不等式 $f(x, y) < f(x_0, y_0)$，则称函数 $f(x, y)$ 在点 $P_0(x_0, y_0)$ 处取得极大值 $f(x_0, y_0)$，点 (x_0, y_0) 称为极大值点；如果恒有 $f(x, y) > f(x_0, y_0)$，则称函数 $f(x, y)$ 在点 $P_0(x_0, y_0)$ 处取得极小值 $f(x_0, y_0)$，点 (x_0, y_0) 称为极小值点. 极大值和极小值统称为极值，极大值点和极小值点统称为极值点.

定义 7.16 函数自变量只受定义域约束的极值问题称为无条件极值问题；函数自变量除了受定义域约束外还有其他条件限制的极值问题称为条件极值问题.

重要公式、定理及结论

1. 二重极限的计算和判别方法

① 在一元函数的极限中,$x \to x_0$ 仅有左、右趋近两种方式,即 $x \to x_0^+$ 和 $x \to x_0^-$. 而在二重极限中,动点 P 趋近于点 P_0 的方式是任意的,即当动点 P 在 $\mathring{U}(P_0)$ 内以任何方式、任何方向、任何路径趋于点 P_0 时,均有 $f(x,y) \to A$. 因此,判断二重极限 $\lim\limits_{(x,y) \to (x_0, y_0)} f(x,y)$ 不存在有两种方法:一是当点 P 沿两条不同路径趋于点 P_0 时,函数 $f(x,y)$ 趋于不同的极限值,二是当点 P 沿某条路径趋于点 P_0 时,函数 $f(x,y)$ 极限不存在,它们都可判断二重极限 $\lim\limits_{(x,y) \to (x_0, y_0)} f(x,y)$ 不存在.

② 从极限的定义出发,可以证明,多元函数的极限与一元函数的极限有类似的运算法则. 因此,有关一元函数的极限运算法则和方法都可以平行地推广到多元函数的极限上来,但洛必达法则除外.

二重极限常用的计算方法有:① 用定义求极限;② 用极限的性质,如两个重要极限、夹逼准则、等价无穷小量、无穷小量乘有界量仍是无穷小量等;③ 变量代换,如设 $x = \rho\cos\theta, y = \rho\sin\theta$,其中 $\rho = \sqrt{x^2 + y^2}$.

2. 有界闭区域上多元连续函数的性质

定理 7.1(有界性定理) 有界闭区域 D 上的多元连续函数必在 D 上有界.

定理 7.2(最大值、最小值定理) 有界闭区域 D 上的多元连续函数必在 D 上取得最大值和最小值.

定理 7.3(介值定理) 有界闭区域 D 上的多元连续函数必能取得介于其最大值和最小值之间的任何值.

3. 偏导数的计算

在计算多元函数对某一自变量的偏导数时,只需先把其余变量都看作常量,然后按一元函数求导公式和导数运算法则对该自变量求导. 分段函数在分段点处的偏导数需要利用偏导数的定义来求.

4. 函数可微的必要条件和充分条件

定理 7.4(必要条件) 设函数 $z = f(x,y)$ 在点 $P_0(x_0, y_0)$ 处可微,则

① $f(x,y)$ 在点 $P_0(x_0, y_0)$ 处连续;

② $f(x,y)$ 在点 $P_0(x_0, y_0)$ 处可偏导,即 $f'_x(x_0, y_0), f'_y(x_0, y_0)$ 存在,且 $A = f'_x(x_0, y_0)$,$B = f'_y(x_0, y_0)$,即

$$\mathrm{d}z \Big|_{(x_0, y_0)} = f'_x(x_0, y_0) \Delta x + f'_y(x_0, y_0) \Delta y.$$

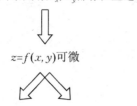

图 7-1

定理 7.5（充分条件） 若函数 $z=f(x,y)$ 在点 $P_0(x_0,y_0)$ 的某邻域内两个偏导数 $f'_x(x_0,y_0),f'_y(x_0,y_0)$ 都存在，且这两个偏导数都在点 $P_0(x_0,y_0)$ 处连续，则函数 $z=f(x,y)$ 在点 $P_0(x_0,y_0)$ 处可微.

二元函数在一点处连续、可偏导、可微之间的关系如图 7-1 所示.

5. 二阶混合偏导数与次序无关定理

定理 7.6 如果函数 $z=f(x,y)$ 的两个二阶混合偏导数 $f''_{xy}(x,y)$ 和 $f''_{yx}(x,y)$ 都在区域 D 内连续，那么在该区域内这两个二阶混合偏导数必相等，即

$$f''_{xy}(x,y)=f''_{yx}(x,y).$$

6. 多元复合函数的求导法则

(1) 链式法则

定理 7.7（链式法则） 设函数 $u=u(x,y),v=v(x,y)$ 在点 (x,y) 处可偏导，函数 $z=f(u,v)$ 在对应点 (u,v) 处有连续的偏导数，则复合函数 $z=f[u(x,y),v(x,y)]$ 在点 (x,y) 处可偏导，且

$$\frac{\partial z}{\partial x}=\frac{\partial z}{\partial u}\cdot\frac{\partial u}{\partial x}+\frac{\partial z}{\partial v}\cdot\frac{\partial v}{\partial x}, \quad \frac{\partial z}{\partial y}=\frac{\partial z}{\partial u}\cdot\frac{\partial u}{\partial y}+\frac{\partial z}{\partial v}\cdot\frac{\partial v}{\partial y}.$$

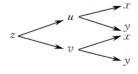

图 7-2

(2) 多元复合函数求偏导数的方法

① 用示意图表示出函数的复合关系（见图 7-2）；

② 函数对某自变量的偏导数的结构为若干项之和，其中

  项数 = 从因变量到该自变量的路径数；

  每一项 = 函数对中间变量的偏导数 × 该中间变量对指定自变量的偏导数.

下面给出几个特殊情形.

① 只有一个自变量的情形（见图 7-3）.

若函数 $z=z(u,v)$ 具有连续的偏导数，$u=u(t)$ 和 $v=v(t)$ 可导，则复合函数 $z=z[u(t),v(t)]$ 关于 t 可导，且其全导数为

$$\frac{\mathrm{d}z}{\mathrm{d}t}=\frac{\partial z}{\partial u}\cdot\frac{\mathrm{d}u}{\mathrm{d}t}+\frac{\partial z}{\partial v}\cdot\frac{\mathrm{d}v}{\mathrm{d}t}.$$

② 只有一个中间变量的情形（见图 7-4）.

若函数 $z=z(u)$ 具有连续的导数，$u=u(x,y)$ 具有连续的偏导数，则复合函数 $z=z[u(x,y)]$ 具有连续的偏导数，且

$$\frac{\partial z}{\partial x}=\frac{\mathrm{d}z}{\mathrm{d}u}\cdot\frac{\partial u}{\partial x},\quad \frac{\partial z}{\partial y}=\frac{\mathrm{d}z}{\mathrm{d}u}\cdot\frac{\partial u}{\partial y}.$$

③ 复合函数的中间变量既有一元函数，又有多元函数的情形（见图 7-5）.

若函数 $z=f(u,v,x)$ 具有连续的偏导数，$u=u(x,y)$ 和 $v=v(x,y)$ 具有连续的偏导数，则复合函数 $z=f[u(x,y),v(x,y),x]$ 具有连续的偏导数，且

$$\frac{\partial z}{\partial x}=\frac{\partial f}{\partial x}+\frac{\partial f}{\partial u}\cdot\frac{\partial u}{\partial x}+\frac{\partial f}{\partial v}\cdot\frac{\partial v}{\partial x},\quad \frac{\partial z}{\partial y}=\frac{\partial f}{\partial u}\cdot\frac{\partial u}{\partial y}+\frac{\partial f}{\partial v}\cdot\frac{\partial v}{\partial y}. \qquad(7-1)$$

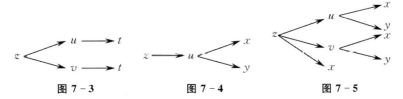

图 7-3　　　　　图 7-4　　　　　图 7-5

注　在上面的(7-1)式中,为了防止混淆,右边采用符号 $\dfrac{\partial f}{\partial x}$,而不是 $\dfrac{\partial z}{\partial x}$,这么做的意义是: $\dfrac{\partial z}{\partial x}$ 是把复合函数 $z = f[u(x,y),v(x,y),x]$ 中的自变量 y 看作常量而对 x 求偏导数(此时 x 作为复合函数的自变量); $\dfrac{\partial f}{\partial x}$ 是把函数 $z = f(u,v,x)$ 中的 u,v 看作常量而对 x 求偏导数(此时 x 作为复合函数的中间变量).

7. 隐函数存在定理

定理 7.8（隐函数存在定理 1）　设函数 $F(x,y)$ 在点 $P_0(x_0,y_0)$ 的某一邻域内具有连续的偏导数,且 $F(x_0,y_0) = 0, F'_y(x_0,y_0) \neq 0$,则方程 $F(x,y) = 0$ 在点 $P_0(x_0,y_0)$ 的某一邻域内恒能唯一确定一个具有连续导数的函数 $y = f(x)$,且它满足条件 $y_0 = f(x_0)$,并有

$$\frac{\mathrm{d}y}{\mathrm{d}x} = -\frac{F'_x}{F'_y}.$$

定理 7.9（隐函数存在定理 2）　设函数 $F(x,y,z)$ 在点 $P_0(x_0,y_0,z_0)$ 的某一邻域内具有连续的偏导数,且 $F(x_0,y_0,z_0) = 0, F'_z(x_0,y_0,z_0) \neq 0$,则方程 $F(x,y,z) = 0$ 在点 $P_0(x_0,y_0,z_0)$ 的某一邻域内恒能唯一确定一个具有连续偏导数的函数 $z = f(x,y)$,它满足条件 $z_0 = f(x_0,y_0)$,并有

$$\frac{\partial z}{\partial x} = -\frac{F'_x}{F'_z}, \quad \frac{\partial z}{\partial y} = -\frac{F'_y}{F'_z}.$$

8. 极值存在的充分条件和必要条件

定理 7.10（极值存在的必要条件）　若函数 $z = f(x,y)$ 在点 $P_0(x_0,y_0)$ 处的两个一阶偏导数存在,且在点 (x_0,y_0) 处取得极值,则

$$f'_x(x_0,y_0) = 0, \quad f'_y(x_0,y_0) = 0.$$

称同时满足条件 $f'_x(x_0,y_0) = 0, f'_y(x_0,y_0) = 0$ 的点 (x_0,y_0) 为函数 $f(x,y)$ 的驻点.

定理 7.11（极值存在的充分条件）　设函数 $z = f(x,y)$ 在点 $P_0(x_0,y_0)$ 的某邻域内具有连续的二阶偏导数,且 (x_0,y_0) 是它的驻点,令

$$A = f''_{xx}(x_0,y_0), \quad B = f''_{xy}(x_0,y_0), \quad C = f''_{yy}(x_0,y_0).$$

① 若 $B^2 - AC < 0$,则函数 $f(x,y)$ 在点 (x_0,y_0) 处取得极值,且当 $A < 0$（或 $C < 0$）时, $f(x_0,y_0)$ 是极大值,当 $A > 0$（或 $C > 0$）时, $f(x_0,y_0)$ 是极小值;

② 若 $B^2 - AC > 0$,则函数 $f(x,y)$ 在点 (x_0,y_0) 处没有极值;

③ 若 $B^2 - AC = 0$,则无法判断函数 $f(x,y)$ 在点 (x_0,y_0) 处是否取得极值,需进一步讨论.

注　此定理只能用来判别驻点是不是极值点,其他可能成为极值点的点需用其他方法判别.

9. 条件极值问题的解决方法

① 方法一是把条件极值问题转化为无条件极值问题;

② 方法二是拉格朗日乘数法.

例如,求目标函数 $u=f(x,y,z)$ 在约束条件 $\varphi(x,y,z)=0$ 下的极值.

先作拉格朗日函数
$$L(x,y,z,\lambda)=f(x,y,z)+\lambda\varphi(x,y,z),$$

然后解方程组
$$\begin{cases} L'_x=0, \\ L'_y=0, \\ L'_z=0, \\ L'_\lambda=0, \end{cases}$$

求得驻点 (x_0,y_0,z_0). 最后,根据极值存在的充分条件或实际问题来判别是否为极值点.

复习考试要求

1. 了解多元函数的极限及连续性,会求二重极限.
2. 掌握多元函数的偏导数概念及全微分概念,知道多元函数全微分、偏导数和连续的关系.
3. 掌握多元函数的偏导数、高阶偏导数和全微分的计算.
4. 掌握多元复合函数微分法,会求复合函数的偏导数、二阶偏导数.
5. 掌握由一个方程所确定的隐函数的偏导数的求法.
6. 了解多元函数极值、最值的判定,会用拉格朗日乘数法求条件极值.

典型例题

例 1 二元函数 $f(x,y)$ 在点 (x_0,y_0) 处两个偏导数 $f'_x(x_0,y_0)$, $f'_y(x_0,y_0)$ 存在是 $f(x,y)$ 在该点连续的( ).

A. 充分条件而非必要条件 B. 必要条件而非充分条件
C. 充要条件 D. 既非充分条件又非必要条件

解 多元函数的连续性和偏导数之间没有任何关系. 答案是 D.

例 2 二元函数 $f(x,y)=\begin{cases} \dfrac{xy}{x^2+y^2}, & (x,y)\neq(0,0), \\ 0, & (x,y)=(0,0) \end{cases}$ 在点 $(0,0)$ 处( ).

A. 连续,偏导数存在 B. 连续,偏导数不存在
C. 不连续,偏导数存在 D. 不连续,偏导数不存在

解 此题考查二元函数在一点处连续的定义. 令 $y=kx$,则 $\lim\limits_{\substack{y=kx \\ x\to 0}}\dfrac{xy}{x^2+y^2}=\dfrac{k}{1+k^2}$, k 为任

意实数,可见左式的极限随着 k 的变化而变化,显然左式的极限不存在,所以不连续. 再由偏导数定义有

$$f'_x(0,0) = \lim_{\Delta x \to 0} \frac{f(0+\Delta x, 0) - f(0,0)}{\Delta x} = 0,$$

同理 $f'_y(0,0) = 0$. 因此,答案是 C.

注 分段函数在分段点处的连续性及偏导数都要用定义来判断.

例 3 设函数 $z = f(x,y)$,有 $\frac{\partial^2 f}{\partial y^2} = 2$,且 $f(x,0) = 1$, $f'_y(x,0) = x$,则 $f(x,y) = ($).

A. $1 - xy + y^2$
B. $1 + xy + y^2$
C. $1 - x^2y + y^2$
D. $1 + x^2y + y^2$

解 $\frac{\partial^2 f}{\partial y^2} = 2$ 两边对 y 积分,得 $f'_y = 2y + \varphi(x)$. 将 $f'_y(x,0) = x$ 代入上式得 $\varphi(x) = x$,于是 $f'_y = 2y + x$. 该式两边对 y 积分,得 $f(x,y) = y^2 + xy + \psi(x)$. 将 $f(x,0) = 1$ 代入上式得 $\psi(x) = 1$,故 $f(x,y) = 1 + xy + y^2$,答案是 B.

例 4 设函数 $f(x,y)$ 在点 $(0,0)$ 的某个邻域内连续,且 $\lim\limits_{\substack{x \to 0 \\ y \to 0}} \frac{f(x,y) - xy}{(x^2 + y^2)^2} = 1$,则( ).

A. 点 $(0,0)$ 不是 $f(x,y)$ 的极值点
B. 点 $(0,0)$ 是 $f(x,y)$ 的极大值点
C. 点 $(0,0)$ 是 $f(x,y)$ 的极小值点
D. 根据所给条件无法判断点 $(0,0)$ 是否为 $f(x,y)$ 的极值点

解 对于极限 $\lim\limits_{\substack{x \to 0 \\ y \to 0}} \frac{f(x,y) - xy}{(x^2 + y^2)^2} = 1$,由极限与无穷小量的关系,在点 $(0,0)$ 的充分小的邻域内有

$$f(x,y) = xy + (1+\alpha)(x^2 + y^2)^2,$$

其中 $\lim\limits_{\substack{x \to 0 \\ y \to 0}} \alpha = 0$. 于是 $f(x,y) = xy + (x^2+y^2)^2 + \alpha(x^2+y^2)^2$,从而在点 $(0,0)$ 的足够小的邻域内,在 $xy > 0$ 处, $f(x,y) > 0$,在 $xy < 0$ 处, $f(x,y) < 0$. 因此,点 $(0,0)$ 不是 $f(x,y)$ 的极值点,答案是 A.

例 5 设连续函数 $z = f(x,y)$ 满足 $\lim\limits_{\substack{x \to 0 \\ y \to 1}} \frac{f(x,y) - 2x + y - 2}{\sqrt{x^2 + (y-1)^2}} = 0$,则 $\mathrm{d}z\Big|_{(0,1)} = $ _____.

解 由 $\lim\limits_{\substack{x \to 0 \\ y \to 1}} \frac{f(x,y) - 2x + y - 2}{\sqrt{x^2 + (y-1)^2}} = 0$,得 $\lim\limits_{\substack{x \to 0 \\ y \to 1}} [f(x,y) - 2x + y - 2] = 0$,则 $\lim\limits_{\substack{x \to 0 \\ y \to 1}} f(x,y) = 1$. 由连续性得 $f(0,1) = 1$,已知条件可以改写为

$$\lim_{\substack{x \to 0 \\ y \to 1}} \frac{f(x,y) - f(0,1) - 2x + (y-1)}{\sqrt{x^2 + (y-1)^2}} = 0.$$

由此可知 $z = f(x,y)$ 在点 $(0,1)$ 处可微,且 $\mathrm{d}z\Big|_{(0,1)} = 2\mathrm{d}x - \mathrm{d}y$.

例 6 设函数 $z = (x + \mathrm{e}^y)^x$,则 $\frac{\partial z}{\partial x}\Big|_{(1,0)} = $ _____.

解 此题考查幂指函数求导法. 因为 $z = (x + \mathrm{e}^y)^x = \mathrm{e}^{x\ln(x + \mathrm{e}^y)}$,所以

$$\frac{\partial z}{\partial x} = e^{x\ln(x+e^y)}\left[\ln(x+e^y) + \frac{x}{x+e^y}\right].$$

故

$$\left.\frac{\partial z}{\partial x}\right|_{(1,0)} = 1 + 2\ln 2.$$

例 7 设 $f(u,v)$ 是二元可微函数，$z = f\left(\dfrac{y}{x}, \dfrac{x}{y}\right)$，则 $x\dfrac{\partial z}{\partial x} - y\dfrac{\partial z}{\partial y} = $ _____.

解 此题考查求抽象函数的偏导数．由二元复合函数求导法，设 $u = \dfrac{y}{x}, v = \dfrac{x}{y}$，则

$$\frac{\partial z}{\partial x} = f'_1\left(-\frac{y}{x^2}\right) + \frac{1}{y}f'_2, \quad \frac{\partial z}{\partial y} = f'_1\frac{1}{x} + f'_2\left(-\frac{x}{y^2}\right).$$

于是

$$x\frac{\partial z}{\partial x} - y\frac{\partial z}{\partial y} = 2\left(-\frac{y}{x}f'_1 + \frac{x}{y}f'_2\right).$$

例 8 函数 $f(u,v)$ 由关系式 $f[xg(y),y] = x + g(y)$ 所确定，其中函数 $g(y)$ 可微，且 $g(y) \neq 0$，则 $\dfrac{\partial^2 f}{\partial u \partial v} = $ _____.

解 求出 $f(u,v)$ 的表达式是解题的关键．设 $u = xg(y), v = y$，则 $x = \dfrac{u}{g(v)}, y = v$，代入所给关系式即得

$$f(u,v) = \frac{u}{g(v)} + g(v).$$

于是

$$\frac{\partial f}{\partial u} = \frac{1}{g(v)}, \quad \frac{\partial^2 f}{\partial u \partial v} = -\frac{g'(v)}{[g(v)]^2}.$$

例 9 设函数 $F(x,y) = \displaystyle\int_0^{xy} \dfrac{\sin t}{1+t^2}dt$，则 $\left.\dfrac{\partial^2 F}{\partial x^2}\right|_{\substack{x=0\\y=2}} = $ _____.

解 由积分上限函数的导数得

$$F'_x = \frac{y\sin xy}{1+(xy)^2}, \quad F''_{xx} = \frac{y^2[1+(xy)^2]\cos xy - 2xy^3\sin xy}{[1+(xy)^2]^2}.$$

将 $x = 0, y = 2$ 代入得 $\left.\dfrac{\partial^2 F}{\partial x^2}\right|_{\substack{x=0\\y=2}} = 4$.

例 10 设函数 $u = f(x,y,z), \varphi(x^2, e^y, z) = 0, y = \sin x$，其中 f, φ 都具有一阶连续偏导数，且 $\dfrac{\partial \varphi}{\partial z} \neq 0$，求 $\dfrac{du}{dx}$.

解 此题考查求复合函数的全导数．由于 $y = \sin x$，而 $z = z(x)$ 由 $\varphi(x^2, e^y, z) = 0$ 所确定，则 $u = f(x,y,z)$ 是关于 x 的复合函数．于是

$$\frac{du}{dx} = \frac{\partial f}{\partial x} + \frac{\partial f}{\partial y} \cdot \frac{dy}{dx} + \frac{\partial f}{\partial z} \cdot \frac{dz}{dx}$$

$$= \frac{\partial f}{\partial x} + \frac{\partial f}{\partial y}\cos x - \frac{\partial f}{\partial z} \cdot \frac{1}{\varphi'_3}(2x\varphi'_1 + e^{\sin x}\cos x\varphi'_2).$$

例 11 设函数 $u = f(x,y,z)$ 有连续偏导数，且 $z = z(x,y)$ 由方程 $xe^x - ye^y = ze^z$ 所确定，求 du.

解 设 $F(x,y,z) = xe^x - ye^y - ze^z$,则
$$F'_x = (x+1)e^x, \quad F'_y = -(y+1)e^y, \quad F'_z = -(z+1)e^z,$$
故
$$\frac{\partial z}{\partial x} = -\frac{F'_x}{F'_z} = \frac{x+1}{z+1}e^{x-z}, \quad \frac{\partial z}{\partial y} = -\frac{F'_y}{F'_z} = -\frac{y+1}{z+1}e^{y-z},$$
$$\frac{\partial u}{\partial x} = f'_x + f'_z \frac{x+1}{z+1}e^{x-z}, \quad \frac{\partial u}{\partial y} = f'_y - f'_z \frac{y+1}{z+1}e^{y-z}.$$
因此
$$du = \frac{\partial u}{\partial x}dx + \frac{\partial u}{\partial y}dy$$
$$= \left(f'_x + f'_z \frac{x+1}{z+1}e^{x-z}\right)dx + \left(f'_y - f'_z \frac{y+1}{z+1}e^{y-z}\right)dy.$$

例 12 设函数 $z = f[xy, yg(x)]$,其中函数 f 具有二阶连续偏导数,函数 $g(x)$ 可导,且在 $x=1$ 处取得极值 $g(1)=1$,求 $\left.\dfrac{\partial^2 z}{\partial x \partial y}\right|_{\substack{x=1\\y=1}}$.

解 因为函数 $g(x)$ 可导且在 $x=1$ 处取得极值 $g(1)=1$,由极值存在的必要条件可知 $g'(1)=0$,又
$$z'_x = yf'_1 + yg'(x)f'_2,$$
$$z''_{xy} = f'_1 + xyf''_{11} + g'(x)f'_2 + [yg(x) + xyg'(x)]f''_{12} + yg'(x)g(x)f''_{22},$$
因此
$$\left.\frac{\partial^2 z}{\partial x \partial y}\right|_{\substack{x=1\\y=1}} = f'_1 + f''_{11} + f''_{12}.$$

例 13 求函数 $u = xy + 2yz$ 在约束条件 $x^2 + y^2 + z^2 = 10$ 下的最大值和最小值.

解 用拉格朗日乘数法求出驻点,再比较这些点处函数值的大小即可得到结论.
设 $F(x, y, z, \lambda) = xy + 2yz + \lambda(x^2 + y^2 + z^2 - 10)$,令
$$\begin{cases} F'_x = y + 2\lambda x = 0, \\ F'_y = x + 2z + 2\lambda y = 0, \\ F'_z = 2y + 2\lambda z = 0, \\ F'_\lambda = x^2 + y^2 + z^2 - 10 = 0, \end{cases}$$
得可能的最值点为 $A(1, \sqrt{5}, 2), B(-1, \sqrt{5}, -2), C(1, -\sqrt{5}, 2), D(-1, -\sqrt{5}, -2), E(2\sqrt{2}, 0, -\sqrt{2}), F(-2\sqrt{2}, 0, \sqrt{2})$.

因为在 A, D 两点处 $u = 5\sqrt{5}$,在 B, C 两点处 $u = -5\sqrt{5}$,在 E, F 两点处 $u = 0$,所以最大值为 $u = 5\sqrt{5}$,最小值为 $u = -5\sqrt{5}$.

例 14 求二元函数 $f(x, y) = x^2(2 + y^2) + y\ln y$ 的极值.

解 $f'_x(x, y) = 2x(2 + y^2), \quad f'_y = 2x^2 y + \ln y + 1,$
令 $\begin{cases} f'_x(x,y) = 0, \\ f'_y(x,y) = 0, \end{cases}$ 解得唯一驻点为 $\left(0, \dfrac{1}{e}\right)$. 因为
$$A = f''_{xx}\left(0, \frac{1}{e}\right) = 2\left(2 + \frac{1}{e^2}\right), \quad B = f''_{xy}\left(0, \frac{1}{e}\right) = 0, \quad C = f''_{yy}\left(0, \frac{1}{e}\right) = e,$$
所以 $B^2 - AC = -2e\left(2 + \dfrac{1}{e^2}\right) < 0$,且 $A > 0$,从而 $f\left(0, \dfrac{1}{e}\right)$ 是 $f(x,y)$ 的极小值,极小值为

$f\left(0, \dfrac{1}{e}\right) = -\dfrac{1}{e}.$

例 15 假设某企业在两个相互分割的市场上出售同一种产品,两个市场的需求函数分别为 $p_1 = 18 - 2Q_1, p_2 = 12 - Q_2$,其中 p_1 和 p_2 分别表示该产品在两个市场的价格(单位:万元/吨),Q_1 和 Q_2 分别表示该产品在两个市场的销售量(或需求量,单位:吨),并且该企业生产这种产品的总成本函数(单位:万元)为 $C = 2Q + 5$,其中 Q 表示该产品在两个市场的销售总量,即 $Q = Q_1 + Q_2$.

(1) 如果该企业实行价格差别策略,试确定两个市场上该产品的销售量和价格,使得该企业获得最大利润;

(2) 如果该企业实行价格无差别策略,试确定两个市场上该产品的销售量及统一的价格,使该企业的总利润最大化,并比较两种价格策略下的总利润大小.

解 (1)(无条件极值)根据题意,总利润函数(单位:万元)为

$$L = R - C = p_1 Q_1 + p_2 Q_2 - (2Q + 5)$$
$$= -2Q_1^2 - Q_2^2 + 16Q_1 + 10Q_2 - 5.$$

令

$$\begin{cases} L'_{Q_1} = -4Q_1 + 16 = 0, \\ L'_{Q_2} = -2Q_2 + 10 = 0, \end{cases}$$

解得 $Q_1 = 4, Q_2 = 5$,则 $p_1 = 10, p_2 = 7$.因驻点 $(4,5)$ 唯一,且为实际问题,一定存在最大值,故最大值一定在驻点处取得,最大利润为 52 万元.

(2)(条件极值)若实行价格无差别策略,则 $p_1 = p_2$,于是有约束条件 $2Q_1 - Q_2 = 6$.构造拉格朗日函数

$$F(Q_1, Q_2, \lambda) = -2Q_1^2 - Q_2^2 + 16Q_1 + 10Q_2 - 5 + \lambda(2Q_1 - Q_2 - 6),$$

令

$$\begin{cases} F'_{Q_1} = -4Q_1 + 16 + 2\lambda = 0, \\ F'_{Q_2} = -2Q_2 + 10 - \lambda = 0, \\ F'_\lambda = 2Q_1 - Q_2 - 6 = 0, \end{cases}$$

解得 $Q_1 = 5, Q_2 = 4$,则 $p_1 = p_2 = 8$,最大利润为 49 万元.显然,该企业实行价格差别策略总利润要大.

课后习题选解

(A)

1. 指出下列平面点集中哪些是开集、闭集、开区域及闭区域:

(1) $\{(x,y) \mid xy \neq 0\}$;

解 $\{(x,y) \mid xy \neq 0\}$ 是开集但不是开区域,如图 7-6 所示.

(2) $\{(x,y) \mid x \leqslant 1, y \leqslant 1, x + y \leqslant 1\}$.

解 $\{(x,y) \mid x \leqslant 1, y \leqslant 1, x + y \leqslant 1\}$ 是闭集也是闭区域,如图 7-7 所示.

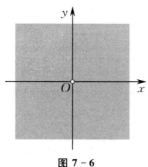

图 7 - 6

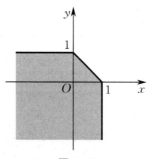

图 7 - 7

2. 设函数 $f\left(x+y, \dfrac{y}{x}\right) = x^2 - y^2$，求 $f(x,y)$。

解 设 $u = x+y, v = \dfrac{y}{x}$，则 $x = \dfrac{u}{1+v}, y = \dfrac{uv}{1+v}$，代入 $f\left(x+y, \dfrac{y}{x}\right) = x^2 - y^2$，得

$$f(u,v) = \dfrac{u^2(1-v^2)}{(1+v)^2}, \quad 即 \quad f(x,y) = \dfrac{x^2(1-y^2)}{(1+y)^2}.$$

3. 求下列函数的定义域，并画出定义域的平面图形：

(1) $z = \ln(y^2 - 2x + 1)$；

解 自变量 x, y 应同时满足 $y^2 - 2x + 1 > 0$，即该函数的定义域为 $\{(x,y) \mid y^2 > 2x - 1\}$。定义域的平面图形略.

(2) $z = \arcsin \dfrac{x}{y^2} + \arccos(1-y)$。

解 自变量 x, y 应同时满足 $\begin{cases} y \neq 0, \\ \left|\dfrac{x}{y^2}\right| \leqslant 1, \\ -1 \leqslant 1 - y \leqslant 1, \end{cases}$ 解得 $\begin{cases} |x| \leqslant y^2, \\ 0 < y \leqslant 2, \end{cases}$ 即该函数的定义域为 $\{(x,y) \mid |x| \leqslant y^2 \text{ 且 } 0 < y \leqslant 2\}$。定义域的平面图形略.

4. 求下列二重极限：

(1) $\lim\limits_{(x,y) \to (0,0)} \dfrac{\sin(x^2 + y^2)}{\sqrt{x^2 + y^2}}$；

解 利用第一个重要极限，得

$$\lim\limits_{(x,y) \to (0,0)} \dfrac{\sin(x^2 + y^2)}{\sqrt{x^2 + y^2}} = \lim\limits_{(x,y) \to (0,0)} \left[\sqrt{x^2 + y^2} \cdot \dfrac{\sin(x^2 + y^2)}{x^2 + y^2}\right] = 0 \cdot 1 = 0.$$

(2) $\lim\limits_{(x,y) \to (0,0)} \dfrac{xy}{\sqrt{xy+1} - 1}$；

解 分母有理化，得

$$\lim\limits_{(x,y) \to (0,0)} \dfrac{xy}{\sqrt{xy+1} - 1} = \lim\limits_{(x,y) \to (0,0)} \dfrac{xy(\sqrt{xy+1}+1)}{xy+1-1} = \lim\limits_{(x,y) \to (0,0)} (\sqrt{xy+1}+1) = 2.$$

(3) $\lim\limits_{(x,y) \to (+\infty, a)} \left(1 + \dfrac{1}{xy}\right)^{\frac{x^2}{x+y}}$；

解 利用第二个重要极限，得

$$\lim\limits_{(x,y) \to (+\infty, a)} \left(1 + \dfrac{1}{xy}\right)^{\frac{x^2}{x+y}} = \lim\limits_{(x,y) \to (+\infty, a)} \left(1 + \dfrac{1}{xy}\right)^{xy \cdot \frac{x^2}{xy(x+y)}} = \lim\limits_{(x,y) \to (+\infty, a)} \left[\left(1 + \dfrac{1}{xy}\right)^{xy}\right]^{\lim\limits_{(x,y) \to (+\infty, a)} \frac{x}{y(x+y)}} = e^{a^{-1}}.$$

(4) $\lim\limits_{(x,y) \to (1,0)} \dfrac{\ln(x+e^y)}{\sqrt{x^2+y^2}}$；

解 把 $x=1, y=0$ 代入得 $\lim\limits_{(x,y) \to (1,0)} \dfrac{\ln(x+e^y)}{\sqrt{x^2+y^2}} = \ln 2.$

(5) $\lim\limits_{(x,y)\to(+\infty,+\infty)} (x+y)e^{-(x+y)}$.

解 利用变量代换,设 $u = x+y$,则当 $(x,y) \to (+\infty, +\infty)$ 时,$u \to +\infty$,于是

$$\lim_{(x,y)\to(+\infty,+\infty)} (x+y)e^{-(x+y)} = \lim_{u\to+\infty} ue^{-u} = \lim_{u\to+\infty} \frac{u}{e^u} = \lim_{u\to+\infty} \frac{1}{e^u} = 0.$$

5. 证明下列极限不存在:

(1) $\lim\limits_{(x,y)\to(0,0)} \dfrac{x+y}{x-y}$;

证明 当点 (x,y) 沿路径 $y = -x$ 趋向于 $(0,0)$ 时,

$$\lim_{\substack{x\to 0 \\ y=-x}} \frac{x+y}{x-y} = \lim_{x\to 0} \frac{x-x}{2x} = 0;$$

当点 (x,y) 沿路径 $y = 2x$ 趋向于 $(0,0)$ 时,

$$\lim_{\substack{x\to 0 \\ y=2x}} \frac{x+y}{x-y} = \lim_{x\to 0} \frac{3x}{-x} = -3.$$

当点 (x,y) 沿两条不同路径趋向于 $(0,0)$ 时,两个极限不同,这说明原极限不存在.

(2) $\lim\limits_{(x,y)\to(0,0)} \dfrac{xy}{x+y}$.

证明 当点 (x,y) 沿路径 $y = x^3 - x$ 趋向于 $(0,0)$ 时,

$$\lim_{\substack{x\to 0 \\ y=x^3-x}} \frac{xy}{x+y} = \lim_{x\to 0} \frac{x^4 - x^2}{x^3} = \lim_{x\to 0} \frac{x^2-1}{x} = \infty,$$

这说明原极限不存在.

6. 设函数 $f(x,y) = \begin{cases} (x^2+y^2)\sin\dfrac{1}{x^2+y^2}, & x^2+y^2 \neq 0, \\ 0, & x^2+y^2 = 0, \end{cases}$ 讨论 $f(x,y)$ 在点 $(0,0)$ 处的连续性及其偏导数 $f'_x(0,0), f'_y(0,0)$ 的存在性.

解 由于这个函数是分段函数,而 $(0,0)$ 是它的分段点,故求它在点 $(0,0)$ 处的偏导数要用定义来求:

$$f'_x(0,0) = \lim_{\Delta x \to 0} \frac{f(0+\Delta x, 0) - f(0,0)}{\Delta x} = \lim_{\Delta x \to 0} \frac{(\Delta x)^2 \sin\dfrac{1}{(\Delta x)^2} - 0}{\Delta x}$$

$$= \lim_{\Delta x \to 0} \Delta x \sin\frac{1}{(\Delta x)^2} = 0,$$

$$f'_y(0,0) = \lim_{\Delta y \to 0} \frac{f(0, 0+\Delta y) - f(0,0)}{\Delta y} = \lim_{\Delta y \to 0} \frac{(\Delta y)^2 \sin\dfrac{1}{(\Delta y)^2} - 0}{\Delta y}$$

$$= \lim_{\Delta y \to 0} \Delta y \sin\frac{1}{(\Delta y)^2} = 0,$$

可见函数 $f(x,y)$ 在点 $(0,0)$ 处可偏导.

因为 $\lim\limits_{(x,y)\to(0,0)} (x^2+y^2)\sin\dfrac{1}{x^2+y^2} = 0 = f(0,0)$,所以 $f(x,y)$ 在点 $(0,0)$ 处连续.

7. 设函数 $f(x,y) = \begin{cases} \dfrac{\sqrt{xy}}{x^2+y^2}, & x^2+y^2 \neq 0, \\ 0, & x^2+y^2 = 0, \end{cases}$ 证明:$f(x,y)$ 的偏导数 $f'_x(0,0), f'_y(0,0)$ 存在,而 $f(x,y)$ 在点 $(0,0)$ 处不连续.

证明 由于这个函数是分段函数,而 $(0,0)$ 是它的分段点,故求它在点 $(0,0)$ 处的偏导数要用定义来求:

$$f'_x(0,0) = \lim_{\Delta x \to 0} \frac{f(0+\Delta x, 0) - f(0,0)}{\Delta x} = \lim_{\Delta x \to 0} \frac{0-0}{\Delta x} = 0,$$

$$f'_y(0,0) = \lim_{\Delta y \to 0} \frac{f(0, 0+\Delta y) - f(0,0)}{\Delta y} = \lim_{\Delta y \to 0} \frac{0-0}{\Delta y} = 0,$$

可见函数 $f(x,y)$ 在点 $(0,0)$ 处可偏导. 但

$$\lim_{\substack{x\to 0 \\ y=x}} \frac{\sqrt{xy}}{x^2+y^2} = \lim_{x\to 0} \frac{|x|}{2x^2} = \lim_{x\to 0} \frac{1}{2|x|} = +\infty,$$

因此二重极限 $\lim\limits_{\substack{x\to 0 \\ y\to 0}} \dfrac{\sqrt{xy}}{x^2+y^2}$ 不存在,故函数 $f(x,y)$ 在点 $(0,0)$ 处不连续.

8. 求下列函数的偏导函数:

(1) $z = \sin(2x+3y)$;

解 $z'_x = 2\cos(2x+3y)$, $z'_y = 3\cos(2x+3y)$.

(2) $z = x\arctan\dfrac{y}{x}$;

解 $z'_x = \arctan\dfrac{y}{x} + x\left[\dfrac{1}{1+\left(\dfrac{y}{x}\right)^2}\left(-\dfrac{y}{x^2}\right)\right] = \arctan\dfrac{y}{x} - \dfrac{xy}{x^2+y^2}$,

$z'_y = x\left[\dfrac{1}{1+\left(\dfrac{y}{x}\right)^2} \cdot \dfrac{1}{x}\right] = \dfrac{x^2}{x^2+y^2}$.

(3) $z = \dfrac{x+y}{1-xy}$;

解 $z'_x = \dfrac{1-xy+y(x+y)}{(1-xy)^2} = \dfrac{1+y^2}{(1-xy)^2}$,

$z'_y = \dfrac{1-xy+x(x+y)}{(1-xy)^2} = \dfrac{1+x^2}{(1-xy)^2}$.

(4) $z = (1+xy)^{2y}$;

解 $z'_x = 2y(1+xy)^{2y-1}y = 2y^2(1+xy)^{2y-1}$, $z=(1+xy)^{2y}$ 关于 y 求偏导时,是关于 y 的幂指函数, 故先变形为 $z = e^{2y\ln(1+xy)}$, 再关于 y 求偏导数,即

$$z'_y = e^{2y\ln(1+xy)}\left[2\ln(1+xy) + 2y\frac{x}{1+xy}\right]$$
$$= (1+xy)^{2y}\left[2\ln(1+xy) + \frac{2xy}{1+xy}\right].$$

(5) $u = e^{xyz}$;

解 $u'_x = yze^{xyz}$, $u'_y = xze^{xyz}$, $u'_z = xye^{xyz}$.

(6) $u = \displaystyle\int_{xz}^{yz} e^t \, dt$.

解 这是一个变积分限的函数,对 x 求偏导数时先将函数变形为 $u = -\displaystyle\int_{yz}^{xz} e^t \, dt$, 再对 x 求偏导数,得

$$u'_x = -e^{xz} \cdot z = -ze^{xz}.$$

对 y 求偏导数时直接按变上限积分求导即可,于是 $u'_y = ze^{yz}$.

对 z 求偏导数时先将函数变形为 $u = -\displaystyle\int_0^{xz} e^t \, dt + \displaystyle\int_0^{yz} e^t \, dt$, 然后对 z 求偏导数,得

$$u'_z = ye^{yz} - xe^{xz}.$$

9. 求下列函数的高阶偏导数:

(1) $z = x^4 + y^4 - 4x^2y^2$, 求 $\dfrac{\partial^2 z}{\partial x \partial y}, \dfrac{\partial^2 z}{\partial y \partial x}, \dfrac{\partial^3 z}{\partial x^2 \partial y}$;

解 $\dfrac{\partial z}{\partial x} = 4x^3 - 8xy^2$, $\dfrac{\partial^2 z}{\partial x \partial y} = \dfrac{\partial\left(\dfrac{\partial z}{\partial x}\right)}{\partial y} = -16xy$, $\dfrac{\partial^2 z}{\partial y \partial x} = \dfrac{\partial^2 z}{\partial x \partial y} = -16xy$,

$$\frac{\partial^2 z}{\partial x^2} = \frac{\partial\left(\frac{\partial z}{\partial x}\right)}{\partial x} = 12x^2 - 8y^2, \quad \frac{\partial^3 z}{\partial x^2 \partial y} = \frac{\partial\left(\frac{\partial^2 z}{\partial x^2}\right)}{\partial y} = -16y.$$

(2) $z = e^{xy} + y^x$, 求 $\frac{\partial^2 z}{\partial x \partial y}, \frac{\partial^2 z}{\partial y^2}$.

解 $\frac{\partial z}{\partial x} = ye^{xy} + y^x \ln y, \quad \frac{\partial z}{\partial y} = xe^{xy} + xy^{x-1},$

$$\frac{\partial^2 z}{\partial x \partial y} = \frac{\partial\left(\frac{\partial z}{\partial x}\right)}{\partial y} = e^{xy} + xye^{xy} + xy^{x-1}\ln y + y^x \cdot \frac{1}{y}$$
$$= e^{xy}(1 + xy) + xy^{x-1}\ln y + y^{x-1},$$

$$\frac{\partial^2 z}{\partial y^2} = \frac{\partial\left(\frac{\partial z}{\partial y}\right)}{\partial y} = x^2 e^{xy} + x(x-1)y^{x-2}.$$

10. 证明:函数 $u = \ln\sqrt{x^2 + y^2 + z^2}$ 满足方程 $\frac{\partial^2 u}{\partial x^2} + \frac{\partial^2 u}{\partial y^2} + \frac{\partial^2 u}{\partial z^2} = \frac{1}{x^2 + y^2 + z^2}$.

证明 $u = \frac{1}{2}\ln(x^2 + y^2 + z^2)$, 因此

$$\frac{\partial u}{\partial x} = \frac{x}{x^2 + y^2 + z^2}, \quad \frac{\partial u}{\partial y} = \frac{y}{x^2 + y^2 + z^2}, \quad \frac{\partial u}{\partial z} = \frac{z}{x^2 + y^2 + z^2},$$

$$\frac{\partial^2 u}{\partial x^2} = \frac{x^2 + y^2 + z^2 - x \cdot 2x}{(x^2 + y^2 + z^2)^2} = \frac{y^2 + z^2 - x^2}{(x^2 + y^2 + z^2)^2},$$

$$\frac{\partial^2 u}{\partial y^2} = \frac{x^2 + y^2 + z^2 - y \cdot 2y}{(x^2 + y^2 + z^2)^2} = \frac{x^2 + z^2 - y^2}{(x^2 + y^2 + z^2)^2},$$

$$\frac{\partial^2 u}{\partial z^2} = \frac{x^2 + y^2 + z^2 - z \cdot 2z}{(x^2 + y^2 + z^2)^2} = \frac{x^2 + y^2 - z^2}{(x^2 + y^2 + z^2)^2},$$

所以

$$\frac{\partial^2 u}{\partial x^2} + \frac{\partial^2 u}{\partial y^2} + \frac{\partial^2 u}{\partial z^2} = \frac{1}{x^2 + y^2 + z^2}.$$

11. 当 $x = 2, y = 1, \Delta x = 0.1, \Delta y = -0.2$ 时,求函数 $z = \frac{y}{x}$ 的全增量和全微分.

解 $\Delta z = f(2 + 0.1, 1 - 0.2) - f(2, 1) = \frac{0.8}{2.1} - \frac{1}{2} \approx -0.119,$

$$dz = z'_x \Delta x + z'_y \Delta y = -\frac{y}{x^2}\bigg|_{(2,1)} \cdot 0.1 + \frac{1}{x}\bigg|_{(2,1)} \cdot (-0.2) = -0.125.$$

12. 求下列函数的全微分:

(1) $z = x\sin(x + y)$;

解 $z'_x = \sin(x + y) + x\cos(x + y), z'_y = x\cos(x + y)$, 则
$$dz = z'_x dx + z'_y dy = [\sin(x + y) + x\cos(x + y)]dx + x\cos(x + y)dy.$$

(2) $u = z^{xy}$.

解 $u'_x = yz^{xy}\ln z, u'_y = xz^{xy}\ln z, u'_z = xyz^{xy-1}$, 则
$$du = u'_x dx + u'_y dy + u'_z dz = yz^{xy}\ln z dx + xz^{xy}\ln z dy + xyz^{xy-1}dz.$$

13. 求下列函数的全导数或偏导数:

(1) 设函数 $z = e^{x+y^2}, x = \sin t, y = t^2$, 求 $\frac{dz}{dt}$;

解 $\frac{dz}{dt} = \frac{\partial z}{\partial x} \cdot \frac{dx}{dt} + \frac{\partial z}{\partial y} \cdot \frac{dy}{dt} = e^{x+y^2}\cos t + 2ye^{x+y^2} \cdot 2t = e^{\sin t + t^4}(\cos t + 4t^3).$

(2) 设函数 $z = u^2 + 2uv + w^2, u = x^2 + y^2, v = xy, w = x^2 - y^2$, 求 $\frac{\partial z}{\partial x}, \frac{\partial z}{\partial y}$;

解 $\frac{\partial z}{\partial x} = \frac{\partial z}{\partial u} \cdot \frac{\partial u}{\partial x} + \frac{\partial z}{\partial v} \cdot \frac{\partial v}{\partial x} + \frac{\partial z}{\partial w} \cdot \frac{\partial w}{\partial x} = 2x(2u + 2v) + 2uy + 2w \cdot 2x$

$$= 8x^3 + 6x^2 y + 2y^3,$$
$$\frac{\partial z}{\partial y} = \frac{\partial z}{\partial u} \cdot \frac{\partial u}{\partial y} + \frac{\partial z}{\partial v} \cdot \frac{\partial v}{\partial y} + \frac{\partial z}{\partial w} \cdot \frac{\partial w}{\partial y} = 2y(2u + 2v) + 2ux - 2w \cdot 2y$$
$$= 8y^3 + 6y^2 x + 2x^3.$$

(3) 设函数 $z = uv + \tan x, u = e^x, v = 3x - 2y$,求 $\frac{\partial z}{\partial x}, \frac{\partial z}{\partial y}$;

解 设 $z = f(u, v, x) = uv + \tan x$,则
$$\frac{\partial z}{\partial x} = \frac{\partial f}{\partial u} \cdot \frac{du}{dx} + \frac{\partial f}{\partial v} \cdot \frac{\partial v}{\partial x} + \frac{\partial f}{\partial x} = ve^x + 3u + \sec^2 x = (3x - 2y + 3)e^x + \sec^2 x,$$
$$\frac{\partial z}{\partial y} = \frac{\partial z}{\partial v} \cdot \frac{\partial v}{\partial y} = -2u = -2e^x.$$

(4) 设函数 $z = f\left(x - y, \frac{x}{y}\right)$,其中 f 具有二阶连续偏导数,求 $\frac{\partial^2 z}{\partial x^2}$;

解 设 $u = x - y, v = \frac{x}{y}$,则 $z = f(u, v)$,故
$$\frac{\partial z}{\partial x} = \frac{\partial f}{\partial u} \cdot \frac{\partial u}{\partial x} + \frac{\partial f}{\partial v} \cdot \frac{\partial v}{\partial x} = f'_1 + \frac{f'_2}{y},$$
$$\frac{\partial^2 z}{\partial x^2} = \frac{\partial\left(\frac{\partial z}{\partial x}\right)}{\partial x} = \frac{\partial f'_1}{\partial u} \cdot \frac{\partial u}{\partial x} + \frac{\partial f'_1}{\partial v} \cdot \frac{\partial v}{\partial x} + \frac{1}{y}\left(\frac{\partial f'_2}{\partial u} \cdot \frac{\partial u}{\partial x} + \frac{\partial f'_2}{\partial v} \cdot \frac{\partial v}{\partial x}\right)$$
$$= f''_{11} + f''_{12} \frac{1}{y} + \frac{1}{y}\left(f''_{21} + f''_{22} \frac{1}{y}\right) = f''_{11} + \frac{2f''_{12}}{y} + \frac{f''_{22}}{y^2}.$$

(5) 设函数 $u = f(xy + yz + zx)$,其中 f 可微,求 $\frac{\partial u}{\partial z}$.

解 设 $v = xy + yz + zx$,则 $u = f(v)$,故
$$\frac{\partial u}{\partial z} = \frac{df}{dv} \cdot \frac{\partial v}{\partial z} = (y + x)f'(xy + yz + zx).$$

14. 求由下列方程所确定的隐函数的导数 $\frac{dy}{dx}$:

(1) $\sin y + e^x - xy^2 = 0$;

解 设 $F(x, y) = \sin y + e^x - xy^2$,则 $F'_x = e^x - y^2, F'_y = \cos y - 2xy$,故
$$\frac{dy}{dx} = -\frac{F'_x}{F'_y} = \frac{y^2 - e^x}{\cos y - 2xy}.$$

(2) $\ln \sqrt{x^2 + y^2} = \arctan \frac{y}{x}$.

解 把 y 看作是 x 的函数,两边对 x 求导,得
$$\frac{1}{\sqrt{x^2 + y^2}} \cdot \frac{2x + 2yy'}{2\sqrt{x^2 + y^2}} = \frac{1}{1 + \left(\frac{y}{x}\right)^2}\left(\frac{y'x - y}{x^2}\right).$$

整理得
$$y' = \frac{x + y}{x - y}.$$

注 以上两题分别用两种方法来求解,这两种方法都可以用来求解隐函数的导数.

15. 求由下列方程所确定的隐函数的偏导数 $\frac{\partial z}{\partial x}, \frac{\partial z}{\partial y}$:

(1) $e^z = xyz$;

解 设 $F(x, y, z) = e^z - xyz$,则 $F'_x = -yz, F'_y = -xz, F'_z = e^z - xy$,故
$$\frac{\partial z}{\partial x} = -\frac{F'_x}{F'_z} = \frac{yz}{e^z - xy}, \quad \frac{\partial z}{\partial y} = -\frac{F'_y}{F'_z} = \frac{xz}{e^z - xy}.$$

(2) $x + 2y + z - 2\sqrt{xyz} = 0$.

解 设 $F(x,y,z) = x + 2y + z - 2\sqrt{xyz}$,则 $F'_x = 1 - \dfrac{yz}{\sqrt{xyz}} = \dfrac{\sqrt{xyz} - yz}{\sqrt{xyz}}$,$F'_y = \dfrac{2\sqrt{xyz} - xz}{\sqrt{xyz}}$,$F'_z = \dfrac{\sqrt{xyz} - xy}{\sqrt{xyz}}$,故

$$\dfrac{\partial z}{\partial x} = -\dfrac{F'_x}{F'_z} = \dfrac{yz - \sqrt{xyz}}{\sqrt{xyz} - xy}, \quad \dfrac{\partial z}{\partial y} = -\dfrac{F'_y}{F'_z} = \dfrac{xz - 2\sqrt{xyz}}{\sqrt{xyz} - xy}.$$

注 还可以用类似于 14 题(2)问中的解法,把 z 看作是 x, y 的函数,两边分别关于 x, y 求偏导.

16. 设函数 $z = z(x,y)$ 由方程 $z - y - x + xe^{z-y-x} = 0$ 所确定,求 dz.

解 法 1 设 $F(x,y,z) = z - y - x + xe^{z-y-x}$,则

$$F'_x = -1 + e^{z-y-x} - xe^{z-y-x}, \quad F'_y = -1 - xe^{z-y-x}, \quad F'_z = 1 + xe^{z-x-y},$$

于是

$$\dfrac{\partial z}{\partial x} = -\dfrac{F'_x}{F'_z} = \dfrac{1 + (x-1)e^{z-x-y}}{1 + xe^{z-x-y}},$$

$$\dfrac{\partial z}{\partial y} = -\dfrac{F'_y}{F'_z} = \dfrac{1 + xe^{z-x-y}}{1 + xe^{z-x-y}} = 1.$$

因此

$$dz = z'_x dx + z'_y dy = \dfrac{1 + (x-1)e^{z-x-y}}{1 + xe^{z-x-y}} dx + dy.$$

法 2 方程两边同时求微分,得

$$\begin{aligned}
dz - dy - dx + d(xe^{z-y-x}) &= dz - dy - dx + e^{z-y-x} dx + xd(e^{z-y-x}) \\
&= dz - dy - dx + e^{z-y-x} dx + xe^{z-x-y} d(z-y-x) \\
&= dz - dy - dx + e^{z-y-x} dx + xe^{z-x-y}(dz - dy - dx) \\
&= (1 + xe^{z-x-y}) dz - (1 - e^{z-x-y} + xe^{z-x-y}) dx - (1 + xe^{z-x-y}) dy \\
&= 0,
\end{aligned}$$

解得

$$dz = \dfrac{1 - e^{z-y-x} + xe^{z-y-x}}{1 + xe^{z-y-x}} dx + dy.$$

17. 求下列函数的极值:

(1) $f(x,y) = x^3 - y^3 + 3x^2 + 3y^2 - 9x$;

解 由极值存在的必要条件,令

$$\begin{cases} f'_x = 3x^2 + 6x - 9 = 0, \\ f'_y = -3y^2 + 6y = 0, \end{cases}$$

解得 $x_1 = 1, x_2 = -3, y_1 = 0, y_2 = 2$,因此共有四个驻点 $(1,0), (1,2), (-3,0)$ 和 $(-3,2)$. 又

$$f''_{xx} = 6x + 6, \quad f''_{xy} = 0, \quad f''_{yy} = -6y + 6.$$

对于点 $(1,0)$,$A = 12 > 0, B = 0, C = 6, B^2 - AC = -72 < 0$,因此点 $(1,0)$ 为极小值点,极小值为 $f(1,0) = -5$.

对于点 $(1,2)$,$A = 12 > 0, B = 0, C = -6, B^2 - AC = 72 > 0$,因此函数在点 $(1,2)$ 处无极值.

对于点 $(-3,0)$,$A = -12 < 0, B = 0, C = 6, B^2 - AC = 72 > 0$,因此函数在点 $(-3,0)$ 处无极值.

对于点 $(-3,2)$,$A = -12 < 0, B = 0, C = -6, B^2 - AC = -72 < 0$,因此点 $(-3,2)$ 为极大值点,极大值为 $f(-3,2) = 31$.

(2) $f(x,y) = e^{2x}(x + y^2 + 2y)$.

解 由极值存在的必要条件,令

$$\begin{cases} f'_x = 2e^{2x}(x + y^2 + 2y) + e^{2x} = 0, \\ f'_y = 2e^{2x}(y + 1) = 0, \end{cases}$$

解得 $x=\frac{1}{2}, y=-1$,故只有唯一的驻点 $\left(\frac{1}{2},-1\right)$. 又

$$f''_{xx}=4e^{2x}(x+y^2+2y+1), \quad f''_{xy}=4e^{2x}(y+1), \quad f''_{yy}=2e^{2x}.$$

对于点 $\left(\frac{1}{2},-1\right)$, $A=2e>0, B=0, C=2e, B^2-AC=-4e^2<0$,则点 $\left(\frac{1}{2},-1\right)$ 为极小值点,极小值为 $f\left(\frac{1}{2},-1\right)=-\frac{e}{2}$.

18. 已知 $f(1,1)=-1$ 是函数 $f(x,y)=ax^3+by^3+cxy$ 的极小值,求常数 a,b,c.

解 $f'_x=3ax^2+cy, f'_y=3by^2+cx$,由极值存在的必要条件及已知条件 $f(1,1)=-1$,得

$$\begin{cases} f'_x(1,1)=3a+c=0, \\ f'_y(1,1)=3b+c=0, \\ f(1,1)=a+b+c=-1, \end{cases}$$

解得

$$a=b=1, \quad c=-3.$$

19. 求函数 $z=x^2-xy+y^2$ 在 $|x|+|y|\leqslant 1$ 上的最值.

解 首先在区域的内部 $|x|+|y|<1$ 求驻点.由极值存在的必要条件,令

$$\begin{cases} z'_x=2x-y=0, \\ z'_y=-x+2y=0, \end{cases}$$

解得驻点为 $(0,0)$.又 $z''_{xx}=2, z''_{xy}=-1, z''_{yy}=2$,在点 $(0,0)$ 处,$B^2-AC<0$,故在点 $(0,0)$ 处函数取极小值 $z=0$.

然后讨论边界上的情况.

(1) 在边界 $x+y=1(0\leqslant x\leqslant 1)$ 上,把 $y=1-x$ 代入 $z=x^2-xy+y^2$,得 $z=3x^2-3x+1$.由一元函数的极值存在的必要条件,令 $z'=6x-3=0$,解得驻点为 $\left(\frac{1}{2},\frac{1}{2}\right)$.又 $z''=6>0$,故在 $x+y=1(0\leqslant x\leqslant 1)$ 上最小值点为 $\left(\frac{1}{2},\frac{1}{2}\right)$,最小值为 $\frac{1}{4}$;又 $x=0, x=1$ 时,$z=1$,故在 $x+y=1(0\leqslant x\leqslant 1)$ 上最大值点为 $(0,1),(1,0)$,最大值为 1.

(2) 同理,在边界 $x-y=1(0\leqslant x\leqslant 1)$ 上最小值点为 $\left(\frac{1}{2},-\frac{1}{2}\right)$,最小值为 $\frac{3}{4}$;最大值点为 $(0,-1),(1,0)$,最大值为 1.

(3) 在边界 $-x+y=1(-1\leqslant x\leqslant 0)$ 上的最小值点为 $\left(-\frac{1}{2},\frac{1}{2}\right)$,最小值为 $\frac{3}{4}$;最大值点为 $(-1,0),(0,1)$,最大值为 1.

(4) 在边界 $-x-y=1(-1\leqslant x\leqslant 0)$ 上的最小值点为 $\left(-\frac{1}{2},-\frac{1}{2}\right)$,最小值为 $\frac{1}{4}$;最大值点为 $(-1,0),(0,-1)$,最大值为 1.

综上,比较这些点处的函数值,函数 $z=x^2-xy+y^2$ 在区域 $|x|+|y|\leqslant 1$ 上的最大值为 1,最小值为 0.

20. 设某工厂生产甲、乙两种产品,产量(单位:千件)分别为 x 和 y,利润函数(单位:万元)为

$$L(x,y)=6x-x^2+16y-4y^2-2.$$

已知生产这两种产品时,每千件产品均需消耗某种原料 $2\,000\,\text{kg}$,现有该原料 $12\,000\,\text{kg}$,问:当两种产品产量各为多少时,总利润最大?

解 用拉格朗日乘数法,设拉格朗日函数为

$$F(x,y,\lambda)=6x-x^2+16y-4y^2-2+\lambda(x+y-6).$$

令

$$\begin{cases} F'_x=6-2x+\lambda=0, \\ F'_y=16-8y+\lambda=0, \\ F'_\lambda=x+y-6=0, \end{cases}$$

解得 $x=3.8, y=2.2$. 由于是实际问题,一定存在最大值,又是唯一驻点,所以当生产甲产品 3.8 千件和乙产品 2.2 千件时取得最大利润 22.2 万元.

(B)

1. 选择题:

(1) 已知函数 $f(x,y) = e^{\sqrt{x^2+y^4}}$,则( ).

A. $f'_x(0,0), f'_y(0,0)$ 都存在
B. $f'_x(0,0)$ 不存在,$f'_y(0,0)$ 存在
C. $f'_x(0,0)$ 存在,$f'_y(0,0)$ 不存在
D. $f'_x(0,0), f'_y(0,0)$ 都不存在

解 此题考查偏导数的定义. 因

$$f'_x(0,0) = \lim_{x \to 0} \frac{f(x,0)-f(0,0)}{x} = \lim_{x \to 0} \frac{e^{|x|}-1}{x},$$

而

$$\lim_{x \to 0^+} \frac{e^{|x|}-1}{x} = \lim_{x \to 0^+} \frac{e^x-1}{x} = 1, \quad \lim_{x \to 0^-} \frac{e^{|x|}-1}{x} = \lim_{x \to 0^-} \frac{e^{-x}-1}{x} = -1,$$

故 $f'_x(0,0)$ 不存在.

因

$$f'_y(0,0) = \lim_{y \to 0} \frac{f(0,y)-f(0,0)}{y} = \lim_{y \to 0} \frac{e^{y^2}-1}{y} = \lim_{y \to 0} \frac{y^2}{y} = 0,$$

故 $f'_y(0,0)$ 存在. 因此,答案是 B.

(2) 考虑二元函数 $f(x,y)$ 的以下四条性质:

① $f(x,y)$ 在点 (x_0,y_0) 处连续;
② $f(x,y)$ 在点 (x_0,y_0) 处两个偏导数连续;
③ $f(x,y)$ 在点 (x_0,y_0) 处可微;
④ $f(x,y)$ 在点 (x_0,y_0) 处两个偏导数存在.

若用"$P \Rightarrow Q$"表示可由性质 P 推出性质 Q,则有( ).

A. (2)⇒(3)⇒(1)
B. (3)⇒(2)⇒(1)
C. (3)⇒(4)⇒(1)
D. (3)⇒(1)⇒(4)

解 由函数可微的必要条件知 A 正确.

(3) 设函数 $u(x,y) = \varphi(x+y) + \varphi(x-y) + \int_{x-y}^{x+y} \psi(t)dt$,其中函数 φ 具有二阶导数,ψ 具有一阶导数,则必有( ).

A. $\dfrac{\partial^2 u}{\partial x^2} = -\dfrac{\partial^2 u}{\partial y^2}$
B. $\dfrac{\partial^2 u}{\partial x^2} = \dfrac{\partial^2 u}{\partial y^2}$
C. $\dfrac{\partial^2 u}{\partial x \partial y} = \dfrac{\partial^2 u}{\partial y^2}$
D. $\dfrac{\partial^2 u}{\partial x \partial y} = \dfrac{\partial^2 u}{\partial x^2}$

解 利用积分上限函数求导公式及高阶偏导数求导. 因为

$$\frac{\partial u}{\partial x} = \varphi'(x+y) + \varphi'(x-y) + \psi(x+y) - \psi(x-y),$$

$$\frac{\partial^2 u}{\partial x^2} = \varphi''(x+y) + \varphi''(x-y) + \psi'(x+y) - \psi'(x-y),$$

$$\frac{\partial u}{\partial y} = \varphi'(x+y) - \varphi'(x-y) + \psi(x+y) + \psi(x-y),$$

$$\frac{\partial^2 u}{\partial y^2} = \varphi''(x+y) + \varphi''(x-y) + \psi'(x+y) - \psi'(x-y),$$

所以 $\dfrac{\partial^2 u}{\partial x^2} = \dfrac{\partial^2 u}{\partial y^2}$,答案是 B.

(4) 设函数 $z = z(x,y)$ 由方程 $F\left(\dfrac{y}{x}, \dfrac{z}{x}\right) = 0$ 所确定,其中 F 为可微函数,且 $F_2' \neq 0$,则 $x\dfrac{\partial z}{\partial x} + y\dfrac{\partial z}{\partial y} = $ ( ).

A. x B. z C. $-x$ D. $-z$

解 用隐函数求导公式及多元复合函数求导的链式法则,得

$$\frac{\partial z}{\partial x} = -\frac{F_x'}{F_z'} = -\frac{F_1'\left(-\dfrac{y}{x^2}\right) + F_2'\left(-\dfrac{z}{x^2}\right)}{F_2'\dfrac{1}{x}} = \frac{yF_1' + zF_2'}{xF_2'},$$

$$\frac{\partial z}{\partial y} = -\frac{F_y'}{F_z'} = -\frac{F_1'\dfrac{1}{x}}{F_2'\dfrac{1}{x}} = -\frac{F_1'}{F_2'},$$

所以 $x\dfrac{\partial z}{\partial x} + y\dfrac{\partial z}{\partial y} = z$,答案是 B.

(5) 设函数 $f(x,y)$ 与 $\varphi(x,y)$ 均为可微函数,且 $\varphi_y'(x,y) \neq 0$. 若点 (x_0, y_0) 是 $f(x,y)$ 在约束条件 $\varphi(x,y) = 0$ 下的一个极值点,则下列选项中正确的是( ).

A. 若 $f_x'(x_0, y_0) = 0$,则 $f_y'(x_0, y_0) = 0$
B. 若 $f_x'(x_0, y_0) = 0$,则 $f_y'(x_0, y_0) \neq 0$
C. 若 $f_x'(x_0, y_0) \neq 0$,则 $f_y'(x_0, y_0) = 0$
D. 若 $f_x'(x_0, y_0) \neq 0$,则 $f_y'(x_0, y_0) \neq 0$

解 由一元隐函数的求导法则及可微二元函数取极值的必要条件可得,设由方程 $\varphi(x,y) = 0$ 所确定的一元函数为 $y = y(x)$,则 $\dfrac{\mathrm{d}y}{\mathrm{d}x} = -\dfrac{\varphi_x'}{\varphi_y'}$. 于是 $z = f(x,y) = f[x, y(x)]$,则

$$\frac{\mathrm{d}z}{\mathrm{d}x} = f_x' + f_y'\frac{\mathrm{d}y}{\mathrm{d}x} = 0, \quad 即 \quad f_x' - \frac{\varphi_x'}{\varphi_y'}f_y' = 0.$$

由 $\varphi_y'(x,y) \neq 0$,得 $\varphi_y' f_x' = \varphi_x' f_y'$,显然当 $f_x'(x_0, y_0) \neq 0$ 时,$f_y'(x_0, y_0) \neq 0$,答案是 D.

2. 填空题:

(1) 设函数 $z = \mathrm{e}^{-x} - f(x - 2y)$,且当 $y = 0$ 时,$z = x^2$,则 $\dfrac{\partial z}{\partial x} = $ _____.

解 将 $z\big|_{y=0} = x^2$ 代入得 $x^2 = \mathrm{e}^{-x} - f(x)$,则 $f(x) = \mathrm{e}^{-x} - x^2$,于是

$$f(x - 2y) = \mathrm{e}^{2y-x} - (x - 2y)^2, \quad 从而 \quad z = \mathrm{e}^{-x} - \mathrm{e}^{2y-x} + (x - 2y)^2.$$

所以

$$\frac{\partial z}{\partial x} = 2(x - 2y) - \mathrm{e}^{-x} + \mathrm{e}^{2y-x}.$$

(2) 设函数 $f(u)$ 可微,且 $f'(0) = \dfrac{1}{2}$,则 $z = f(4x^2 - y^2)$ 在点 $(1, 2)$ 处的全微分 $\mathrm{d}z\big|_{(1,2)} = $ _____.

解 设 $u = 4x^2 - y^2$,则 $\dfrac{\partial z}{\partial x} = f'(u)\dfrac{\partial u}{\partial x} = f'(u) \cdot 8x$,$\dfrac{\partial z}{\partial y} = f'(u)\dfrac{\partial u}{\partial y} = f'(u)(-2y)$. 因此

$$\mathrm{d}z\big|_{(1,2)} = f'(0) \cdot 8\mathrm{d}x + f'(0)(-2 \cdot 2)\mathrm{d}y = 4\mathrm{d}x - 2\mathrm{d}y.$$

(3) 设函数 $f(u,v)$ 由关系式 $f[xg(y), y] = x + g(y)$ 所确定,其中函数 $g(y)$ 可微,且 $g(y) \neq 0$,则 $\dfrac{\partial^2 f}{\partial u \partial v} = $ _____.

解 令 $u = xg(y), v = y$,则 $x = \dfrac{u}{g(v)}, y = v$,于是 $f(u,v) = \dfrac{u}{g(v)} + g(v)$. 因此

$$\frac{\partial f}{\partial u} = \frac{1}{g(v)}, \quad \frac{\partial^2 f}{\partial u \partial v} = -\frac{g'(v)}{g^2(v)}.$$

(4) 设函数 $f(x,y,z) = e^x y z^2$,其中 $z = z(x,y)$ 是由方程 $x+y+z+xyz = 0$ 所确定的隐函数,则 $f'_x(0,1,-1) = $ _____.

解 方程 $x+y+z+xyz = 0$ 两边对 x 求偏导,得

$$1 + \frac{\partial z}{\partial x} + yz + xy\frac{\partial z}{\partial x} = 0, \quad 则 \quad \frac{\partial z}{\partial x} = -\frac{1+yz}{1+xy}.$$

又 $f'_x = e^x y z^2 + 2e^x yz\frac{\partial z}{\partial x}$,代入得 $f'_x(0,1,-1) = 1$.

(5) 已知 $(axy^3 - y^2\cos x)dx + (1+by\sin x + 3x^2 y^2)dy$ 为某一函数的全微分,则 a,b 的值分别为 _____.

解 设此函数为 $f(x,y)$,由题意可知

$$f'_x = axy^3 - y^2\cos x, \quad f'_y = 1 + by\sin x + 3x^2 y^2,$$

则

$$f''_{xy}(x,y) = 3axy^2 - 2y\cos x, \quad f''_{yx}(x,y) = by\cos x + 6xy^2.$$

由 $f''_{xy}(x,y)$ 和 $f''_{yx}(x,y)$ 的表达式知它们均为连续函数,由求二阶混合偏导数与次序无关的定理可得 $f''_{xy}(x,y) = f''_{yx}(x,y)$,即 $3axy^2 - 2y\cos x = by\cos x + 6xy^2$,解得 $a = 2, b = -2$.

3. 设函数 $u = f(x, xy, xyz)$,其中 f 具有连续偏导数,求 $\frac{\partial u}{\partial x}, \frac{\partial u}{\partial y}, \frac{\partial u}{\partial z}$.

解
$$\frac{\partial u}{\partial x} = f'_1 \frac{\partial x}{\partial x} + f'_2 \frac{\partial(xy)}{\partial x} + f'_3 \frac{\partial(xyz)}{\partial x} = f'_1 + yf'_2 + yzf'_3,$$

$$\frac{\partial u}{\partial y} = f'_2 \frac{\partial(xy)}{\partial y} + f'_3 \frac{\partial(xyz)}{\partial y} = xf'_2 + xzf'_3,$$

$$\frac{\partial u}{\partial z} = f'_3 \frac{\partial(xyz)}{\partial z} = xyf'_3.$$

4. 设函数 $f(u)$ 具有二阶连续导数,且 $g(x,y) = f\left(\frac{y}{x}\right) + yf\left(\frac{x}{y}\right)$,求 $x^2 \frac{\partial^2 g}{\partial x^2} - y^2 \frac{\partial^2 g}{\partial y^2}$.

解
$$\frac{\partial g}{\partial x} = -\frac{y}{x^2}f'\left(\frac{y}{x}\right) + f'\left(\frac{x}{y}\right), \quad \frac{\partial g}{\partial y} = \frac{1}{x}f'\left(\frac{y}{x}\right) + f\left(\frac{x}{y}\right) - \frac{x}{y}f'\left(\frac{x}{y}\right),$$

$$\frac{\partial^2 g}{\partial x^2} = \frac{2y}{x^3}f'\left(\frac{y}{x}\right) + \frac{y^2}{x^4}f''\left(\frac{y}{x}\right) + \frac{1}{y}f''\left(\frac{x}{y}\right),$$

$$\frac{\partial^2 g}{\partial y^2} = \frac{1}{x^2}f''\left(\frac{y}{x}\right) - \frac{x}{y^2}f'\left(\frac{x}{y}\right) + \frac{x}{y^2}f'\left(\frac{x}{y}\right) + \frac{x^2}{y^3}f''\left(\frac{x}{y}\right) = \frac{1}{x^2}f''\left(\frac{y}{x}\right) + \frac{x^2}{y^3}f''\left(\frac{x}{y}\right),$$

故
$$x^2 \frac{\partial^2 g}{\partial x^2} - y^2 \frac{\partial^2 g}{\partial y^2} = \frac{2y}{x}f'\left(\frac{y}{x}\right).$$

5. 设函数 $u = f(x,y,z)$ 有连续的一阶偏导数,又函数 $y = y(x)$ 及 $z = z(x)$ 分别由 $e^{xy} - xy = 2$ 和 $e^x = \int_0^{x-z} \frac{\sin t}{t}dt$ 所确定,求 $\frac{du}{dx}$.

解 由全导数公式得

$$\frac{du}{dx} = \frac{\partial f}{\partial x} + \frac{\partial f}{\partial y} \cdot \frac{dy}{dx} + \frac{\partial f}{\partial z} \cdot \frac{dz}{dx}. \tag{7-2}$$

方程 $e^{xy} - xy = 2$ 两边对 x 求导,得

$$e^{xy}\left(y + x\frac{dy}{dx}\right) - \left(y + x\frac{dy}{dx}\right) = 0,$$

即
$$\frac{dy}{dx} = -\frac{y}{x}.$$

方程 $e^x = \int_0^{x-z} \frac{\sin t}{t}dt$ 两边对 x 求导,得

$$e^x = \frac{\sin(x-z)}{x-z}\left(1 - \frac{dz}{dx}\right),$$

即
$$\frac{\mathrm{d}z}{\mathrm{d}x} = 1 - \frac{\mathrm{e}^x(x-z)}{\sin(x-z)}.$$

将其代入(7-2)式,得
$$\frac{\mathrm{d}u}{\mathrm{d}x} = \frac{\partial f}{\partial x} - \frac{y}{x} \cdot \frac{\partial f}{\partial y} + \left[1 - \frac{\mathrm{e}^x(x-z)}{\sin(x-z)}\right]\frac{\partial f}{\partial z}.$$

6. 设函数 $z = z(x,y)$ 是由方程 $x^2 + y^2 - z = \varphi(x+y+z)$ 所确定的函数,其中 φ 具有二阶导数,且 $\varphi' \neq -1$.

(1) 求 $\mathrm{d}z$;

(2) 记 $u(x,y) = \dfrac{1}{x-y}\left(\dfrac{\partial z}{\partial x} - \dfrac{\partial z}{\partial y}\right)$,求 $\dfrac{\partial u}{\partial x}$.

解 (1) 方程 $x^2 + y^2 - z = \varphi(x+y+z)$ 两边对 x 求偏导,得
$$2x - \frac{\partial z}{\partial x} = \varphi'\left(1 + \frac{\partial z}{\partial x}\right),$$

即 $\dfrac{\partial z}{\partial x} = \dfrac{2x-\varphi'}{1+\varphi'}$. 同理,得 $\dfrac{\partial z}{\partial y} = \dfrac{2y-\varphi'}{1+\varphi'}$,故
$$\mathrm{d}z = \frac{1}{1+\varphi'}[(2x-\varphi')\mathrm{d}x + (2y-\varphi')\mathrm{d}y].$$

(2) 由于 $u(x,y) = \dfrac{2}{1+\varphi'}$,因此
$$\frac{\partial u}{\partial x} = \frac{-2}{(1+\varphi')^2}\left(1 + \frac{\partial z}{\partial x}\right)\varphi'' = -\frac{2(2x+1)\varphi''}{(1+\varphi')^3}.$$

7. 求由方程 $2x^2 + y^2 + z^2 + 2xy - 2x - 2y - 4z + 4 = 0$ 所确定函数 $z = z(x,y)$ 的极值.

解 方程两边分别对 x,y 求偏导,得
$$\begin{cases} 4x + 2zz'_x + 2y - 2 - 4z'_x = 0, \\ 2y + 2zz'_y + 2x - 2 - 4z'_y = 0, \end{cases}$$

解得 $z'_x = \dfrac{1-2x-y}{z-2}, z'_y = \dfrac{1-x-y}{z-2}$.

因为在极值点处 $z'_x = 0, z'_y = 0$,故
$$\frac{1-2x-y}{z-2} = 0, \quad \frac{1-x-y}{z-2} = 0.$$

解得 $x = 0, y = 1$.

把 $x = 0, y = 1$ 代入 $2x^2 + y^2 + z^2 + 2xy - 2x - 2y - 4z + 4 = 0$,得 $z^2 - 4z + 3 = 0$,解得 $z_1 = 1, z_2 = 3$.

下面求二阶偏导数.
$$z''_{xx} = \frac{-2(z-2)-(1-2x-y)z'_x}{(z-2)^2} = \frac{-2(z-2)^2-(1-2x-y)^2}{(z-2)^3},$$
$$z''_{xy} = \frac{-(z-2)-(1-2x-y)z'_y}{(z-2)^2} = \frac{-(z-2)^2-(1-2x-y)(1-x-y)}{(z-2)^3},$$
$$z''_{yy} = \frac{-(z-2)-(1-x-y)z'_y}{(z-2)^2} = \frac{-(z-2)^2-(1-x-y)^2}{(z-2)^3}.$$

在点 $(0,1,1)$ 处,$A = 2, B = 1, C = 1$,且 $B^2 - AC = -1 < 0, A > 0$,故在点 $(0,1)$ 处函数 $z = z(x,y)$ 有极小值 1.

在点 $(0,1,3)$ 处,$A = -2, B = -1, C = -1$,且 $B^2 - AC = -1 < 0, A < 0$,故在点 $(0,1)$ 处函数 $z = z(x,y)$ 有极大值 3.

第八章 二重积分

内容简介

1. 二重积分的概念

定义 8.1 设函数 $f(x,y)$ 是定义在有界闭区域 D 上的二元函数,将区域 D 任意分成 n 个小区域 $D_1,D_2,\cdots,D_n$,同时用 $\Delta\sigma_i(i=1,2,\cdots,n)$ 表示第 i 个小区域 D_i 的面积. 在每个小区域 D_i 上任取一点 (ξ_i,η_i),做积分和

$$\sum_{i=1}^{n} f(\xi_i,\eta_i)\Delta\sigma_i. \tag{8-1}$$

令 d 表示各小区域的直径中的最大值,如果当 n 无限增大,即 d 趋于 0 时,积分和 (8-1) 的极限存在,且与区域 D 的分割及点 (ξ_i,η_i) 的选取无关,则称此极限值为函数 $f(x,y)$ 在区域 D 上的二重积分,记作 $\iint\limits_D f(x,y)\mathrm{d}\sigma$,即

$$\iint\limits_D f(x,y)\mathrm{d}\sigma = \lim_{d\to 0}\sum_{i=1}^{n} f(\xi_i,\eta_i)\Delta\sigma_i,$$

其中 D 称为积分区域,$f(x,y)$ 称为被积函数,$\mathrm{d}\sigma$ 称为面积元素. 此时也称函数 $f(x,y)$ 在 D 上可积.

2. 二重积分的几何意义

若函数 $f(x,y)\geqslant 0$ 且连续,则 $\iint\limits_D f(x,y)\mathrm{d}\sigma$ 表示以曲面 $z=f(x,y)$ 为顶,以区域 D 为底,以平行于 Oz 轴的直线为母线的曲顶柱体的体积.

重要公式、定理及结论

1. 函数可积的必要条件和充分条件

定理 8.1（函数可积的必要条件） 若 $f(x,y)$ 在有界闭区域 D 上可积，则 $f(x,y)$ 在 D 上有界.

定理 8.2（函数可积的充分条件） 若 $f(x,y)$ 在有界闭区域 D 上连续，则 $f(x,y)$ 在 D 上可积.

2. 二重积分的一些性质

假设下面所讨论的二重积分均存在.

定理 8.3 $\iint\limits_{D}[af(x,y) \pm bg(x,y)]\mathrm{d}\sigma = a\iint\limits_{D}f(x,y)\mathrm{d}\sigma \pm b\iint\limits_{D}g(x,y)\mathrm{d}\sigma,$

其中 a,b 为任意常数.

定理 8.4（二重积分对区域的可加性） 若积分区域 D 被一条曲线分成不相交的两个部分区域 D_1 和 D_2，则

$$\iint\limits_{D}f(x,y)\mathrm{d}\sigma = \iint\limits_{D_1}f(x,y)\mathrm{d}\sigma + \iint\limits_{D_2}f(x,y)\mathrm{d}\sigma.$$

定理 8.5 若积分区域 D 上，恒有 $f(x,y) \leqslant g(x,y)$，则

$$\iint\limits_{D}f(x,y)\mathrm{d}\sigma \leqslant \iint\limits_{D}g(x,y)\mathrm{d}\sigma.$$

特别地，

$$\left|\iint\limits_{D}f(x,y)\mathrm{d}\sigma\right| \leqslant \iint\limits_{D}|f(x,y)|\mathrm{d}\sigma.$$

定理 8.6 若 M 与 m 分别为函数 $f(x,y)$ 在 D 上的最大值与最小值，σ_0 是区域 D 的面积，则

$$m\sigma_0 \leqslant \iint\limits_{D}f(x,y)\mathrm{d}\sigma \leqslant M\sigma_0.$$

定理 8.7（二重积分的中值定理） 如果函数 $f(x,y)$ 在有界闭区域 D 上连续，σ_0 是区域 D 的面积，则在 D 内至少存在一点 (ξ,η)，使得

$$\iint\limits_{D}f(x,y)\mathrm{d}\sigma = f(\xi,\eta)\sigma_0.$$

定理 8.8（二重积分的对称性定理）

① 如果积分区域 D 关于 x 轴对称，且 $f(x,y)$ 为 y 的奇函数，则 $\iint\limits_{D}f(x,y)\mathrm{d}\sigma = 0$；

② 如果积分区域 D 关于 x 轴对称，且 $f(x,y)$ 为 y 的偶函数，则

$$\iint\limits_{D}f(x,y)\mathrm{d}\sigma = 2\iint\limits_{D_1}f(x,y)\mathrm{d}\sigma,$$

其中 D_1 为 D 的上半平面部分；

③ 如果积分区域 D 关于 y 轴对称，且 $f(x,y)$ 为 x 的奇函数，则 $\iint\limits_{D} f(x,y)\mathrm{d}\sigma = 0$；

④ 如果积分区域 D 关于 y 轴对称，且 $f(x,y)$ 为 x 的偶函数，则

$$\iint\limits_{D} f(x,y)\mathrm{d}\sigma = 2\iint\limits_{D_2} f(x,y)\mathrm{d}\sigma,$$

其中 D_2 为 D 的右半平面部分；

⑤ 如果积分区域 D 关于原点对称，且 $f(x,y)$ 同时为 x,y 的奇函数，则

$$\iint\limits_{D} f(x,y)\mathrm{d}\sigma = 0;$$

⑥ 如果积分区域 D 关于原点对称，且 $f(x,y)$ 同时为 x,y 的偶函数，则

$$\iint\limits_{D} f(x,y)\mathrm{d}\sigma = 2\iint\limits_{D_1} f(x,y)\mathrm{d}\sigma,$$

其中 D_1 为 D 的上半平面部分；

⑦ 如果积分区域 D 关于直线 $y=x$ 对称，即当点 $(x,y) \in D$ 时，有 $(y,x) \in D$，则称积分区域 D 具有轮换对称性，且有

$$\iint\limits_{D} f(x,y)\mathrm{d}\sigma = \iint\limits_{D} f(y,x)\mathrm{d}\sigma,$$

$$\iint\limits_{D} f(x,y)\mathrm{d}\sigma = \frac{1}{2}\iint\limits_{D}[f(y,x)+f(x,y)]\mathrm{d}\sigma.$$

3. 二重积分的计算

计算二重积分 $\iint\limits_{D} f(x,y)\mathrm{d}\sigma$ 的主要方法是把二重积分转化为二次积分求解，解题步骤如下：

① 确定积分区域 D 的几何形状.

② 根据积分区域 D 的形状及被积函数的形式选择坐标系，如表 8-1 所示.

表 8-1

坐标系	积分区域的形状	被积函数的形式	面积元素	变量代换	积分表达式
直角坐标系	D 为矩形、三角形或任意形状	$f(x,y)$	$\mathrm{d}\sigma = \mathrm{d}x\mathrm{d}y$		$\iint\limits_{D} f(x,y)\mathrm{d}x\mathrm{d}y$
极坐标系	D 为圆域、环域、扇域或环扇	$f(x^2+y^2)$ 或 $f\left(\dfrac{x}{y}\right)$ 或 $f\left(\dfrac{y}{x}\right)$	$\mathrm{d}\sigma = r\mathrm{d}r\mathrm{d}\theta$	$\begin{cases} x = r\cos\theta \\ y = r\sin\theta \end{cases}$	$\iint\limits_{D} f(r\cos\theta, r\sin\theta) r \mathrm{d}r\mathrm{d}\theta$

注 从直角坐标转化为极坐标的变量代换公式为 $\begin{cases} x = r\cos\theta, \\ y = r\sin\theta. \end{cases}$ 反之，从极坐标转化为直角坐标的变量

代换公式为 $\begin{cases} r = \sqrt{x^2+y^2}, \\ \tan\theta = \dfrac{y}{x}. \end{cases}$

③ 选择积分次序. 选择积分次序的原则：a. 直角坐标系下，如果积分区域是 x 型区域，则先对 y 积分后对 x 积分，如果积分区域是 y 型区域，则先对 x 积分后对 y 积分，如果积分区域既是 x 型区域，又是 y 型区域，则两种不同顺序的积分次序在理论上是一样的，但也要看哪种积分次序能简化运算；b. 极坐标系一般是先对 r 积分后对 θ 积分.

④ 选择坐标系及积分次序后，如下确定累次积分的上、下限：

a. 直角坐标系.

积分区域为 x 型区域，$D = \{(x,y) \mid a \leqslant x \leqslant b, \varphi_1(x) \leqslant y \leqslant \varphi_2(x)\}$，则

$$\iint_D f(x,y)\mathrm{d}\sigma = \int_a^b \mathrm{d}x \int_{\varphi_1(x)}^{\varphi_2(x)} f(x,y)\mathrm{d}y;$$

积分区域为 y 型区域，$D = \{(x,y) \mid c \leqslant y \leqslant d, \psi_1(y) \leqslant x \leqslant \psi_2(y)\}$，则

$$\iint_D f(x,y)\mathrm{d}\sigma = \int_c^d \mathrm{d}y \int_{\psi_1(y)}^{\psi_2(y)} f(x,y)\mathrm{d}x.$$

b. 极坐标系.

极点 O 在区域 D 的外部，$D = \{(r,\theta) \mid \alpha \leqslant \theta \leqslant \beta, r_1(\theta) \leqslant r \leqslant r_2(\theta)\}$，则

$$\iint_D f(x,y)\mathrm{d}\sigma = \int_\alpha^\beta \mathrm{d}\theta \int_{r_1(\theta)}^{r_2(\theta)} f(r\cos\theta, r\sin\theta)r\mathrm{d}r;$$

极点 O 在区域 D 的边界上，$D = \{(r,\theta) \mid \alpha \leqslant \theta \leqslant \beta, 0 \leqslant r \leqslant r(\theta)\}$，则

$$\iint_D f(x,y)\mathrm{d}\sigma = \int_\alpha^\beta \mathrm{d}\theta \int_0^{r(\theta)} f(r\cos\theta, r\sin\theta)r\mathrm{d}r;$$

极点 O 在区域 D 的内部，$D = \{(r,\theta) \mid 0 \leqslant \theta \leqslant 2\pi, 0 \leqslant r \leqslant r(\theta)\}$，则

$$\iint_D f(x,y)\mathrm{d}\sigma = \int_0^{2\pi} \mathrm{d}\theta \int_0^{r(\theta)} f(r\cos\theta, r\sin\theta)r\mathrm{d}r.$$

复习考试要求

1. 理解二重积分的概念和几何意义，了解二重积分的性质.
2. 掌握二重积分在直角坐标系和极坐标系下的计算.

典型例题

例 1 设函数 $f(t)$ 连续，则二次积分 $\int_0^{\frac{\pi}{2}} \mathrm{d}\theta \int_{2\cos\theta}^{2} f(r^2) r\mathrm{d}r$ 可以写成（　　）.

A. $\int_0^2 \mathrm{d}x \int_{\sqrt{2x-x^2}}^{\sqrt{4-x^2}} \sqrt{x^2+y^2} f(x^2+y^2)\mathrm{d}y$

B. $\int_0^2 dx \int_{\sqrt{2x-x^2}}^{\sqrt{4-x^2}} f(x^2+y^2) dy$

C. $\int_0^2 dx \int_{1-\sqrt{2x-x^2}}^{\sqrt{4-x^2}} \sqrt{x^2+y^2} f(x^2+y^2) dy$

D. $\int_0^2 dx \int_{1+\sqrt{2x-x^2}}^{\sqrt{4-x^2}} f(x^2+y^2) dy$

解 积分区域为 $D = \{(x,y) \mid 0 \leqslant x \leqslant 2, \sqrt{2x-x^2} \leqslant y \leqslant \sqrt{4-x^2}\}$, 且面积元素为 $dxdy = rdrd\theta$. 答案是 B.

例 2 设 $f(x)$ 为连续函数, $F(t) = \int_1^t dy \int_y^t f(x)dx$, 则 $F'(2) = (\quad)$.

A. $2f(2)$ B. $f(2)$ C. $-f(2)$ D. 0

解 交换积分次序,

$$F(t) = \int_1^t dy \int_y^t f(x)dx = \int_1^t dx \int_1^x f(x)dy = \int_1^t f(x)(x-1)dx,$$

所以

$$F'(t) = f(t)(t-1).$$

故 $F'(2) = f(2)(2-1) = f(2)$, 答案是 B.

例 3 设区域 $D = \{(x,y) \mid x^2 + y^2 \leqslant 1\}$, 则 $\iint_D (x^2 - y)dxdy = \underline{\qquad}$.

解 在极坐标系下将二重积分化为二次积分, 计算中可利用被积函数的奇偶性和积分区域的轮换对称性简化计算.

因为 D 关于 x 轴对称, 所以 $\iint_D y dxdy = 0$. 又 D 具有轮换对称性, 故

$$\iint_D x^2 dxdy = \frac{1}{2}\iint_D (x^2+y^2)dxdy,$$

则

$$\iint_D (x^2-y)dxdy = \iint_D x^2 dxdy - \iint_D y dxdy = \frac{1}{2}\iint_D (x^2+y^2)dxdy - 0$$

$$= \frac{1}{2}\int_0^{2\pi} d\theta \int_0^1 r^3 dr = \frac{\pi}{4}.$$

例 4 设区域 $D: x^2 + y^2 \leqslant R^2$, 则 $\iint_D \left(\frac{x^2}{a^2} + \frac{y^2}{b^2}\right)dxdy = \underline{\qquad}$.

解 由积分区域的轮换对称性, 在极坐标下计算所求二重积分,

$$\iint_D \left(\frac{x^2}{a^2} + \frac{y^2}{b^2}\right)dxdy = \frac{1}{2}\iint_D \left(\frac{x^2}{a^2} + \frac{y^2}{b^2} + \frac{y^2}{a^2} + \frac{x^2}{b^2}\right)dxdy = \frac{1}{2}\left(\frac{1}{a^2} + \frac{1}{b^2}\right)\iint_D (x^2+y^2)dxdy$$

$$= \frac{1}{2}\left(\frac{1}{a^2} + \frac{1}{b^2}\right)\int_0^{2\pi} d\theta \int_0^R r^3 dr = \frac{\pi}{4}R^4\left(\frac{1}{a^2} + \frac{1}{b^2}\right).$$

例 5 二次积分 $\int_0^2 dx \int_x^2 e^{-y^2} dy = \underline{\qquad}$.

解 $\int_0^2 dx \int_x^2 e^{-y^2} dy = \int_0^2 e^{-y^2} dy \int_0^y dx = -\frac{1}{2}\int_0^2 e^{-y^2} d(-y^2) = \frac{1-e^{-4}}{2}.$

例 6 二次积分 $\int_0^1 dy \int_y^1 \left(\frac{e^{x^2}}{x} - e^{y^2}\right)dx = \underline{\qquad}$.

解 先分项,再交换积分次序,有

$$\text{原式} = \int_0^1 dy \int_y^1 \frac{e^{x^2}}{x} dx - \int_0^1 dy \int_y^1 e^{y^2} dx = \int_0^1 dx \int_0^x \frac{e^{x^2}}{x} dy - \int_0^1 (1-y) e^{y^2} dy$$

$$= \int_0^1 e^{x^2} dx - \int_0^1 e^{y^2} dy + \int_0^1 y e^{y^2} dy = \frac{1}{2} \int_0^1 d(e^{y^2}) = \frac{1}{2} e^{y^2} \Big|_0^1 = \frac{1}{2}(e-1).$$

例 7 计算二重积分 $\iint\limits_D (x+y)^3 dxdy$,其中 D 由曲线 $x = \sqrt{1+y^2}$,直线 $x+\sqrt{2}y = 0$ 及 $x-\sqrt{2}y = 0$ 所围成.

解 如图 8-1 所示,由于积分区域关于 x 轴对称,故可将被积函数分成关于 y 的奇函数和偶函数两部分,利用奇偶性化简后再计算二次积分. 于是

$$\iint\limits_D (x+y)^3 dxdy = \iint\limits_D (x^3 + 3x^2y + 3xy^2 + y^3) dxdy$$

$$= \iint\limits_D (x^3 + 3xy^2) dxdy$$

$$= 2\int_0^1 dy \int_{\sqrt{2}y}^{\sqrt{1+y^2}} (x^3 + 3xy^2) dx$$

$$= \frac{1}{2} \int_0^1 (1 + 2y^2 - 3y^4) dy + 3\int_0^1 (y^2 - y^4) dy$$

$$= \frac{14}{15}.$$

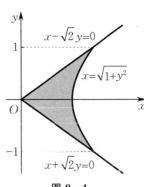

图 8-1

例 8 计算二重积分 $\iint\limits_D (x-y) dxdy$,其中 $D = \{(x,y) \mid (x-1)^2 + (y-1)^2 \leqslant 2, y \geqslant x\}$.

解 如图 8-2 所示,区域 D 的极坐标表示为

$$0 \leqslant r \leqslant 2(\sin\theta + \cos\theta), \quad \frac{\pi}{4} \leqslant \theta \leqslant \frac{3\pi}{4},$$

因此

$$\iint\limits_D (x-y) dxdy = \int_{\frac{\pi}{4}}^{\frac{3\pi}{4}} d\theta \int_0^{2(\sin\theta+\cos\theta)} r^2(\cos\theta - \sin\theta) dr$$

$$= \frac{8}{3} \int_{\frac{\pi}{4}}^{\frac{3\pi}{4}} (\sin\theta + \cos\theta)^3 d(\sin\theta + \cos\theta)$$

$$= \frac{2}{3} (\sin\theta + \cos\theta)^4 \Big|_{\frac{\pi}{4}}^{\frac{3\pi}{4}} = -\frac{8}{3}.$$

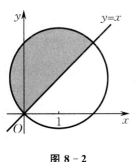

图 8-2

例 9 计算二重积分 $\iint\limits_D x(x+y) dxdy$,其中 $D = \{(x,y) \mid x^2+y^2 \leqslant 2, y \geqslant x^2\}$.

解 如图 8-3 所示,曲线 $y = x^2$ 和 $x^2 + y^2 = 2$ 的交点为 $(-1,1)$ 和 $(1,1)$,积分区域 D 关于 y 轴对称,xy 关于 x 是奇函数,因此

$$I = \iint\limits_D x(x+y) dxdy = \iint\limits_D x^2 dxdy$$

$$= 2\iint\limits_{D_1} x^2 dxdy = 2\int_0^1 x^2 dx \int_{x^2}^{\sqrt{2-x^2}} dy$$

$$= 2\int_0^1 x^2 (\sqrt{2-x^2} - x^2) dx$$

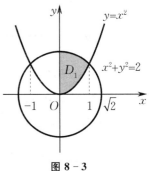

图 8-3

$$= 2\int_0^1 x^2\sqrt{2-x^2}\,dx - \frac{2}{5}.$$

对于积分 $\int_0^1 x^2\sqrt{2-x^2}\,dx$，令 $x = \sqrt{2}\sin t$，则

$$\int_0^1 x^2\sqrt{2-x^2}\,dx = 4\int_0^{\frac{\pi}{4}} \sin^2 t\cos^2 t\,dt = \frac{\pi}{8}.$$

因此，$I = \dfrac{\pi}{4} - \dfrac{2}{5}$.

课后习题选解

（A）

1. 化二重积分 $I = \iint\limits_D f(x,y)\,dxdy$ 为累次积分（要求写出两种积分次序），其中 D 分别为下列区域：

(1) $D = \{(x,y)\,|\,0 \leqslant x \leqslant 1, 1 \leqslant y \leqslant 2\}$；

解 积分区域 D 如图 8-4 所示，因此

$$\iint\limits_D f(x,y)\,dxdy = \int_0^1 dx\int_1^2 f(x,y)\,dy = \int_1^2 dy\int_0^1 f(x,y)\,dx.$$

(2) $y = x^3$ 和 $y = 4x$ 所围区域；

解 积分区域 D 如图 8-5 所示，因此

$$\iint\limits_D f(x,y)\,dxdy = \int_{-2}^0 dx\int_{4x}^{x^3} f(x,y)\,dy + \int_0^2 dx\int_{x^3}^{4x} f(x,y)\,dy$$

$$= \int_{-8}^0 dy\int_{\sqrt[3]{y}}^{\frac{y}{4}} f(x,y)\,dx + \int_0^8 dy\int_{\frac{y}{4}}^{\sqrt[3]{y}} f(x,y)\,dx.$$

(3) $y = \ln x, x = e$ 和 x 轴所围区域.

解 积分区域 D 如图 8-6 所示，因此

$$\iint\limits_D f(x,y)\,dxdy = \int_1^e dx\int_0^{\ln x} f(x,y)\,dy = \int_0^1 dy\int_{e^y}^e f(x,y)\,dx.$$

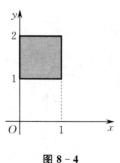

图 8-4

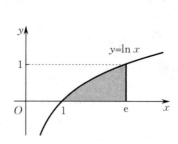

图 8-5   图 8-6

2. 交换下列积分的次序：

(1) $\int_0^2 dx\int_x^{2x} f(x,y)\,dy$；

解 据题意积分区域为 $\begin{cases} 0 \leqslant x \leqslant 2, \\ x \leqslant y \leqslant 2x, \end{cases}$ 画出积分区域，如图 8-7 所示. 交换积分次序得

$$\int_0^2 dx \int_x^{2x} f(x,y) dy = \int_0^2 dy \int_{\frac{y}{2}}^{y} f(x,y) dx + \int_2^4 dy \int_{\frac{y}{2}}^{2} f(x,y) dx.$$

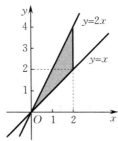

图 8-7

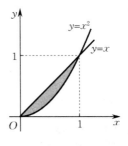

图 8-8

(2) $\int_0^1 dx \int_{x^2}^{x} f(x,y) dy$;

解 据题意积分区域为 $\begin{cases} 0 \leqslant x \leqslant 1, \\ x^2 \leqslant y \leqslant x, \end{cases}$ 画出积分区域,如图 8-8 所示.交换积分次序得

$$\int_0^1 dx \int_{x^2}^{x} f(x,y) dy = \int_0^1 dy \int_y^{\sqrt{y}} f(x,y) dx.$$

(3) $\int_0^1 dy \int_{-\sqrt{y}}^{\sqrt{y}} f(x,y) dx + \int_1^4 dy \int_{-\sqrt{y}}^{2-y} f(x,y) dx$;

解 据题意积分区域为 $D_1 = \{(x,y) \mid -\sqrt{y} \leqslant x \leqslant \sqrt{y}, 0 \leqslant y \leqslant 1\}$ 和 $D_2 = \{(x,y) \mid -\sqrt{y} \leqslant x \leqslant 2-y, 1 \leqslant y \leqslant 4\}$,画出积分区域,如图 8-9 所示.交换积分次序得

$$\int_0^1 dy \int_{-\sqrt{y}}^{\sqrt{y}} f(x,y) dx + \int_1^4 dy \int_{-\sqrt{y}}^{2-y} f(x,y) dx = \int_{-2}^1 dx \int_{x^2}^{2-x} f(x,y) dy.$$

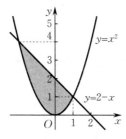

图 8-9

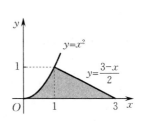

图 8-10

(4) $\int_0^1 dx \int_0^{x^2} f(x,y) dy + \int_1^3 dx \int_0^{\frac{1}{2}(3-x)} f(x,y) dy$.

解 据题意积分区域为 $D_1 = \{(x,y) \mid 0 \leqslant x \leqslant 1, 0 \leqslant y \leqslant x^2\}$ 和 $D_2 = \left\{(x,y) \mid 1 \leqslant x \leqslant 3, 0 \leqslant y \leqslant \frac{3-x}{2}\right\}$,画出积分区域,如图 8-10 所示.交换积分次序得

$$\int_0^1 dx \int_0^{x^2} f(x,y) dy + \int_1^3 dx \int_0^{\frac{1}{2}(3-x)} f(x,y) dy = \int_0^1 dy \int_{\sqrt{y}}^{3-2y} f(x,y) dx.$$

3.计算下列二重积分:

(1) $\iint\limits_{D} x^2 y dx dy$,其中 D 是由 $x=0, y=0$ 与 $x^2+y^2=1$ 所围成的位于第一象限内的闭区域;

解 积分区域如图 8-11 所示,二重积分化为二次积分得

$$\iint\limits_{D} x^2 y dx dy = \int_0^1 dx \int_0^{\sqrt{1-x^2}} x^2 y dy = \frac{1}{2} \int_0^1 (x^2 - x^4) dx = \frac{1}{15}.$$

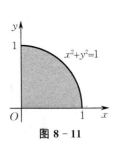

图 8-11

(2) $\iint\limits_{D} x e^{xy} dx dy$,其中 $D = \{(x,y) \mid 0 \leqslant x \leqslant 1, 1 \leqslant y \leqslant 2\}$;

解 积分区域如图 8-12 所示,二重积分化为二次积分得

$$\iint\limits_{D} x e^{xy} dx dy = \int_0^1 dx \int_1^2 x e^{xy} dy = \int_0^1 e^{xy} \Big|_1^2 dx = \int_0^1 (e^{2x} - e^x) dx$$

$$= \left(\frac{1}{2} e^{2x} - e^x\right) \Big|_0^1 = \frac{1}{2} e^2 - e + \frac{1}{2}.$$

(3) $\iint\limits_{D} \frac{x}{1+y} dx dy$,其中 D 是由 $x = 2, y = x$ 与 $y = \frac{1}{x}$ 所围成的闭区域;

解 积分区域如图 8-13 所示,二重积分化为二次积分得

$$\iint\limits_{D} \frac{x}{1+y} dx dy = \int_1^2 dx \int_{\frac{1}{x}}^x \frac{x}{1+y} dy = \int_1^2 x \ln \frac{1+x}{1+\frac{1}{x}} dx$$

$$= \int_1^2 x \ln x dx = 2\ln 2 - \frac{3}{4}.$$

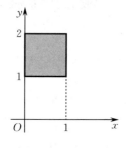

图 8-12

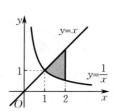

图 8-13

(4) $\iint\limits_{D} (4 - x - y) dx dy$,其中 $D = \{(x,y) \mid x^2 + y^2 \leqslant 2y\}$;

解 如图 8-14 所示,由于积分区域 D 是个圆域,将积分转化为极坐标系下的二重积分. 设 $x = r\cos\theta$, $y = r\sin\theta$,则积分区域 D 可表示为 $\{(r,\theta) \mid 0 \leqslant r \leqslant 2\sin\theta, 0 \leqslant \theta \leqslant \pi\}$. 因此,

$$\iint\limits_{D} (4 - x - y) dx dy = \int_0^\pi d\theta \int_0^{2\sin\theta} (4 - r\cos\theta - r\sin\theta) r dr$$

$$= \int_0^\pi \left(2r^2 - \frac{1}{3}\cos\theta r^3 - \frac{1}{3}\sin\theta r^3\right) \Big|_0^{2\sin\theta} d\theta$$

$$= \int_0^\pi \left(8\sin^2\theta - \frac{8}{3}\cos\theta \sin^3\theta - \frac{8}{3}\sin^4\theta\right) d\theta$$

$$= 3\pi.$$

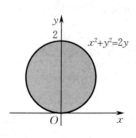

图 8-14

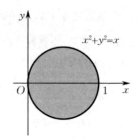

图 8-15

(5) $\iint\limits_{D} \sqrt{x} dx dy$,其中 $D = \{(x,y) \mid x^2 + y^2 \leqslant x\}$;

解 积分区域如图 8-15 所示,二重积分化为二次积分得

$$\iint_D \sqrt{x}\,dxdy = \int_0^1 dx \int_{-\sqrt{x-x^2}}^{\sqrt{x-x^2}} \sqrt{x}\,dy = 2\int_0^1 \sqrt{x}\,\sqrt{x-x^2}\,dx$$
$$= 2\int_0^1 x\sqrt{1-x}\,dx = 2\int_0^1 (x-1+1)\sqrt{1-x}\,dx$$
$$= 2\int_0^1 \left[(1-x)^{\frac{1}{2}} - (1-x)^{\frac{3}{2}}\right]dx = \frac{8}{15}.$$

(6) $\iint_D |x^2+y^2-1|\,dxdy$，其中 $D = \{(x,y)\mid 0\leqslant x\leqslant 1, 0\leqslant y\leqslant 1\}$；

解 积分区域如图 8-16 所示，先分区域去掉被积函数中的绝对值符号，得
$$\iint_D |x^2+y^2-1|\,dxdy = \iint_{D_1}(1-x^2-y^2)\,dxdy + \iint_{D_2}(x^2+y^2-1)\,dxdy.$$

由于 $\iint_{D_1}(1-x^2-y^2)\,d\sigma = \int_0^{\frac{\pi}{2}}d\theta\int_0^1 r(1-r^2)\,dr = \frac{\pi}{8}$，又
$$\iint_{D_2}(x^2+y^2-1)\,d\sigma = \int_0^1 dx\int_{\sqrt{1-x^2}}^1 (x^2+y^2-1)\,dy = \int_0^1\left[x^2-\frac{2}{3}+\frac{2}{3}(1-x^2)^{\frac{3}{2}}\right]dx$$
$$= \int_0^1\left(x^2-\frac{2}{3}\right)dx + \int_0^1 \frac{2}{3}(1-x^2)^{\frac{3}{2}}dx = -\frac{1}{3} + \int_0^1 \frac{2}{3}(1-x^2)^{\frac{3}{2}}dx,$$

令 $x=\sin t$，$\int_0^1 (1-x^2)^{\frac{3}{2}}dx = \int_0^{\frac{\pi}{2}}\cos^4 t\,dt = \frac{3\pi}{16}$，则
$$\iint_{D_2}(x^2+y^2-1)\,d\sigma = \frac{\pi}{8} - \frac{1}{3}.$$

因此
$$\iint_D |x^2+y^2-1|\,d\sigma = \frac{\pi}{4} - \frac{1}{3}.$$

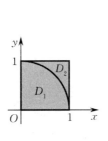

图 8-16

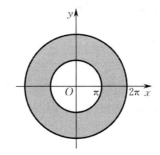

图 8-17

(7) $\iint_D \sin\sqrt{x^2+y^2}\,dxdy$，其中 $D = \{(x,y)\mid \pi^2\leqslant x^2+y^2\leqslant 4\pi^2\}$；

解 如图 8-17 所示，由于积分区域 D 是个环域，将积分转化为极坐标系下的二重积分。设 $x=r\cos\theta$，$y=r\sin\theta$，则积分区域 D 可表示为 $\{(r,\theta)\mid \pi\leqslant r\leqslant 2\pi, 0\leqslant\theta\leqslant 2\pi\}$。因此，
$$\iint_D \sin\sqrt{x^2+y^2}\,dxdy = \int_0^{2\pi}d\theta\int_\pi^{2\pi}r\sin r\,dr = \int_0^{2\pi}\left(-r\cos r\Big|_\pi^{2\pi} + \int_\pi^{2\pi}\cos r\,dr\right)d\theta$$
$$= \int_0^{2\pi}(-3\pi)d\theta = -6\pi^2.$$

(8) $\iint_D \dfrac{dxdy}{1+x^2+y^2}$，其中 $D = \{(x,y)\mid x^2+y^2\leqslant 1\}$；

解 如图 8-18 所示，由于积分区域 D 是个圆域，将积分转化为极坐标系下的二重积分。设 $x=r\cos\theta$，$y=r\sin\theta$，则积分区域 D 可表示为 $\{(r,\theta)\mid 0\leqslant r\leqslant 1, 0\leqslant\theta\leqslant 2\pi\}$。因此，

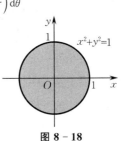

图 8-18

$$\iint\limits_{D}\frac{\mathrm{d}x\mathrm{d}y}{1+x^2+y^2}=\int_0^{2\pi}\mathrm{d}\theta\int_0^1\frac{r\mathrm{d}r}{1+r^2}=\frac{1}{2}\int_0^{2\pi}\ln(1+r^2)\Big|_0^1\mathrm{d}\theta=\frac{1}{2}\int_0^{2\pi}\ln 2\mathrm{d}\theta=\pi\ln 2.$$

(9) $\iint\limits_{D}\sqrt{x^2+y^2}\mathrm{d}x\mathrm{d}y$,其中 $D=\{(x,y)\mid x^2+y^2\leqslant 2y\}$;

解 如图 8-19 所示,由于积分区域 D 是个圆域,将积分转化为极坐标系下的二重积分. 设 $x=r\cos\theta$, $y=r\sin\theta$,则积分区域 D 可表示为 $\{(r,\theta)\mid 0\leqslant r\leqslant 2\sin\theta,0\leqslant\theta\leqslant\pi\}$. 因此,

$$\iint\limits_{D}\sqrt{x^2+y^2}\mathrm{d}x\mathrm{d}y=\int_0^\pi\mathrm{d}\theta\int_0^{2\sin\theta}r^2\mathrm{d}r=\frac{8}{3}\int_0^\pi\sin^3\theta\mathrm{d}\theta=-\frac{8}{3}\int_0^\pi\sin^2\theta\mathrm{d}(\cos\theta)$$

$$=-\frac{8}{3}\int_0^\pi(1-\cos^2\theta)\mathrm{d}(\cos\theta)=\frac{32}{9}.$$

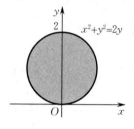

图 8-19

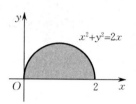

图 8-20

(10) $\iint\limits_{D}xy\mathrm{d}x\mathrm{d}y$,其中 $D=\{(x,y)\mid 0\leqslant x^2+y^2\leqslant 2x,y>0\}$.

解 如图 8-20 所示,由于积分区域 D 是个圆域,将积分转化为极坐标系下的二重积分. 设 $x=r\cos\theta$, $y=r\sin\theta$,则积分区域 D 可表示为 $\left\{(r,\theta)\,\Big|\,0\leqslant r\leqslant 2\cos\theta,0\leqslant\theta\leqslant\frac{\pi}{2}\right\}$. 因此,

$$\iint\limits_{D}xy\mathrm{d}x\mathrm{d}y=\int_0^{\frac{\pi}{2}}\mathrm{d}\theta\int_0^{2\cos\theta}r^3\sin\theta\cos\theta\mathrm{d}r=\frac{1}{4}\int_0^{\frac{\pi}{2}}\sin\theta\cos\theta\cdot r^4\Big|_0^{2\cos\theta}\mathrm{d}\theta$$

$$=4\int_0^{\frac{\pi}{2}}\sin\theta\cos^5\theta\mathrm{d}\theta=-4\int_0^{\frac{\pi}{2}}\cos^5\theta\mathrm{d}(\cos\theta)$$

$$=-\frac{2}{3}\cos^6\theta\Big|_0^{\frac{\pi}{2}}=\frac{2}{3}.$$

4. 利用二重积分计算下列曲线所围成的平面图形的面积:

(1) $x^2+y^2=1, y=\sqrt{2}x^2$;

解 要想求曲线所围成的平面图形的面积,由二重积分的几何意义可知,只要求 $\iint\limits_{D}\mathrm{d}x\mathrm{d}y$ 即可,其中 $D=\left\{(x,y)\,\Big|\,-\frac{\sqrt{2}}{2}\leqslant x\leqslant\frac{\sqrt{2}}{2},\sqrt{2}x^2\leqslant y\leqslant\sqrt{1-x^2}\right\}$. 如图 8-21 所示,由于积分区域关于 y 轴对称,因此,

$$\iint\limits_{D}\mathrm{d}x\mathrm{d}y=2\iint\limits_{D_1}\mathrm{d}x\mathrm{d}y=2\int_0^{\frac{\sqrt{2}}{2}}\mathrm{d}x\int_{\sqrt{2}x^2}^{\sqrt{1-x^2}}\mathrm{d}y=2\int_0^{\frac{\sqrt{2}}{2}}(\sqrt{1-x^2}-\sqrt{2}x^2)\mathrm{d}x=\frac{1}{6}+\frac{\pi}{4}.$$

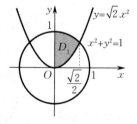

图 8-21

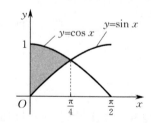

图 8-22

(2) $y = \sin x, y = \cos x, x = 0$.

解 要想求曲线所围成的平面图形的面积,由二重积分的几何意义可知,只要求 $\iint\limits_{D} dx dy$ 即可,其中 $D = \left\{(x,y) \,\middle|\, 0 \leqslant x \leqslant \dfrac{\pi}{4}, \sin x \leqslant y \leqslant \cos x\right\}$,如图 8-22 所示.因此,

$$\iint\limits_{D} dx dy = \int_0^{\frac{\pi}{4}} dx \int_{\sin x}^{\cos x} dy = \int_0^{\frac{\pi}{4}} (\cos x - \sin x) dx = \sqrt{2} - 1.$$

5. 求下列曲面及平面所围成的立体的体积:

(1) $z = 1 + x + y, z = 0, x + y = 1, x = 0, y = 0$;

解 由二重积分的几何意义得 $V = \iint\limits_{D} (1 + x + y) dx dy$,其中积分区域如图 8-23 所示,

$$D = \{(x,y) \,|\, 0 \leqslant x \leqslant 1, 0 \leqslant y \leqslant 1-x\},$$

因此

$$V = \iint\limits_{D} (1+x+y) dx dy = \int_0^1 dx \int_0^{1-x} (1+x+y) dy$$
$$= \int_0^1 \left(\frac{3}{2} - x - \frac{1}{2} x^2\right) dx = \frac{5}{6}.$$

(2) $z = 1 - x^2 - y^2, y = x, y = \sqrt{3} x, z = 0$.

解 由二重积分的几何意义得 $V = \iint\limits_{D} (1 - x^2 - y^2) dx dy$,其中积分区域 D 为这个立体在 xOy 面上的投影,是由 $x^2 + y^2 = 1, y = x, y = \sqrt{3} x$ 所围成的区域,如图 8-24 所示.设 $x = r\cos\theta, y = r\sin\theta$,则积分区域 D 可表示为 $\left\{(r,\theta) \,\middle|\, 0 \leqslant r \leqslant 1, \dfrac{\pi}{4} \leqslant \theta \leqslant \dfrac{\pi}{3}\right\}$.因此,

$$V = \iint\limits_{D} (1 - x^2 - y^2) dx dy = \int_{\frac{\pi}{4}}^{\frac{\pi}{3}} d\theta \int_0^1 (1 - r^2) r dr = \frac{\pi}{48}.$$

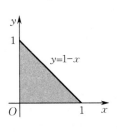

图 8-23

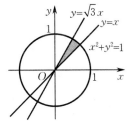

图 8-24

(B)

1. 选择题:

(1) 设函数 $f(x)$ 连续,则 $\int_1^2 dx \int_x^2 f(x,y) dy + \int_1^2 dy \int_y^{4-y} f(x,y) dx = ($).

A. $\int_1^2 dx \int_1^{4-x} f(x,y) dy$ \qquad B. $\int_1^2 dx \int_x^{4-x} f(x,y) dy$

C. $\int_1^2 dy \int_1^{4-y} f(x,y) dx$ \qquad D. $\int_1^2 dy \int_y^{4-y} f(x,y) dx$

解 积分区域为 $D_1 = \{(x,y) \,|\, 1 \leqslant x \leqslant 2, x \leqslant y \leqslant 2\}$ 和 $D_2 = \{(x,y) \,|\, y \leqslant x \leqslant 4-y, 1 \leqslant y \leqslant 2\}$,画出积分区域,如图 8-25 所示.交换积分次序得

$$\text{原式} = \int_1^2 dy \int_1^{4-y} f(x,y) dx,$$

答案是 C.

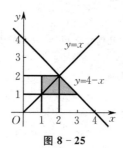
图 8 - 25

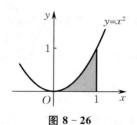
图 8 - 26

(2) 设函数 $f(x,y)$ 连续,且 $f(x,y) = xy + \iint_D f(u,v)dudv$,其中 D 是由 $y=0, y=x^2, x=1$ 所围成的区域,则 $f(x,y) = (\quad)$.

A. xy B. $2xy$ C. $xy + \dfrac{1}{8}$ D. $xy + 1$

解 积分区域 D 如图 8 - 26 所示. 由于二重积分 $\iint_D f(u,v)dudv$ 是一个确定的数,利用这个性质,对函数两边同时在 D 上积分,得

$$\iint_D f(u,v)dudv = \iint_D \left[xy + \iint_D f(u,v)dudv \right] dudv = \iint_D xy dudv + \iint_D f(u,v)dudv \cdot \iint_D dudv,$$

其中 $\iint_D dudv = \int_0^1 dx \int_0^{x^2} dy = \dfrac{1}{3}$. 代入上式中,得

$$\dfrac{2}{3}\iint_D f(u,v)dudv = \iint_D xy dudv = \int_0^1 dx \int_0^{x^2} xy dy = \dfrac{1}{12},$$

故

$$\iint_D f(u,v)dudv = \dfrac{1}{8}, \quad 即 \quad f(x,y) = xy + \dfrac{1}{8}.$$

因此,答案是 C.

(3) 设 $I_1 = \iint_D \cos\sqrt{x^2+y^2}d\sigma, I_2 = \iint_D \cos(x^2+y^2)d\sigma, I_3 = \iint_D \cos(x^2+y^2)^2 d\sigma$,其中 $D = \{(x,y) \mid x^2 + y^2 \leqslant 1\}$,则( ).

A. $I_3 > I_2 > I_1$ B. $I_1 > I_2 > I_3$

C. $I_2 > I_1 > I_3$ D. $I_3 > I_1 > I_2$

解 因为在 $D = \{(x,y) \mid x^2 + y^2 \leqslant 1\}$ 内,$\cos\sqrt{x^2+y^2} < \cos(x^2+y^2) < \cos(x^2+y^2)^2$,所以 $I_3 > I_2 > I_1$,答案是 A.

(4) 设函数 $f(x,y)$ 连续,则二次积分 $\int_{\frac{\pi}{2}}^{\pi} dx \int_{\sin x}^{1} f(x,y)dy = (\quad)$.

A. $\int_0^1 dy \int_{\pi + \arcsin y}^{\pi} f(x,y)dx$ B. $\int_0^1 dy \int_{\pi - \arcsin y}^{\pi} f(x,y)dx$

C. $\int_0^1 dy \int_{\frac{\pi}{2}}^{\pi + \arcsin y} f(x,y)dx$ D. $\int_0^1 dy \int_{\frac{\pi}{2}}^{\pi - \arcsin y} f(x,y)dx$

解 交换二次积分次序,因为积分区域

$$D = \left\{ (x,y) \,\bigg|\, \dfrac{\pi}{2} \leqslant x \leqslant \pi, \sin x \leqslant y \leqslant 1 \right\}$$
$$= \{(x,y) \mid 0 \leqslant y \leqslant 1, \pi - \arcsin y \leqslant x \leqslant \pi\},$$

所以

$$\int_{\frac{\pi}{2}}^{\pi} dx \int_{\sin x}^{1} f(x,y)dy = \int_0^1 dy \int_{\pi - \arcsin y}^{\pi} f(x,y)dx,$$

答案是 B.

第九章 无穷级数

内 容 简 介

首先对本书中的无穷级数做一下简要分类.

$$\text{无穷级数}\begin{cases}\text{常数项级数}\begin{cases}\text{正项级数}\\\text{任意项级数}\begin{cases}\text{交错级数}\\\text{任意项级数}\end{cases}\end{cases}\\\text{函数项级数}\begin{cases}\text{幂级数}\\\text{其他类型的函数项级数(略)}\end{cases}\end{cases}$$

1. 常数项级数

定义 9.1 数列 $\{u_n\}$ 的各项依次相加所得的表达式 $u_1+u_2+\cdots+u_n+\cdots=\sum_{n=1}^{\infty}u_n$ 称为无穷级数,简称级数,其中 u_n 称为级数 $\sum_{n=1}^{\infty}u_n$ 的第 n 项、一般项或通项. 若级数 $\sum_{n=1}^{\infty}u_n$ 的各项都是常数,则称该级数为常数项级数(或数项级数).

定义 9.2 级数 $\sum_{n=1}^{\infty}u_n$ 的前 n 项的和 $S_n=u_1+u_2+\cdots+u_n=\sum_{i=1}^{n}u_i(n=1,2,\cdots)$ 称为级数 $\sum_{n=1}^{\infty}u_n$ 的前 n 项部分和. 当 n 依次取 $1,2,\cdots$ 时,$S_1=u_1$,$S_2=u_1+u_2,\cdots,S_n=u_1+u_2+\cdots+u_n,\cdots$ 构成一个新的数列 $\{S_n\}$,称为级数 $\sum_{n=1}^{\infty}u_n$ 的部分和数列.

定义 9.3 若级数 $\sum_{n=1}^{\infty}u_n$ 的部分和数列 $\{S_n\}$ 收敛,即 $\lim_{n\to\infty}S_n=S$,则称级数 $\sum_{n=1}^{\infty}u_n$ 收敛,极限 S 称为该级数的和,记为 $\sum_{n=1}^{\infty}u_n=u_1+u_2+\cdots+u_n+\cdots=S$;若部分和数列 $\{S_n\}$ 的极限不存在,则称级数 $\sum_{n=1}^{\infty}u_n$ 发散.

2. 正项级数

定义 9.4 若级数 $\sum_{n=1}^{\infty}u_n$ 的每一项 $u_n\geqslant 0(n=1,2,\cdots)$,则称该级数为正项级数.

3. 交错级数及任意项级数

定义 9.5 各项可以是任意实数的常数项级数称为任意项级数.

定义 9.6 各项正负交错的常数项级数称为交错级数,一般写为

$$\sum_{n=1}^{\infty}(-1)^{n-1}u_n \quad \text{或} \quad \sum_{n=1}^{\infty}(-1)^n u_n,$$

其中 $u_n > 0 (n=1,2,\cdots)$.

定义 9.7 对给定的任意项级数 $\sum_{n=1}^{\infty}u_n$,若正项级数 $\sum_{n=1}^{\infty}|u_n|$ 收敛,则称 $\sum_{n=1}^{\infty}u_n$ 绝对收敛;若 $\sum_{n=1}^{\infty}|u_n|$ 发散,而 $\sum_{n=1}^{\infty}u_n$ 收敛,则称任意项级数 $\sum_{n=1}^{\infty}u_n$ 条件收敛.

4. 函数项级数及幂级数

定义 9.8 如果给定一个定义在区间 I 上的函数序列 $u_n(x)(n=1,2,\cdots)$,则称

$$\sum_{n=1}^{\infty}u_n(x) = u_1(x) + u_2(x) + \cdots + u_n(x) + \cdots$$

为定义在区间 I 上的函数项无穷级数,简称函数项级数.

对确定的点 $x_0 \in I$,如果常数项级数 $\sum_{n=1}^{\infty}u_n(x_0)$ 收敛,则称函数项级数 $\sum_{n=1}^{\infty}u_n(x)$ 在点 x_0 处收敛,称点 x_0 为 $\sum_{n=1}^{\infty}u_n(x)$ 的收敛点;如果常数项级数 $\sum_{n=1}^{\infty}u_n(x_0)$ 发散,则称 $\sum_{n=1}^{\infty}u_n(x)$ 在点 x_0 处发散,称点 x_0 为 $\sum_{n=1}^{\infty}u_n(x)$ 的发散点.

定义 9.9 函数项级数的收敛点(或发散点)的全体称为该级数的收敛域(或发散域).

对于收敛域中的任一点 x,函数项级数 $\sum_{n=1}^{\infty}u_n(x)$ 成为一收敛的常数项级数,因而有唯一确定的和 S. 因此,在收敛域上,函数项级数 $\sum_{n=1}^{\infty}u_n(x)$ 的和 S 是 x 的函数,记为 $S(x)$,称 $S(x)$ 为 $\sum_{n=1}^{\infty}u_n(x)$ 的和函数,且该函数的定义域就是 $\sum_{n=1}^{\infty}u_n(x)$ 的收敛域,可写成 $\sum_{n=1}^{\infty}u_n(x) = S(x)(x$ 属于收敛域$)$. 把函数项级数 $\sum_{n=1}^{\infty}u_n(x)$ 的前 n 项的部分和记作 $S_n(x)$,则在收敛域上,有 $\lim_{n \to \infty}S_n(x) = S(x)$.

注 和函数仅在收敛域上有定义,在发散域上没有定义.

定义 9.10 形如

$$\sum_{n=0}^{\infty}a_n x^n = a_0 + a_1 x + \cdots + a_n x^n + \cdots$$

和

$$\sum_{n=0}^{\infty}a_n(x-x_0)^n = a_0 + a_1(x-x_0) + \cdots + a_n(x-x_0)^n + \cdots$$

的函数项级数分别称为关于 x 和 $x-x_0$ 的幂级数,其中常数 $a_n(n=0,1,2,\cdots)$ 称为幂级数的第 n 项系数.

若存在常数 $R>0$,使得当 $|x|<R$ 时,幂级数 $\sum_{n=0}^{\infty}a_nx^n$ 绝对收敛;当 $|x|>R$ 时,幂级数 $\sum_{n=0}^{\infty}a_nx^n$ 发散,则称 R 为幂级数 $\sum_{n=0}^{\infty}a_nx^n$ 的收敛半径,开区间 $(-R,R)$ 称为幂级数 $\sum_{n=0}^{\infty}a_nx^n$ 的收敛区间. 再由幂级数在点 $x=\pm R$ 处的敛散性就可以确定它的收敛域是 $(-R,R)$,$[-R,R)$,$(-R,R]$,$[-R,R]$ 这四个区间中的哪一个.

若幂级数 $\sum_{n=0}^{\infty}a_nx^n$ 仅在点 $x=0$ 处收敛,则此时收敛域为 $\{0\}$,规定其收敛半径为 $R=0$;如果 $\sum_{n=0}^{\infty}a_nx^n$ 对一切实数 x 都收敛,则规定其收敛半径为 $R=+\infty$,这时收敛域是 $(-\infty,+\infty)$.

5. 函数的幂级数展开的概念

定义 9.11　若函数 $f(x)$ 在点 x_0 处存在任意阶导数,则称级数

$$f(x_0)+f'(x_0)(x-x_0)+\frac{f''(x_0)}{2!}(x-x_0)^2+\cdots+\frac{f^{(n)}(x_0)}{n!}(x-x_0)^n+\cdots$$

为 $f(x)$ 在点 x_0 处的泰勒级数. 特别地,当 $x_0=0$ 时,称

$$f(0)+f'(0)x+\frac{f''(0)}{2!}x^2+\cdots+\frac{f^{(n)}(0)}{n!}x^n+\cdots$$

为 $f(x)$ 的麦克劳林级数.

定义 9.12　如果函数 $f(x)$ 能在点 x_0 的某邻域内等于其泰勒级数的和函数,则称函数 $f(x)$ 在点 x_0 的这一邻域内可以展开成泰勒级数,并称

$$f(x)=f(x_0)+f'(x_0)(x-x_0)+\frac{f''(x_0)}{2!}(x-x_0)^2+\cdots+\frac{f^{(n)}(x_0)}{n!}(x-x_0)^n+\cdots$$

为函数 $f(x)$ 在点 x_0 处的泰勒展开式或幂级数展开式.

重要公式、定理及结论

1. 收敛级数的基本性质

性质 9.1（级数收敛的必要条件）　如果级数 $\sum_{n=1}^{\infty}u_n$ 收敛,则 $\lim_{n\to\infty}u_n=0$.

注　性质 9.1 的逆命题不成立. 即级数的一般项趋于零不是级数收敛的充分条件.

推论 9.1　若级数 $\sum_{n=1}^{\infty}u_n$ 的一般项 u_n 不趋于零或不存在,则级数 $\sum_{n=1}^{\infty}u_n$ 必发散.

性质 9.2　若级数 $\sum_{n=1}^{\infty}u_n$ 与级数 $\sum_{n=1}^{\infty}v_n$ 都收敛,a,b 为常数,则级数 $\sum_{n=1}^{\infty}(au_n+bv_n)$ 也收敛,且有

$$\sum_{n=1}^{\infty}(au_n+bv_n)=a\sum_{n=1}^{\infty}u_n+b\sum_{n=1}^{\infty}v_n.$$

推论 9.2 若级数 $\sum_{n=1}^{\infty}u_n$ 发散，k 是不为零的常数，则 $\sum_{n=1}^{\infty}ku_n$ 也发散.

推论 9.3 若级数 $\sum_{n=1}^{\infty}u_n$ 收敛，级数 $\sum_{n=1}^{\infty}v_n$ 发散，则级数 $\sum_{n=1}^{\infty}(u_n\pm v_n)$ 也发散.

性质 9.3 若级数 $\sum_{n=1}^{\infty}u_n$ 和 $\sum_{n=1}^{\infty}v_n$ 都收敛，且 $u_n\leqslant v_n(n=1,2,\cdots)$，则有

$$\sum_{n=1}^{\infty}u_n\leqslant\sum_{n=1}^{\infty}v_n.$$

性质 9.4 在级数中去掉、加上或改变有限个项，级数的敛散性不变.

性质 9.5 若级数 $\sum_{n=1}^{\infty}u_n$ 收敛，则对该级数任意加括号后所得的级数仍收敛，且其和不变，但它的逆命题不真.

推论 9.4 若对级数 $\sum_{n=1}^{\infty}u_n$ 添加括号后所得的新级数发散或以两种方式添加括号后所得的新级数的和不相等，则原级数 $\sum_{n=1}^{\infty}u_n$ 必发散.

2. 正项级数的判别法

定理 9.1 正项级数 $\sum_{n=1}^{\infty}u_n$ 收敛的充要条件是：它的部分和数列 $\{S_n\}$ 有上界.

定理 9.2（比较判别法） 设 $\sum_{n=1}^{\infty}u_n$ 和 $\sum_{n=1}^{\infty}v_n$ 都是正项级数，且 $u_n\leqslant v_n(n=1,2,\cdots)$. 若 $\sum_{n=1}^{\infty}v_n$ 收敛，则 $\sum_{n=1}^{\infty}u_n$ 也收敛；若 $\sum_{n=1}^{\infty}u_n$ 发散，则 $\sum_{n=1}^{\infty}v_n$ 也发散.

推论 9.5 设 $\sum_{n=1}^{\infty}u_n$ 和 $\sum_{n=1}^{\infty}v_n$ 都是正项级数，且存在常数 $k>0$ 及自然数 N，使当 $n>N$ 时，有 $u_n\leqslant kv_n$. 若 $\sum_{n=1}^{\infty}v_n$ 收敛，则 $\sum_{n=1}^{\infty}u_n$ 也收敛；若 $\sum_{n=1}^{\infty}u_n$ 发散，则 $\sum_{n=1}^{\infty}v_n$ 也发散.

几个常用级数的敛散性：

① 等比级数（也称几何级数）$\sum_{n=1}^{\infty}aq^{n-1}$，其中 a,q 为非零常数：当 $|q|<1$ 时，等比级数 $\sum_{n=1}^{\infty}aq^{n-1}$ 收敛，且有 $\sum_{n=1}^{\infty}aq^{n-1}=\dfrac{a}{1-q}(|q|<1)$，当 $|q|\geqslant 1$ 时，等比级数 $\sum_{n=1}^{\infty}aq^{n-1}$ 发散.

② p-级数 $\sum_{n=1}^{\infty}\dfrac{1}{n^p}$：当 $p>1$ 时，p-级数 $\sum_{n=1}^{\infty}\dfrac{1}{n^p}$ 收敛，当 $0<p\leqslant 1$ 时，p-级数 $\sum_{n=1}^{\infty}\dfrac{1}{n^p}$ 发散.

③ 调和级数 $\sum_{n=1}^{\infty}\dfrac{1}{n}$ 是发散的.

定理 9.3（比较判别法的极限形式） 设 $\sum_{n=1}^{\infty}u_n$ 和 $\sum_{n=1}^{\infty}v_n$ 都是正项级数，且

$$\lim_{n\to\infty}\frac{u_n}{v_n}=k.$$

若 $0 < k < +\infty$,则级数 $\sum_{n=1}^{\infty} u_n$ 与 $\sum_{n=1}^{\infty} v_n$ 同时收敛或同时发散;若 $k=0$,且级数 $\sum_{n=1}^{\infty} v_n$ 收敛,则级数 $\sum_{n=1}^{\infty} u_n$ 也收敛;若 $k=+\infty$,且级数 $\sum_{n=1}^{\infty} v_n$ 发散,则级数 $\sum_{n=1}^{\infty} u_n$ 也发散.

定理 9.4(比值判别法或达朗贝尔判别法) 设 $\sum_{n=1}^{\infty} u_n$ 为正项级数,且

$$\lim_{n \to \infty} \frac{u_{n+1}}{u_n} = k \quad (k \text{ 允许为 } +\infty).$$

若 $k<1$,则级数收敛;若 $k>1$,则级数发散;若 $k=1$,则级数可能收敛,也可能发散.

定理 9.5(根值判别法或柯西判别法) 设 $\sum_{n=1}^{\infty} u_n$ 为正项级数,且

$$\lim_{n \to \infty} \sqrt[n]{u_n} = k \quad (k \text{ 允许为 } +\infty).$$

若 $k<1$,则级数收敛;若 $k>1$,则级数发散;若 $k=1$,则级数可能收敛,也可能发散.

***定理 9.6(积分判别法)** 若 $f(x)$ 为 $[1, +\infty)$ 上一非负单调减少函数,则正项级数 $\sum_{n=1}^{\infty} f(n)$ 与广义积分 $\int_{1}^{+\infty} f(x) \mathrm{d}x$ 同时收敛或同时发散.

3. 交错级数及任意项级数的判别法

定理 9.7(莱布尼茨判别法) 若交错级数 $\sum_{n=1}^{\infty} (-1)^{n-1} u_n$ 满足如下条件:

(1) $u_n \geqslant u_{n+1} (n=1,2,\cdots)$;
(2) $\lim\limits_{n \to \infty} u_n = 0$,

则交错级数 $\sum_{n=1}^{\infty} (-1)^{n-1} u_n$ 收敛,且其和 $S \leqslant u_1$.

定理 9.8 若正项级数 $\sum_{n=1}^{\infty} |u_n|$ 收敛,则 $\sum_{n=1}^{\infty} u_n$ 必收敛,即绝对收敛的级数必收敛.

定理 9.9 若任意项级数 $\sum_{n=1}^{\infty} u_n$ 满足条件

$$\lim_{n \to \infty} \left| \frac{u_{n+1}}{u_n} \right| = k \quad \text{或} \quad \lim_{n \to \infty} \sqrt[n]{|u_n|} = k \quad (k \text{ 允许为 } +\infty),$$

则当 $k<1$ 时,任意项级数 $\sum_{n=1}^{\infty} u_n$ 收敛,且为绝对收敛;当 $k>1$ 时,任意项级数 $\sum_{n=1}^{\infty} u_n$ 发散.

4. 函数项级数和幂级数的重要定理

定理 9.10(阿贝尔定理) 若幂级数 $\sum_{n=0}^{\infty} a_n x^n$ 在点 $x=x_1 (x_1 \neq 0)$ 处收敛,则当 $|x| < |x_1|$ 时,幂级数 $\sum_{n=0}^{\infty} a_n x^n$ 绝对收敛;若幂级数 $\sum_{n=0}^{\infty} a_n x^n$ 在点 $x=x_2$ 处发散,则当 $|x| > |x_2|$ 时,幂级数 $\sum_{n=0}^{\infty} a_n x^n$ 发散.

定理 9.11 设幂级数 $\sum_{n=0}^{\infty} a_n x^n$ 相邻两项的系数满足条件

$$\lim_{n\to\infty}\left|\frac{a_{n+1}}{a_n}\right|=\rho \quad \text{或} \quad \lim_{n\to\infty}\sqrt[n]{|a_n|}=\rho \quad (\rho \text{ 为常数或} +\infty).$$

① 若 $0<\rho<+\infty$,则该幂级数的收敛半径为 $R=\dfrac{1}{\rho}$;

② 若 $\rho=0$,则该幂级数的收敛半径为 $R=+\infty$;

③ 若 $\rho=+\infty$,则该幂级数的收敛半径为 $R=0$.

注 若幂级数有无穷多项的系数为零,则称该幂级数为缺项幂级数,不能应用定理 9.11 求其收敛半径.此时可用定理 9.9(比值判别法或根值判别法的绝对形式),令 $u_n=a_nx^n$,求 $\lim\limits_{n\to\infty}\dfrac{|u_{n+1}|}{|u_n|}$ 或 $\lim\limits_{n\to\infty}\sqrt[n]{|u_n|}$,此极限是关于 $|x|$ 的式子,令其小于 1,则可求出其收敛半径.

定理 9.12(和函数的重要性质) 设幂级数 $\sum\limits_{n=0}^{\infty}a_nx^n$ 的收敛域为 D,和函数为 $S(x)$,则

① $S(x)$ 在收敛域 D 上连续;

② $S(x)$ 在其收敛域 D 上可积,且有如下的逐项求积分公式:

$$\int_0^x S(t)\,\mathrm{d}t=\int_0^x\Big(\sum_{n=0}^{\infty}a_nt^n\Big)\mathrm{d}t=\sum_{n=0}^{\infty}\int_0^x a_nt^n\,\mathrm{d}t=\sum_{n=0}^{\infty}\frac{a_n}{n+1}x^{n+1},\quad x\in D,$$

逐项积分后所得的幂级数与原幂级数有相同的收敛半径;

③ $S(x)$ 在其收敛区间 $(-R,R)$ 内可导,且有如下的逐项求导公式:

$$S'(x)=\Big(\sum_{n=0}^{\infty}a_nx^n\Big)'=\sum_{n=0}^{\infty}(a_nx^n)'=\sum_{n=1}^{\infty}na_nx^{n-1},\quad |x|<R,$$

逐项求导后所得的幂级数与原幂级数有相同的收敛半径.

推论 9.6 幂级数的和函数在其收敛区间内具有任意阶导数.

除按定义直接求幂级数的和函数外,还可以从已知和函数的幂级数出发,利用换元、逐项求导或逐项积分等方法来得到其他一些幂级数的和函数公式.这种方法称为间接求和法.

例如,已知几何级数的和函数公式为

$$1+x+x^2+\cdots+x^n+\cdots=\sum_{n=0}^{\infty}x^n=\frac{1}{1-x},\quad -1<x<1. \tag{9-1}$$

对(9-1)式逐项求导后,得

$$1+2x+3x^2+\cdots+nx^{n-1}+\cdots=\sum_{n=1}^{\infty}nx^{n-1}=\frac{1}{(1-x)^2},\quad -1<x<1.$$

对(9-1)式二次逐项求导后,得

$$2+6x+\cdots+n(n-1)x^{n-2}+\cdots=\sum_{n=2}^{\infty}n(n-1)x^{n-2}=\frac{2}{(1-x)^3},\quad -1<x<1.$$

对(9-1)式逐项积分后,得

$$x+\frac{x^2}{2}+\cdots+\frac{x^{n+1}}{n+1}+\cdots=\sum_{n=0}^{\infty}\frac{x^{n+1}}{n+1}=-\ln(1-x),\quad -1\leqslant x<1.$$

在上式的幂级数中做换元 $x=-t$,且在所得等式两端同乘 -1,并把所得幂级数仍写成 x 的幂级数,则有

$$x-\frac{x^2}{2}+\cdots+(-1)^n\frac{x^{n+1}}{n+1}+\cdots=\sum_{n=0}^{\infty}(-1)^n\frac{x^{n+1}}{n+1}=\ln(1+x),\quad -1<x\leqslant 1.$$

若在几何级数(9-1)中做换元 $x=-t^2$,把所得的幂级数仍写成 x 的幂级数,则有

$$1 - x^2 + x^4 - \cdots + (-1)^n x^{2n} + \cdots = \sum_{n=0}^{\infty} (-1)^n x^{2n} = \frac{1}{1+x^2}, \quad -1 < x < 1.$$

对上式再逐项积分,有

$$x - \frac{x^3}{3} + \cdots + (-1)^n \frac{x^{2n+1}}{2n+1} + \cdots = \sum_{n=0}^{\infty} (-1)^n \frac{x^{2n+1}}{2n+1} = \arctan x, \quad -1 \leqslant x \leqslant 1.$$

5. 函数的幂级数展开的必要条件及充分条件

定理 9.13 函数 $f(x)$ 能够展开成幂级数 $\sum_{n=0}^{\infty} a_n x^n$ 的必要条件是 $f(x)$ 在点 $x=0$ 处有任意阶导数,且系数为

$$a_0 = f(0), \quad a_1 = \frac{f'(0)}{1!}, \quad a_2 = \frac{f''(0)}{2!}, \quad \cdots, \quad a_n = \frac{f^{(n)}(0)}{n!}, \quad \cdots.$$

定理 9.14 函数 $f(x)$ 能够展开成幂级数 $\sum_{n=0}^{\infty} \frac{f^{(n)}(0)}{n!} x^n$ 的充分条件为

$$\lim_{n \to \infty} R_n(x) = 0, \quad x \in D,$$

其中 D 是幂级数 $\sum_{n=0}^{\infty} \frac{f^{(n)}(0)}{n!} x^n$ 的收敛域,$R_n(x)$ 是 $f(x)$ 在点 $x=0$ 处的泰勒公式余项,

$$R_n(x) = f(x) - f(0) - \frac{f'(0)}{1!}x - \frac{f''(0)}{2!}x^2 - \cdots - \frac{f^{(n)}(0)}{n!}x^n.$$

常用的幂级数展开式有:

$$e^x = 1 + \frac{x}{1!} + \frac{x^2}{2!} + \cdots + \frac{x^n}{n!} + \cdots, \quad x \in (-\infty, +\infty);$$

$$\sin x = x - \frac{x^3}{3!} + \frac{x^5}{5!} - \cdots + (-1)^n \frac{x^{2n+1}}{(2n+1)!} + \cdots, \quad x \in (-\infty, +\infty);$$

$$\cos x = 1 - \frac{x^2}{2!} + \frac{x^4}{4!} - \cdots + (-1)^n \frac{x^{2n}}{(2n)!} + \cdots, \quad x \in (-\infty, +\infty);$$

$$\ln(1+x) = x - \frac{x^2}{2} + \frac{x^3}{3} - \cdots + (-1)^{n-1} \frac{x^n}{n} + \cdots, \quad x \in (-1, 1];$$

$$(1+x)^{\alpha} = 1 + \alpha x + \frac{\alpha(\alpha-1)}{2!} x^2 + \cdots + \frac{\alpha(\alpha-1)\cdots(\alpha-n+1)}{n!} x^n + \cdots, \quad x \in (-1, 1),$$

该幂级数在端点 $x = \pm 1$ 处的敛散性视 α 而定.特别地,当 $\alpha = -1$ 时,有

$$\frac{1}{1+x} = 1 - x + x^2 - x^3 + \cdots + (-1)^n x^n + \cdots, \quad x \in (-1, 1).$$

用定理 9.13 和定理 9.14 将函数展开成泰勒级数或麦克劳林级数的方法,称为直接展开法.

复习考试要求

1. 理解常数项级数收敛、发散及收敛级数和的概念,掌握级数的基本性质.
2. 掌握几何级数及 p-级数收敛与发散的条件及几何级数收敛时和的公式.

3. 能够较熟练地运用正项级数的几种判别法判定正项级数的敛散性.

4. 掌握交错级数的莱布尼茨判别法.

5. 掌握任意项级数绝对收敛和条件收敛的定义,以及绝对收敛与收敛之间的关系.

6. 理解幂级数的收敛半径的概念,会求幂级数的收敛半径、收敛区间及收敛域.

7. 理解幂级数的和函数在其收敛区间内的基本性质,会求一些幂级数在收敛区间内的和函数,会利用间接法求一些幂级数的和函数.

8. 掌握 $e^x, \sin x, \cos x, \ln(1+x)$ 等函数的麦克劳林展开式,会用它们将一些简单函数间接展开成幂级数.

典 型 例 题

基本类型 I 用定义判断级数的敛散性并求和

凡是求级数和的问题,都可以采用定义的方法,只需说明部分和数列 $\{S_n\}$ 的极限存在,并求出即可. 很多时候会用到"拆项法".

例 1 设 $x_0 = 0, x_n = \sum_{k=1}^{n} a_k (n \geq 1), \lim_{n \to \infty} x_n = b$,求 $\sum_{n=1}^{\infty} a_n (x_n + x_{n-1})$ 的和.

解 因为 $x_0 = 0, x_n = \sum_{k=1}^{n} a_k (n \geq 1)$,所以

$$a_n = x_n - x_{n-1} = \sum_{k=1}^{n} a_k - \sum_{k=1}^{n-1} a_k.$$

而级数 $\sum_{n=1}^{\infty} a_n (x_n + x_{n-1})$ 的部分和为

$$\begin{aligned}
S_n &= a_1(x_1 + x_0) + a_2(x_2 + x_1) + \cdots + a_n(x_n + x_{n-1}) \\
&= (x_1 - x_0)(x_1 + x_0) + (x_2 - x_1)(x_2 + x_1) + \cdots + (x_n - x_{n-1})(x_n + x_{n-1}) \\
&= x_1^2 - x_0^2 + x_2^2 - x_1^2 + \cdots + x_n^2 - x_{n-1}^2 \\
&= x_n^2 - x_0^2 = x_n^2,
\end{aligned}$$

又有

$$\lim_{n \to \infty} S_n = \lim_{n \to \infty} x_n^2 = b^2,$$

因此级数 $\sum_{n=1}^{\infty} a_n (x_n + x_{n-1})$ 收敛,且和为 b^2.

例 2 设 $0 < a < 1$,求 $\sum_{n=1}^{\infty} n a^n$ 的和.

解 级数 $\sum_{n=1}^{\infty} n a^n$ 的部分和为

$$S_n = a + 2a^2 + 3a^3 + \cdots + n a^n.$$

而直接求 $\lim_{n \to \infty} S_n$ 不太容易,考虑到奇数项和偶数项的特点,作

$$a S_n = a^2 + 2a^3 + \cdots + n a^{n+1},$$

于是

$$(1-a)S_n = S_n - aS_n = a + a^2 + a^3 + \cdots + a^n - na^{n+1} = \frac{a(1-a^n)}{1-a} - na^{n+1},$$

得到

$$S_n = \frac{a(1-a^n)}{(1-a)^2} - \frac{na^{n+1}}{1-a}.$$

又由于 $0 < a < 1$,所以

$$\lim_{n \to \infty} a^n = 0, \quad \lim_{n \to \infty} na^{n+1} = 0,$$

因此

$$\lim_{n \to \infty} S_n = \frac{a}{(1-a)^2}.$$

基本类型 Ⅱ 用收敛级数的性质判断级数的敛散性

例 3 判别级数 $\sum_{n=1}^{\infty} \frac{n^3 - 2n + 5}{(2n-1)(2n+1)(2n+3)}$ 的敛散性.

解 因为

$$\lim_{n \to \infty} u_n = \lim_{n \to \infty} \frac{n^3 - 2n + 5}{(2n-1)(2n+1)(2n+3)} = \frac{1}{8} \neq 0,$$

所以级数 $\sum_{n=1}^{\infty} \frac{n^3 - 2n + 5}{(2n-1)(2n+1)(2n+3)}$ 发散.

例 4 设级数 $\sum_{n=1}^{\infty} (-1)^n a_n$ 条件收敛,则( ).

A. 级数 $\sum_{n=1}^{\infty} a_n$ 收敛

B. 级数 $\sum_{n=1}^{\infty} a_n$ 发散

C. 级数 $\sum_{n=1}^{\infty} (a_n - a_{n+1})$ 收敛

D. 级数 $\sum_{n=1}^{\infty} a_{2n}$ 和 $\sum_{n=1}^{\infty} a_{2n-1}$ 都收敛

解 因为级数 $\sum_{n=1}^{\infty} (-1)^n a_n$ 收敛,则 $\sum_{n=1}^{\infty} (-1)^{n+1} a_n$ 也收敛,由收敛级数的性质,对级数 $\sum_{n=1}^{\infty} (-1)^{n+1} a_n$ 添加括号后所得的新级数 $\sum_{n=1}^{\infty} (a_n - a_{n+1})$ 一定收敛,答案是 C.

例 5 设常数 $k > 0$,则级数 $\sum_{n=1}^{\infty} (-1)^n \frac{k+n}{n^2}$ ( ).

A. 发散

B. 绝对收敛

C. 条件收敛

D. 收敛或发散与 k 的取值有关

解 因为

$$\sum_{n=1}^{\infty} (-1)^n \frac{k+n}{n^2} = \sum_{n=1}^{\infty} (-1)^n \frac{k}{n^2} + \sum_{n=1}^{\infty} (-1)^n \frac{1}{n},$$

其中 $\sum_{n=1}^{\infty} (-1)^n \frac{k}{n^2}$ 绝对收敛, $\sum_{n=1}^{\infty} (-1)^n \frac{1}{n}$ 条件收敛,所以 $\sum_{n=1}^{\infty} (-1)^n \frac{k+n}{n^2}$ 条件收敛,答案是 C.

基本类型 Ⅲ 正项级数敛散性的判别

利用比较判别法及其极限形式时需找到一个已知其敛散性的级数 $\sum_{n=1}^{\infty} v_n$ 来比较,较常用的有调和级数、p-级数等,但有时这个 $\sum\limits_{n=1}^{\infty} v_n$ 不太容易选取. 此时可用比值判别法或根值判别法. 如果级数的一般项含有关于 n 的若干因子连乘或 $n!$,一般应用比值判别法来判断,如果级数的一般项含有以 n 为次幂的因子,则可考虑利用根值判别法来判断. 但这两个判别法的缺点是当 $k=1$ 时方法失效,在此种情况下则应利用其他的方法来判断级数的敛散性.

例 6 设 $\dfrac{a_{n+1}}{a_n} \leqslant \dfrac{b_{n+1}}{b_n}(n=1,2,\cdots,a_n>0,b_n>0)$,证明:若级数 $\sum\limits_{n=1}^{\infty} b_n$ 收敛,则级数 $\sum\limits_{n=1}^{\infty} a_n$ 收敛;若级数 $\sum\limits_{n=1}^{\infty} a_n$ 发散,则级数 $\sum\limits_{n=1}^{\infty} b_n$ 发散.

证明 由 $\dfrac{a_{n+1}}{a_n} \leqslant \dfrac{b_{n+1}}{b_n}(n=1,2,\cdots,a_n>0,b_n>0)$,显然有

$$a_2 \leqslant \frac{a_1}{b_1}b_2, \quad a_3 \leqslant \frac{a_2}{b_2}b_3 \leqslant \frac{a_1}{b_1}b_3, \quad \cdots, \quad a_{n+1} \leqslant \frac{a_n}{b_n}b_{n+1} \leqslant \frac{a_1}{b_1}b_{n+1}.$$

由正项级数的比较判别法可知,若级数 $\sum\limits_{n=1}^{\infty} b_n$ 收敛,则级数 $\sum\limits_{n=1}^{\infty} a_n$ 收敛;若级数 $\sum\limits_{n=1}^{\infty} a_n$ 发散,则级数 $\sum\limits_{n=1}^{\infty} b_n$ 发散.

例 7 判别下列正项级数的敛散性:

(1) $\sum\limits_{n=1}^{\infty} \dfrac{\arctan[2+(-1)^n]n!}{n^n}$;   (2) $\sum\limits_{n=1}^{\infty} \dfrac{\ln(n+2)}{\left(a+\dfrac{1}{n}\right)^n} \quad (a>0)$;

(3) $\sum\limits_{n=2}^{\infty} \dfrac{1}{n^p \ln n}$;   (4) $\sum\limits_{n=2}^{\infty} \dfrac{1}{n(\ln n)^p}$.

解 (1) 令 $u_n = \dfrac{\arctan[2+(-1)^n]n!}{n^n}$,则

$$u_n \leqslant v_n = \frac{\arctan 3 \cdot n!}{n^n}, \quad n=1,2,\cdots.$$

又

$$\lim_{n \to \infty} \frac{v_{n+1}}{v_n} = \lim_{n \to \infty} \frac{\arctan 3 \cdot (n+1)!}{(n+1)^{n+1}} \cdot \frac{n^n}{\arctan 3 \cdot n!} = \lim_{n \to \infty} \frac{1}{\left(1+\dfrac{1}{n}\right)^n} = \frac{1}{\mathrm{e}} < 1,$$

由比值判别法可知级数 $\sum\limits_{n=1}^{\infty} v_n = \sum\limits_{n=1}^{\infty} \dfrac{\arctan 3 \cdot n!}{n^n}$ 收敛,再由比较判别法知 $\sum\limits_{n=1}^{\infty} u_n$ 也收敛.

(2) 令 $u_n = \dfrac{\ln(n+2)}{\left(a+\dfrac{1}{n}\right)^n}$,因为

$$\lim_{n \to \infty} \sqrt[n]{u_n} = \lim_{n \to \infty} \sqrt[n]{\frac{\ln(n+2)}{\left(a+\dfrac{1}{n}\right)^n}} = \lim_{n \to \infty} \frac{\sqrt[n]{\ln(n+2)}}{a+\dfrac{1}{n}} = \frac{1}{a},$$

所以由根值判别法,当 $a>1$ 时级数收敛,当 $0<a<1$ 时级数发散.

当 $a=1$ 时,由于

$$\lim_{n \to \infty} \frac{\ln(n+2)}{\left(1+\dfrac{1}{n}\right)^n} = +\infty,$$

所以级数 $\sum_{n=1}^{\infty} \dfrac{\ln(n+2)}{\left(a+\dfrac{1}{n}\right)^n}$ 发散.

综上，当 $a>1$ 时级数收敛，当 $0<a\leqslant 1$ 时级数发散.

(3) 当 $p>1$ 时，因为当 $n\geqslant 3$ 时，恒有

$$\frac{1}{n^p \ln n} < \frac{1}{n^p},$$

而级数 $\sum_{n=3}^{\infty} \dfrac{1}{n^p}$ 收敛，所以由比较判别法知 $\sum_{n=3}^{\infty} \dfrac{1}{n^p \ln n}$ 收敛，从而 $\sum_{n=2}^{\infty} \dfrac{1}{n^p \ln n}$ 收敛.

当 $p<1$ 时，因

$$\lim_{n\to\infty} \frac{\dfrac{1}{n^p \ln n}}{\dfrac{1}{n}} = \lim_{n\to\infty} \frac{n^{1-p}}{\ln n} = +\infty,$$

又级数 $\sum_{n=3}^{\infty} \dfrac{1}{n}$ 发散，故由比较判别法的极限形式知 $\sum_{n=2}^{\infty} \dfrac{1}{n^p \ln n}$ 发散.

当 $p=1$ 时，因

$$\frac{1}{n\ln n} > \int_n^{n+1} \frac{1}{x\ln x} \mathrm{d}x = \int_{\ln n}^{\ln(n+1)} \frac{1}{t} \mathrm{d}t = \ln\ln(n+1) - \ln\ln n,$$

故

$$S_n = \frac{1}{2\ln 2} + \frac{1}{3\ln 3} + \frac{1}{4\ln 4} + \cdots + \frac{1}{n\ln n} > \ln\ln(n+1) - \ln\ln 2.$$

这表明 $\sum_{n=3}^{\infty} \dfrac{1}{n\ln n}$ 的部分和 S_n 无界，即级数 $\sum_{n=3}^{\infty} \dfrac{1}{n\ln n}$ 发散.

综上，级数 $\sum_{n=2}^{\infty} \dfrac{1}{n^p \ln n}$ 当 $p>1$ 时收敛，当 $p\leqslant 1$ 时发散.

(4) **法 1** 当 $p\leqslant 1$ 时，因 $\dfrac{1}{n(\ln n)^p} \geqslant \dfrac{1}{n\ln n}$，又由(3)问知 $\sum_{n=2}^{\infty} \dfrac{1}{n\ln n}$ 发散，故级数 $\sum_{n=2}^{\infty} \dfrac{1}{n(\ln n)^p}$ 发散.

当 $p>1$ 时，由于

$$\frac{1}{n(\ln n)^p} < \int_{n-1}^{n} \frac{1}{x\ln^p x} \mathrm{d}x = \int_{\ln(n-1)}^{\ln n} \frac{1}{t^p} \mathrm{d}t$$

$$= \frac{1}{p-1}\left\{\frac{1}{[\ln(n-1)]^{p-1}} - \frac{1}{(\ln n)^{p-1}}\right\} \quad (n\geqslant 3),$$

故

$$S_n = \frac{1}{3(\ln 3)^p} + \frac{1}{4(\ln 4)^p} + \cdots + \frac{1}{n(\ln n)^p} < \frac{1}{p-1} \cdot \frac{1}{(\ln 2)^{p-1}},$$

即部分和有界，$\sum_{n=2}^{\infty} \dfrac{1}{n(\ln n)^p}$ 收敛.

综上，$\sum_{n=2}^{\infty} \dfrac{1}{n(\ln n)^p}$ 当 $p>1$ 时收敛，当 $p\leqslant 1$ 时发散.

法 2 考虑广义积分 $\int_2^{+\infty} \dfrac{1}{x(\ln x)^p} \mathrm{d}x$，由于

$$\int_2^{+\infty} \frac{1}{x(\ln x)^p}\mathrm{d}x = \int_2^{+\infty}\frac{1}{(\ln x)^p}\mathrm{d}(\ln x) = \int_{\ln 2}^{+\infty}\frac{\mathrm{d}u}{u^p},$$

广义积分 $\int_{\ln 2}^{+\infty}\frac{\mathrm{d}u}{u^p}$ 当 $p>1$ 时收敛，当 $p\leqslant 1$ 时发散，因此根据定理 9.6 知级数 $\sum_{n=2}^{\infty}\frac{1}{n(\ln n)^p}$ 当 $p>1$ 时收敛，当 $p\leqslant 1$ 时发散.

基本类型 Ⅳ　判别级数条件收敛或绝对收敛

例 8　判别级数 $\sum_{n=1}^{\infty}\sin\left(n+\frac{1}{n}\right)\pi$ 是绝对收敛、条件收敛还是发散.

解　因为
$$\sum_{n=1}^{\infty}\sin\left(n+\frac{1}{n}\right)\pi = \sum_{n=1}^{\infty}(-1)^n\sin\frac{\pi}{n},$$

又
$$\lim_{n\to\infty}\frac{\left|(-1)^n\sin\dfrac{\pi}{n}\right|}{\dfrac{\pi}{n}} = \lim_{n\to\infty}\frac{\sin\dfrac{\pi}{n}}{\dfrac{\pi}{n}} = 1,$$

而级数 $\sum_{n=1}^{\infty}\frac{\pi}{n} = \pi\sum_{n=1}^{\infty}\frac{1}{n}$ 发散，所以由比较判别法的极限形式知级数 $\sum_{n=1}^{\infty}\left|(-1)^n\sin\frac{\pi}{n}\right|$ 发散. 当 $n\geqslant 2$ 时，
$$u_n = \sin\frac{\pi}{n} > \sin\frac{\pi}{n+1} = u_{n+1},$$

且
$$\lim_{n\to\infty}u_n = \lim_{n\to\infty}\sin\frac{\pi}{n} = 0,$$

由莱布尼茨判别法知级数 $\sum_{n=1}^{\infty}\sin\left(n+\frac{1}{n}\right)\pi$ 收敛，且为条件收敛.

例 9　设函数 $f(x)$ 在点 $x=0$ 的某邻域内具有连续的二阶导数，且 $\lim\limits_{x\to 0}\frac{f(x)}{x}=0$，证明级数 $\sum_{n=1}^{\infty}f\left(\frac{1}{n}\right)$ 绝对收敛.

证明　因为 $f(x)$ 在点 $x=0$ 的某邻域内具有连续的二阶导数，所以 $f(x),f'(x)$ 也在该邻域内连续. 又由 $\lim\limits_{x\to 0}\frac{f(x)}{x}=0$ 得
$$\lim_{x\to 0}f(x) = f(0) = 0, \quad f'(0) = \lim_{x\to 0}\frac{f(x)-f(0)}{x} = 0.$$

将函数 $f(x)$ 在点 $x=0$ 的某邻域内展成一阶泰勒公式，得
$$f(x) = f(0) + f'(0)x + \frac{1}{2}f''(\xi)x^2 = \frac{1}{2}f''(\xi)x^2 \quad (\xi\text{ 在 }0\text{ 和 }x\text{ 之间}).$$

显然 $f''(x)$ 在该邻域内包含原点的一个小闭区间上连续，因此 $\exists M>0$，使得 $|f''(x)|\leqslant M$，于是
$$|f(x)| = \frac{1}{2}|f''(\xi)x^2| \leqslant \frac{M}{2}x^2.$$

令 $x=\frac{1}{n}$，则 $\left|f\left(\frac{1}{n}\right)\right|\leqslant\frac{M}{2}\cdot\frac{1}{n^2}$，由比较判别法知级数 $\sum_{n=1}^{\infty}\left|f\left(\frac{1}{n}\right)\right|$ 收敛，即级数 $\sum_{n=1}^{\infty}f\left(\frac{1}{n}\right)$ 绝

对收敛.

基本类型 V　求幂级数的收敛半径、收敛区间和收敛域

例 10　求下列幂级数的收敛半径和收敛域：

(1) $\sum_{n=1}^{\infty} \frac{3^n + (-4)^n}{n} x^n$；　　(2) $\sum_{n=1}^{\infty} \frac{(x-1)^{2n}}{n-3^{2n}}$；　　(3) $\sum_{n=1}^{\infty} \left(\frac{a^n}{n} + \frac{b^n}{n^2}\right) x^n \, (a>0, b>0)$.

解　(1) 由于

$$\rho = \lim_{n\to\infty} \frac{|a_{n+1}|}{|a_n|} = \lim_{n\to\infty} \frac{|3^{n+1} + (-4)^{n+1}|}{n+1} \cdot \frac{n}{|3^n + (-4)^n|} = 4,$$

故收敛半径为 $R = \frac{1}{4}$，从而收敛区间为 $\left(-\frac{1}{4}, \frac{1}{4}\right)$.

当 $x = -\frac{1}{4}$ 时，级数为

$$\sum_{n=1}^{\infty} \frac{(-1)^n \left(\frac{3}{4}\right)^n + 1}{n} = \sum_{n=1}^{\infty} \frac{(-1)^n \left(\frac{3}{4}\right)^n}{n} + \sum_{n=1}^{\infty} \frac{1}{n},$$

因为 $\sum_{n=1}^{\infty} \frac{(-1)^n \left(\frac{3}{4}\right)^n}{n}$ 收敛，但 $\sum_{n=1}^{\infty} \frac{1}{n}$ 发散，故当 $x = -\frac{1}{4}$ 时，级数 $\sum_{n=1}^{\infty} \frac{3^n + (-4)^n}{n} x^n$ 发散.

当 $x = \frac{1}{4}$ 时，级数为

$$\sum_{n=1}^{\infty} \frac{\left(\frac{3}{4}\right)^n + (-1)^n}{n} = \sum_{n=1}^{\infty} \frac{\left(\frac{3}{4}\right)^n}{n} + \sum_{n=1}^{\infty} \frac{(-1)^n}{n},$$

易知 $\sum_{n=1}^{\infty} \frac{\left(\frac{3}{4}\right)^n}{n}$ 和 $\sum_{n=1}^{\infty} \frac{(-1)^n}{n}$ 都收敛，$x = \frac{1}{4}$ 也是一个收敛点，从而收敛域为 $\left(-\frac{1}{4}, \frac{1}{4}\right]$.

(2) 此题为关于 $x-1$ 的幂级数，且只含有偶次幂，为缺项情形，可通过比值判别法求其收敛半径.

令 $t = x - 1$，则级数变为 $\sum_{n=1}^{\infty} \frac{t^{2n}}{n-3^{2n}}$. 因为

$$\lim_{n\to\infty} \frac{|u_{n+1}(t)|}{|u_n(t)|} = \lim_{n\to\infty} \left|\frac{t^{2n+2}}{n+1-3^{2n+2}} \cdot \frac{n-3^{2n}}{t^{2n}}\right| = \lim_{n\to\infty} \frac{n-3^{2n}}{n+1-3^{2n+2}} t^2 = \left(\frac{t}{3}\right)^2,$$

由比值判别法知，当 $\left|\frac{t}{3}\right|^2 < 1$，即 $|t| < 3$ 时，级数收敛，当 $t > 3$ 或 $t < -3$ 时，级数发散，故级数 $\sum_{n=1}^{\infty} \frac{t^{2n}}{n-3^{2n}}$ 的收敛半径为 $R = 3$，收敛区间为 $(-3, 3)$. 因此，级数 $\sum_{n=1}^{\infty} \frac{(x-1)^{2n}}{n-3^{2n}}$ 的收敛区间为 $(-2, 4)$. 当 $x = -2$ 和 $x = 4$ 时，由于

$$\lim_{n\to\infty} \frac{3^{2n}}{n-3^{2n}} = -1 \neq 0,$$

所以级数 $\sum_{n=1}^{\infty} \frac{3^{2n}}{n-3^{2n}}$ 发散. 因此，级数 $\sum_{n=1}^{\infty} \frac{(x-1)^{2n}}{n-3^{2n}}$ 的收敛域为 $(-2, 4)$.

(3) 由于幂级数 $\sum_{n=1}^{\infty} \left(\frac{a^n}{n} + \frac{b^n}{n^2}\right) x^n = \sum_{n=1}^{\infty} \frac{a^n}{n} x^n + \sum_{n=1}^{\infty} \frac{b^n}{n^2} x^n$，易求得这两个幂级数的收敛半

径分别为 $R_1 = \dfrac{1}{a}, R_2 = \dfrac{1}{b}$，它们的收敛区间分别为 $\left(-\dfrac{1}{a}, \dfrac{1}{a}\right)$ 和 $\left(-\dfrac{1}{b}, \dfrac{1}{b}\right)$.

① 若 $a < b$，此时幂级数 $\sum\limits_{n=1}^{\infty}\left(\dfrac{a^n}{n} + \dfrac{b^n}{n^2}\right)x^n$ 的收敛区间为 $\left(-\dfrac{1}{b}, \dfrac{1}{b}\right)$. 由于当 $x = \pm\dfrac{1}{b}$ 时，所得级数均绝对收敛，故原幂级数的收敛域为 $\left[-\dfrac{1}{b}, \dfrac{1}{b}\right]$.

② 若 $a = b$，此时幂级数 $\sum\limits_{n=1}^{\infty}\left(\dfrac{a^n}{n} + \dfrac{b^n}{n^2}\right)x^n$ 的收敛区间为 $\left(-\dfrac{1}{a}, \dfrac{1}{a}\right) = \left(-\dfrac{1}{b}, \dfrac{1}{b}\right)$. 由于 $\sum\limits_{n=1}^{\infty}\dfrac{a^n}{n}\left(\dfrac{1}{a}\right)^n = \sum\limits_{n=1}^{\infty}\dfrac{1}{n}$ 发散，而 $\sum\limits_{n=1}^{\infty}\dfrac{a^n}{n}\left(-\dfrac{1}{a}\right)^n = \sum\limits_{n=1}^{\infty}\dfrac{(-1)^n}{n}$ 收敛，故 $\sum\limits_{n=1}^{\infty}\dfrac{a^n}{n}x^n$ 的收敛域为 $\left[-\dfrac{1}{a}, \dfrac{1}{a}\right)$. 而由情形 ① 知 $\sum\limits_{n=1}^{\infty}\dfrac{b^n}{n^2}x^n$ 的收敛域为 $\left[-\dfrac{1}{b}, \dfrac{1}{b}\right] = \left[-\dfrac{1}{a}, \dfrac{1}{a}\right]$，故幂级数 $\sum\limits_{n=1}^{\infty}\left(\dfrac{a^n}{n} + \dfrac{b^n}{n^2}\right)x^n$ 的收敛域为 $\left[-\dfrac{1}{a}, \dfrac{1}{a}\right) = \left[-\dfrac{1}{b}, \dfrac{1}{b}\right)$.

③ 若 $a > b$，此时的收敛区间为 $\left(-\dfrac{1}{a}, \dfrac{1}{a}\right)$，由上面的分析知幂级数 $\sum\limits_{n=1}^{\infty}\left(\dfrac{a^n}{n} + \dfrac{b^n}{n^2}\right)x^n$ 的收敛域为 $\left[-\dfrac{1}{a}, \dfrac{1}{a}\right)$.

基本类型 Ⅵ 求幂级数的和函数

例 11 求幂级数 $\sum\limits_{n=0}^{\infty}\dfrac{(n-1)^2}{n+1}x^n$ 的和函数.

解 由于
$$\rho = \lim_{n\to\infty}\left|\dfrac{a_{n+1}}{a_n}\right| = \lim_{n\to\infty}\dfrac{n^2}{n+2}\cdot\dfrac{n+1}{(n-1)^2} = 1,$$
且在 $x = \pm 1$ 处该幂级数均发散，故其收敛域为 $(-1, 1)$. 又由于
$$\dfrac{(n-1)^2}{n+1} = \dfrac{(n+1-2)^2}{n+1} = (n+1) - 4 + \dfrac{4}{n+1},$$
故幂级数可分解为三个级数的和，即
$$\sum_{n=0}^{\infty}\dfrac{(n-1)^2}{n+1}x^n = \sum_{n=0}^{\infty}(n+1)x^n - 4\sum_{n=0}^{\infty}x^n + 4\sum_{n=0}^{\infty}\dfrac{1}{n+1}x^n.$$
当 $x \in (-1, 1)$ 时，设
$$\sum_{n=0}^{\infty}\dfrac{(n-1)^2}{n+1}x^n = S(x), \quad \sum_{n=0}^{\infty}(n+1)x^n = S_1(x),$$
$$\sum_{n=0}^{\infty}x^n = S_2(x), \quad \sum_{n=0}^{\infty}\dfrac{1}{n+1}x^n = S_3(x),$$
则
$$S(x) = S_1(x) - 4S_2(x) + 4S_3(x).$$

由和函数的性质定理，幂级数的和函数在其收敛区间内可导、可积，且有逐项求导公式及逐项求积分公式，因此有
$$\int_0^x S_1(t)\mathrm{d}t = \int_0^x\left[\sum_{n=0}^{\infty}(n+1)t^n\right]\mathrm{d}t = \sum_{n=0}^{\infty}\int_0^x(n+1)t^n\mathrm{d}t = \sum_{n=0}^{\infty}x^{n+1} = \dfrac{x}{1-x}.$$
所以

$$S_1(x) = \left(\frac{x}{1-x}\right)' = \frac{1}{(1-x)^2}, \quad S_2(x) = \sum_{n=0}^{\infty} x^n = \frac{1}{1-x}.$$

又由于 $xS_3(x) = \sum_{n=0}^{\infty} \frac{x^{n+1}}{n+1}$,故有

$$[xS_3(x)]' = \left(\sum_{n=0}^{\infty} \frac{x^{n+1}}{n+1}\right)' = \sum_{n=0}^{\infty} x^n = \frac{1}{1-x},$$

从而有

$$xS_3(x) = \int_0^x \frac{1}{1-t} dt + 0 \cdot S_3(0) = -\ln(1-x) \quad (x \neq 0).$$

因此,当 $x \in (-1,1)$ 且 $x \neq 0$ 时,有

$$S(x) = \frac{1}{(1-x)^2} - \frac{4}{1-x} - \frac{4}{x}\ln(1-x).$$

由于 $S(x)$ 在 $x=0$ 处连续,故

$$\lim_{x \to 0} S(x) = \lim_{x \to 0}\left[\frac{1}{(1-x)^2} - \frac{4}{1-x} - \frac{4}{x}\ln(1-x)\right] = 1.$$

综上所述,幂级数 $\sum_{n=0}^{\infty} \frac{(n-1)^2}{n+1} x^n$ 的和函数为

$$S(x) = \begin{cases} \frac{1}{(1-x)^2} - \frac{4}{1-x} - \frac{4}{x}\ln(1-x) & x \in (-1,1) \text{且} x \neq 0, \\ 1, & x = 0. \end{cases}$$

基本类型 Ⅶ 函数的幂级数展开式

例 12 将函数 $f(x) = \arctan\frac{1-2x}{1+2x}$ 展开成关于 x 的幂级数,并求级数 $\sum_{n=0}^{\infty} \frac{(-1)^n}{2n+1}$ 的和.

解 对 $f(x)$ 求导,整理得

$$f'(x) = -\frac{2}{1+4x^2} = -2\sum_{n=0}^{\infty} (-1)^n 4^n x^{2n}, \quad x \in \left(-\frac{1}{2}, \frac{1}{2}\right).$$

又 $f(0) = \arctan 1 = \frac{\pi}{4}$,所以当 $x \in \left(-\frac{1}{2}, \frac{1}{2}\right)$ 时,有

$$f(x) = f(0) + \int_0^x f'(t) dt = \frac{\pi}{4} - 2\int_0^x \left[\sum_{n=0}^{\infty} (-1)^n 4^n t^{2n}\right] dt$$

$$= \frac{\pi}{4} - 2\sum_{n=0}^{\infty} \int_0^x (-1)^n 4^n t^{2n} dt = \frac{\pi}{4} - 2\sum_{n=0}^{\infty} \frac{(-1)^n 4^n}{2n+1} x^{2n+1}.$$

因为当 $x = \pm\frac{1}{2}$ 时,幂级数 $\sum_{n=0}^{\infty} \frac{(-1)^n 4^n}{2n+1} x^{2n+1}$ 都收敛,但函数 $f(x) = \arctan\frac{1-2x}{1+2x}$ 在 $x = \frac{1}{2}$ 处连续,但在 $x = -\frac{1}{2}$ 处间断($f(x)$ 在该点无定义),故收敛域为 $\left(-\frac{1}{2}, \frac{1}{2}\right]$,且有

$$f(x) = \frac{\pi}{4} - 2\sum_{n=0}^{\infty} \frac{(-1)^n 4^n}{2n+1} x^{2n+1}, \quad x \in \left(-\frac{1}{2}, \frac{1}{2}\right].$$

当 $x = \frac{1}{2}$ 时,有

$$f\left(\frac{1}{2}\right) = \frac{\pi}{4} - 2\sum_{n=0}^{\infty} \frac{(-1)^n 4^n}{2n+1} \cdot \frac{1}{2^{2n+1}} = \frac{\pi}{4} - \sum_{n=0}^{\infty} \frac{(-1)^n}{2n+1},$$

由于 $f\left(\dfrac{1}{2}\right) = \arctan 0 = 0$,故有

$$\sum_{n=0}^{\infty} \dfrac{(-1)^n}{2n+1} = \dfrac{\pi}{4} - f\left(\dfrac{1}{2}\right) = \dfrac{\pi}{4}.$$

课后习题选解

(A)

1. 写出下列级数的前五项:

(1) $\sum\limits_{n=1}^{\infty} \dfrac{2n-1}{2^n}$;

解 $u_1 = \dfrac{1}{2}, u_2 = \dfrac{3}{4}, u_3 = \dfrac{5}{8}, u_4 = \dfrac{7}{16}, u_5 = \dfrac{9}{32}.$

(2) $\sum\limits_{n=0}^{\infty} \dfrac{1}{(n+1)(n+2)}$;

解 $u_0 = \dfrac{1}{1\times 2}, u_1 = \dfrac{1}{2\times 3}, u_2 = \dfrac{1}{3\times 4}, u_3 = \dfrac{1}{4\times 5}, u_4 = \dfrac{1}{5\times 6}.$

(3) $\sum\limits_{n=0}^{\infty} \dfrac{(-1)^n}{4^n}$;

解 $u_0 = 1, u_1 = -\dfrac{1}{4}, u_2 = \dfrac{1}{4^2}, u_3 = -\dfrac{1}{4^3}, u_4 = \dfrac{1}{4^4}.$

(4) $\sum\limits_{n=1}^{\infty} (-1)^{n-1} \dfrac{x^n}{n}$;

解 $u_1 = x, u_2 = -\dfrac{x^2}{2}, u_3 = \dfrac{x^3}{3}, u_4 = -\dfrac{x^4}{4}, u_5 = \dfrac{x^5}{5}.$

2. 写出下列级数的通项(一般项),并用此通项表示所给级数:

(1) $2 - \dfrac{3}{2} + \dfrac{4}{3} - \dfrac{5}{4} + \cdots$;

解 $\sum\limits_{n=1}^{\infty} (-1)^{n-1} \dfrac{n+1}{n}.$

(2) $\dfrac{1}{2\ln 2} - \dfrac{1}{3\ln 3} + \dfrac{1}{4\ln 4} - \dfrac{1}{5\ln 5} + \cdots$;

解 $\sum\limits_{n=1}^{\infty} \dfrac{(-1)^{n-1}}{(n+1)\ln(n+1)}.$

(3) $a, -\dfrac{a^2}{2}, \dfrac{a^3}{3}, -\dfrac{a^4}{4}, \dfrac{a^5}{5}, \cdots$;

解 $\sum\limits_{n=1}^{\infty} (-1)^{n-1} \dfrac{a^n}{n}.$

(4) $\dfrac{1}{2} + \dfrac{1\times 3}{2\times 5} + \dfrac{1\times 3\times 5}{2\times 5\times 8} + \dfrac{1\times 3\times 5\times 7}{2\times 5\times 8\times 11} + \cdots.$

解 $\sum\limits_{n=1}^{\infty} \dfrac{1\cdot 3\cdot \cdots \cdot (2n-1)}{2\cdot 5\cdot \cdots \cdot (3n-1)}.$

3. 用级数收敛的定义或级数的性质判断下列级数的敛散性:

(1) $\sum\limits_{n=1}^{\infty} u_n\ (u_n = 0.000\,000\,1, n \in \mathbf{Z}^*)$;

解 级数 $\sum_{n=1}^{\infty} u_n$ 的部分和数列为 $\{S_n\} = \{nu_n\}$，且

$$\lim_{n \to \infty} S_n = \lim_{n \to \infty} n(0.000\ 000\ 1) = +\infty,$$

则级数 $\sum_{n=1}^{\infty} u_n$ 发散.

(3) $\sum_{n=1}^{\infty} \cos \frac{n\pi}{2}$;

解 由于 $\lim_{n \to \infty} \cos \frac{n\pi}{2}$ 不存在，根据级数收敛的必要条件，级数 $\sum_{n=1}^{\infty} \cos \frac{n\pi}{2}$ 发散.

(4) $\sum_{n=1}^{\infty} (\sqrt{n-1} - \sqrt{n})$;

解 级数 $\sum_{n=1}^{\infty} (\sqrt{n-1} - \sqrt{n})$ 的部分和数列 $\{S_n\}$ 的通项为

$$S_n = (\sqrt{0} - \sqrt{1}) + (\sqrt{1} - \sqrt{2}) + \cdots + (\sqrt{n-1} - \sqrt{n}) = -\sqrt{n},$$

而

$$\lim_{n \to \infty} S_n = \lim_{n \to \infty} (-\sqrt{n}) = -\infty,$$

因此级数 $\sum_{n=1}^{\infty} (\sqrt{n-1} - \sqrt{n})$ 发散.

(5) $\sum_{n=0}^{\infty} \frac{1}{(n+1)(n+2)}$;

解 由于该级数的一般项可分解为

$$u_n = \frac{1}{(n+1)(n+2)} = \frac{1}{n+1} - \frac{1}{n+2},$$

且部分和数列的极限为

$$\lim_{n \to \infty} S_n = \lim_{n \to \infty} \sum_{i=1}^{n} u_i$$
$$= \lim_{n \to \infty} \left[\left(\frac{1}{1} - \frac{1}{2}\right) + \left(\frac{1}{2} - \frac{1}{3}\right) + \left(\frac{1}{3} - \frac{1}{4}\right) + \cdots + \left(\frac{1}{n+1} - \frac{1}{n+2}\right) \right]$$
$$= \lim_{n \to \infty} \left(1 - \frac{1}{n+2}\right) = 1,$$

故级数 $\sum_{n=0}^{\infty} \frac{1}{(n+1)(n+2)}$ 收敛，且有 $\sum_{n=0}^{\infty} \frac{1}{(n+1)(n+2)} = 1$.

5. 证明：若级数 $\sum_{n=1}^{\infty} u_n$ 和 $\sum_{n=1}^{\infty} v_n$ 都收敛，且存在正整数 N，使得当 $n > N$ 时，不等式

$$v_n \leqslant w_n \leqslant u_n$$

成立，则级数 $\sum_{n=1}^{\infty} w_n$ 必收敛.

证明 由 $v_n \leqslant w_n \leqslant u_n$ 得

$$0 \leqslant w_n - v_n \leqslant u_n - v_n.$$

又级数 $\sum_{n=1}^{\infty} u_n$ 和 $\sum_{n=1}^{\infty} v_n$ 都收敛，则级数 $\sum_{n=1}^{\infty} (u_n - v_n)$ 也收敛. 由正项级数的比较判别法知级数 $\sum_{n=1}^{\infty} (w_n - v_n)$ 也收敛，于是级数 $\sum_{n=1}^{\infty} w_n$ 必收敛.

6. 用比较判别法或其极限形式判定下列级数的敛散性：

(2) $\sum_{n=1}^{\infty} \frac{1}{3^n + 2}$;

解 由于

$$\lim_{n\to\infty}\frac{\frac{1}{3^n+2}}{\frac{1}{3^n}}=\lim_{n\to\infty}\frac{3^n}{3^n+2}=1,$$

又等比级数 $\sum_{n=1}^{\infty}\frac{1}{3^n}$ 收敛,因此由比较判别法的极限形式知级数 $\sum_{n=1}^{\infty}\frac{1}{3^n+2}$ 收敛.

(4) $\sum_{n=1}^{\infty}\ln\left(1+\frac{a}{n}\right)$ （$a>0$ 为常数）；

解 由于

$$\lim_{n\to\infty}\frac{\ln\left(1+\frac{a}{n}\right)}{\frac{1}{n}}=\lim_{n\to\infty}\frac{\frac{a}{n}}{\frac{1}{n}}=a,$$

又级数 $\sum_{n=1}^{\infty}\frac{1}{n}$ 发散,因此由比较判别法的极限形式知级数 $\sum_{n=1}^{\infty}\ln\left(1+\frac{a}{n}\right)$ ($a>0$ 为常数) 发散.

(9) $\sum_{n=1}^{\infty}\frac{1}{1+a^n}$ （$a>0$）；

解 当 $0<a<1$ 时,由于 $\lim_{n\to\infty}a^n=0$,有

$$\lim_{n\to\infty}u_n=\lim_{n\to\infty}\frac{1}{1+a^n}=1\neq 0,$$

因此由级数收敛的必要条件知此时级数 $\sum_{n=1}^{\infty}\frac{1}{1+a^n}(0<a<1)$ 发散.

当 $a=1$ 时,

$$\lim_{n\to\infty}u_n=\lim_{n\to\infty}\frac{1}{1+a^n}=\frac{1}{2}\neq 0,$$

此时级数 $\sum_{n=1}^{\infty}\frac{1}{2}$ 发散.

当 $a>1$ 时,取 $v_n=\frac{1}{a^n}$,则

$$u_n=\frac{1}{1+a^n}<v_n=\frac{1}{a^n},$$

而几何级数 $\sum_{n=1}^{\infty}\frac{1}{a^n}$ 中公比 $\frac{1}{a}<1$,收敛,由比较判别法知此时级数 $\sum_{n=1}^{\infty}\frac{1}{1+a^n}$ 收敛.

综上所述,级数 $\sum_{n=1}^{\infty}\frac{1}{1+a^n}(a>0)$ 当 $a\leqslant 1$ 时发散,当 $a>1$ 时收敛.

(10) $\sum_{n=1}^{\infty}\left(1-\cos\frac{1}{n}\right)^p$ （$p>0$）.

解 因为

$$u_n=\left(1-\cos\frac{1}{n}\right)^p=2^p\sin^{2p}\frac{1}{2n},$$

选取 $v_n=\frac{1}{n^{2p}}$,有

$$\lim_{n\to\infty}\frac{u_n}{v_n}=\lim_{n\to\infty}\frac{\left(1-\cos\frac{1}{n}\right)^p}{\frac{1}{n^{2p}}}=\frac{1}{2^p},$$

所以 $\sum_{n=1}^{\infty}u_n$ 与 $\sum_{n=1}^{\infty}v_n$ 有相同的敛散性. 而当 $2p\leqslant 1$,即 $p\leqslant\frac{1}{2}$ 时,级数 $\sum_{n=1}^{\infty}\frac{1}{n^{2p}}$ 发散；当 $p>\frac{1}{2}$ 时,级数 $\sum_{n=1}^{\infty}\frac{1}{n^{2p}}$ 收敛,所以由比较判别法的极限形式可知当 $0<p\leqslant\frac{1}{2}$ 时级数 $\sum_{n=1}^{\infty}\left(1-\cos\frac{1}{n}\right)^p$ 发散,当 $p>\frac{1}{2}$ 时级数

$\sum_{n=1}^{\infty}\left(1-\cos\frac{1}{n}\right)^{p}$ 收敛.

7.利用比值判别法判别下列级数的敛散性:

(1) $\sum_{n=1}^{\infty}\dfrac{n!}{a^{n}}$ $(a>0)$;

解 因为

$$\lim_{n\to\infty}\frac{u_{n+1}}{u_{n}}=\lim_{n\to\infty}\frac{(n+1)!}{a^{n+1}}\cdot\frac{a^{n}}{n!}=\lim_{n\to\infty}\frac{n+1}{a}=+\infty>1,$$

所以由比值判别法知级数 $\sum_{n=1}^{\infty}\dfrac{n!}{a^{n}}(a>0)$ 发散.

(2) $\sum_{n=1}^{\infty}\dfrac{n^{2}}{a^{n}}$ $(a>0)$;

解 当 $a=1$ 时,级数 $\sum_{n=1}^{\infty}n^{2}$ 发散;当 $a\neq 1$ 时,

$$\lim_{n\to\infty}\frac{u_{n+1}}{u_{n}}=\lim_{n\to\infty}\frac{(n+1)^{2}}{a^{n+1}}\cdot\frac{a^{n}}{n^{2}}=\frac{1}{a},$$

由比值判别法知当 $0<a<1$ 时,级数 $\sum_{n=1}^{\infty}\dfrac{n^{2}}{a^{n}}$ 发散,当 $a>1$ 时,级数 $\sum_{n=1}^{\infty}\dfrac{n^{2}}{a^{n}}$ 收敛.

综上,当 $0<a\leqslant 1$ 时,级数 $\sum_{n=1}^{\infty}\dfrac{n^{2}}{a^{n}}$ 发散,当 $a>1$ 时,级数 $\sum_{n=1}^{\infty}\dfrac{n^{2}}{a^{n}}$ 收敛.

(6) $\sum_{n=1}^{\infty}n^{3}\tan\dfrac{\pi}{2^{n}}$;

解 由于

$$\lim_{n\to\infty}\frac{u_{n+1}}{u_{n}}=\lim_{n\to\infty}\frac{(n+1)^{3}\tan\dfrac{\pi}{2^{n+1}}}{n^{3}\tan\dfrac{\pi}{2^{n}}}=\lim_{n\to\infty}\frac{(n+1)^{3}}{n^{3}}\cdot\frac{\dfrac{\pi}{2^{n+1}}}{\dfrac{\pi}{2^{n}}}=\frac{1}{2}<1,$$

故由比值判别法知该级数收敛.

(7) $\sum_{n=1}^{\infty}\dfrac{(n+1)!}{n^{n+1}}$;

解 由于

$$\lim_{n\to\infty}\frac{u_{n+1}}{u_{n}}=\lim_{n\to\infty}\frac{(n+2)!}{(n+1)^{n+2}}\cdot\frac{n^{n+1}}{(n+1)!}=\lim_{n\to\infty}\frac{n+2}{n+1}\cdot\frac{1}{\left(1+\dfrac{1}{n}\right)^{n+1}}=\frac{1}{\mathrm{e}}<1,$$

故由比值判别法知该级数收敛.

(8) $\sum_{n=1}^{\infty}\dfrac{n^{3}}{\left(2+\dfrac{1}{n}\right)^{n}}$.

解 由于

$$\lim_{n\to\infty}\frac{u_{n+1}}{u_{n}}=\lim_{n\to\infty}\frac{(n+1)^{3}}{n^{3}}\cdot\frac{2^{n}\left(1+\dfrac{1}{2n}\right)^{n}}{2^{n+1}\left[1+\dfrac{1}{2(n+1)}\right]^{n+1}}=\frac{1}{2}<1,$$

故由比值判别法知该级数收敛.

8.利用根值判别法判别下列级数的敛散性:

(1) $\sum_{n=1}^{\infty}\left(\dfrac{n}{3n+2}\right)^{n}$;

解 因为

$$\lim_{n\to\infty}\sqrt[n]{u_{n}}=\lim_{n\to\infty}\sqrt[n]{\left(\dfrac{n}{3n+2}\right)^{n}}=\lim_{n\to\infty}\frac{n}{3n+2}=\frac{1}{3}<1,$$

所以由根值判别法知级数 $\sum\limits_{n=1}^{\infty}\left(\dfrac{n}{3n+2}\right)^n$ 收敛.

(2) $\sum\limits_{n=1}^{\infty}\dfrac{n^3}{3^n}$;

解 因为
$$\lim_{n\to\infty}\sqrt[n]{u_n}=\lim_{n\to\infty}\sqrt[n]{\dfrac{n^3}{3^n}}=\lim_{n\to\infty}\dfrac{\sqrt[n]{n^3}}{3}=\dfrac{1}{3}<1,$$

所以由根值判别法知级数 $\sum\limits_{n=1}^{\infty}\dfrac{n^3}{3^n}$ 收敛.

(7) $\sum\limits_{n=1}^{\infty}n^n\left(\sin\dfrac{\pi}{n}\right)^n$;

解 因为
$$\lim_{n\to\infty}\sqrt[n]{u_n}=\lim_{n\to\infty}\sqrt[n]{n^n\left(\sin\dfrac{\pi}{n}\right)^n}=\lim_{n\to\infty}\dfrac{\sin\dfrac{\pi}{n}}{\dfrac{1}{n}}=\pi>1,$$

所以由根值判别法知级数 $\sum\limits_{n=1}^{\infty}n^n\left(\sin\dfrac{\pi}{n}\right)^n$ 发散.

(8) $\sum\limits_{n=1}^{\infty}\left(\dfrac{n}{3n-1}\right)^{2n-1}$.

解 因为
$$\lim_{n\to\infty}\sqrt[n]{u_n}=\lim_{n\to\infty}\sqrt[n]{\left(\dfrac{n}{3n-1}\right)^{2n-1}}=\lim_{n\to\infty}\sqrt[n]{\dfrac{\left(\dfrac{n}{3n-1}\right)^{2n}}{\dfrac{n}{3n-1}}}$$
$$=\lim_{n\to\infty}\left(\dfrac{n}{3n-1}\right)^2=\dfrac{1}{9}<1,$$

所以由根值判别法知级数 $\sum\limits_{n=1}^{\infty}\left(\dfrac{n}{3n-1}\right)^{2n-1}$ 收敛.

9.利用级数收敛的必要条件证明下列极限:

(2) $\lim\limits_{n\to\infty}\dfrac{n!}{n^n}=0$;

证明 考虑级数 $\sum\limits_{n=1}^{\infty}\dfrac{n!}{n^n}$,因为
$$\lim_{n\to\infty}\dfrac{u_{n+1}}{u_n}=\lim_{n\to\infty}\dfrac{(n+1)!}{(n+1)^{n+1}}\cdot\dfrac{n^n}{n!}=\lim_{n\to\infty}\left(\dfrac{n}{n+1}\right)^n$$
$$=\lim_{n\to\infty}\left[1+\left(-\dfrac{1}{n+1}\right)\right]^{-(n+1)\frac{n}{[-(n+1)]}}=\dfrac{1}{e}<1,$$

所以由比值判别法的极限形式知级数 $\sum\limits_{n=1}^{\infty}\dfrac{n!}{n^n}$ 收敛.由收敛级数的必要条件可得
$$\lim_{n\to\infty}\dfrac{n!}{n^n}=0.$$

(4) $\lim\limits_{n\to\infty}\dfrac{n^k}{a^n}=0$ ($a>1$,k 为常数).

证明 考虑级数 $\sum\limits_{n=1}^{\infty}\dfrac{n^k}{a^n}$,因为
$$\lim_{n\to\infty}\sqrt[n]{u_n}=\lim_{n\to\infty}\sqrt[n]{\dfrac{n^k}{a^n}}=\lim_{n\to\infty}\dfrac{\sqrt[n]{n^k}}{a}=\dfrac{1}{a}<1,$$

所以由根值判别法知级数 $\sum\limits_{n=1}^{\infty}\dfrac{n^k}{a^n}$ 收敛.由收敛级数的必要条件可得

$$\lim_{n\to\infty}\frac{n^k}{a^n}=0 \quad (a>1, k \text{ 为常数}).$$

11. 判断下列级数是绝对收敛、条件收敛还是发散：

(6) $\sum_{n=1}^{\infty}\frac{(-1)^{n-1}}{n-\ln n}$；

解 考虑级数 $\sum_{n=1}^{\infty}|u_n|=\sum_{n=1}^{\infty}\frac{1}{n-\ln n}$，由于

$$\frac{1}{n}\leqslant\frac{1}{n-\ln n}, \quad n=1,2,\cdots,$$

而调和级数 $\sum_{n=1}^{\infty}\frac{1}{n}$ 发散，故由比较判别法知级数 $\sum_{n=1}^{\infty}|u_n|=\sum_{n=1}^{\infty}\frac{1}{n-\ln n}$ 发散.

令 $f(x)=\frac{1}{x-\ln x}, x\geqslant 1$，则 $u_n=f(n)$，由于

$$f'(x)=\left(\frac{1}{x-\ln x}\right)'=-\frac{1-\frac{1}{x}}{(x-\ln x)^2}=-\frac{x-1}{x(x-\ln x)^2}\leqslant 0,$$

且等号仅在 $x=1$ 时成立，故函数 $f(x)$ 单调减少，即数列 $\{u_n\}$ 是单调减少数列，且

$$\lim_{n\to\infty}u_n=\lim_{n\to\infty}\frac{1}{n-\ln n}=0.$$

所以，由莱布尼茨判别法知级数 $\sum_{n=1}^{\infty}\frac{(-1)^{n-1}}{n-\ln n}$ 收敛，且为条件收敛.

(7) $\sum_{n=1}^{\infty}(-1)^{n-1}\frac{x^n}{n}$；

解 当 $|x|\neq 1$ 时，考虑级数 $\sum_{n=1}^{\infty}|u_n|=\sum_{n=1}^{\infty}\frac{|x|^n}{n}$，因为

$$\lim_{n\to\infty}\sqrt[n]{|u_n|}=\lim_{n\to\infty}\sqrt[n]{\frac{|x|^n}{n}}=|x|,$$

所以由正项级数的根值判别法知当 $|x|<1$ 时级数绝对收敛，当 $|x|>1$ 时级数发散，当 $x=1$ 时级数 $\sum_{n=1}^{\infty}\frac{(-1)^n}{n}$ 为条件收敛，当 $x=-1$ 时级数 $\sum_{n=1}^{\infty}\frac{(-1)^{2n-1}}{n}=-\sum_{n=1}^{\infty}\frac{1}{n}$ 发散.

12. 设 $\lambda>0$，且级数 $\sum_{n=1}^{\infty}a_n^2$ 收敛，证明：当 $\alpha>1$ 时，级数 $\sum_{n=1}^{\infty}(-1)^n\frac{|a_n|}{\sqrt{n^\alpha+\lambda}}$ 绝对收敛.

证明 因为

$$\frac{|a_n|}{\sqrt{n^\alpha+\lambda}}\leqslant\frac{1}{2}\left(a_n^2+\frac{1}{n^\alpha+\lambda}\right),$$

当 $\alpha>1$ 时，$\forall n\in\mathbf{Z}^+$，$\frac{1}{n^\alpha+\lambda}<\frac{1}{n^\alpha}$，又级数 $\sum_{n=1}^{\infty}\frac{1}{n^\alpha}$ 收敛，所以由比较判别法知级数 $\sum_{n=1}^{\infty}\frac{1}{n^\alpha+\lambda}$ 收敛. 又由于级数 $\sum_{n=1}^{\infty}a_n^2$ 收敛，故级数 $\sum_{n=1}^{\infty}\frac{1}{2}\left(a_n^2+\frac{1}{n^\alpha+\lambda}\right)$ 收敛. 再由比较判别法知级数 $\sum_{n=1}^{\infty}\frac{|a_n|}{\sqrt{n^\alpha+\lambda}}$ 收敛，从而级数 $\sum_{n=1}^{\infty}(-1)^n\frac{|a_n|}{\sqrt{n^\alpha+\lambda}}$ 绝对收敛.

13. 求下列幂级数的收敛半径、收敛区间和收敛域：

(1) $\sum_{n=1}^{\infty}(-1)^n\frac{5^n x^n}{\sqrt{2n+1}}$；

解 因

$$\rho=\lim_{n\to\infty}\left|\frac{a_{n+1}}{a_n}\right|=\lim_{n\to\infty}\frac{5^{n+1}}{\sqrt{2n+3}}\cdot\frac{\sqrt{2n+1}}{5^n}=5,$$

故收敛半径为 $R = \frac{1}{5}$，从而收敛区间为 $\left(-\frac{1}{5}, \frac{1}{5}\right)$.

当 $x = -\frac{1}{5}$ 时，级数 $\sum\limits_{n=1}^{\infty} \frac{1}{\sqrt{2n+1}}$ 发散，当 $x = \frac{1}{5}$ 时，交错级数 $\sum\limits_{n=1}^{\infty} \frac{(-1)^n}{\sqrt{2n+1}}$ 收敛，故幂级数 $\sum\limits_{n=1}^{\infty} (-1)^n \frac{5^n x^n}{\sqrt{2n+1}}$ 的收敛域为 $\left(-\frac{1}{5}, \frac{1}{5}\right]$.

(2) $\sum\limits_{n=0}^{\infty} (-1)^n \frac{x^n}{n!}$;

解 因为

$$\rho = \lim_{n \to \infty} \frac{|a_{n+1}|}{|a_n|} = \lim_{n \to \infty} \frac{\frac{1}{(n+1)!}}{\frac{1}{n!}} = \lim_{n \to \infty} \frac{1}{n+1} = 0,$$

所以收敛半径为 $R = +\infty$，从而收敛域为 $(-\infty, +\infty)$.

(3) $\sum\limits_{n=0}^{\infty} (-1)^n \frac{x^{2n+1}}{2n+1}$;

解 因为该幂级数缺少偶数次幂的系数，所以不能运用定理 9.11. 令

$$u_n = (-1)^n \frac{x^{2n+1}}{2n+1},$$

则当 $x \neq 0$ 时，有

$$\lim_{n \to \infty} \frac{|u_{n+1}|}{|u_n|} = \lim_{n \to \infty} \frac{|x|^{2n+3}}{2n+3} \cdot \frac{2n+1}{|x|^{2n+1}} = |x|^2,$$

由比值判别法，当 $|x|^2 < 1$，即 $|x| < 1$ 时级数绝对收敛，当 $|x| > 1$ 时级数发散. 因此，由收敛半径的定义知，该幂级数的收敛半径为 $R = 1$，收敛区间为 $(-1, 1)$.

又因在点 $x = 1$ 和 $x = -1$ 处幂级数成为交错级数 $\sum\limits_{n=1}^{\infty} \frac{(-1)^n}{2n+1}$ 和 $\sum\limits_{n=1}^{\infty} \frac{(-1)^{n+1}}{2n+1}$，由交错级数的莱布尼茨判别法知这两个级数都收敛，故该幂级数的收敛域为 $[-1, 1]$.

(4) $\sum\limits_{n=0}^{\infty} n! x^n$;

解 因为

$$\rho = \lim_{n \to \infty} \frac{|a_{n+1}|}{|a_n|} = \lim_{n \to \infty} \frac{(n+1)!}{n!} = \lim_{n \to \infty} (n+1) = +\infty,$$

所以收敛半径为 $R = 0$，从而收敛域为 $\{0\}$.

14. 求下列幂级数的收敛域及和函数：

(2) $\sum\limits_{n=1}^{\infty} \left(\frac{x^n}{n} - \frac{x^{n+1}}{n+1}\right)$;

解 由于

$$\sum_{n=1}^{\infty} \left(\frac{x^n}{n} - \frac{x^{n+1}}{n+1}\right) = \sum_{n=1}^{\infty} \frac{x^n}{n} - \sum_{n=1}^{\infty} \frac{x^{n+1}}{n+1},$$

且这两个幂级数的收敛半径为 $R = 1$，易知它们的收敛域都是 $[-1, 1)$，故幂级数 $\sum\limits_{n=1}^{\infty} \left(\frac{x^n}{n} - \frac{x^{n+1}}{n+1}\right)$ 的收敛域是 $[-1, 1)$. 设当 $x \in [-1, 1)$ 时，

$$\sum_{n=1}^{\infty} \left(\frac{x^n}{n} - \frac{x^{n+1}}{n+1}\right) = S(x),$$

则由幂级数和函数的性质定理，$S(x)$ 在 $(-1, 1)$ 内可导，故

$$S'(x) = \left(\sum_{n=1}^{\infty} \frac{x^n}{n} - \sum_{n=1}^{\infty} \frac{x^{n+1}}{n+1}\right)' = \sum_{n=1}^{\infty} x^{n-1} - \sum_{n=1}^{\infty} x^n = \frac{1}{1-x} - \frac{x}{1-x} = 1.$$

又 $S(0) = 0$，因此

$$S(x) = \int_0^x S'(t)\,dt + S(0) = \int_0^x dt = x, \quad x \in [-1, 1).$$

(3) $\sum_{n=1}^{\infty} (2n+1)x^n$;

解 由于
$$\sum_{n=1}^{\infty} (2n+1)x^n = 2\sum_{n=1}^{\infty} nx^n + \sum_{n=1}^{\infty} x^n,$$

且这两个幂级数的收敛半径为 $R = 1$,易知它们的收敛域都是 $(-1, 1)$,故幂级数 $\sum_{n=1}^{\infty}(2n+1)x^n$ 的收敛域也是 $(-1, 1)$. 当 $x \in (-1, 1)$ 时,

$$S(x) = \sum_{n=1}^{\infty}(2n+1)x^n = 2\sum_{n=1}^{\infty} nx^n + \sum_{n=1}^{\infty} x^n = 2x\sum_{n=1}^{\infty} nx^{n-1} + \frac{x}{1-x}$$
$$= 2x \frac{1}{(1-x)^2} + \frac{x}{1-x} = \frac{3x - x^2}{(1-x)^2}.$$

17. 将下列函数展开成麦克劳林级数,并求其收敛域:

(1) $f(x) = a^x \quad (a > 0)$;

解 由于
$$f^{(n)}(x) = (a^x)^{(n)} = a^x (\ln a)^n, \quad n \in \mathbf{Z}^+,$$

所以
$$f^{(n)}(0) = (\ln a)^n, \quad n \in \mathbf{Z}^+.$$

于是幂级数为
$$f(0) + f'(0)x + \frac{f''(0)}{2!}x^2 + \cdots + \frac{f^{(n)}(0)}{n!}x^n + \cdots = \sum_{n=0}^{\infty} \frac{(\ln a)^n}{n!} x^n, \quad x \in (-\infty, +\infty).$$

对于任意的 $x \in (-\infty, +\infty)$,有
$$\lim_{n \to \infty} \left| \frac{a^\xi (x \ln a)^{n+1}}{(n+1)!} \right| = \lim_{n \to \infty} \frac{|a^\xi| \cdot |x \ln a|^{n+1}}{(n+1)!} = 0 \quad (\xi \text{ 在 } 0 \text{ 与 } x \text{ 之间}),$$

则 $f(x) = a^x (a > 0)$ 在 $(-\infty, +\infty)$ 上可以展开成麦克劳林级数的形式,且
$$a^x = \sum_{n=0}^{\infty} \frac{(\ln a)^n}{n!} x^n, \quad x \in (-\infty, +\infty).$$

(3) $f(x) = \cos^2 x$;

解 $f(x) = \cos^2 x = \frac{1 + \cos 2x}{2} = \frac{1}{2} + \frac{1}{2}\cos 2x$,令 $t = 2x$,而
$$\cos t = 1 - \frac{t^2}{2!} + \frac{t^4}{4!} - \cdots + (-1)^n \frac{t^{2n}}{(2n)!} + \cdots, \quad t \in (-\infty, +\infty),$$

故
$$f(x) = \cos^2 x = \frac{1}{2} + \frac{1}{2} \sum_{n=0}^{\infty} (-1)^n \frac{(2x)^{2n}}{(2n)!}$$
$$= \frac{1}{2} + \frac{1}{2} \sum_{n=0}^{\infty} (-1)^n \frac{2^{2n}}{(2n)!} x^{2n}, \quad x \in (-\infty, +\infty).$$

(5) $f(x) = \int_0^x e^{-t^2}\,dt$;

解 因为 $f'(x) = e^{-x^2}$,而
$$e^t = 1 + \frac{t}{1!} + \frac{t^2}{2!} + \cdots + \frac{t^n}{n!} + \cdots, \quad t \in (-\infty, +\infty),$$

令 $t = -x^2$,则有
$$f'(x) = e^{-x^2} = \sum_{n=0}^{\infty} \frac{(-x^2)^n}{n!} = \sum_{n=0}^{\infty} \frac{(-1)^n}{n!} x^{2n}, \quad x \in (-\infty, +\infty).$$

又因为 $f(0) = 0$,故

$$f(x) = \int_0^x e^{-t^2} dt + f(0) = \int_0^x f'(t) dt + f(0) = \int_0^x \sum_{n=0}^{\infty} \frac{(-1)^n}{n!} t^{2n} dt$$

$$= \sum_{n=0}^{\infty} \int_0^x \frac{(-1)^n}{n!} t^{2n} dt = \sum_{n=0}^{\infty} \frac{(-1)^n}{(2n+1)n!} x^{2n+1}, \quad x \in (-\infty, +\infty).$$

(6) $f(x) = \ln(4 - 3x - x^2)$.

解 $f(x) = \ln(4 - 3x - x^2) = \ln[(1-x)(4+x)] = \ln(1-x) + \ln(4+x)$,

由于

$$\ln(1-x) = -\sum_{n=1}^{\infty} \frac{x^n}{n}, \quad x \in [-1, 1),$$

$$\ln(1+x) = \sum_{n=1}^{\infty} \frac{(-1)^{n-1}}{n} x^n, \quad x \in (-1, 1],$$

而

$$\ln(4+x) = \ln 4 + \ln\left(1 + \frac{x}{4}\right) = 2\ln 2 + \sum_{n=1}^{\infty} \frac{(-1)^{n-1}}{n 4^n} x^n, \quad x \in (-4, 4],$$

故

$$f(x) = \ln(4 - 3x - x^2) = -\sum_{n=1}^{\infty} \frac{x^n}{n} + 2\ln 2 + \sum_{n=1}^{\infty} \frac{(-1)^{n-1}}{n 4^n} x^n$$

$$= 2\ln 2 + \sum_{n=1}^{\infty} \left[\frac{(-1)^{n-1}}{2^{2n}} - 1\right] \frac{x^n}{n}, \quad x \in [-1, 1).$$

18. 求下列函数在指定点处的泰勒级数,并求其收敛域:

(2) $f(x) = \dfrac{1}{3-x}, x_0 = 1$;

解 $f(x) = \dfrac{1}{3-x} = \dfrac{1}{2-(x-1)} = \dfrac{1}{2} \cdot \dfrac{1}{1 - \dfrac{x-1}{2}}$

$$= \frac{1}{2} \sum_{n=0}^{\infty} \frac{(x-1)^n}{2^n} = \sum_{n=0}^{\infty} \frac{(x-1)^n}{2^{n+1}}, \quad x \in (-1, 3).$$

(3) $f(x) = \sin x, x_0 = \dfrac{\pi}{4}$.

解 令 $t = x - \dfrac{\pi}{4}$,则 $x = t + \dfrac{\pi}{4}$,从而

$$f(x) = \sin x = \sin\left(t + \frac{\pi}{4}\right) = \frac{\sqrt{2}}{2} (\sin t + \cos t).$$

由于

$$\cos x = 1 - \frac{x^2}{2!} + \frac{x^4}{4!} - \cdots + (-1)^n \frac{x^{2n}}{(2n)!} + \cdots, \quad x \in (-\infty, +\infty),$$

$$\sin x = x - \frac{x^3}{3!} + \frac{x^5}{5!} - \cdots + (-1)^n \frac{x^{2n+1}}{(2n+1)!} + \cdots, \quad x \in (-\infty, +\infty),$$

故有

$$f(x) = \sin x = \sin\left(t + \frac{\pi}{4}\right) = \frac{\sqrt{2}}{2} (\sin t + \cos t)$$

$$= \frac{\sqrt{2}}{2} \left[\sum_{n=0}^{\infty} (-1)^n \frac{t^{2n}}{(2n)!} + \sum_{n=0}^{\infty} (-1)^n \frac{t^{2n+1}}{(2n+1)!}\right]$$

$$= \frac{\sqrt{2}}{2} \sum_{n=0}^{\infty} (-1)^n \left[\frac{t^{2n}}{(2n)!} + \frac{t^{2n+1}}{(2n+1)!}\right]$$

$$= \frac{\sqrt{2}}{2} \sum_{n=0}^{\infty} (-1)^n \left[\frac{\left(x - \frac{\pi}{4}\right)^{2n}}{(2n)!} + \frac{\left(x - \frac{\pi}{4}\right)^{2n+1}}{(2n+1)!}\right], \quad x \in (-\infty, +\infty).$$

（B）

1. 选择题：

(1) 设级数 $\sum_{n=1}^{\infty} u_n$ 收敛，则下列级数中必收敛的级数为（　　）．

A. $\sum_{n=1}^{\infty}(-1)^n \dfrac{u_n}{n}$ 　　　　　　　　B. $\sum_{n=1}^{\infty} u_n^2$

C. $\sum_{n=1}^{\infty}(u_{2n-1} - u_{2n})$ 　　　　　　　D. $\sum_{n=1}^{\infty}(u_n + u_{n+1})$

解 因为 $\sum_{n=1}^{\infty}(u_n + u_{n+1}) = \sum_{n=1}^{\infty} u_n + \sum_{n=1}^{\infty} u_{n+1}$，而这两个级数都收敛，所以其和也收敛，答案是 D．

(2) 设级数 $\sum_{n=1}^{\infty} u_n$ 为正项级数，则下列结论中正确的是（　　）．

A. 若 $\lim_{n\to\infty} u_n = 0$，则级数 $\sum_{n=1}^{\infty} u_n$ 收敛

B. 若存在非零常数 λ，使得 $\lim_{n\to\infty} n u_n = \lambda$，则级数 $\sum_{n=1}^{\infty} u_n$ 发散

C. 若级数 $\sum_{n=1}^{\infty} u_n$ 收敛，则 $\lim_{n\to\infty} n^2 u_n = 0$

D. 若级数 $\sum_{n=1}^{\infty} u_n$ 发散，则存在非零常数 λ，使得 $\lim_{n\to\infty} n u_n = \lambda$

解 由正项级数的极限判别法知，级数 $\sum_{n=1}^{\infty} u_n$ 与调和级数具有相同的敛散性，答案是 B．

(3) 设 $a_n > 0 (n=1,2,\cdots)$，且级数 $\sum_{n=1}^{\infty} a_n$ 收敛，常数 $\lambda \in \left(0, \dfrac{\pi}{2}\right)$，则级数 $\sum_{n=1}^{\infty}(-1)^n \left(n\tan\dfrac{\lambda}{n}\right) a_{2n}$ 是（　　）的．

A. 绝对收敛　　　　　　　　　　B. 条件收敛

C. 发散　　　　　　　　　　　　D. 敛散性与 λ 有关

解 因为正项级数 $\sum_{n=1}^{\infty} a_n$ 收敛，故正项级数 $\sum_{n=1}^{\infty} a_{2n}$ 也收敛．又

$$\lim_{n\to\infty}\left|\dfrac{(-1)^n\left(n\tan\dfrac{\lambda}{n}\right)a_{2n}}{a_{2n}}\right| = \lim_{n\to\infty} n\tan\dfrac{\lambda}{n} = \lambda,$$

由比较判别法的极限形式知级数 $\sum_{n=1}^{\infty}(-1)^n\left(n\tan\dfrac{\lambda}{n}\right)a_{2n}$ 绝对收敛，答案是 A．

(6) 幂级数 $\sum_{n=1}^{\infty} \dfrac{n}{2^n + (-3)^n} x^{2n-1}$ 的收敛半径为（　　）．

A. 2　　　　　B. 3　　　　　C. $\sqrt{2}$　　　　　D. $\sqrt{3}$

解 设 $u_n(x) = \dfrac{n}{2^n + (-3)^n} x^{2n-1}$，则

$$\lim_{n\to\infty}\left|\dfrac{u_{n+1}(x)}{u_n(x)}\right| = \lim_{n\to\infty}\left|\dfrac{(n+1)x^{2n+1}}{2^{n+1}+(-3)^{n+1}} \cdot \dfrac{2^n+(-3)^n}{nx^{2n-1}}\right|$$

$$= \lim_{n\to\infty} \dfrac{n+1}{n}\left|\dfrac{\left(-\dfrac{2}{3}\right)^n + 1}{2\left(-\dfrac{2}{3}\right)^n - 3}\right| x^2 = \dfrac{x^2}{3}.$$

由比值判别法知当 $\left|\dfrac{x^2}{3}\right| < 1$，即 $|x| < \sqrt{3}$ 时，级数 $\sum_{n=1}^{\infty}\dfrac{n}{2^n+(-3)^n}x^{2n-1}$ 收敛，故收敛半径为 $\sqrt{3}$，答案是 D．

(8) 设幂级数 $\sum\limits_{n=1}^{\infty} a_n x^n$ 的收敛半径为 3,则幂级数 $\sum\limits_{n=1}^{\infty} n a_n (x-1)^{n+1}$ 的收敛区间为(　　).

A. $(-3,3)$　　　　B. $[-3,3]$　　　　C. $(-2,4)$　　　　D. $[-2,4]$

解 因为
$$\left(\sum_{n=1}^{\infty} a_n x^n\right)' = \sum_{n=1}^{\infty} n a_n x^{n-1}, \quad x \in (-3,3),$$

所以由逐项可导定理知 $\sum\limits_{n=1}^{\infty} n a_n x^{n-1}$ 的收敛半径也是 3,从而级数

$$\sum_{n=1}^{\infty} n a_n (x-1)^{n+1} = (x-1)^2 \sum_{n=1}^{\infty} n a_n (x-1)^{n-1}$$

的收敛半径也是 3. 故 $-3 < x-1 < 3$,所以收敛区间为 $(-2,4)$,答案是 C.

(9) 设幂级数 $\sum\limits_{n=1}^{\infty} a_n x^n$ 的收敛域是 $(-2,2]$,则幂级数 $\sum\limits_{n=1}^{\infty} \dfrac{a_n}{n} x^n$ 的收敛半径为(　　).

A. 0　　　　B. 1　　　　C. -1　　　　D. 2

解 由于
$$\sum_{n=1}^{\infty} a_n x^n = x \sum_{n=1}^{\infty} a_n x^{n-1}, \quad x \in (-2,2),$$

故级数 $\sum\limits_{n=1}^{\infty} a_n x^{n-1}$ 的收敛半径是 2. 又

$$\int_0^x \sum_{n=1}^{\infty} a_n t^{n-1} \mathrm{d}t = \sum_{n=1}^{\infty} \int_0^x a_n t^{n-1} \mathrm{d}t = \sum_{n=1}^{\infty} \frac{a_n x^n}{n}, \quad x \in (-2,2),$$

因此级数 $\sum\limits_{n=1}^{\infty} \dfrac{a_n}{n} x^n$ 的收敛半径为 2,答案是 D.

第十章 微分方程

内容简介

1. 微分方程的基本概念

定义 10.1 含有自变量、未知函数和未知函数的导数或微分的方程称为微分方程. 未知函数为一元函数的微分方程称为常微分方程；未知函数为多元函数的微分方程称为偏微分方程. 微分方程中出现的未知函数最高阶导数或最高阶微分的阶数称为微分方程的阶.

定义 10.2 若 n 阶常微分方程
$$F(x,y,y',y'',\cdots,y^{(n)})=0 \quad (y^{(n)} \text{的系数不为零})$$
的左端为 $y',\cdots,y^{(n)}$ 的一次有理整式，则称该方程为 n 阶线性常微分方程. 不是线性方程的微分方程称为非线性常微分方程.

定义 10.3 如果一个函数代入微分方程后，使得方程两端恒等，则称该函数为微分方程的解. 如果微分方程的解中所包含独立任意常数的个数与微分方程的阶数相同，则称此解为微分方程的通解. 不含任意常数的解称为微分方程的特解.

注 这里所说的相互独立的任意常数是指它们不能通过合并而使得通解中的任意常数的个数减少.

定义 10.4 为了得到微分方程的特解，要求对微分方程附加一定的条件来确定通解中的任意常数，这些条件统称为微分方程的定解条件. 求微分方程满足某个定解条件的特解的问题，称为微分方程的定解问题. 一类重要的定解条件是规定微分方程中的未知函数及其若干阶导数在某一点处的取值，这类定解条件称为微分方程的初始条件. 求微分方程满足某个初始条件的特解的问题，称为微分方程的初值问题.

2. 一阶微分方程

一阶微分方程的一般形式为
$$F(x,y,y')=0 \quad \text{或} \quad y'=f(x,y),$$
其中 $F(x,y,y')$ 为 x,y 和 y' 的已知函数，$f(x,y)$ 为 x,y 的已知函数.

（1）可分离变量的微分方程

定义 10.5 形如
$$\frac{\mathrm{d}y}{\mathrm{d}x}=f(x)g(y) \tag{10-1}$$
的微分方程称为可分离变量的微分方程，其中 $f(x),g(y)$ 都是连续函数.

(2) 齐次方程

定义 10.6　形如

$$\frac{dy}{dx} = f\left(\frac{y}{x}\right) \tag{10-2}$$

的一阶微分方程称为齐次微分方程,简称齐次方程,这里 $f(u)$ 为 u 的连续函数.

(3) 一阶线性微分方程

定义 10.7　形如

$$y' + p(x)y = q(x) \tag{10-3}$$

的微分方程称为一阶线性微分方程,其中 $p(x),q(x)$ 均为 x 的连续函数.

如果 $q(x) \equiv 0$,则方程(10-3)成为

$$y' + p(x)y = 0, \tag{10-4}$$

称为一阶齐次线性微分方程. 如果 $q(x)$ 不恒等于零,则称方程(10-3)为一阶非齐次线性微分方程.

3. 二阶常系数线性微分方程

定义 10.8　二阶常系数线性微分方程的一般形式是

$$y'' + py' + qy = f(x), \tag{10-5}$$

其中 p,q 为常数,$f(x)$ 为已知函数,称为方程(10-5)的非齐次项. 当 $f(x) \equiv 0$ 时,方程(10-5)成为

$$y'' + py' + qy = 0, \tag{10-6}$$

称为二阶常系数齐次线性微分方程;当 $f(x)$ 不恒为零时,方程(10-5)称为二阶常系数非齐次线性微分方程.

定义 10.9　若 $\frac{y_1(x)}{y_2(x)} \equiv k$($k$ 为常数),则称函数 $y_1(x)$ 与 $y_2(x)$ 线性相关;若 $\frac{y_1(x)}{y_2(x)} \not\equiv k$,则称函数 $y_1(x)$ 与 $y_2(x)$ 线性无关.

重要公式、定理及结论

1. 一阶微分方程的解法

(1) 可分离变量的微分方程 $\frac{dy}{dx} = f(x)g(y)$ 的分离变量法

① 分离变量,当 $g(y) \neq 0$ 时,把方程(10-1)中的 $f(x),dx$ 与 $g(y),dy$ 分离到微分方程的两端,得

$$\frac{dy}{g(y)} = f(x)dx;$$

② 对上式两边积分,得通解为

$$\int \frac{dy}{g(y)} = \int f(x)dx + C \quad (C \text{ 是任意常数}).$$

另外,如果 $g(y_0) = 0$,则易知 $y = y_0$ 也是方程(10-1)的解.

(2) 齐次方程 $\dfrac{\mathrm{d}y}{\mathrm{d}x} = f\left(\dfrac{y}{x}\right)$ 的解法

引进新的未知函数,令 $u = \dfrac{y}{x}$,即 $y = ux$,于是有

$$\frac{\mathrm{d}y}{\mathrm{d}x} = x\frac{\mathrm{d}u}{\mathrm{d}x} + u.$$

代入方程(10-2),得

$$x\frac{\mathrm{d}u}{\mathrm{d}x} = f(u) - u. \tag{10-7}$$

方程(10-7)为可分离变量的微分方程,对其分离变量,并两边积分,得

$$\int \frac{\mathrm{d}u}{f(u) - u} = \int \frac{\mathrm{d}x}{x} + C \quad (f(u) - u \neq 0, C \text{ 是任意常数}).$$

设 $\int \dfrac{\mathrm{d}u}{f(u) - u}$ 的一个原函数为 $H(u)$,则方程(10-7)的通解为 $H(u) = \ln|x| + C$,再用 $\dfrac{y}{x}$ 代 u,便得所给方程(10-2)的通解.

(3) 一阶非齐次线性微分方程 $y' + p(x)y = q(x)$ 的解法

① 常数变易法:利用分离变量法求得齐次线性微分方程 $y' + p(x)y = 0$ 的通解为

$$y = C\mathrm{e}^{-\int p(x)\mathrm{d}x} \quad (C \text{ 是任意常数}). \tag{10-8}$$

用常数变易法来求解非齐次线性微分方程 $y' + p(x)y = q(x)$ 的通解:把齐次线性微分方程通解(10-8)中的常数 C 变成未知函数 $C(x)$,即做变换

$$y = C(x)\mathrm{e}^{-\int p(x)\mathrm{d}x},$$

并假设它为方程(10-3)的通解.此时,将 y 及 y' 代回到一阶非齐次线性微分方程(10-3)中,得

$$C'(x) = q(x)\mathrm{e}^{\int p(x)\mathrm{d}x}.$$

上式两边积分,得

$$C(x) = \int q(x)\mathrm{e}^{\int p(x)\mathrm{d}x}\mathrm{d}x + C \quad (C \text{ 是任意常数}).$$

因此,得到一阶非齐次线性微分方程的通解为

$$y = \mathrm{e}^{-\int p(x)\mathrm{d}x}\left(\int q(x)\mathrm{e}^{\int p(x)\mathrm{d}x}\mathrm{d}x + C\right).$$

② 积分因子法:一阶非齐次线性微分方程 $y' + p(x)y = q(x)$ 的积分因子为

$$\mu(x) = \mathrm{e}^{\int p(x)\mathrm{d}x},$$

对方程(10-3)两边同时乘以积分因子,得

$$y'\mathrm{e}^{\int p(x)\mathrm{d}x} + \mathrm{e}^{\int p(x)\mathrm{d}x}p(x)y = q(x)\mathrm{e}^{\int p(x)\mathrm{d}x}. \tag{10-9}$$

易见(10-9)式左边两项之和正好是 $y\mathrm{e}^{\int p(x)\mathrm{d}x}$ 的导数,故

$$(y\mathrm{e}^{\int p(x)\mathrm{d}x})' = q(x)\mathrm{e}^{\int p(x)\mathrm{d}x}.$$

上式两边关于 x 积分,得

$$y\mathrm{e}^{\int p(x)\mathrm{d}x} = \int (y\mathrm{e}^{\int p(x)\mathrm{d}x})'\mathrm{d}x = \int q(x)\mathrm{e}^{\int p(x)\mathrm{d}x}\mathrm{d}x + C,$$

因此

$$y = Ce^{-\int p(x)dx} + e^{-\int p(x)dx}\int q(x)e^{\int p(x)dx}dx.$$

易见，一阶非齐次线性微分方程的通解等于对应的齐次线性微分方程的通解与非齐次线性微分方程的一个特解之和.

2. 几种可降阶的二阶微分方程的解法

(1) $y'' = f(x)$ 型

形如 $y'' = f(x)$ 的微分方程，通过两次积分可得到它的通解. 在方程 $y'' = f(x)$ 的两边积分，得

$$y' = \int f(x)dx + C_1;$$

再次积分，得

$$y = \int\left[\int f(x)dx + C_1\right]dx + C_2 \quad (C_1 \text{ 与 } C_2 \text{ 为任意常数}).$$

(2) $y'' = f(x, y')$ 型

形如 $y'' = f(x, y')$ 的微分方程是不显含未知函数 y 的二阶微分方程，其求解方法如下：

① 令 $y' = p(x)$，则 $y'' = p'(x)$，于是原微分方程化为一个以 $p(x)$ 为未知函数的一阶微分方程

$$p' = f(x, p).$$

设其通解为 $p = \varphi(x, C_1)$.

② 根据关系式 $y' = p$，又得到一个一阶微分方程

$$\frac{dy}{dx} = \varphi(x, C_1),$$

对它进行积分，就得到原微分方程的通解为

$$y = \int \varphi(x, C_1)dx + C_2 \quad (C_1 \text{ 与 } C_2 \text{ 为任意常数}).$$

(3) $y'' = f(y, y')$ 型

形如 $y'' = f(y, y')$ 的微分方程是不显含自变量 x 的二阶微分方程，其求解方法如下：

① 把 y 暂时看作自变量，并做变换 $y' = p(y)$，于是由复合函数的求导法则，有

$$y'' = \frac{dp}{dx} = \frac{dp}{dy} \cdot \frac{dy}{dx} = p\frac{dp}{dy}.$$

代回原微分方程就将原微分方程化为

$$p\frac{dp}{dy} = f(y, p).$$

这是一个关于变量 y, p 的一阶微分方程，设它的通解为 $p = \varphi(y, C_1)$.

② 根据 $y' = p$ 得到一个新的可分离变量的微分方程

$$\frac{dy}{dx} = \varphi(y, C_1).$$

对其分离变量并两边积分可得原微分方程的通解为

$$\int \frac{dy}{\varphi(y, C_1)} = x + C_2 \quad (C_1 \text{ 与 } C_2 \text{ 为任意常数}).$$

3. 二阶常系数线性微分方程的解法

定理 10.1 如果函数 $y_1(x)$ 与 $y_2(x)$ 是二阶常系数齐次线性微分方程(10-6)的两个

解,则
$$y = C_1 y_1(x) + C_2 y_2(x)$$
也是方程(10-6)的解,其中 C_1, C_2 是任意常数.

定理 10.2 如果函数 $y_1(x)$ 与 $y_2(x)$ 是二阶常系数齐次线性微分方程(10-6)的两个线性无关的特解,则
$$y = C_1 y_1(x) + C_2 y_2(x)$$
就是方程(10-6)的通解,其中 C_1, C_2 是任意常数.

定理 10.3 设 y^* 是二阶常系数非齐次线性微分方程(10-5)的一个特解,而 Y 是其对应的齐次线性微分方程(10-6)的通解,则 $y = Y + y^*$ 就是方程(10-5)的通解.

定理 10.4 设 y_1^* 与 y_2^* 分别是微分方程
$$y'' + p(x)y' + q(x)y = f_1(x)$$
与
$$y'' + p(x)y' + q(x)y = f_2(x)$$
的特解,则 $y_1^* + y_2^*$ 是微分方程
$$y'' + p(x)y' + q(x)y = f_1(x) + f_2(x)$$
的特解.

(1) 二阶常系数齐次线性微分方程的通解

求二阶常系数齐次线性微分方程 $y'' + py' + qy = 0$ 的通解的步骤如下:

① 写出微分方程(10-6)的特征方程 $r^2 + pr + q = 0$;

② 求出特征方程 $r^2 + pr + q = 0$ 的两个根 r_1, r_2;

③ 根据特征方程 $r^2 + pr + q = 0$ 的两个根的不同情形,按照表 10-1 写出二阶常系数齐次线性微分方程(10-6)的通解.

表 10-1

特征方程 $r^2 + pr + q = 0$ 的两个根 r_1, r_2	微分方程 $y'' + py' + qy = 0$ 的通解(C_1, C_2 为任意常数)
两个不相等的实根 $r_1 \neq r_2$ 两个相等的实根 $r_1 = r_2 = r$ 一对共轭复根 $r_{1,2} = \alpha \pm i\beta$	$y = C_1 e^{r_1 x} + C_2 e^{r_2 x}$ $y = (C_1 + C_2 x) e^{rx}$ $y = e^{\alpha x}(C_1 \cos \beta x + C_2 \sin \beta x)$

(2) 二阶常系数非齐次线性微分方程的通解

根据定理 10.3,求二阶常系数非齐次线性微分方程 $y'' + py' + qy = f(x)$ 的通解,归结为先求其对应的齐次线性微分方程(10-6)的通解 Y,再用待定系数法求出非齐次线性微分方程(10-5)的特解 y^*,最后得到方程(10-5)的通解为两部分之和,即 $y = Y + y^*$.

下面介绍当二阶常系数非齐次线性微分方程(10-5)中非齐次项 $f(x)$ 取两种常见形式时求其特解 y^* 的方法.这种方法的特点是:不用积分就可求出 y^*,称为待定系数法. $f(x)$ 的两种常见形式分别是:
$$f(x) = e^{\lambda x} P_m(x) \quad \text{和} \quad f(x) = e^{\lambda x}(M \cos \omega x + N \sin \omega x).$$

① $f(x) = e^{\lambda x} P_m(x)$,其中 λ 是常数,$P_m(x)$ 是 x 的一个 m 次多项式,其形式为
$$P_m(x) = a_0 x^m + a_1 x^{m-1} + \cdots + a_{m-1} x + a_m,$$
则二阶常系数非齐次线性微分方程(10-5)有形如

$$y^* = x^k Q_m(x) e^{\lambda x} = x^k(b_0 x^m + b_1 x^{m-1} + \cdots + b_{m-1} x + b_m) e^{\lambda x}$$

的特解,其中 $Q_m(x)$ 是与 $P_m(x)$ 同次的多项式,而 k 分别按 λ 不是特征方程的根,是特征方程的单根,是特征方程的重根这三种情况依次取 $0, 1, 2$.

② $f(x) = e^{\lambda x}(M\cos \omega x + N\sin \omega x)$,其中 λ, ω, M 和 N 都是常数,且 $\omega > 0$,则二阶常系数非齐次线性微分方程(10-5)有形如

$$y^* = x^k e^{\lambda x}(A\cos \omega x + B\sin \omega x)$$

的特解. 其中,当复数 $\lambda \pm i\omega$ 不是特征方程的特征根时,$k = 0$;当复数 $\lambda \pm i\omega$ 是特征方程的特征根时,$k = 1$.

复习考试要求

1. 了解微分方程的阶及其解、通解、初始条件、特解的概念.
2. 掌握可分离变量的微分方程、齐次方程及一阶线性微分方程的求解方法.
3. 会用降阶法解 $y'' = f(x)$ 型, $y'' = f(x, y')$ 型, $y'' = f(y, y')$ 型的微分方程.
4. 理解线性微分方程的解的性质及解的结构定理.
5. 掌握二阶常系数齐次线性微分方程的求解方法.
6. 会求非齐次项为两种常见形式时的二阶常系数非齐次线性微分方程的通解和特解.
7. 能够通过建立微分方程模型,解决一些简单的经济问题.

典型例题

例 1 微分方程 $\dfrac{d^3 y}{dx^3} + 5\dfrac{dy}{dx} - 3xy = x^2$ 的通解中含有任意常数的个数为( ).

A. 1 个   B. 2 个   C. 3 个   D. 4 个

解 本题考查微分方程的基本概念. 要判断出所给微分方程的阶数,理解微分方程通解的概念. 答案是 C.

例 2 设非齐次线性微分方程 $y' + p(x)y = q(x)$ 有两个不同的解 $y_1(x), y_2(x)$,C 为任意常数,则该微分方程的通解是( ).

A. $C[y_1(x) - y_2(x)]$ B. $y_1(x) + C[y_1(x) - y_2(x)]$
C. $C[y_1(x) + y_2(x)]$ D. $y_1(x) + C[y_1(x) + y_2(x)]$

解 本题考查线性微分方程解的性质与结构. 非齐次线性微分方程的两个不同解之差是对应的齐次线性微分方程的解;非齐次线性微分方程的通解等于其对应的齐次线性微分方程的通解加上它的一个特解. 答案是 B.

例 3 若连续函数 $f(x)$ 满足 $f(x) = \displaystyle\int_0^{2x} f\left(\dfrac{t}{2}\right) dt + \ln 2$,则 $f(x) = ($).

A. $e^x \ln 2$ B. $e^{2x} \ln 2$ C. $e^x + \ln 2$ D. $e^{2x} + \ln 2$

解 对已知等式两边关于 x 求导,得 $f'(x) = 2f(x)$. 这是关于 $f(x)$ 的一阶齐次线性微分方程,通解为 $f(x) = Ce^{\int 2dx} = Ce^{2x}$. 又 $f(0) = \ln 2$,代入通解得 $C = \ln 2$,所以 $f(x) = e^{2x}\ln 2$,答案是 B.

例 4 求微分方程 $xy' - y[\ln(xy) - 1] = 0$ 的通解.

分析 微分方程中出现 $f(xy), f(x \pm y), f(x^2 \pm y^2), f\left(\dfrac{y}{x}\right)$ 等形式的项时,通常要做相应的变量替换 $u = xy, u = x \pm y, u = x^2 \pm y^2, u = \dfrac{y}{x}$.

解 令 $u = xy$,则 $u' = y + xy'$,代回原微分方程得

$$u' = \frac{u}{x}\ln u.$$

上式分离变量并两边积分,得

$$\int \frac{1}{u\ln u}du = \int \frac{dx}{x},$$
$$\ln|\ln u| = \ln|x| + C_1,$$
$$\ln u = Cx.$$

故原微分方程的通解为

$$\ln(xy) = Cx.$$

例 5 求微分方程 $x\dfrac{dy}{dx} = \dfrac{3y(2x+y)}{3x+2y}$ 的通解.

解 此微分方程可变形为齐次微分方程

$$\frac{dy}{dx} = 3\frac{y}{x} \cdot \frac{2 + \dfrac{y}{x}}{3 + 2\dfrac{y}{x}}.$$

令 $u = \dfrac{y}{x}$,则 $\dfrac{dy}{dx} = x\dfrac{du}{dx} + u$. 将之代回上式得

$$x\frac{du}{dx} + u = \frac{3u(2+u)}{3+2u},$$

整理并分离变量得

$$\left(\frac{1}{u} + \frac{1}{3+u}\right)du = \frac{dx}{x},$$

两边积分得

$$\ln|u| + \ln|3+u| = \ln|x| + \ln|C| = \ln|Cx|, \quad 即 \quad u(3+u) = Cx.$$

将 $u = \dfrac{y}{x}$ 代回,即得原微分方程的通解为

$$y(3x+y) = Cx^3,$$

其中 C 为任意常数.

例 6 求微分方程 $xy' - y - \sqrt{x^2+y^2} = 0$ 的通解.

解 原微分方程可变形为

$$y' = \frac{y}{x} + \frac{\sqrt{x^2+y^2}}{x},$$

不妨设 $x > 0$,则

$$y' = \frac{y}{x} + \sqrt{1 + \left(\frac{y}{x}\right)^2}.$$

令 $u = \frac{y}{x}$，则 $\frac{dy}{dx} = u + x\frac{du}{dx}$. 将之代回上式得

$$u + x\frac{du}{dx} = u + \sqrt{1+u^2}, \quad 即 \quad x\frac{du}{dx} = \sqrt{1+u^2},$$

变量分离得

$$\frac{du}{\sqrt{1+u^2}} = \frac{dx}{x},$$

两边积分得

$$\ln(u + \sqrt{1+u^2}) = \ln x + \ln C,$$

即

$$u + \sqrt{1+u^2} = Cx.$$

将 $u = \frac{y}{x}$ 代回，即得原微分方程的通解为

$$y + \sqrt{x^2 + y^2} = Cx^2 \quad (C \text{ 为任意常数}).$$

当 $x < 0$ 时，原微分方程化为 $y' = \frac{y}{x} - \sqrt{1 + \left(\frac{y}{x}\right)^2}$，解法同上.

例 7 求微分方程 $(x - 2\sin y + 3)dx - (2x - 4\sin y - 3)\cos y dy = 0$ 的通解.

解 原微分方程可变形为

$$(x - 2\sin y + 3)dx - (2x - 4\sin y - 3)d(\sin y) = 0. \tag{10-10}$$

令 $z = \sin y$，则方程 (10-10) 变为

$$\frac{dz}{dx} = \frac{x - 2z + 3}{2x - 4z - 3}. \tag{10-11}$$

再令 $u = x - 2z$，代回方程 (10-11) 得

$$\frac{du}{dx} = \frac{9}{3 - 2u}.$$

上式分离变量并两边积分得

$$3u - u^2 = 9x + C.$$

因此，原微分方程的通解为

$$3(x - 2\sin y) - (x - 2\sin y)^2 = 9x + C \quad (C \text{ 为任意常数}).$$

例 8 求微分方程 $\frac{dy}{dx} = \frac{y}{x + y^3}$ 的通解.

解 原微分方程不是未知函数 y 的线性微分方程，但我们可将它改写为

$$\frac{dx}{dy} = \frac{1}{y}x + y^2. \tag{10-12}$$

在方程 (10-12) 中把 x 看作未知函数，y 看作自变量，这样对于 x 和 $\frac{dx}{dy}$ 来说，方程就是一个线性微分方程.

引入积分因子

$$e^{\int p(y)dy} = e^{-\int \frac{1}{y}dy} = \frac{1}{y},$$

用它乘方程(10-12)两端,并整理得
$$\left(\frac{1}{y}x\right)' = y.$$
上式两边对 y 积分得原微分方程的通解为
$$2x = y^3 + Cy,$$
其中 C 为任意常数.

另外,$y = 0$ 也是原微分方程的解.

例 9 微分方程 $y'' + \sqrt{1-(y')^2} = 0$ 的通解为 _____.

解 法 1 微分方程看作是不显含未知函数 y 的情形.

令 $p(x) = y'$,则 $y'' = p'$,代回原微分方程得
$$p' = -\sqrt{1-p^2}.$$
上式分离变量并两边积分得
$$\arccos p = x + C_1,$$
即
$$y' = p = \cos(x + C_1).$$
对上式两边关于 x 积分得原微分方程的通解为
$$y = \int \cos(x+C_1)\mathrm{d}x = \sin(x+C_1) + C_2.$$

法 2 微分方程看作是不显含自变量 x 的情形.

令 $p(y) = y'$,则 $y'' = p\dfrac{\mathrm{d}p}{\mathrm{d}y}$,代回原微分方程得
$$p\frac{\mathrm{d}p}{\mathrm{d}y} = -\sqrt{1-p^2}.$$
上式分离变量并两边积分得
$$\sqrt{1-p^2} = y + C_1,$$
即
$$y' = p = \pm\sqrt{1-(y+C_1)^2}.$$
这也是一个可分离变量的微分方程,分离变量并两边积分得
$$\int \frac{\mathrm{d}y}{\sqrt{1-(y+C_1)^2}} = \pm \int \mathrm{d}x.$$
故原微分方程的通解为
$$\arcsin(y+C_1) = \pm(x+C_2).$$

例 10 设 $y = \mathrm{e}^x(C_1\sin x + C_2\cos x)$($C_1, C_2$ 为任意常数)为某二阶常系数齐次线性微分方程的通解,则该微分方程为 _____.

解 所给解对应的特征根为 $\lambda_{1,2} = 1 \pm \mathrm{i}$,从而特征方程为
$$[\lambda - (1+\mathrm{i})][\lambda - (1-\mathrm{i})] = \lambda^2 - 2\lambda + 2 = 0.$$
于是,所求微分方程为
$$y'' - 2y' + 2y = 0.$$

例 11 设 $F(x) = f(x)g(x)$,其中函数 $f(x), g(x)$ 在 $(-\infty, +\infty)$ 上满足以下条件:
$$f'(x) = g(x), \quad g'(x) = f(x), \quad f(0) = 0, \quad f(x) + g(x) = 2\mathrm{e}^x.$$

(1) 求 $F(x)$ 所满足的一阶微分方程；
(2) 求出 $F(x)$ 的表达式.

解 (1) 由题意知
$$F'(x) = f'(x)g(x) + f(x)g'(x) = g^2(x) + f^2(x)$$
$$= [f(x) + g(x)]^2 - 2f(x)g(x) = (2e^x)^2 - 2F(x).$$

可见 $F(x)$ 所满足的一阶微分方程为
$$F'(x) + 2F(x) = 4e^{2x}.$$

(2) 求解一阶非齐次线性微分方程 $F'(x) + 2F(x) = 4e^{2x}$, 得通解为
$$F(x) = e^{-\int 2dx}\left(\int 4e^{2x}e^{\int 2dx}dx + C\right) = e^{-2x}\left(\int 4e^{4x}dx + C\right) = e^{2x} + Ce^{-2x}.$$

将 $F(0) = f(0)g(0) = 0$ 代入上式得 $C = -1$, 因此
$$F(x) = e^{2x} - e^{-2x}.$$

注 此题关键是利用已知条件建立微分方程. 这是关于微分方程的基本题.

例 12 求微分方程 $y'' - 3y' + 2y = 2xe^x$ 的通解.

解 (1) 求对应的齐次线性微分方程 $y'' - 3y' + 2y = 0$ 的通解. 特征方程为
$$\lambda^2 - 3\lambda + 2 = 0,$$
解得特征根为 $\lambda_1 = 1, \lambda_2 = 2$, 则对应的齐次线性微分方程的通解为
$$Y = C_1 e^x + C_2 e^{2x} \quad (C_1, C_2 \text{ 为任意常数}).$$

(2) 求非齐次线性微分方程的特解. 由于非齐次项为 $f(x) = 2xe^x, \lambda = 1$ 是单根, 因此设特解为
$$y^* = x(ax + b)e^x,$$
则
$$y^{*'} = (ax^2 + (2a+b)x + b)e^x,$$
$$y^{*''} = (ax^2 + (4a+b)x + 2a + 2b)e^x.$$

将 $y^{*'}, y^{*''}$ 代入原微分方程, 求得 $a = -1, b = -2$, 从而
$$y^* = x(-x-2)e^x.$$

于是, 原微分方程的通解为
$$y = Y + y^* = C_1 e^x + C_2 e^{2x} - x(x+2)e^x \quad (C_1, C_2 \text{ 为任意常数}).$$

例 13 求微分方程 $y'' - y = \sin^2 x$ 的通解.

解 因为 $\sin^2 x = \dfrac{1 - \cos 2x}{2}$, 所以原微分方程可化为
$$y'' - y = \frac{1}{2} - \frac{1}{2}\cos 2x.$$

它可以看作是 $y'' - y = f_1(x) + f_2(x)$ 形式的微分方程, 要分别求出微分方程 $y'' - y = f_1(x)$ 和 $y'' - y = f_2(x)$ 的特解.

原微分方程对应的齐次线性微分方程的特征方程 $r^2 - 1 = 0$ 的特征根为 $r_{1,2} = \pm 1$, 故对应的齐次线性微分方程的通解为
$$Y = C_1 e^x + C_2 e^{-x}.$$

设非齐次线性微分方程 $y'' - y = \dfrac{1}{2}$ 的特解为 $y_1^* = A$, 则 $A = -\dfrac{1}{2}$.

设非齐次线性微分方程 $y'' - y = -\dfrac{1}{2}\cos 2x$ 的特解为

$$y_2^* = B\cos 2x + C\sin 2x,$$

则
$$y_2^{*\prime} = 2C\cos 2x - 2B\sin 2x,$$
$$y_2^{*\prime\prime} = -4C\sin 2x - 4B\cos 2x.$$

将上面两式代入该微分方程得
$$-5C\sin 2x - 5B\cos 2x = -\frac{1}{2}\cos 2x,$$

故
$$B = \frac{1}{10}, \quad C = 0, \quad \text{则} \quad y_2^* = \frac{1}{10}\cos 2x.$$

因此，原微分方程的特解为
$$y^* = y_1^* + y_2^* = -\frac{1}{2} + \frac{1}{10}\cos 2x,$$

原微分方程的通解为
$$y = Y + y^* = C_1 e^x + C_2 e^{-x} - \frac{1}{2} + \frac{1}{10}\cos 2x,$$

其中 C_1, C_2 为任意常数.

课后习题选解

（A）

1. 验证下列函数是否为所给微分方程的通解：

(2) $x^2 + y^2 = C^2, \dfrac{dx}{y} + \dfrac{dy}{x} = 0.$

解 易证函数 $x^2 + y^2 = C^2$ 是微分方程 $\dfrac{dx}{y} + \dfrac{dy}{x} = 0$ 的解，且在解 $x^2 + y^2 = C^2$ 中含有一个任意常数，而所给微分方程是一阶微分方程，故 $x^2 + y^2 = C^2$ 是微分方程 $\dfrac{dx}{y} + \dfrac{dy}{x} = 0$ 的通解.

3. 求下列微分方程的通解：

(2) $(e^{x+y} - e^x)dx + (e^{x+y} + e^y)dy = 0;$

解 原微分方程可变形为
$$e^x(e^y - 1)dx + e^y(e^x + 1)dy = 0.$$

当 $y \neq 0$ 时，上式分离变量并两边积分得
$$\int \frac{e^y}{e^y - 1} dy = -\int \frac{e^x}{e^x + 1} dx,$$
$$\int \frac{1}{e^y - 1} d(e^y - 1) = -\int \frac{1}{e^x + 1} d(e^x + 1),$$
$$\ln|e^y - 1| = -\ln(e^x + 1) + C_1.$$

整理得
$$(e^x + 1)(e^y - 1) = C \quad (C = \pm e^{C_1}).$$

另外，$y = 0$ 也是原微分方程的解. 综上，原微分方程的通解为
$$(e^x + 1)(e^y - 1) = C \quad (C \text{ 为任意常数}).$$

(3) $y\ln x\,\mathrm{d}x + x\ln y\,\mathrm{d}y = 0$.

解 对原微分方程分离变量得

$$\frac{\ln y}{y}\mathrm{d}y = -\frac{\ln x}{x}\mathrm{d}x,$$

两边积分得

$$\frac{\ln^2 y}{2} = -\frac{\ln^2 x}{2} + C_1.$$

整理得原微分方程的通解为

$$\ln^2 x + \ln^2 y = C \quad (C\text{ 为任意常数}).$$

4. 求下列微分方程的通解或特解：

(1) $xy' = y\ln\dfrac{y}{x}$；

解 原微分方程可变形为

$$y' = \frac{y}{x}\ln\frac{y}{x}.$$

这是齐次方程，令 $u = \dfrac{y}{x}$，则 $y' = \dfrac{\mathrm{d}y}{\mathrm{d}x} = u + x\dfrac{\mathrm{d}u}{\mathrm{d}x}$. 将之代入上式得

$$u + x\frac{\mathrm{d}u}{\mathrm{d}x} = u\ln u,$$

分离变量得

$$\frac{\mathrm{d}u}{u\ln u - u} = \frac{\mathrm{d}x}{x},$$

两边积分得

$$\ln(\ln u - 1) = \ln x + C_1,$$

即

$$\ln u = Cx + 1.$$

将 $u = \dfrac{y}{x}$ 代回得原微分方程的通解为

$$\ln\frac{y}{x} = Cx + 1 \quad (C\text{ 为任意常数}).$$

(3) $(x^2 + y^2)\mathrm{d}x - 2xy\,\mathrm{d}y = 0$；

解 原微分方程可变形为

$$\frac{\mathrm{d}y}{\mathrm{d}x} = \frac{x^2 + y^2}{2xy} = \frac{1 + \left(\dfrac{y}{x}\right)^2}{2\dfrac{y}{x}}.$$

令 $u = \dfrac{y}{x}$，则 $\dfrac{\mathrm{d}y}{\mathrm{d}x} = u + x\dfrac{\mathrm{d}u}{\mathrm{d}x}$. 将之代入上式得

$$x\frac{\mathrm{d}u}{\mathrm{d}x} = \frac{1 - u^2}{2u},$$

分离变量得

$$\frac{2u}{1 - u^2}\mathrm{d}u = \frac{1}{x}\mathrm{d}x,$$

两边积分得

$$-\ln(1 - u^2) + \ln C = \ln x,$$

即

$$x(1 - u^2) = C.$$

将 $u = \dfrac{y}{x}$ 代回得原微分方程的通解为

$$x\left[1-\left(\frac{y}{x}\right)^2\right]=C \quad \text{或} \quad y^2=x^2+Cx \quad (C \text{ 为任意常数}).$$

(5) $y'=\dfrac{x+y}{x-y}$；

解 原微分方程可变形为

$$\frac{dy}{dx}=\frac{1+\dfrac{y}{x}}{1-\dfrac{y}{x}}.$$

令 $u=\dfrac{y}{x}$，则 $\dfrac{dy}{dx}=u+x\dfrac{du}{dx}$. 将之代入上式得

$$u+x\frac{du}{dx}=\frac{1+u}{1-u}, \quad \text{即} \quad x\frac{du}{dx}=\frac{1+u^2}{1-u},$$

分离变量并两边积分得

$$\arctan u-\frac{1}{2}\ln(1+u^2)=\ln|x|+C.$$

因此，原微分方程的通解为

$$\arctan \frac{y}{x}-\frac{1}{2}\ln\left(1+\frac{y^2}{x^2}\right)=\ln|x|+C.$$

(7) $\dfrac{dy}{dx}=\dfrac{y}{x}-\dfrac{1}{2}\left(\dfrac{y}{x}\right)^3, y(1)=1$；

解 令 $u=\dfrac{y}{x}$，则 $\dfrac{dy}{dx}=u+x\dfrac{du}{dx}$. 将之代入原微分方程得

$$x\frac{du}{dx}=-\frac{u^3}{2},$$

分离变量得

$$-2\frac{du}{u^3}=\frac{dx}{x},$$

两边积分得

$$u^{-2}=\ln x+C.$$

将 $u=\dfrac{y}{x}$ 代回得原微分方程的通解为

$$x^2=y^2(\ln x+C) \quad (C \text{ 为任意常数}).$$

又将 $y(1)=1$ 代入通解，得 $C=1$，则满足 $y(1)=1$ 的特解为

$$x^2=y^2(1+\ln x).$$

5. 求下列微分方程的通解：

(1) $y'=-2xy+xe^{-x^2}$；

解 法1（常数变易法） 原微分方程对应的齐次线性微分方程的通解为

$$y=Ce^{\int -2xdx}=Ce^{-x^2}.$$

假设 $y=C(x)e^{-x^2}$ 为非齐次线性微分方程的解，代回原微分方程得

$$C'(x)e^{-x^2}-2xe^{-x^2}C(x)=-2xe^{-x^2}C(x)+xe^{-x^2},$$

整理得

$$C'(x)=x,$$

两边积分得

$$C(x)=\int C'(x)dx=\int xdx=\frac{1}{2}x^2+C.$$

因此，原微分方程的通解为

$$y=\left(\frac{1}{2}x^2+C\right)e^{-x^2}.$$

法 2（积分因子法） 原微分方程的积分因子为 $\mu(x) = e^{\int 2x dx} = e^{x^2}$，用积分因子乘微分方程的两边得
$$y' e^{x^2} + 2xy e^{x^2} = x,$$
即
$$(y e^{x^2})' = x,$$
两边积分得原微分方程的通解为
$$y e^{x^2} = \int (y e^{x^2})' dx = \int x dx = \frac{1}{2} x^2 + C.$$

(2) $y' \cos^2 x + y - \tan x = 0$；

解 原微分方程可变形为
$$y' + y \sec^2 x = \tan x \sec^2 x.$$
这是一阶非齐次线性微分方程. 先求出对应的齐次线性微分方程 $y' + y\sec^2 x = 0$ 的通解为
$$y = C e^{-\int \sec^2 x dx} = C e^{-\tan x}.$$
再应用常数变易法，设 $y = C(x) e^{-\tan x}$ 为原微分方程的通解，代入原微分方程，得
$$C'(x) e^{-\tan x} - C(x) \sec^2 x e^{-\tan x} + C(x) e^{-\tan x} \sec^2 x = \tan x \sec^2 x,$$
即
$$C'(x) = e^{\tan x} \tan x \sec^2 x.$$
上式两边积分得
$$C(x) = \int e^{\tan x} \tan x \sec^2 x dx = \int e^{\tan x} \tan x d(\tan x)$$
$$\xrightarrow{\diamondsuit t = \tan x} \int t e^t dt = \int t d(e^t) = (t-1) e^t + C = (\tan x - 1) e^{\tan x} + C,$$
则原微分方程的通解为
$$y = \tan x - 1 + C e^{-\tan x} \quad (C \text{ 为任意常数}).$$

6. 求下列二阶微分方程的通解：

(1) $y'' = 2x + \cos x$；

解 所给微分方程为 $y'' = f(x)$ 型的可降阶的二阶微分方程. 在微分方程两边积分得
$$y' = \int (2x + \cos x) dx = x^2 + \sin x + C_1,$$
再次积分得
$$y = \int (x^2 + \sin x + C_1) dx = \frac{x^3}{3} - \cos x + C_1 x + C_2 \quad (C_1, C_2 \text{ 为任意常数}).$$

(2) $xy'' = y' \ln y'$；

解 所给微分方程为 $y'' = f(x, y')$ 型的可降阶的二阶微分方程. 令 $y' = p(x)$，则 $y'' = p'$，于是得
$$xp' = p \ln p, \quad \text{即} \quad x \frac{dp}{dx} = p \ln p.$$
上式分离变量得
$$\frac{dp}{p \ln p} = \frac{dx}{x},$$
两边积分得
$$\ln(\ln p) = \ln x + \ln C_1,$$
即
$$y' = e^{C_1 x}.$$
上式两边积分得原微分方程的通解为
$$y = \int e^{C_1 x} dx = \frac{e^{C_1 x}}{C_1} + C_2 \quad (C_1, C_2 \text{ 为任意常数}).$$

(4) $\frac{1}{(y')^2} y'' = \cot y$；

解 所给微分方程为 $y'' = f(y, y')$ 型的可降阶的二阶微分方程. 令 $y' = p(y)$, 则 $y'' = p\dfrac{\mathrm{d}p}{\mathrm{d}y}$, 代入原微分方程得

$$\frac{1}{p^2} \cdot p \frac{\mathrm{d}p}{\mathrm{d}y} = \cot y.$$

上式分离变量得

$$\frac{\mathrm{d}p}{p} = \cot y \mathrm{d}y,$$

两边积分得

$$\ln p = \ln(\sin y) + \ln C_1,$$

即

$$y' = p = C_1 \sin y.$$

这是可分离变量的微分方程, 分离变量得

$$\frac{\mathrm{d}y}{\sin y} = C_1 \mathrm{d}x,$$

两边积分得

$$\ln\left|\tan \frac{y}{2}\right| = C_1 x + C,$$

整理得

$$\tan \frac{y}{2} = e^{C_1 x + C} = C_2 e^{C_1 x}.$$

因此, 原微分方程的通解为

$$\tan \frac{y}{2} = C_2 e^{C_1 x} \quad (C_1, C_2 \text{ 为任意常数}).$$

7. 求下列二阶常系数齐次线性微分方程的通解:

(1) $y'' - 5y' + 6y = 0$;

解 所给微分方程的特征方程为

$$r^2 - 5r + 6 = 0,$$

特征根为 $r_1 = 2, r_2 = 3$, 因此所求通解为

$$y = C_1 e^{2x} + C_2 e^{3x} \quad (C_1, C_2 \text{ 为任意常数}).$$

(5) $y'' + y = 0$;

解 所给微分方程的特征方程为

$$r^2 + 1 = 0,$$

特征根为 $r_{1,2} = \pm \mathrm{i}$, 因此所求通解为

$$y = C_1 \cos x + C_2 \sin x \quad (C_1, C_2 \text{ 为任意常数}).$$

(6) $y'' + 6y' + 13y = 0$.

解 所给微分方程的特征方程为

$$r^2 + 6r + 13 = 0,$$

特征根为 $r_{1,2} = -3 \pm 2\mathrm{i}$, 因此所求通解为

$$y = e^{-3x}(C_1 \cos 2x + C_2 \sin 2x) \quad (C_1, C_2 \text{ 为任意常数}).$$

8. 求下列二阶常系数线性微分方程的通解或特解:

(1) $y'' - 7y' + 6y = 4$;

解 这是二阶常系数非齐次线性微分方程, 且函数 $f(x)$ 是 $e^{\lambda x} P_m(x)$ 型 ($m = 0, \lambda = 0$). 特征方程 $r^2 - 7r + 6 = 0$ 有两个不相等的实根为 $r_1 = 6, r_2 = 1$, 于是对应的齐次线性微分方程的通解为

$$Y = C_1 e^{6x} + C_2 e^x.$$

由于 $\lambda = 0$ 不是特征方程的根, 所以设特解为 $y^* = A$. 把它代入原微分方程, 得 $A = \dfrac{2}{3}$, 于是求得一个特解

为 $y^* = \dfrac{2}{3}$,从而所求的通解为
$$y = C_1 \mathrm{e}^{6x} + C_2 \mathrm{e}^x + \dfrac{2}{3} \quad (C_1, C_2 \text{ 为任意常数}).$$

(4) $y'' + 2y' + y = 3\mathrm{e}^{-x}$;

解 这是二阶常系数非齐次线性微分方程,且函数 $f(x)$ 是 $\mathrm{e}^{\lambda x} P_m(x)$ 型 $(m = 0, \lambda = -1)$. 特征方程 $r^2 + 2r + 1 = 0$ 有两个相等的实根为 $r_1 = r_2 = -1$,于是对应的齐次线性微分方程的通解为
$$Y = C_1 \mathrm{e}^{-x} + C_2 x \mathrm{e}^{-x}.$$
由于 $\lambda = -1$ 是特征方程的二重根,所以设特解为 $y^* = A x^2 \mathrm{e}^{-x}$,则
$$y^{*\prime} = 2Ax\mathrm{e}^{-x} - Ax^2\mathrm{e}^{-x}, \quad y^{*\prime\prime} = 2A\mathrm{e}^{-x} - 4Ax\mathrm{e}^{-x} + Ax^2\mathrm{e}^{-x}.$$
把 $y^*, y^{*\prime}, y^{*\prime\prime}$ 代入原微分方程,得 $A = \dfrac{3}{2}$,于是求得一个特解为 $y^* = \dfrac{3}{2} x^2 \mathrm{e}^{-x}$,从而所求的通解为
$$y = C_1 \mathrm{e}^{-x} + C_2 x \mathrm{e}^{-x} + \dfrac{3}{2} x^2 \mathrm{e}^{-x} \quad (C_1, C_2 \text{ 为任意常数}).$$

(7) $y'' + 4y = 2\sin 2x$;

解 这是二阶常系数非齐次线性微分方程,且函数 $f(x)$ 是 $\mathrm{e}^{\lambda x}(M\cos \omega x + N\sin \omega x)$ 型 $(\lambda = 0, \omega = 2, M = 0, N = 1)$. 特征方程 $r^2 + 4 = 0$ 有一对共轭复根为 $r_{1,2} = \pm 2\mathrm{i}$,于是对应的齐次线性微分方程的通解为
$$Y = C_1 \cos 2x + C_2 \sin 2x.$$
由于 $\lambda + \mathrm{i}\omega = 2\mathrm{i}$ 是特征方程的根,所以设特解为
$$y^* = ax\cos 2x + bx\sin 2x,$$
则
$$y^{*\prime} = a\cos 2x - 2ax\sin 2x + b\sin 2x + 2bx\cos 2x,$$
$$y^{*\prime\prime} = -4a\sin 2x - 4ax\cos 2x + 4b\cos 2x - 4bx\sin 2x.$$
把 $y^*, y^{*\prime\prime}$ 代入原微分方程,得
$$-4a\sin 2x + 4b\cos 2x = 2\sin 2x, \quad \text{解得} \quad a = -\dfrac{1}{2}, b = 0,$$
于是求得一个特解为 $y^* = -\dfrac{1}{2} x\cos 2x$,从而所求的通解为
$$y = C_1 \cos 2x + C_2 \sin 2x - \dfrac{1}{2} x\cos 2x \quad (C_1, C_2 \text{ 为任意常数}).$$

(10) $y'' - 2y' + 2y = \mathrm{e}^x + 25x\cos x$;

解 特征方程 $r^2 - 2r + 2 = 0$ 有一对共轭复根为 $r_{1,2} = 1 \pm \mathrm{i}$,于是对应的齐次线性微分方程的通解为
$$Y = \mathrm{e}^x(C_1 \cos x + C_2 \sin x).$$
原微分方程的特解是微分方程 $y'' - 2y' + 2y = \mathrm{e}^x$ 与 $y'' - 2y' + 2y = 25x\cos x$ 的两个特解之和.

① 对于 $y'' - 2y' + 2y = \mathrm{e}^x$,函数 $f_1(x)$ 是 $\mathrm{e}^{\lambda x} P_m(x)$ 型 $(m = 0, \lambda = 1)$. 由于 $\lambda = 1$ 不是特征方程的根,所以设特解为 $y_1^* = A\mathrm{e}^x$. 代入微分方程 $y'' - 2y' + 2y = \mathrm{e}^x$,得 $A = 1$,故特解为 $y_1^* = \mathrm{e}^x$.

② 对于 $y'' - 2y' + 2y = 25x\cos x$,函数 $f_2(x)$ 是 $\mathrm{e}^{\lambda x}(M\cos \omega x + N\sin \omega x)$ 型 $(\lambda = 0, \omega = 1, M = 25x, N = 0)$. 由于 $\lambda + \omega\mathrm{i} = \mathrm{i}$ 不是特征方程的根,所以设特解为
$$y_2^* = (ax + b)\cos x + (cx + d)\sin x.$$
代入微分方程 $y'' - 2y' + 2y = 25x\cos x$,得 $a = 5, b = 2, c = -10, d = -14$,所以特解为
$$y_2^* = (5x + 2)\cos x - (10x + 14)\sin x.$$
因此,原微分方程的特解为
$$y^* = \mathrm{e}^x + (5x + 2)\cos x - (10x + 14)\sin x,$$
从而原微分方程的通解为
$$y = \mathrm{e}^x(C_1 \cos x + C_2 \sin x + 1) + (5x + 2)\cos x - (10x + 14)\sin x.$$

9. 求连续函数 $f(x)$, 使它满足 $f(x) + 2\int_0^x f(t)\mathrm{d}t = x^2$.

解 对已知等式两边关于 x 求导, 得
$$f'(x) + 2f(x) = 2x.$$
这是一阶线性微分方程, 由通解公式得
$$f(x) = \mathrm{e}^{-\int 2\mathrm{d}x}\left(\int 2x\mathrm{e}^{\int 2\mathrm{d}x}\mathrm{d}x + C\right) = \mathrm{e}^{-2x}\left(\int 2x\mathrm{e}^{2x}\mathrm{d}x + C\right)$$
$$= \mathrm{e}^{-2x}\left(x\mathrm{e}^{2x} - \frac{1}{2}\mathrm{e}^{2x} + C\right) = x - \frac{1}{2} + C\mathrm{e}^{-2x} \quad (C \text{ 为任意常数}).$$
又 $f(0) = 0$, 代入通解得 $C = \frac{1}{2}$, 故 $f(x) = x - \frac{1}{2} + \frac{1}{2}\mathrm{e}^{-2x}$.

10. 某商品的需求量 Q 对价格 p 的弹性为 $-p\ln 3$. 已知该商品的最大需求量为 1 200 (当 $p = 0$ 时, $Q = 1\,200$), 求需求量 Q 对价格 p 的函数关系.

解 由弹性公式可得
$$\frac{p}{Q} \cdot \frac{\mathrm{d}Q}{\mathrm{d}p} = -p\ln 3, \quad \text{即} \quad \frac{\mathrm{d}Q}{\mathrm{d}p} = -Q\ln 3.$$
上式分离变量得 $\frac{\mathrm{d}Q}{Q} = -\ln 3\mathrm{d}p$, 两边积分得 $\ln Q = -p\ln 3 + \ln C$, 整理得到需求量与价格的函数关系为 $Q = C\mathrm{e}^{-p\ln 3}$.

又已知当 $p = 0$ 时, $Q = 1\,200$, 代入上式得 $C = 1\,200$. 因此
$$Q = 1\,200\mathrm{e}^{-p\ln 3}.$$

12. 设函数 $D(t), Y(t)$ 分别表示国民债务函数、国民收入函数, 其中 t 为时间. 若它们有以下的关系:
$$\begin{cases} \dfrac{\mathrm{d}D}{\mathrm{d}t} = \alpha Y(t), \\ \dfrac{\mathrm{d}Y}{\mathrm{d}t} = \beta, \\ Y(0) = Y_0, D(0) = D_0, \end{cases}$$
其中 α, β 是正常数, 求:

(1) $D(t), Y(t)$;

(2) $\lim\limits_{t\to\infty} \dfrac{D(t)}{Y(t)}$.

解 (1) 由 $\dfrac{\mathrm{d}Y}{\mathrm{d}t} = \beta$ 分离变量得 $\mathrm{d}Y = \beta\mathrm{d}t$, 两边积分得 $Y(t) = \beta t + C_1$. 将 $Y(0) = Y_0$ 代入得 $C_1 = Y_0$, 所以 $Y(t) = \beta t + Y_0$.

由 $\dfrac{\mathrm{d}D}{\mathrm{d}t} = \alpha Y(t)$ 分离变量得 $\mathrm{d}D = \alpha Y(t)\mathrm{d}t = (\alpha\beta t + \alpha Y_0)\mathrm{d}t$, 两边积分得 $D(t) = \dfrac{1}{2}\alpha\beta t^2 + \alpha Y_0 t + C_2$.

将 $D(0) = D_0$ 代入得 $C_2 = D_0$, 所以 $D(t) = \dfrac{1}{2}\alpha\beta t^2 + \alpha Y_0 t + D_0$.

(2) $\lim\limits_{t\to\infty} \dfrac{D(t)}{Y(t)} = \lim\limits_{t\to\infty} \dfrac{\dfrac{1}{2}\alpha\beta t^2 + \alpha Y_0 t + D_0}{\beta t + Y_0} = \infty.$

(B)

2. 选择题:

(3) 已知 $y = \dfrac{x}{\ln x}$ 是微分方程 $y' = \dfrac{y}{x} + \varphi\left(\dfrac{y}{x}\right)$ 的解, 则 $\varphi\left(\dfrac{y}{x}\right)$ 的表达式为 ( ).

A. $-\dfrac{y^2}{x^2}$ B. $\dfrac{y^2}{x^2}$ C. $-\dfrac{x^2}{y^2}$ D. $\dfrac{x^2}{y^2}$

解 因为 $y = \dfrac{x}{\ln x}$, 则 $y' = \dfrac{\ln x - 1}{\ln^2 x}$. 又 $y = \dfrac{x}{\ln x}$ 是微分方程 $y' = \dfrac{y}{x} + \varphi\left(\dfrac{y}{x}\right)$ 的解, 所以将 $y = \dfrac{x}{\ln x}$

代入微分方程得 $\dfrac{\ln x - 1}{\ln^2 x} = \dfrac{1}{\ln x} + \varphi\left(\dfrac{1}{\ln x}\right)$. 因此 $\varphi\left(\dfrac{1}{\ln x}\right) = -\dfrac{1}{\ln^2 x}$，即 $\varphi\left(\dfrac{y}{x}\right) = -\dfrac{y^2}{x^2}$，答案是 A.

(4) 若连续函数 $f(x)$ 满足 $f(x) = \int_0^{3x} f\left(\dfrac{t}{3}\right) \mathrm{d}t + \ln 3$，则 $f(x)$ 的表达式为（　　）.

A. $\mathrm{e}^x \ln 3$ B. $\mathrm{e}^{3x} \ln 3$ C. $\mathrm{e}^x + \ln 3$ D. $\mathrm{e}^{3x} + \ln 3$

解 对方程 $f(x) = \int_0^{3x} f\left(\dfrac{t}{3}\right) \mathrm{d}t + \ln 3$ 两边关于 x 求导，得 $f'(x) = 3f(x)$，分离变量并两边积分得 $\int \dfrac{\mathrm{d}f(x)}{f(x)} = \int 3 \mathrm{d}x, \ln|f(x)| = 3x + C_1$，即 $f(x) = C\mathrm{e}^{3x}$. 又 $f(0) = \ln 3$，代入 $f(x) = C\mathrm{e}^{3x}$ 得 $C = \ln 3$，因此 $f(x) = \mathrm{e}^{3x} \ln 3$，答案是 B.

(6) 已知函数 $y = y(x)$ 在任意点 x 处的增量为 $\Delta y = \dfrac{y}{1+x^2} \Delta x + \alpha$，且当 $\Delta x \to 0$ 时，α 是 Δx 的高阶无穷小量. 若 $y(0) = \pi$，则 $y(1)$ 等于（　　）.

A. 2π B. π C. $\mathrm{e}^{\frac{\pi}{4}}$ D. $\pi \mathrm{e}^{\frac{\pi}{4}}$

解 由题意知 $\dfrac{\Delta y}{\Delta x} = \dfrac{y}{1+x^2} + \dfrac{\alpha}{\Delta x}$，又 $\lim\limits_{\Delta x \to 0} \dfrac{\alpha}{\Delta x} = 0$，所以 $y' = \lim\limits_{\Delta x \to 0} \dfrac{\Delta y}{\Delta x} = \dfrac{y}{1+x^2}$，即 $\dfrac{\mathrm{d}y}{\mathrm{d}x} = \dfrac{y}{1+x^2}$. 上式分离变量得 $\dfrac{\mathrm{d}y}{y} = \dfrac{\mathrm{d}x}{1+x^2}$，两边积分得 $\ln y = \arctan x + C$. 将 $y(0) = \pi$ 代入得 $C = \ln \pi$，所以方程为 $\ln y = \arctan x + \ln \pi$，则 $y(1) = \mathrm{e}^{\arctan 1 + \ln \pi} = \pi \mathrm{e}^{\frac{\pi}{4}}$，答案是 D.

第十一章 差分方程

内容简介

1. 差分的概念

定义 11.1 设 $y_t = y(t)$ 是定义在非负整数集上的函数,则称改变量 $y_{t+1} - y_t$ 为函数 y_t 的差分,也称为函数 y_t 的一阶差分,记为 Δy_t,即

$$\Delta y_t = y_{t+1} - y_t \quad 或 \quad \Delta y_t = y(t+1) - y(t).$$

定义 11.2 一阶差分的差分 $\Delta^2 y_t$ 称为二阶差分,即

$$\Delta^2 y_t = \Delta(\Delta y_t) = \Delta y_{t+1} - \Delta y_t$$
$$= (y_{t+2} - y_{t+1}) - (y_{t+1} - y_t) = y_{t+2} - 2y_{t+1} + y_t.$$

一般地,函数 y_t 的 $n-1$ 阶差分的差分称为 n 阶差分,记为 $\Delta^n y_t$,即

$$\Delta^n y_t = \Delta^{n-1} y_{t+1} - \Delta^{n-1} y_t = \sum_{i=0}^{n}(-1)^i C_n^i y_{t+n-i}.$$

二阶及二阶以上的差分统称为高阶差分.

2. 差分方程的概念

定义 11.3 含有自变量 t,未知函数 y_t 以及未知函数 y_t 的 i 阶差分 $(i=1,2,\cdots,n)$ 或 y_t 的相继值 $y_{t+1}, y_{t+2}, \cdots, y_{t+n}$ 的关系式

$$F(t, y_t, \Delta y_t, \cdots, \Delta^n y_t) = 0$$

或

$$G(t, y_t, y_{t+1}, \cdots, y_{t+n}) = 0$$

称为差分方程,这里 F 和 G 是已知的函数.

定义 11.4 差分方程中未知函数相继值的最大下标与最小下标之差称为差分方程的阶数.

定义 11.5 将函数 $y_t = \varphi(t)$ 代入差分方程,若方程两边恒等,则称 $y_t = \varphi(t)$ 为该差分方程的解. 如果差分方程的解中含有相互独立的任意常数的个数恰好等于该差分方程的阶数,则称这个解为差分方程的通解;否则,称该解为差分方程的一个特解.

定义 11.6 若 $G(t, y_t, y_{t+1}, \cdots, y_{t+n})$ 是关于 $y_t, y_{t+1}, \cdots, y_{t+n}$ 的线性函数,则称

$$G(t, y_t, y_{t+1}, \cdots, y_{t+n}) = 0$$

为线性差分方程. n 阶线性差分方程的一般形式为

$$a_0(t)y_{t+n} + a_1(t)y_{t+n-1} + \cdots + a_{n-1}(t)y_{t+1} + a_n(t)y_t = f(t), \quad (11-1)$$

其中 $a_i(t)(i=0,1,2,\cdots,n)$ 和 $f(t)$ 为已知函数,且 $a_0(t) \neq 0, a_n(t) \neq 0$.

当对所有非负整数 t,均有 $f(t)=0$ 时,线性差分方程(11-1)成为

$$a_0(t)y_{t+n} + a_1(t)y_{t+n-1} + \cdots + a_{n-1}(t)y_{t+1} + a_n(t)y_t = 0, \quad (11-2)$$

称上式为与方程(11-1)对应的 n 阶齐次线性差分方程.

若存在某些非负整数 t,使得 $f(t) \neq 0$,则称方程(11-1)为 n 阶非齐次线性差分方程.

特别地,

$$y_{t+n} + a_1 y_{t+n-1} + \cdots + a_{n-1} y_{t+1} + a_n y_t = f(t)$$

和

$$y_{t+n} + a_1 y_{t+n-1} + \cdots + a_{n-1} y_{t+1} + a_n y_t = 0,$$

分别称为 n 阶常系数非齐次线性差分方程和 n 阶常系数齐次线性差分方程,其中 $a_1, a_2, \cdots, a_n$ 均为常数,且 $a_n \neq 0$.

重要公式、定理及结论

1. 差分的性质

① $\Delta(Cy_t) = C\Delta y_t$ (C 为常数);

② $\Delta(y_t \pm z_t) = \Delta y_t \pm \Delta z_t$;

③ $\Delta(y_t \cdot z_t) = z_t \Delta y_t + y_{t+1} \Delta z_t = z_{t+1} \Delta y_t + y_t \Delta z_t$;

④ $\Delta\left(\dfrac{y_t}{z_t}\right) = \dfrac{z_t \Delta y_t - y_t \Delta z_t}{z_{t+1} \cdot z_t}$ ($z_t \neq 0$).

2. 线性差分方程解的性质

性质 11.1 设 $\varphi_1(t), \varphi_2(t)$ 是方程(11-2)的两个解,则 $\varphi_1(t) \pm \varphi_2(t)$ 也是方程(11-2)的解.

性质 11.2 设 $\varphi(t)$ 是方程(11-2)的解,C 为常数,则 $C\varphi(t)$ 也是方程(11-2)的解.

性质 11.3 设 $\varphi_1(t), \varphi_2(t)$ 是方程(11-1)的两个解,则 $\varphi_1(t) - \varphi_2(t)$ 是方程(11-2)的解.

性质 11.4 设 $\varphi(t)$ 是方程(11-2)的解,$\psi(t)$ 是方程(11-1)的解,则 $\psi(t) + \varphi(t)$ 是方程(11-1)的解.

3. 线性差分方程解的结构

定理 11.1 设 $\varphi_1(t), \varphi_2(t), \cdots, \varphi_n(t)$ 是 n 阶齐次线性差分方程(11-2)的 n 个线性无关的解,则 n 阶齐次线性差分方程(11-2)的通解为

$$y_t = C_1\varphi_1(t) + C_2\varphi_2(t) + \cdots + C_n\varphi_n(t),$$

其中 $C_1, C_2, \cdots, C_n$ 是任意常数.

定理 11.2 设 $\varphi_1(t), \varphi_2(t), \cdots, \varphi_n(t)$ 是 n 阶齐次线性差分方程(11-2)的 n 个线性无关的解,$\xi(t)$ 是 n 阶非齐次线性差分方程(11-1)的一个特解,则方程(11-1)的通解为

$$y_t = \xi(t) + C_1\varphi_1(t) + C_2\varphi_2(t) + \cdots + C_n\varphi_n(t),$$

其中 $C_1, C_2, \cdots, C_n$ 是任意常数.

注 以上两个定理表明：

① 要求得 n 阶齐次线性差分方程(11-2)的通解，只需先求出它的 n 个线性无关的解，然后将这 n 个线性无关的解线性组合，即为 n 阶齐次线性差分方程(11-2)的通解.

② 求 n 阶非齐次线性差分方程(11-1)的通解的步骤是：先求出对应的齐次线性差分方程(11-2)的通解，再求出 n 阶非齐次线性差分方程(11-1)的一个特解，则它们的和即为所求通解.

4. 一阶常系数线性差分方程的解法

一阶常系数非齐次线性差分方程的一般形式为

$$y_{t+1} - Py_t = f(t), \tag{11-3}$$

其中 $P \neq 0$ 为常数，$f(t)$ 为 t 的已知函数，称为非齐次项.

一阶常系数齐次线性差分方程的一般形式为

$$y_{t+1} - Py_t = 0. \tag{11-4}$$

(1) 求一阶常系数齐次线性差分方程(11-4)的通解的方法

① 迭代法.

将差分方程 $y_{t+1} - Py_t = 0$ 改写为 $y_{t+1} = Py_t$，依次可推出

$$y_1 = Py_0, \quad y_2 = Py_1 = P^2 y_0, \quad \cdots, \quad y_t = P^t y_0,$$

故通解为 $y_t = CP^t$ (C 为任意常数).

② 特征根法.

差分方程 $y_{t+1} - Py_t = 0$ 的特征方程为 $\lambda - P = 0$，则特征根为 $\lambda = P$，故通解为 $y_t = CP^t$ (C 为任意常数).

(2) 求一阶常系数非齐次线性差分方程(11-3)的特解的方法——待定系数法

求一阶常系数非齐次线性差分方程(11-3)的特解的一个常用有效方法是"待定系数法"，其基本思想是：先用与方程(11-3)中非齐次项 $f(t)$ 形式相同但含有待定系数的函数作为方程(11-3)的特解(所设函数称为试解函数)，然后将试解函数代入方程(11-3)，确定试解函数中的待定系数，从而求得特解 $y^*(t)$. 对特殊的非齐次项 $f(t)$，设试解函数的原则如表 11-1 所示.

表 11-1

$f(t)$ 的类型	取试解函数条件	试解函数 $y^*(t)$ 的形式
$f(t) = P_m(t)$	$P \neq 1$	$y^*(t) = Q_m(t)$
	$P = 1$	$y^*(t) = tQ_m(t)$
$f(t) = d^t P_m(t)$ $d \neq 0$ 为常数.	$P \neq d$	$y^*(t) = Q_m(t)d^t$
	$P = d$	$y^*(t) = tQ_m(t)d^t$

表 11-1 中，① $P_m(t) = a_0 t^m + a_1 t^{m-1} + \cdots + a_{m-1}t + a_m$ 为已知 m 次多项式；② $Q_m(t) = b_0 t^m + b_1 t^{m-1} + \cdots + b_{m-1}t + b_m$ 为待定 m 次多项式.

(3) 一阶常系数非齐次线性差分方程(11-3)的通解

先求出方程(11-3)对应的齐次线性差分方程(11-4)的通解 $y_c(t)$，再求出一阶非齐次线性差分方程(11-3)的一个特解 $y^*(t)$，则它们的和即为所求通解，即

$$y_t = y_c(t) + y^*(t).$$

5. 二阶常系数线性差分方程的解法

二阶常系数非齐次线性差分方程的一般形式为

$$y_{t+2} + ay_{t+1} + by_t = f(t), \tag{11-5}$$

其中 a,b 为已知常数,且 $b \neq 0$,$f(t)$ 为 t 的已知函数.

二阶常系数齐次线性差分方程的一般形式为

$$y_{t+2} + ay_{t+1} + by_t = 0. \tag{11-6}$$

(1) 求二阶常系数齐次线性差分方程(11-6)的通解的方法——特征根法

求方程(11-6)的通解的步骤如下:

① 写出特征方程 $\lambda^2 + a\lambda + b = 0$;

② 求出特征方程的根;

③ 按表 11-2 写出差分方程(11-6)的通解.

表 11-2

特征方程	特征根	通解
$\lambda^2 + a\lambda + b = 0$	相异实根 $\lambda_1 \neq \lambda_2$	$y_c(t) = C_1\lambda_1^t + C_2\lambda_2^t$
	重实根 $\lambda_1 = \lambda_2$	$y_c(t) = (C_1 + C_2)\lambda_1^t$
	共轭复根 $\lambda_{1,2} = \alpha \pm i\beta$	$y_c(t) = r^t(C_1\cos\omega t + C_2\sin\omega t)$

表 11-2 中,

$$r = \sqrt{\alpha^2 + \beta^2}, \quad \tan\omega = \frac{\beta}{\alpha}, \quad \omega \in (0, \pi)$$

或

$$r = \sqrt{b}, \quad \tan\omega = -\frac{\sqrt{4b-a^2}}{a}, \quad \omega \in (0, \pi).$$

(2) 求二阶常系数非齐次线性差分方程(11-5)的特解的方法——待定系数法

求二阶常系数非齐次线性差分方程(11-5)的特解的常用方法也是"待定系数法". 设试解函数的原则如表 11-3 所示.

表 11-3

$f(t)$ 的类型	取试解函数条件	试解函数 $y^*(t)$ 的形式
$f(t) = d^t P_m(t)$ $d \neq 0$ 为常数.	d 不是特征根	$y^*(t) = d^t Q_m(t)$
	d 是单特征根	$y^*(t) = d^t t Q_m(t)$
	d 是重特征根	$y^*(t) = d^t t^2 Q_m(t)$

表 11-3 中,① $P_m(t) = a_0 t^m + a_1 t^{m-1} + \cdots + a_{m-1}t + a_m$ 为已知 m 次多项式;

② $Q_m(t) = b_0 t^m + b_1 t^{m-1} + \cdots + b_{m-1}t + b_m$ 为待定 m 次多项式.

(3) 二阶常系数非齐次线性差分方程(11-5)的通解

先求出方程(11-5)对应的齐次线性差分方程(11-6)的通解 $y_c(t)$,再求出二阶非齐次线性差分方程(11-5)的一个特解 $y^*(t)$,则它们的和即为所求通解,即

$$y_t = y_c(t) + y^*(t).$$

第十一章 差分方程

复习考试要求

1. 了解差分的定义、性质及差分方程的定义,理解通解和特解的概念.
2. 了解线性差分方程的解的性质和线性差分方程解的结构.
3. 掌握一阶和二阶常系数线性差分方程的解法,会求其通解和特解.
4. 会通过建立差分方程模型,解决简单的经济应用问题.

典型例题

例 1 计算函数 $y_t = \ln(1+t) + 2^t$ 的一阶差分 Δy_t 和三阶差分 $\Delta^3 y_t$.

解 套用差分的定义式直接计算即可.

因为 $\Delta y_t = y_{t+1} - y_t$,所以

$$\Delta y_t = y_{t+1} - y_t = \ln(2+t) + 2^{t+1} - \ln(1+t) - 2^t = \ln\frac{2+t}{1+t} + 2^t.$$

又因为

$$\Delta^2 y_t = y_{t+2} - 2y_{t+1} + y_t,$$
$$\Delta^3 y_t = \Delta y_{t+2} - 2\Delta y_{t+1} + \Delta y_t = y_{t+3} - 3y_{t+2} + 3y_{t+1} - y_t,$$

所以

$$\Delta^3 y_t = \ln(t+4) + 2^{t+3} - 3\ln(t+3) - 3 \cdot 2^{t+2} + 3\ln(t+2) + 3 \cdot 2^{t+1} - \ln(1+t) - 2^t$$
$$= \ln\frac{(t+4)(t+2)^3}{(t+3)^3(t+1)} + 2^t.$$

例 2 差分方程 $y_{t+2} - 7y_{t+1} + 9y_t = 5$ 的阶数是_____.

解 按差分方程阶的定义,算出未知函数下标的最大差即可.

由于 $t+2-t=2$,故所给差分方程为二阶差分方程.

例 3 验证 $y_t = \dfrac{a}{1+at}$ 是差分方程 $(1+y_t)y_{t+1} = y_t$ 的解,其中 a 为任意常数.

解 将 y_t 代入差分方程,若使差分方程成为恒等式,则 y_t 是差分方程的解.

将 y_t 代入差分方程左边,有

$$(1+y_t)y_{t+1} = \left(1+\frac{a}{1+at}\right)\frac{a}{1+at+a} = \frac{a}{1+at} = y_t = 右边,$$

故 y_t 是已知差分方程的解.

例 4 差分方程 $y_{t+1} - 3y_t = 4$ 满足初始条件 $y_0 = 1$ 的特解为_____.

解 先求原差分方程对应的齐次线性差分方程 $y_{t+1} - 3y_t = 0$ 的通解.由迭代法的公式有

$$y_c(t) = C3^t,$$

其中 C 为任意常数.

再求非齐次线性差分方程 $y_{t+1} - 3y_t = 4$ 的特解. 由于 $P = 3 \neq 1$, 所以设特解为 $y^*(t) = A$. 代入非齐次线性差分方程, 得 $A = -2$. 因此, 差分方程 $y_{t+1} - 3y_t = 4$ 的通解为
$$y_t = y_c(t) + y^*(t) = C3^t - 2,$$
其中 C 为任意常数.

把初始条件 $y_0 = 1$ 代入, 得 $C = 3$, 故所求特解为 $y_t = 3^{t+1} - 2$.

例 5 求下列一阶常系数线性差分方程的通解:

(1) $y_{t+1} - y_t = 3t - 2$; (2) $y_{t+1} - 3y_t = t2^t$.

解 先求原差分方程对应的齐次线性差分方程的通解, 再由待定系数法求非齐次线性差分方程的特解, 最后求和即可.

(1) 原差分方程对应的齐次线性差分方程 $y_{t+1} - y_t = 0$ 的通解为
$$y_c(t) = C,$$
其中 C 为任意常数. 由于 $P = 1$, 因此设特解为
$$y^*(t) = t(At + B) = At^2 + Bt.$$
代入非齐次线性差分方程, 有 $2At + A + B = 3t - 2$, 比较系数得 $A = \dfrac{3}{2}$, $B = -\dfrac{7}{2}$, 则特解为 $y^*(t) = \dfrac{3}{2}t^2 - \dfrac{7}{2}t$. 因此, 原差分方程的通解为
$$y_t = y_c(t) + y^*(t) = \dfrac{3}{2}t^2 - \dfrac{7}{2}t + C,$$
其中 C 为任意常数.

(2) 原差分方程对应的齐次线性差分方程 $y_{t+1} - 3y_t = 0$ 的通解为
$$y_c(t) = C3^t,$$
其中 C 为任意常数.

由于 $P = 3 \neq d = 2$, 因此设特解为 $y^*(t) = (At + B)2^t$. 代入非齐次线性差分方程, 有 $(-At + 2A - B)2^t = t2^t$, 比较系数得 $A = -1$, $B = -2$, 则特解为
$$y^*(t) = -(t + 2)2^t.$$
因此, 原差分方程的通解为
$$y_t = y_c(t) + y^*(t) = C3^t - (t + 2)2^t,$$
其中 C 为任意常数.

例 6 二阶差分方程 $y_{t+2} - 7y_{t+1} + 12y_t = 0$ 的通解为 _____.

解 原差分方程的特征方程为 $\lambda^2 - 7\lambda + 12 = 0$, 特征根为
$$\lambda_1 = 3, \quad \lambda_2 = 4,$$
因此原差分方程的通解为
$$y_t = C_1 3^t + C_2 4^t,$$
其中 C_1, C_2 为任意常数.

例 7 求二阶常系数线性差分方程 $y_{t+2} - 4y_{t+1} + 4y_t = 3t + 6$ 的通解.

解 先求原差分方程对应的齐次线性差分方程 $y_{t+2} - 4y_{t+1} + 4y_t = 0$ 的通解. 齐次线性差分方程的特征方程为 $\lambda^2 - 4\lambda + 4 = 0$, 特征根为
$$\lambda_1 = \lambda_2 = 2,$$

因此齐次线性差分方程的通解为 $y_c(t) = (C_1 + C_2 t) 2^t$,其中 C_1, C_2 为任意常数.

由于 $d = 1$ 不是特征根,因此设特解为
$$y^*(t) = At + B.$$
代入非齐次线性差分方程,有 $At - 2A + B = 3t + 6$,比较系数得 $A = 3, B = 12$,则特解为
$$y^*(t) = 3t + 12.$$
因此,原差分方程的通解为
$$y_t = y_c(t) + y^*(t) = (C_1 + C_2 t) 2^t + 3t + 12,$$
其中 C_1, C_2 为任意常数.

例8 已知某二阶常系数非齐次线性差分方程的通解为 $y_t = C_1 + C_2 (-2)^t + 3t$,求此差分方程.

解 由解的结构定理,先分析出要求二阶常系数非齐次线性差分方程对应的齐次线性差分方程的形式,再由非齐次线性差分方程特解的形式用待定系数法可得出所求差分方程. 本题是已知二阶常系数线性差分方程求其通解题目的逆运算.

由于所求差分方程为二阶常系数非齐次线性差分方程,由解的结构定理可知,它所对应的齐次线性差分方程的通解为
$$y_c(t) = C_1 + C_2 (-2)^t,$$
从而齐次线性差分方程的特征方程为
$$(\lambda - 1)(\lambda + 2) = 0,$$
即 $\lambda^2 + \lambda - 2 = 0$. 因此,对应的齐次线性差分方程为 $y_{t+2} + y_{t+1} - 2y_t = 0$.

又因为 $y^*(t) = 3t$,且 $d = 1$ 是特征方程的单根,所以可设所求差分方程为
$$y_{t+2} + y_{t+1} - 2y_t = A.$$
将 $y^*(t) = 3t$ 代入得 $A = 9$,因此所求差分方程为
$$y_{t+2} + y_{t+1} - 2y_t = 9.$$

例9 某公司每年的工资总额在比上一年增加 20% 的基础上再追加 2 百万元. 若以 W_t 表示第 t 年的工资总额(单位:百万元),则 W_t 满足的差分方程是_____.

解 利用差分方程的定义求解. 由已知,设上一年的工资总额为 W_{t-1},因此有 $W_t = 1.2 W_{t-1} + 2$.

例10 设银行存款的年利率为 $r = 0.05$,并依年复利计算. 某基金会希望通过存款 A 万元实现第一年提取 19 万元,第二年提取 28 万元……第 n 年提取 $10 + 9n$ 万元,并能按此规律一直提取下去,问:A 至少应为多少万元?

解 根据离散复利公式可得用于第 n 年提取 $10 + 9n$ 万元的贴现值表达式,可建立差分方程求解.

设第 t 年提款后的余款是 y_t,由题意知 y_t 满足方程
$$y_t = (1 + 0.05) y_{t-1} - (10 + 9t),$$
即求 $y_t - 1.05 y_{t-1} = -9t - 10$ 的特解.

先求差分方程对应的齐次线性差分方程 $y_t - 1.05 y_{t-1} = 0$ 的通解为
$$y_c(t) = C(1.05)^t,$$
其中 C 为任意常数.

由于 $P = 1.05 \neq 1$,因此设其特解为 $y_t^* = Dt + E$. 代入非齐次线性差分方程,有

$-0.05Dt + 1.05D - 0.05E = -9t - 10$，比较系数得 $D = 180, E = 3980$，则特解为
$$y_t^* = 180t + 3980.$$

因此，差分方程的通解为
$$y_t = C(1.05)^t + 180t + 3980.$$

由 $y_0 = A, y_t \geqslant 0$，得 $A = C + 3980, C \geqslant 0$，故 A 至少为 3980 万元.

课后习题选解

（A）

1. 计算下列差分：

(2) 设 $y_t = 3t^2 - 4t + 2$，求 $\Delta^2 y_t, \Delta^3 y_t$.

解 $\Delta^2 y_t = \Delta y_{t+1} - \Delta y_t = y_{t+2} - 2y_{t+1} + y_t$
$= 3(t+2)^2 - 4(t+2) + 2 - 2[3(t+1)^2 - 4(t+1) + 2] + 3t^2 - 4t + 2 = 6,$
$\Delta^3 y_t = \Delta y_{t+2} - 2\Delta y_{t+1} + \Delta y_t = y_{t+3} - 3y_{t+2} + 3y_{t+1} - y_t = 0.$

2. 确定下列差分方程的阶：

(1) $y_{t+5} + 6y_{t+1} = t^3$；

解 由于 $t + 5 - (t + 1) = 4$，故差分方程是四阶差分方程.

(2) $(y_{t+5})^3 + y_{t+6} = 0$.

解 由于 $t + 6 - (t + 5) = 1$，故差分方程是一阶差分方程.

3. 验证下列函数是否为所给差分方程的解：

(1) $y_t = \frac{1}{2}3^t - 2t + C$，差分方程 $y_{t+1} - y_t = 3^t - 2$ （C 为常数）；

解 将 $y_t = \frac{1}{2}3^t - 2t + C$ 和 $y_{t+1} = \frac{1}{2}3^{t+1} - 2(t+1) + C$ 代入差分方程 $y_{t+1} - y_t = 3^t - 2$ 的左边，有
$$y_{t+1} - y_t = \frac{1}{2}3^{t+1} - 2(t+1) + C - \left(\frac{1}{2}3^t - 2t + C\right) = 3^t - 2 = 右边,$$

所以 $y_t = \frac{1}{2}3^t - 2t + C$ 是差分方程 $y_{t+1} - y_t = 3^t - 2$ 的解.

(2) $y_t = \frac{1}{1 + Ct}$，差分方程 $(1 + y_t)y_{t+1} = y_t$ （C 为常数）.

解 将 $y_t = \frac{1}{1 + Ct}$ 和 $y_{t+1} = \frac{1}{1 + Ct + C}$ 代入差分方程 $(1 + y_t)y_{t+1} = y_t$ 的左边，有
$$(1 + y_t)y_{t+1} = \left(1 + \frac{1}{1 + Ct}\right)\frac{1}{1 + Ct + C} = \frac{2 + Ct}{(1 + Ct)(1 + Ct + C)} \neq 右边,$$

故 $y_t = \frac{1}{1 + Ct}$ 不是差分方程 $(1 + y_t)y_{t+1} = y_t$ 的解.

4. 若 $y_t = C_1 + C_2 a^t$ 是差分方程 $y_{t+2} - 3y_{t+1} + 2y_t = 0$ 的通解，试求 a.

解 差分方程 $y_{t+2} - 3y_{t+1} + 2y_t = 0$ 的特征方程为 $\lambda^2 - 3\lambda + 2 = 0$，特征根为 $\lambda_1 = 1, \lambda_2 = 2$，因此原差分方程的通解为
$$y_t = C_1 + C_2 2^t,$$

其中 C_1, C_2 为任意常数. 故 $a = 2$.

5. 求下列一阶差分方程的通解或给定初始条件下的特解：

(1) $2y_{t+1} - 3y_t = 0$；

解 原差分方程可化为 $y_{t+1} - \frac{3}{2}y_t = 0$,其特征方程为 $\lambda - \frac{3}{2} = 0$,特征根为 $\lambda = \frac{3}{2}$,因此原差分方程的通解为
$$y_t = C\left(\frac{3}{2}\right)^t \quad (C \text{ 为任意常数}).$$

(2) $3y_{t+1} - y_t = 0, y_0 = 2$;

解 原差分方程可化为 $y_{t+1} - \frac{1}{3}y_t = 0$,其特征方程为 $\lambda - \frac{1}{3} = 0$,特征根为 $\lambda = \frac{1}{3}$,因此原差分方程的通解为
$$y_t = C\left(\frac{1}{3}\right)^t,$$
其中 C 为任意常数. 将 $y_0 = 2$ 代入得 $C = 2$,故所求特解为
$$y_t = 2\left(\frac{1}{3}\right)^t.$$

(3) $y_{t+1} - 2y_t = 2^t$.

解 原差分方程对应的齐次线性差分方程 $y_{t+1} - 2y_t = 0$ 的通解为
$$y_c(t) = C2^t.$$
由于 $P = 2 = d$,因此设特解为 $y^*(t) = At2^t$. 代入非齐次线性差分方程,有 $2A2^t = 2^t$,比较系数得 $A = \frac{1}{2}$,则特解为
$$y^*(t) = \frac{1}{2}t2^t.$$
因此,原差分方程的通解为
$$y_t = y_c(t) + y^*(t) = C2^t + \frac{1}{2}t2^t,$$
其中 C 为任意常数.

6.求下列二阶齐次线性差分方程的通解或满足初始条件的特解:

(1) $y_{t+2} + 4y_{t+1} - 5y_t = 0$;

解 原差分方程的特征方程为 $\lambda^2 + 4\lambda - 5 = 0$,特征根为 $\lambda_1 = 1, \lambda_2 = -5$,因此原差分方程的通解为
$$y_t = C_1 + C_2(-5)^t \quad (C_1, C_2 \text{ 为任意常数}).$$

(2) $y_{t+2} - 10y_{t+1} + 25y_t = 0$;

解 原差分方程的特征方程为 $(\lambda - 5)^2 = 0$,特征根为 $\lambda_{1,2} = 5$,因此原差分方程的通解为
$$y_t = 5^t(C_1 + C_2 t) \quad (C_1, C_2 \text{ 为任意常数}).$$

(3) $y_{t+2} - 2y_{t+1} + 5y_t = 0$;

解 原差分方程的特征方程为 $\lambda^2 - 2\lambda + 5 = 0$,特征根为 $\lambda_{1,2} = 1 \pm 2i$,因此
$$r = \sqrt{\alpha^2 + \beta^2} = \sqrt{5}, \quad \tan \omega = \frac{\beta}{\alpha} = 2, \quad \text{即} \quad \omega = \arctan 2.$$
于是,原差分方程的通解为
$$y_t = (\sqrt{5})^t(C_1 \cos \omega t + C_2 \sin \omega t),$$
其中 C_1, C_2 为任意常数.

(5) $y_{t+2} + 3y_{t+1} - 4y_t = 3t$.

解 先求原差分方程对应的齐次线性差分方程 $y_{t+2} + 3y_{t+1} - 4y_t = 0$ 的通解. 因为齐次线性差分方程的特征方程为 $\lambda^2 + 3\lambda - 4 = 0$,特征根为 $\lambda_1 = 1, \lambda_2 = -4$,因此齐次线性差分方程的通解为
$$y_c(t) = C_1 + C_2(-4)^t,$$
其中 C_1, C_2 为任意常数.

由于 $d = 1$ 是单特征根,因此设特解为 $y^*(t) = t(At + B) = At^2 + Bt$. 代入非齐次线性差分方程,有

$10At + 7A + 5B = 3t$,比较系数得 $A = \dfrac{3}{10}, B = -\dfrac{21}{50}$,则特解为

$$y^*(t) = \dfrac{3}{10}t^2 - \dfrac{21}{50}t.$$

因此,原差分方程的通解为

$$y_t = y_c(t) + y^*(t) = C_1 + C_2(-4)^t + \dfrac{3}{10}t^2 - \dfrac{21}{50}t,$$

其中 C_1, C_2 为任意常数.

(B)

1. 选择题:

(1) 下列等式中,(　　)是差分方程.

A. $-3\Delta y_t = 3y_t + 2^t$　　　　　　　B. $2\Delta y_t = y_t + t$

C. $\Delta^2 y_t = y_{t+2} - 2y_{t+1} + y_t$　　　　D. $\Delta(y_t z_t) = y_{t+1}\Delta z_t + z_t \Delta y_t$

解　由差分方程的定义求解.

对选项 A 而言,把 $\Delta y_t = y_{t+1} - y_t$ 代入 $-3\Delta y_t = 3y_t + 2^t$,整理得 $-3y_{t+1} = 2^t$,即 A 不是差分方程.

对选项 B 而言,把 $\Delta y_t = y_{t+1} - y_t$ 代入 $2\Delta y_t = y_t + t$,整理得 $2y_{t+1} - 3y_t = t$,即 B 为一阶差分方程.

对选项 C 而言,是二阶差分的定义,不是差分方程.

对选项 D 而言,是差分的性质,不是差分方程.

(2) 下列差分方程中,不是二阶差分方程的是(　　).

A. $y_{t+3} - 3y_{t+2} - y_{t+1} = 5$　　　　B. $\Delta^2 y_t - \Delta y_t = 0$

C. $\Delta^3 y_t + y_t + 6 = 0$　　　　　　D. $\Delta^2 y_t + \Delta y_t = 0$

解　由差分方程阶的定义,对选项 A 而言,为二阶差分方程.

对选项 B 而言,$\Delta^2 y_t - \Delta y_t = y_{t+2} - 2y_{t+1} + y_t - y_{t+1} + y_t = y_{t+2} - 3y_{t+1} + 2y_t = 0$,即 B 为二阶差分方程.

对选项 C 而言,$\Delta^3 y_t + y_t + 6 = y_{t+3} - 3y_{t+2} + 3y_{t+1} - y_t + y_t + 6 = y_{t+3} - 3y_{t+2} + 3y_{t+1} + 6 = 0$,即 C 为二阶差分方程.

对选项 D 而言,$\Delta^2 y_t + \Delta y_t = y_{t+2} - 2y_{t+1} + y_t + y_{t+1} - y_t = y_{t+2} - y_{t+1} = 0$,即 D 为一阶差分方程.

(3) 差分方程 $y_t - 3y_{t-1} - 4y_{t-2} = 0$ 的通解是(　　).

A. $y_t = C_1(-1)^t + C_2 4^t$　　　　　B. $y_t = C(-1)^t$

C. $y_t = (-1)^t + C4^t$　　　　　　　D. $y_t = C4^t$

解　差分方程 $y_t - 3y_{t-1} - 4y_{t-2} = 0$ 为二阶常系数齐次线性差分方程,其特征方程为 $\lambda^2 - 3\lambda - 4 = 0$,特征根为 $\lambda_1 = -1, \lambda_2 = 4$,因此原差分方程的通解为 $y_t = C_1(-1)^t + C_2 4^t$,其中 C_1, C_2 为任意常数.